호모 노마드 선언:

난민은 없다, 아니 모두가 난민이다

■ 필자소개(가나다순)

강진구(姜鎭求) 제주대학교 탐라문화연구원 학술연구교수
김동윤(金東潤) 제주대학교 국어국문학과 교수
김준표(金埈杓) 제주대학교 탐라문화연구원 학술연구교수
김진선(金秦仙) 제주대학교 탐라문화연구원 학술연구교수
김치완(金治完) 제주대학교 철학과 교수, 탐라문화연구원장
서영표(徐榮杓) 제주대학교 사회학과 교수
양정필(梁晶弼) 제주대학교 사학과 교수
장창은(張彰恩) 제주대학교 사학과 부교수
전영준(全暎俊) 제주대학교 사학과 교수
조은희(趙恩嬉) 제주대학교 법학전문대학원 교수

호모 노마드 선언:
난민은 없다, 아니 모두가 난민이다

초판 인쇄 2024년 06월 21일
초판 발행 2024년 06월 28일

집필자 강진구 김동윤 김준표 김진선 김치완
        서영표 양정필 장창은 전영준 조은희
발행인 쿰다인문학사업단
발행처 제주대학교 탐라문화연구원
        등록 1984년 7월 9일 제주시 제9호
        63243 제주특별자치도 제주시 제주대학로 102(아라일동 제주대학교)
        전화 064)754-2310   홈페이지 www.tamla.jejunu.ac.kr

펴낸이 신학태
펴낸곳 도서출판 온샘
등 록 제2018-000042호
주 소 서울시 용산구 한강대로62다길 30, 트라이곤 204호
전 화 (02) 6338-1608 팩스 (02) 6455-1601
이메일 book1608@naver.com

ISBN 979-11-92062-39-6   93300
값 32,000원

탐라문화학술총서 34
쿰다난민연구총서 04

호모 노마드 선언:
난민은 없다, 아니 모두가 난민이다

제주대학교 탐라문화연구원
'쿰다'로 푸는 제주 섬의 역사와 난민 사업단

도서출판 온샘

예멘 사람들이 난민의 이름으로 우리 앞에 서 있던 2018년, 한국사회의 혐오적 적대와 자선적 환대의 중간 지대, 금 그어 경계를 확정할 수 없는 그 어딘가에서 우리는 주춤거리며 무언가를 해야 한다는 문제의식으로 머리를 맞대었다. '품다'를 뜻하는 제주어 '쿰다'를 꺼내 들었다. 〈쿰다로 푸는 제주 섬의 역사와 난민〉을 주제로 철학, 문학, 역사학, 사회학의 경계를 넘나들며 연구하고 토론하고 고민하였다.

왜 지금 난민인가라는 질문을 던지며 난민의 출현과 인식을 확인하고자 하였고, 어떻게 여기 난민인지에 대한 질문과 함께 난민 경험과 기억을 더듬었다. 난민이라는 화두에 머물며 우리는 신자유주의적 질서 안에서 배태되어온 혐오의 구조를 성찰하게 되었다. 정주와 이동, 이주와 다문화의 문제까지 쿰어(품어) 안게 되었다. 결국 '우리'의 정체가 '이미 언제나 잡종'임을 고백하며 '이주, 난민, 혼종'에 이르렀다. 연구총서 1『왜 지금 난민: 난민의 출현과 인식』, 연구총서 2『어떻게 여기 난민: 난민 경험과 기억』, 연구총서 3『이미 언제나 잡종인 우리: 이주, 난민, 혼종』에 이어 우리는 드디어 '호모 노마드'를 '선언'한다. '난민은 없다, 아니 모두가 난민이다'.

『호모 노마드 선언: 난민은 없다, 아니 모두가 난민이다』는 10편의 글을 묶은 것이다. 1부 난민의 역사와 피난처는 한국 역사 제주 섬의 역사에서 끊임없이 발생하였던 난민의 모습을 보여준다. 2부 난민의 현실과 재현 양상은 재일조선인, 재일제주인의 난민 기억을 통해 20세기의 전반기 현실을 돌아보고 문학 작품 속에서 난민이 어떻게 재현되고 있는지를 추적한다.

3부 이동 사회의 실천 윤리에서는 아노미적 혼란의 시대에 새로운 사회적 연대 가능성을 짚어보면서 우리가 처음 꺼내 들었던 '쿰다'를 되새김질한다. 실제적인 입법화 가능성까지 검토한다.

난민의 모습, 난민의 재현 양상, 난민을 위한 실천 윤리를 제시하면서 '난민은 없다'고 단호히 말할 수 있는 것은 우리가 소환한 난민이, 우리의 소환에 정체를 드러낸 난민이 바로 우리 자신이었기 때문이다. 난민은 감시와 처벌을 감행한 국가권력의 규정일 뿐이었다. 난민의 발생은 국민국가의 경계를 전제하지만, 호모 노마드를 선언하는 순간, 경계는 아무 의미가 없다.

책을 묶어 출판하는 시점에 전라북도 부안에서 지진이 발생하였다. 지난 해에도 동해에서 4.5 규모의 지진이 연속으로 발생했었다. 경천동지(驚天動地)의 기후 위기와 실제적인 재난 상황에서 우리는 지진의 경계 안에 있든 밖에 있든 다르지 않다.

난(難)은 난(亂)을 부른다. 호모 노마드를 선언하면서, 우리는 시끌벅적 난리법석일 민주주의가 새로운 연대의 가능성을 찾게 될 것임을 믿는다.

5

1부
난민의 역사와 피난처

4세기 고구려의 이주민 동향과 대외관계

I. 머리말

한국 고대사에서 인구의 확보는 군사적으로나 사회경제적으로 큰 가치를 지닌 것이어서 이주민의 확보와 활용은 국가 운영 및 발전과 밀접한 관련을 가진다. 특히 고구려는 다종족국가로서 주변 국가들의 이주민을 적극적으로 포용했던 관련 기록과 고고자료가 적지 않게 남아 있다. 안악 3호분의 冬壽와 幽州刺史 鎭이 중국계 이주민으로서 고구려 낙랑군과 대방군 고지의 통치에 관련되어 있음은 그 대표적인 사례이다.

고구려뿐만 아니라 고구려와 국경을 맞댄 국가들도 정책적 측면에서 이주민들을 확보하려 했고, 그중에는 고구려로부터의 이주민들도 상당하였다. 곧 고구려와 중국 국가들 간 대외관계의 한 축에는 이주민을 둘러싼 쟁탈전의 측면이 내포되어 있었다. 이 글은 16국과 남북조시기 중국 국가들의 흥망성쇠에 따라 고구려와 상호 간에 발생한 이주민의 동향을 고구려사의 계기적 측면에서 살피고자 기획되었다. 주요 연구범위는 고구려가 한반도에서 낙랑군과 대방군을 축출함으로써 요서·요동을 사이에 두고 16국의 국가들과 국경을 형성한 4세기대이다. 특히 고구려와 공방전을 벌이며 각축했던 慕容部~前燕時期[1]가 집중적인 분석 대상이다.

기존에도 4세기를 포괄하여 고구려 이주민을 다룬 연구성과는 꾸준히 발표되었다. 먼저 고구려의 낙랑·대방 고지 지배와 관련해서 동수와 유주자사 진이 주목받았다.[2] 이후 이들을 포함해서 고구려로 이주한 중국계 이주민에 대한 연구가 진전되었다.[3] 중국의 고구려계 이주민에 대해 검토하거나,[4] 고구려로의 이주와 고구려에서 중국으로 이주한 사례를 함께 분석하기도 하였다.[5] 최근에는 이주민 관련 墓誌銘의 발견과 연구가 활성화되면서 문헌에서 확인되지 않았던 이주민의 사례도 늘어가고 있다. 다만 고구려 이주민에 대한 기존 연구는 고구려의 중국계 이주민에 집중되어 있었다. 고구려사를 객관적이면서 거시적으로 이해하기 위해서는 고구려에서 중국으로 간 이주민과 고구려로 들어온 중국계 이주민을 동시에 분석할 필요가 있다. 또한 이주민의 규모와 이주 배경, 신분별 분류 및 이주 이후의 동향과 역할 그리고 그것이 가지는 의미에 대해서는 좀 더 검토할 여지가 있다.

먼저 4세기대 고구려와 慕容部 간 각축 과정과 그로 인해 발행한 이주민 사례를 살피고자 한다. 모용부에서 고구려로 이주한 경우와 고구려에서 모용부로 간 전쟁포로 등의 이주 사례를 계기적으로 다룰 것이다. 그리고 고구려와 前燕을 둘러싼 다원적인 국제관계와 이주민의 동향을 추적하고자 한다. 고구려와 前燕은 물론 後趙·宇文部와의 사이에서 발행한 이주민 사례를 포함한다. 마지막으로 4세기대 고구려 이주민의 발생 동향과 그것이 가지는 의미를 제시하고자 한다. 고구려에 들어온 이주민의 규모와 발생 배경, 그들의 신분과 이주 후 활동을 분석할 것이다. 고구려에서 전연으로 이주한 사람들의 규모와 동향도 동시에 다루어진다. 이 글을 통해 고구려의 이주민 정책과 양상, 고구려사에서의 시대적 의미에 대한 이해가 진전되기를 기대한다.

II. 고구려와 모용부의 각축, 이주민의 발생

서진은 3세기 말~4세기 초 '八王의 난'(291~306)과 '永嘉의 난'(307~313)

으로 큰 혼란에 빠졌고 그에 따라 대규모의 이주민이 발생하였다.[6] 대부분 華北에서 江南으로의 南遷이었지만,[7] 요서~요동은 물론 한반도까지 이주하는 경우도 많았다. 이즈음 鮮卑族 출신 慕容廆(재위 285~333)는 285년에 요동에서 慕容部 부족장의 지위에 올랐다.[8] 모용외는 289년 요서 徒何의 青山[遼寧省 錦州市]을 거쳐 294년에는 大陵河 중류의 棘城[遼寧省 義縣서쪽]에 정착하였다.[9]

모용외는 293년과 296년 고구려에 침입해 와 서천왕의 무덤을 훼손하였다. 봉상왕(재위 292~300)은 北部 小兄 高奴子를 新城 太守로 삼아 모용외의 침략을 막았다.[10] 新城은 撫順 高爾山城으로 비정된다.[11] 그렇다면 모용외는 요동 방면에서 渾河와 蘇子河 연안을 따라 고구려 중심부로 침입했을 것이다. 고노자의 활약으로 모용외의 공세를 막을 수 있었다. 다만 이는 일시적인 것이었다. 미천왕(재위 300~331)이 즉위하면서 고구려와 모용부 간 충돌은 본격화되었고, 그에 따른 이주민의 발생도 빈번하였다.

미천왕이 먼저 공격하였다. 미천왕은 302년 9월에 군사 3만을 거느리고 玄菟郡을 침략해 8천 명을 붙잡아 고구려의 平壤으로 옮겼다.[12] 이때의 현도군은 제3현도군을 의미한다. 고구려의 영역 확장에 따라 현도군의 위치는 서쪽으로 옮겨갔다.[13] 서기전 75년에 제2현도군[遼寧省 新賓縣 永陵鎭]이 설치되었고, 1세기 말에 제3현도군이 설치되었다. 현도군은 후한을 거쳐 公孫氏와 魏의 통치를 받다가, 3세기 중반 이후 서진의 관할 하에 있었다. 제3현도군은 遼寧省 撫順市에 소재한 勞動公園古城으로 비정된다.[14] 이 성은 渾河 남안에 위치하면서 북안의 고이산성과 마주하고 있다. 그렇다면 미천왕이 현도군을 공격한 것은 모용외가 293~296년 신성 방면으로 고구려를 쳐들어온 것과 계기적 차원에서 이해된다. 봉상왕이 고노자를 신성 태수로 삼아 모용외의 침략에 대비했다면, 미천왕은 신성을 거점으로 삼아 공세적인 행보를 보인 것이다. 미천왕은 315년에도 현도성을 공격하여 많은 사람을 죽이는 성과를 거두었다.[15] 현도군에서 잡아 온 8천 명의 사람을 이주시킨 平壤의 위치는 연구자 간 의견이 엇갈린다. 대동강 유역의 평양으로 비정하는 견해가 있는데[16] 폭넓은 지지를 받고 있지는 못하다. 낙랑군이 아직 축출되지 않은 상황을 고려하여 集安 분지 인근으로 보는 주장이 대세인 것 같다.[17]

영가의 난 때 요동지방은 큰 혼란에 빠졌다. 309년 遼東太守 龐本이 東夷校尉 李臻을 죽였고, 방본은 새로온 동이교위 封釋에게 제거되었다. 이때 변방의 선비족 素連과 木津[18] 등이 이진의 원수를 갚는다는 핑계로 요동에 쳐들어와 여러 縣을 함락하며 士民을 죽이고 노략질하였다. 311년까지 이어진 그들의 약탈에 백성들은 流亡하였다. 요동태수 원겸과 동이교위 봉석이 수습하지 못하자 慕容廆가 아들 慕容翰을 보내 이들을 토벌하였다. 이로부터 모용외에게 귀부하는 자가 매우 많아졌다.[19]

그런 와중에 高顧와 高撫 형제는 고구려를 망명지로 선택하였다.[20] 기록에는 형제들만이 이주한 것으로 되어 있다. 하지만 당시 流民의 형태를 고려할 때 종족 또는 同鄕의 무리를 거느렸을 가능성이 크다. 고구려는 이주민의 집단적 구성을 유지하는 방향에서 그들을 안치하였다.[21] 훗날 고고의 4세손 高颺이 北魏 孝文帝(재위 471~499) 초에 동생 乘信 및 그 鄕人인 韓內·冀富 등 일족을 거느리고 북위로 돌아갈 수 있었던 것도 그러한 이유 때문일 것이다.[22]

미천왕은 313년 10월 樂浪郡을 침략하여 2천여 명을 사로잡았고, 다음해 9월에는 帶方郡을 공격하였다.[23] 그런데 『자치통감』에 따르면, 당시 요동사람 張統이 낙랑과 대방 2군을 점령한 채 미천왕과 수년간 공방을 벌인 것으로 되어 있다.[24] 그렇다면 미천왕이 311년 9월에 西安平[압록강 하구 丹東市]을 공격해 차지한 것은[25] 요동지방과 낙랑·대방군을 연결하는 교통로를 장악함으로써 2군을 고립시키기 위한 전략적 측면으로 판단된다.[26] 미천왕의 낙랑·대방군 점령은 모용외가 장통과 모의하여 한반도 서북한까지 진출하려는 데 대한 예비적 차원의 의도를 가졌을 것이다. 궁극적으로는 미천왕이 지속적으로 공세를 가한 현도군의 장악과 이를 토대로 한 요동지역 진출을 위한 사전 정지작업의 성격도 있었다고 생각된다.[27]

미천왕이 낙랑군을 공격하자 낙랑의 王遵은 장통을 설득해 낙랑민 1천여 家를 데리고 慕容廆에게 귀의하였다. 모용외는 요동에 낙랑군을 설치하여 장통을 太守로 왕준을 參軍事로 삼았다.[28] 『진서』 지리지에는 280년 당시 낙랑군이 朝鮮縣 등 6현 3,700戶를 통괄한 것으로 되어 있다.[29] 그렇다면 장통과 왕준이 데려간 낙랑민의 규모는 미천왕이 확보한 2천여 명의 2.5배이자 낙랑군 인구의 1/3 이상에 달한다.[30] 고구려가 낙랑·대방군을 영역으로 귀속시킴으로써 얻은 성과가 컸음에도 불구하고 인적 측면에서 상당한 손실을 입었다고 볼 수 있다.

영가의 난 이후 幽州 일대에서 독자적인 세력을 구축하고 있던 王浚은 311년 妻舅인 崔毖를 東夷校尉로 임명하여 요동에 파견하였다.[31] 당시는 모용외가 素連·木津의 침략을 물리치고 요동의 백성을 위무한 직후였다. 따라서 왕준이 최비를 요동으로 보낸 것은 모용외 세력의 확장에 대한 견제 의도가 컸다.[32] 그런데 314년 훗날 後趙를 세운 石勒의 공격에 유주가 함락되어 왕준이 죽고 휘하의 군사 1만 명도 몰살되었다.[33] 왕준의 죽음과 모용외에 득세에 따라 최비가 느끼는 위기의식이 증대되어 갔다.

최비는 319년에 고구려 및 宇文氏(宇文部)·丹氏(丹部)로 사람을 보내 모용외를 멸망시키고 그 땅을 나눌 것을 공모하였다〈그림 1〉 참조. 세 나라는 모용부의 수도 棘城을 공격했는데, 모용외가 우문씨를 회유하자 고구려와 단씨가 이를 의심해 회군하였다.[34] 모용외의 이간 작전이 성공한 것이다. 삼국의 사신은 모용외에게 최비의 사주로 어쩔 수 없이 참전했음을 일러바쳤다. 이에 최비는 수십 기병만을 데리고 가족을 버린 채 고구려로 달아났다.[35] 남겨진 그의 무리는 모용외에게 항복하였다.

〈그림 1〉 4세기 동북아 형세도
(박세이, 2014, 56쪽 그림 편집 활용)

　　모용외는 아들 慕容仁을 征虜將軍으로 삼아 요동을 지키게 하였다.[36] 그
리고 고구려 장수 여노자가 于河城을 점거하자 장통을 보내 우하성을 습격
하였다.[37] 장통은 여노자와 그 무리 1천여 家를 사로잡아서 극성으로 돌아
갔다.[38] 慕容燕 정권은 주변 지역을 정복할 때마다 해당 지역의 민을 도성
과 그 인근으로 옮겨 배치하였다.[39] 이는 적대 세력의 경쟁력을 약화시키
고 도성 방어의 역량을 강화시키는 효과가 있었다.[40] 고구려는 이후에도
요동 공격을 시도했지만 모용한과 모용인의 활약에 번번이 막혔다.[41] 321
년 모용외가 모용한과 모용인을 각각 요동과 平郭[遼寧省 蓋州市 서남쪽]
에 주둔시킨 후[42] 고구려의 요동 방면 진출은 한동안 경색국면을 맞게 되

었다.

한편 『周書』 高琳傳에는 고림의 6世祖 高欽이 모용외에게 인질로 잡혀 간 기록이 남아 있다.[43] 고흠의 이주 시기를 분명히 알 수는 없지만, 319~320년 모용부와 고구려 간 전투과정의 결과일 가능성이 크다. 단순 포로가 아니므로 319년 미천왕이 모용한·모용인과 치른 맹약[44]의 댓가일 수도 있다.[45] 고흠이 質子로서 모용부에 가서 마침내 전연에서 벼슬한 점을 감안하면, 그는 고구려에서도 상당한 정치적 지위를 누린 관료였을 가능성이 있다.

333년 5월 모용외가 죽고 慕容皝(재위 333~348)이 직위를 이어받았다. 그런데 모용황은 즉위과정에서 형제들과 권력다툼을 벌였다. 먼저 雄才가 있어 아버지 모용외의 신임을 받았던 모용황의 庶兄 慕容翰이 위기를 감지하고 모용부와 서남쪽 방면에서 국경을 맞댄 段氏(段部)로 망명하였다.[46] 319년부터 요동에 진수해있던 모용황의 친동생 慕容仁은 平郭을 거점으로 반란을 일으켰다.[47] 이에 모용황은 庶弟 慕容幼와 司馬 佟壽 등을 보내 모용인을 토벌하게 하였다. 그러나 모용황의 병사들이 대패하였고, 모용유 등은 모용인에게 사로잡혔다. 특히 동수는 일찍부터 모용인의 司馬였기 때문에 스스로 항복하였다.[48] 모용인의 반란은 3년 동안 지속되다가 336년에서야 진압되었다. 모용황은 336년 1월 동생 慕容評과 함께 평곽에 나아가 크게 이기고 모용인을 사형에 처했다. 이때 모용인의 휘하에 있던 佟壽와 郭充이 고구려로 도망해 왔다.[49]

안악 3호분 묵서명에 따르면,[50] 동수는 357년에 죽어 황해도 안악에 묻혔다. 고구려가 동수를 이곳으로 사민시킨 결과라고 생각된다. 고구려는 동수를 보내 낙랑과 대방 고지에 살던 중국계 집단과 종족들을 관리·지배하고자 했을 것이다.[51] 이와 달리 이미 고구려의 확고한 통제하에 들어온 곳에 중국계 이주민을 안치함으로써 수취기반을 확대하고 지역개발에 종사하게 했다는 주장도 있다.[52] 고구려 정권에 대한 동수의 종속 정도에 논란이 있기는 하지만,[53] 고구려의 의도하에 활용된 존재임을 부정할 수는 없을 것 같다.

佟利는 353년에 죽어 평양시 평양역 구내에 묻혔다. 무덤 안에서 "永和九年三月十日 遼東韓玄菟太守領佟利造" 글자가 새긴 명문 벽돌이 나왔다. 동리가 역임한 遼東·韓·玄菟太守라는 관직은 실제가 아닌 것으로 파악된다.[54] 동리의 출신지와 이주 시기는 알 수 없다. 다만 동수묘와 같이 동리묘에서도 동진의 永和의 연호를 사용한 점, 두 인물이 '佟'자 인명을 공유하는 점, 비록 허구화된 관직이라고 하더라도 遼東·玄菟太守를 관칭한 점으로 볼 때 전연에서 이주한 것으로 추정된다. 동리의 무덤은 벽돌무덤에서 석실봉토분으로 가는 과도기적 성격이 짙고, 그 안에서 귀걸이 등 고구려계 유물이 출토되었다. 따라서 동리도 동수와 같이 고구려와의 관련 하에 이곳에 안치된 듯하다.[55]

Ⅲ. 고구려와 전연을 둘러싼 국제관계, 이주민의 동향

모용황은 337년 '燕王'에 즉위하였다.[56] 이로써 前燕 왕조가 공식적으로 개막되었다. 모용황은 後趙의 石虎(石季龍, 재위 334~349)에게 사신을 보내 전연과 후조 사이에서 두 나라를 괴롭혔던 段遼(段部)를 함께 토벌하자고 제안하였다.[57] 두 나라는 338년 3월 단부를 멸망시켰다.[58] 그런데 단부 공격과정에서 모용황이 끝까지 함께 하지 않고 이득을 취해 돌아가자, 석호는 전연 공격을 꾀하였다. 석호는 전연 극성의 공격에 앞서 사방으로 사신을 보내 자신에게 호응할 것을 회유하였다. 이에 전연 居就의 縣令 游泓과 동이교위 封抽,[59] 護軍 宋晃 등이 내응하였다. 이로써 석호는 36개의 성을 얻어 전세를 유리하게 장악해 나갔고, 극성을 포위·압박하였다. 그러나 모용황의 아들 慕容恪의 활약으로 후조군 3만 명이 몰살당하는 대패를 당했다. 모용황은 곧바로 자신을 배신했던 성을 토벌하였다. 그러자 후조에 협력했던 유흥·봉추·송황이 고구려로 달아났다.[60]

후조 석호는 전연 정벌에 실패하자 고구려를 끌어들여 새로운 작전을 수립하였다. 곧 338년 4월 渡遼將軍 曹伏을 보내 靑州의 무리를 거느리고 海島를 지키게 했으며 그들에게 곡식 300만 곡을 공급해주었다. 또 300척의 배로 30만 곡을 고구려로 보냈다. 석호는 王典으로 하여금 1만 명의 군사로 바닷가에서 屯田하게 하고, 靑州에 명령을 내려 1천 척의 배를 만들게 하였다.[61] 후조가 전연 공격의 경로를 해상으로 다변화하고 고구려와 협공을 모색했음을 알 수 있다.

고구려와 후조의 협력관계는 330년 고구려의 주도하에 시작되었다. 石勒(재위 319~333)은 330년 2월 '大趙天王'으로 자칭하고 9월에 황제의 자리에 올랐다.[62] 고구려는 석륵에게 사신을 보내 楛矢를 선물로 주면서 화친하였다.[63] 호시는 싸리나무(楛木)로 만든 화살인데 肅愼의 특산품으로 알려져 있다. 고구려는 숙신 사신과 함께 후조에 갔는데, 석륵에게 숙신에 대한 고구려의 우월적 지위를 과시하기 위한 행보로 이해된다.[64] 332년 1월에도 석륵이 고구려와 우문부의 사신을 맞아 큰 잔치를 베풀었다는 기록이 남아 있다.[65] 이를 통해 고구려가 후조와 함께 모용부(전연)를 견제하려 한 것이 아닌가 생각된다. 여기에 우문부까지 동참했을 가능성도 있다.[66]

이와 같이 330년 이후 338년까지 고구려와 후조가 전연을 둘러싸고 제휴하는 행보를 보였다. 그러자 339년 9월 모용황은 군사를 이끌고 고구려의 新城을 공격해 왔다. 고국원왕(재위 331~371)이 맹약을 청하고서야 모용황이 군사를 돌렸다. 다음 해 고국원왕은 세자를 전연에 보내 모용황에게 朝會하였다.[67] 모용황의 신성 출정은 후조와 연합을 추진했던 고구려에 대한 경고의 의미가 짙었을 것이다.[68] 그럼에도 불구하고 고구려와 후조의 연합이 중단된 것 같지는 않다. 341년 10월 후조의 橫海將軍 王華가 수군을 이끌고 바닷길로 전연의 安平을 공격해 차지했는데,[69] 이때 고구려가 공조한 듯한 정황이 포착되기 때문이다. 관건은 안평의 위치 비정이다. 安平은 胡三省이 『자치통감』의 注를 달면서 요동 西安平으로 비정한 후 이를 따르는 견해가 많다.[70] 이와 달리 서안평은 고구려가 미천왕대 차지한 후 다시 빼앗긴 기록이 없고 전략상 중요한 곳이므로 후조가 이곳을 공격할 이유가 없다는 주장도 있다.[71] 『삼국사기』에는 311년 이후 서안평의 영유 주체에 관한 관련 기록이 없다.

그런데 모용외 시기부터 모용인이 요동반도의 平郭[遼寧省 蓋州市 서남쪽]에 주둔했고, 모용황이 336년에 모용인의 반란을 진압한 곳도 평곽이었다. 그렇다면 전연이 평곽이 거점으로 삼아서 압록강 하구의 서안평을 차지했을 가능성을 배제할 수 없다. 모용황이 후조에 안평을 빼앗기자 곧바로 모용각을 평곽에 진수시킴으로써 고구려를 막았다는 기록은[72] 평곽과 안평이 교통로 상으로 연결되어 있음을 시사한다. 결국 338년 후조가 海島에 1만 명의 둔전병을 둔 채 300척의 배로써 30만 곡을 고구려에 보낸 것과의 계기적인 측면, 그리고 후조 왕화의 將軍名 '橫海'에 담긴 의미 등을 고려할 때 安平은 서안평으로 보는 것이 합리적이다. 그렇다면 341년 후조의 안평 공격을 고구려와의 연합 작전으로 본 주장도[73] 수긍이 간다.

고구려와 후조 간 이주민의 사례는 두 가지가 주목된다. 먼저 후조에서 西邑太守를 지낸 張氏이다. 그의 무덤은 황해남도 안악군 로암리에서 발견되었다.[74] 무덤 안에서 "西邑太守張君博"와 "建武八年西邑太守" 명문이 새겨진 벽돌이 발견되었다. 西邑은 夏왕조의 도성 安邑의 별칭으로 지금의 西安 서쪽에 있는 山西省 夏縣이다. 이곳이 당시 후조의 영역에 포함되어 있지만 장씨가 실제로 서읍태수를 지냈는지는 확인되지 않는다. 어쨌든 장씨는 후조의 서읍지역 출신이거나 그곳에서 지내다가 고구려에 이주해 온 인물로 보아도 무방하다.

무덤의 소재지와 규모, 실제 사용 여부와 별개로 지방관을 관칭한 점을 볼 때 장씨는 官人으로 판단된다. 고구려로의 자발적 이주인지 타율적 사민인지 여부는 불분명하다. 안악 3호분의 동수와 유주자사 진 등의 사례를 참고할 때, 이주 후 고구려가 그를 이곳으로 보낸 것 같다. 이주 시기는 후조와 고구려의 관계가 긴밀했고 군사 교류가 있던 338~341년을 주목한 연구가 있다.[75] 명문의 간지 '建武'는 石虎가 335~348년에 사용한 연호로[76] 건무 8년은 342년이다. 그렇다면 342년은 그가 죽거나 무덤이 조성된 해일 것이다.[77]

帶方太守 張氏[78]도 후조에서 고구려로 이주한 사례이다. 그의 무덤은 황해북도 봉산군 문정면 소봉리에 있다.[79] 무덤 안에서 발견된 명문 벽돌은 9종이다. 그중에서 "太歲在戊漁陽張撫夷塼"·"太歲申漁陽張撫夷塼"·"使郡帶方太守張撫夷塼"가 장씨의 출신과 관직, 무덤의 조성연대를 알려준다. 漁陽郡은 장씨의 출신지로 지금의 北京 일대에 해당한다.[80] 帶方太守는 요동지역에 僑置된 대방군의 태수일 수도 있지만, 그가 고구려에 의해 2군 고지에 안치된 후 자칭했을 가능성이 크다.[81] 太歲紀年法에서는 흔히 干支를 나누어서 표기하므로[82] 두 개의 명문을 조합하면 戊申年이 무덤의 조성연대임을 알 수 있다. 이에 대해 일제강점기를 비롯한 초기 연구에서는 288년설을 주장하는 경향이 짙었다.[83] 최근에는 348년설이 지지를 받고 있다.[84]

대방태수 장씨의 이주 배경과 시기를 분명하게 알 수는 없다. 다만 무덤의 축조연대와 어양군이 후조의 관할에 속해 있음을 고려할 때 서읍태수 장씨와 비슷한 경우가 아닐까 싶다. 후조를 세운 石勒(319~333)은 羯族 출신으로서의 정체성이 강해 漢族에 대한 배척이 심하였다. 석륵은 한족 사대부를 대함에 있어 이중적인 태도를 견지하였다. 곧 고급 士族은 무자비하게 제거한 반면 중·하급 사족에게는 관용을 베풀어 등용하였다.[85] 石虎(재위 334~349)는 잔혹한 통치자로 기록되어 있다.[86] 석호는 석륵과 달리 고급 한인 사족에 대해 9品官人法을 시행함으로써 관리로서의 기득권을 유지시켜 주었다. 이에 반해 중·하급 사족들은 홀대하였다.[87] 서읍태수 장씨와 대방태수 장씨가 칭한 관직이 실제였는지 자칭한 허구였는지 단정하기는 어렵다. 다만 그들이 고구려에 의해서 2군 고지에 배치·활용되었으므로 官人으로서의 신분은 인정할 수 있겠다. 그렇다면 이들이 고급 관인일 경우 석록의 통치 시기에, 중·하급 관인이라면 석호의 재위기에 후조를 탈출해 고구려로 이주해왔을 가능성이 있다.

339년 고국원왕의 맹약 요구로 모용황의 침입을 일시적으로 무마시켰지만 이후 전연의 우선적인 공격대상으로 고구려가 부각되었다. 모용황이 중원 진출에 앞서 배후의 위험 요소인 고구려와 우문부 중 고구려를 먼저 공격해야 한다는 慕容翰의 건의를 받아들인 결과였다.[88] 고구려는 342년 2월에 丸都城을 수리하고 國內城을 축성하였다. 그리고 그해 8월 고국원왕이 환도성으로 거처를 옮겼다.[89] 전연의 침입에 대비하려는 행보였음이 분명하다.

모용황은 342년 10월 수도를 棘城[遼寧省 義縣 서쪽]에서 서북 방면에 있는 龍城[遼寧省 朝陽市]으로 천도하였다. 그리고 11월에 고구려 공격을 위해 5만의 군사를 파병하였다.[90] 이때 모용황은 北道와 南道로 군사를 나누었는데, 고구려가 전연의 침략을 예상해 주력군 5만 명을 보내 지킨 평탄하고 넓은 북도가 아닌 험하고 좁은 남도를 선택하였다.[91] 모용황은 4만의 군사를 거느리고 고구려군을 크게 이기며 고구려 수도에 이를 수 있었다. 전쟁은 고구려의 완패로 끝났다. 고국원왕은 도망가 화를 면했지만, 왕의 어머니 周氏와 왕비가 사로잡혔다. 모용황은 미천왕의 무덤을 파서 시신을 확보한 후 남녀 5만 명을 포로로 잡아 전연으로 돌아갔다. 고국원왕은 다음 해 2월 동생을 전연에 보내 신하를 자칭하며 조공을 한 후에야 미천왕의 시신을 돌려받았다.[92] 그러나 왕의 어머니 주씨는 13년간 인질 생활을 한 후 355년에 이르러서야 고구려에 돌아올 수 있었다.[93] 모용황이 사로잡아 간 고구려 남녀 5만여 명은 강제로 사민된 '전쟁 이주민'들이었다. 고국원왕의 어머니와 왕비는 인질의 의미가 크므로, 과정은 '전쟁 이주민'이었지만 결과적으로 '외교 이주민'이 되었다.

모용황은 고구려에 승리를 거둔 후 곧바로 宇文部 정복에 나섰다.[94] 그 결과 우문부는 345년에 멸망하였다. 우문부왕 逸豆歸는 漠北으로 도피하다가 고구려로 도망해 왔다. 일두귀가 고구려로 망명한 시기는 345년 또는 그 이후가 될 수 있다. 그런데 345년 10월 모용황은 모용각을 보내 고구려의 南蘇城을 공격해 함락한 후 군사를 주둔시키고 돌아갔다.[95] 남소성은 蘇子河 유역에 있는 撫順 鐵背山城으로 추정된다. 이곳은 중국이 요동에서 소자하 방면으로 동진하여 고구려 수도 集安으로 올 때 거쳐가는 요충지이다.[96]

전연의 남소성 공격을 일두귀의 고구려 망명과 관련짓기도 한다.[97] 그러나 고국원왕의 어머니와 왕비가 전연에 인질로 잡혀 있는 상황이고, 고구려가 일두귀를 전연에 넘겨준 기록이 없으므로 양자를 관련짓기는 어렵다. 일두귀가 고구려를 망명지로 선택한 까닭은 전연을 둘러싸고 고구려와 후조-우문부-단부가 제휴를 했던 과거의 우호적 경험이 작용했기 때문으로 추정된다.[98] 우문부가 고구려로 이주한 이후의 행보는 기록에 남아 있지 않다.

모용황이 348년 9월에 죽고 慕容儁(재위 348~360)이 권력을 승계하였다.[99] 고국원왕은 곧바로 전연에서 망명해 온 前 東夷護軍 宋晃을 다시 전연으로 보냈다.[100] 이는 전연과의 관계를 개선하고 궁극적으로 인질로 가 있는 어머니와 왕비를 데려오기 위함이었을 것이다.[101] 송황은 338년 후조가 전연을 공격할 때 석호에게 내응했다가 후조군이 대패한 후 모용황의 보복을 피하기 위해 고구려로 망명한 인물이었다. 고구려에 '정치 이주민'으로서 망명한 지 10년 만에 '외교 이주민'으로서 다시 이용된 셈이다.

고국원왕은 355년 전연에 사신을 보내 인질과 조공을 바치면서 어머니 주씨의 송환을 요청하였다. 모용준은 이를 수용해 주씨를 고구려로 돌려보냈고,[102] 고국원왕을 '征東大將軍 營州刺史 樂浪公 高句麗王'으로 책봉하였다.[103] 이로부터 전연이 멸망하는 370년까지 두 나라가 전쟁을 벌인 기록은 남아 있지 않다. 355년에 고구려와 전연 간 맺어진 조공·책봉 관계가 전연 멸망 시까지 유효했다고 볼 수 있다.[104]

전연에서는 모용준이 360년 1월 죽고 慕容暐(재위 360~370)가 황제에 즉위하였다.[105] 모용위는 즉위 당시 11살이어서 숙부 慕容恪이 정권의 실세였다. 모용각은 太宰로서 조정을 총괄하였고, 慕容評은 太傅가 되어 보필하였다.[106] 모용평은 모용각이 죽은 367년 5월 이후 권력을 장악하였다.[107] 그런데 369년 동진의 桓溫이 步騎 5만을 거느리고 전연을 공격해 왔을 때 모용위와 모용평은 두려워하여 和龍(遼寧省 朝陽市)으로 달아나려 했는데, 모용수가 앞장서 출정하여 환온군을 물리쳤다.[108]

모용수의 명성이 커질수록 모용평과의 갈등도 깊어 갔다. 모용수는 모용평의 살해 모의를 피해 369년 11월 前秦의 符堅에게 망명하였다.[109] 370년 10월 모용평이 전진 王猛과의 潞川(山西省 潞城縣) 전투에서 대패하고 11월에 수도 鄴城이 함락당하자 모용위와 모용평 등은 龍城으로 달아났다. 이때 전진군과 호응해 업성의 북문을 열어준 세력이 부여의 여울과 고구려 등의 質子 500명이었다.[110] 결국 전연왕 모용위는 전진의 郭慶에게 붙잡혔고, 모용평은 고구려로 달아났다. 그러나 고국원왕은 곧바로 모용평을 잡아서 전진으로 보냈다.[111] 고구려가 전진·전연의 국제정세를 파악하고 전진과의 관계를 우선시한 까닭이었다.[112] 이로써 전연은 멸망하였고, 고구려와 전진의 관계는 우호적으로 시작될 수 있었다.

Ⅳ. 4세기대 고구려의 이주민 동향과 그 의미

이상의 내용을 토대로 4세기대 고구려와 모용부(전연) 등 주변 국가와의 사이에 발생한 이주민의 동향을 연대별로 정리하면 〈표 1〉과 같다.

〈표 1〉 4세기대 고구려 이주민의 발생 동향

연번	연대	국왕 재위년	이주민 동향	내 용	신분	규모	이주 배경 (의사)	비고	전거
1	302	미천 3	현도군→ 고구려	9월, 미천왕이 군사 3만을 거느리고 현도군을 침략해 **8천명**을 붙잡아 平壤으로 옮김.	군인, 백성	8,000	전쟁 (他)		사기 미천 3
2	311~ 313	8~14	서진→ 고구려	**高顧·高撫** 형제가 서진 영가의 난(311~313)을 피해 고구려로 망명.	관인?	2+	정치 (自)	4세손 고양 북위로 귀환	위서 77 고숭, 위서 83 고조
3	313	14	낙랑군→ 고구려	10월, 미천왕이 낙랑군을 침략해 **남녀 2천여 명**을 사로잡음.	백성	2,000	전쟁 (他)		사기 미천 14
4	319	20	서진[舊] → 고구려	12월, 서진 출신 동이교위 평주자사 **崔毖**가 고구려 및 우문부·단부와 연합해 모용외의 근거지 棘城遼寧省 義縣을 공격했으나 실패하자 **수십 기마병**과 함께 고구려에 망명.	관인 (무인)	1	정치 (自)	316 서진 亡	진서 108 모용외, 통감 원제 태흥 2, 사기 미천 20
					군사	수십 (50?)			
5			고구려→ 모용씨	모용외가 모용인을 보내 요동 점령. 또한 장군 장통을 보내 습격해 于河城을 지키고 있는 고구려 장수 **여노자**를 사로잡고, 그 **무리 1천여 家**를 사로잡아서 棘城으로 돌아감.	관인 (무인)	1	전쟁 (他)		
					무인· 백성	5,000			
6	319~ 320?	20?	고구려→ 모용외	**高欽**이 모용외에게 인질로 끌려갔는데, 마침내 전연의 벼슬길에 올라감.	관인	1	외교 (他)		주서 29 고림
7	336	고국원 6	모용씨→ 고구려	**冬壽(佟壽)**와 **郭充**이 335년 모용황의 司馬로서 모용인을 토벌하다가 패해 그의 휘하에 속함. 336년 1월 모용황의 모용인 기습 때 함께 고구려로 망명.	관인 (무인)	2	정치 (自)	동수 357 死	안악3호분 묵서명, 진서 109 모용황, 통감 성제 함강 2

				내용	신분	인원	유형		출전
8	338	8	전연→고구려	전연의 동이교위 **封抽**, 호군 **宋晃**, 거취령 **遊泓**이 전연·후조 갈등 시 후조에 협력하다가 모용황의 침략을 받자 고구려로 망명.	관인	3	정치(自)	송황 349 전연 송환	통감 성황 함강 4
9	338~341	~12	후조→고구려	후조의 서읍태수를 지낸 張氏가 342년에 묻힘.	관인	1	정치(自?)		전축분 명문전
10	342	12	고구려→전연	11월, 모용황이 고구려에 쳐들어와 고국원왕의 어머니(**주씨**)와 왕비, 남녀 **5만여 명**을 사로잡아 귀환. 이때 미천왕의 무덤을 파서 시신도 가져갔고, 궁실을 불지르고 환도성을 허뭄.	왕족 / 관인·백성	2 / 50,000	외교, 전쟁(他)		통감 성제 함강 8, 사기 고국원 12
11			고구려→전연	북연왕 고운의 祖父 **高和**는 고구려 왕실 집안으로서 전연 시기에 인질로 끌려감.	왕족	1	외교(他)		진서 124, 모용운, 통감 안제 융안 1
12	345~	15	우문부→고구려	우문부왕 **逸豆歸**가 전연에게 패해 漠北으로 도망갔다가 고구려로 달아남.	국왕	1+	정치(自)	우문부 亡	진서 109 모용황, 위서 103 흉노우문막괴, 통감 강제 건원 2
13	~348	~18	후조→고구려	후조의 대방태수 **張氏**가 348년(?)에 묻힘.	관인	1	정치(自?)		전축분 명문전 6점
14	349	19	고구려→전연	338년 전연에서 망명해 온 **宋晃**을 전연으로 송환. 모용준은 그를 용서하고 중위로 임명.	관인	1	외교(他)		통감 목제 영화 5, 사기 고국원 19
15	~353	~23	전연?→고구려	전연(?)의 요동·한·현도태수 **佟利**가 353년에 묻힘.	관인	1	정치(自?)	후조 352 亡	전축분 명문전
16	355	25	고구려↔전연	12월, 고국원왕이 어머니를 모셔오기 위해 다른 **인질**을 보내고 조공함. 모용준이 이를 허락해 **주씨**를 고구려에 송환함.	왕족 / 왕족·귀족?	1 / 1	외교(他)		진서 110 모용준, 통감 목제 영화 11, 사기 고국원 25
17	370	40	전연→고구려→전진	11월, 전연의 태부 **慕容評**이 전진에게 패하자 고구려로 망명. 고국원왕은 그를 전진으로 보냄.	관인	1	정치(自) 외교(他)	전연 亡	통감 해서공 태화 5, 사기 고국원 40

　　4세기대 고구려와 모용부(전연) 등의 국가 간에 발생한 이주민의 사례는 17건을 찾을 수 있었다. 이 중에서 고구려로 들어온 이주민은 10건, 고구려에서 다른 나라로 이주한 경우가 7건이다. 신분과 상관없이 인원으로만 보면, 고구려가 확보한 이주민은 10,062명 이상이다.[113] 반면에 고구려에서 모용부(전연) 등으로 이주한 사람은 약 55,008명이다. 고구려가 342년 전연에게 대패하고 5만 명의 '전쟁 이주민'을 빼앗긴 것이 전체 수치에 결정적인 영향을 끼쳤다. 규모의 정확성에 논란의 여지가 있는 왕족과 관인의 사례를 제외하고, 일반 民(백성)과 武人(군인)만 놓고 보아도 고구려의 인적 손실이 훨씬 컸음이 드러난다.

　　시기적으로 살펴보면, 313년까지 4세기 초반에는 미천왕(재위 300~331)이 현도군과 낙랑군 등 중국 군현을 공격하여 1만 명을 사로잡는 성과를 거두었다[1·3, 연번 번호. 이하 번호만 표기]. 그러나 모용외(재위 285~333)가 319년에 이르러 고구려 우하성의 군인과 백성 5천여 명을 붙잡아 棘城[遼寧省 義縣 서쪽]으로 데려갔다[5]. 이로써 고구려는 군사적 측면에서 타격을 입을 수밖에 없었고, 요동 방면으로의 진출도 경색국면을 맞았다. 특히 342년 모용황(재위 333~348)이 고구려를 침략해 고국원왕(재위 331~371)의 어머니와 왕비를 납치하고 5만여 명의 백성을 사로잡아 강제 이주시킨 사건[10]은 고구려의 대전연 관계에서 분수령이 된 악재였다. 고구려는 355년 왕의 어머니 周氏를 귀환시킬 때까지 전연에 공세를 가할 수 없었다. 355년 주씨를 데려오면서[16] 고구려와 전연이 맺은 조공·책봉 관계는 370년까지 전연의 지배 질서가 우선되는 체제로 유지되었다.[114]

이제 이주민의 動因과 이주 배경, 신분과 이주 후의 동향, 사회적 역할과 의미에 대해서 살펴보겠다. 먼저 '고구려로 들어온 이주민'의 경우이다.

정치적 배경으로 국경을 넘은 '정치 이주민'들은 모두 자발적으로 망명하였다. 311~313년 高顧·高撫 형제[2], 319년 平州刺史 崔毖[4], 336년 佟壽와 郭充, 338년 東夷校尉 封抽·護軍 宋晃·居就令 遊泓[8], 후조 석륵(재위 319~333)과 석호(재위 334~349) 시기의 西邑太守 張氏[9]·帶方太守 張氏[13], 345년 이후 우문부왕 逸豆歸[12], 353년 이전 遼東·韓·玄菟太守 佟利[15], 370년 전연 太傅 慕容評[17]이 그러하다. 이들은 본국에서 일정 수준의 정치적 지위를 누린 경우가 대부분이었다. 따라서 고구려로 이주해 온 후에도 그에 상응하는 대우를 받거나 고구려에 의해 활용되었을 가능성이 크다. 정치 이주민들은 중국의 선진 문물과 제도에 대한 전파는 물론이거니와 고구려와 상대 국가의 관계에서 군사적·외교적 자문 역할을 맡았을 것으로 추정한다.[115] 물론 이들의 고구려 내 활동과 구체적인 동향을 살피기는 쉽지 않다. 다만 몇몇의 경우는 간접적인 유추가 가능하다.

高顧의 4세손 高颺은 북위 孝文帝(재위 471~499) 초에 동생과 일족을 거느리고 북위로 돌아갔다. 고양은 북위 정권에 중용되었고, 딸은 皇后가 되었다. 이는 고고와 후손들이 고구려 정계에서 官人으로서의 정치적 지위를 누렸음을 시사한다. 338년에 전연에서 망명해 와 10년 후 고국원왕에 의해 전연으로 송환된 송황도 그곳에서 재등용되었다. 모용준(재위 348~360)은 송황을 사면해주고 이름을 宋活로 바꾸었으며, 中尉 관직을 주어 등용하였다.[116] 중위는 도성을 경비하거나 황제를 호위하는 직책이었다.[117] 송황은 이후 中書監을 맡았는데,[118] 궁중의 기밀문서를 관장하며 재상에 상당하는 권한을 가진 중요 직책이었다.[119] 송황의 능력과 관직 경력이 모용준의 전연 정권에서 활용 가치가 컸기 때문에 가능한 일이었을 것이다. 이는 송황

이 고구려에서도 상당한 역할로 중용되었음을 암시한다.[120]

고고와 송황의 경우 이들이 활동한 공간을 알 수 없지만, 동수와 서읍 태수 張氏·대방태수 張氏, 요동·한·현도태수를 관칭한 佟利는 고구려에서 의해 낙랑군과 대방군 고지로 거처가 옮겨졌다. 이들이 고구려 중앙정권에 종속된 정도에 대해서는 견해차가 있지만, 고구려의 일정한 통제하에 해당 지역에 분산 배치되어 활용되었음은 부인할 수 없다.

'전쟁 이주민'은 포로로 사로잡혀 타율적으로 사민된 존재들이다. 소수 의 지휘부 장군이 포함될 수 있겠지만 대부분 군인과 백성들이다. 4세기대 고구려는 두 번에 걸쳐 대규모의 '전쟁 이주민'을 확보하였다. 302년의 경 우 미천왕이 서진의 현도군을 공격해 8천 명을 포로로 잡아 왔다[1]. 미천 왕은 313년에도 낙랑군을 쳐들어가 남녀 2천여 명을 사로잡았다[3]. 이로 써 고구려는 한반도에서 중국 군현을 축출하였고, 요동 진출을 위한 예비 작업을 수행하였다. 미천왕은 현도군으로부터 확보한 포로들을 平壤으로 사민시켰다. 평양의 위치에 논란의 여지가 있지만, 고구려 수도 내지 그 인 근으로 보는 주장이 타당해 보인다. 그렇다면 이들 포로는 도성과 인근의 勞役에 차출되었을 가능성이 크다. 이로부터 2년 전인 300년에 나라 안의 15세 이상 사람을 징발해 궁실을 수리했는데, 백성들이 식량이 부족하고 일에 지쳐서 도망쳤다고 한다.[121] 이는 곧 고구려 도성 내 노동력 징발이 부족했음을 시사한다. 302년 당시의 전쟁 포로라면 이를 만회하기에 가장 적합한 존재들이었을 것이다.

다음으로 '고구려에서 중국으로 간 이주민'의 경우이다. 우선 눈에 띄는 것은 고구려에서 정치적 위기를 맞아 타국으로 망명 간 '정치 이주민'이 전 무하다는 점이다. 왕족·관인의 지배층인 경우 대부분 외교적인 質子로서 타율적으로 잡혀가거나 보내진 '외교 이주민'들이었다. 319~320년 무렵 모용외에게 인질로 잡혀간 高欽[6], 342년 모용황의 침입 때 인질로 끌려 간 고국원왕의 어머니 주씨와 왕비[10], 북연왕 高雲의 조부 高和가[11] 대표적이다. 338년 '정치 이주민'으로서 전연에서 망명해 온 송황은 349년 고구려가 전연과의 관계를 개선하기 위해 '외교 이주민'으로 재활용된 경우이다[14]. 370년 전연에서 망명해 온 '정치 이주민' 慕容評도 고구려가 전진과의 우호관계 모색을 위해 '외교 이주민'으로써 이용되었다[17]. 고국원왕이 355년 어머니를 모셔오기 위해 대체 인질로 보낸 사람은 '외교 이주민'이 '외교 이주민'을 대체한 특이한 사례이다[16].

고구려에서 중국으로 간 이주민 중 가장 큰 비중을 차지하는 것이 '전쟁 이주민'이다. 이들은 일부를 제외하면 대다수가 피지배층들이었다. 319년 모용외가 장통을 보내 고구려의 于河城을 함락한 후 장수 여노자와 무리 1천여 家를 사로잡아서 수도인 棘城으로 돌아갔다[5]. 342년 모용황의 침입 때는 남녀 5만여 명이 사로잡혀 전연으로 끌려갔다. 이때 도성도 훼철되었다[10]. 고구려는 인적·물적으로 큰 손실을 입었다. 게다가 왕의 어머니 주씨와 왕비까지 질자로 갔기 때문에 전연과의 향후 관계에서 주도권을 빼앗길 수밖에 없었다.

그렇다면 전연으로 잡혀간 이주민들은 어디에서 어떻게 삶을 이어갔을까? 전연은 피정복민을 주로 수도와 인근지역으로 이주시켰다.[122] 319년 모용외가 고구려의 이주민을 극성으로 데려간 것처럼, 342년의 경우도 대다수는 당시 수도인 龍城[遼寧省 朝陽市]과 그 인근으로 옮겨져 안치되었을 가능성이 크다. 실제로 345년에 전연의 封裕가 모용황에게 올린 상서문에 따르면,[123] 고구려·백제[124]·우문부·단부로부터 이주한 사람들 10만 호가 도성에 밀집해 거처하고 있었다.[125] 봉유는 이들이 강제로 옮겨졌기 때문에 고향으로 돌아갈 마음이 크고 국가에 깊은 해가 될 수 있다고 생각하였다. 이에 피정복민들을 지방으로 분산 이주시킴으로써 나라의 허실을 모르게 해야한다고 하였다. 식량 부족 문제와 반란의 가능성을 차단하기 위한 것이었다.[126]

봉유의 건의에도 불구하고 모용황은 고구려를 비롯한 피정복민들을 수도와 그 인근에 계속 배치하였다. 심지어 전연이 중원지역으로 진출하고 그에 따라 수도를 옮기는 과정에서도[127] 일부 피정복민이 함께 사민되었다.[128] 전연 멸망 시 수도 鄴城[河南省 安陽市 臨漳縣]에서의 상황이 이를 시사한다. 곧 370년 11월 전진의 군대가 전연의 업성을 공격했을 때 부여 왕자 散騎常侍 餘蔚이 부여·고구려와 上黨[山西省 長治市]의 質子 500명을 거느리고 밤에 북문을 열어 전진의 군사를 안으로 들였다는 기록이 남아 있다.[129] 이를 통해 342년에 전연의 용성으로 옮겨진 고구려 이주민 중 일부가 수도의 천도에 따라서 계속 거처를 옮겼음을 알 수 있다.[130] 『십육국 춘추집보』에는 『자치통감』의 質子를 '質民子弟'로 표기하였다. 곧 인질로서의 효용성을 가진 이들은 여울처럼 고구려의 귀족이나 왕족일 가능성이 크다.[131] 그렇다면 이들은 '전쟁 이주민'이 아닌 '외교 이주민'이었을 가능성도 다분하다.

기록에는 여울과 500여 명이 전연에 대해서 반감을 가지고 있었음이 드러난다. 345년에 봉유가 모용황에게 건의하면서 걱정한 대목이 바로 이런 점이었을 것이다. 이와 같은 위험 요소에도 불구하고 전연이 피정복민을 수도와 그 인근에 사민시킨 까닭은 무엇일까? 가장 근본적으로는 인구가 군사적으로나 사회경제적으로 국력과 연동되었던 고대 시기에 대규모 전쟁 포로의 확보는 상대 국가의 경쟁력을 약화시키는 수단이 되었을 것이다. 그리고 정복지에서 이주시킨 사람들을 관리·통제하기에 도성과 그 인근이 유리하다고 판단한 듯하다. 또한 목축을 생업으로 했던 전연이었기에 농업기술에 능한 중원의 漢人과 고구려 등 이주민을 농업 노동력으로 활용한 것은 어찌 보면 당연한 일이었다.[132]

342년 전연에 잡혀간 고구려 포로 중 일부는 용성이 아닌 모용부의 첫 번째 수도였던 靑山[遼寧省 錦州市]으로 이주시켰다. 北燕을 건국했던 高雲(慕容雲)의 선조가 그 사례이다. 고운의 祖父가 高和인데, 그는 고구려 출신이었다.[133] 『자치통감』에는 고운의 선조가 모용황이 고구려를 깨뜨린

후 청산으로 옮겨졌고, 이때부터 대대로 燕의 신하가 된 것으로 기록되어 있다.[134] 그렇다면 고화는 342년에 청산으로 사민되어 이곳에서 계속 거처한 것으로 볼 수 있다. 고화와 그 후손이 전연과 후연 정권에서 관료로서 등용되었고, 고운이 후연 慕容寶(재위 396~398)의 양자가 된 점을 감안할 때 고화는 고구려의 왕족 내지 귀족이었을 것으로 추정된다.

요컨대 고구려에서 모용부(전연)로 끌려간 이주민들의 다수는 수도와 그 인근에 사민되어 살았을 가능성이 크다. 농민과 일반 병졸 같은 피지배층들은 농업과 각종 노역에 노동력을 제공했을 것이다. 왕족과 관인 등 지배층들은 전연에서도 일정한 정치적 대우를 받았고, 때로는 전연 관료로서 出仕한 것으로 추정된다. 그럼에도 불구하고 345년 봉유의 상서문과 370년 업성에서의 사례에서 볼 수 있듯이, 일부는 계속 전연에 반감을 가진 채 수구초심을 안고 이주민으로서의 삶을 이어갔을 것이다.

V. 맺음말

서진이 '永嘉의 난'(307~313)으로 혼란에 빠지면서 대규모 이주민이 발생하였다. 대부분 華北에서 江南으로의 南遷이었지만, 요서~요동과 한반도까지 이주하는 경우도 많았다. 이즈음 慕容廆(285~333)가 요동에서 득세하였다. 미천왕(300~331)이 즉위한 후 고구려와 慕容部 간 충돌이 본격화되면서 이주민의 발생도 빈번하였다. 미천왕은 302년에 현도군을 침략하여 8천 명을 붙잡아 고구려의 平壤으로 옮겼다. 이때의 현도군은 遼寧省 撫順市로 비정되는 제3현도군이었다. 평양은 대동강 유역이 아닌 고구려 수도 집안 분지의 지명이다.

미천왕은 313년에 낙랑군을 침략하여 2천여 명을 사로잡았다. 낙랑의 王遵은 요동 출신 張統을 설득해 낙랑민 1천여 家를 데리고 모용외에게 귀의하였다. 당시 幽州 일대에서 독자 세력을 구축했던 왕준은 311년 崔毖를 東夷校尉로 임명해 요동에 파견하였다. 최비는 319년에 고구려 및 宇文部·段部로 사람을 보내 모용외를 멸망시키자며 공모하였다. 그러나 최비의 전략은 모용외의 이간 작전에 말려 실패했고, 그는 기병 수십만을 이끌고 고구려로 망명하였다. 모용외는 장통을 보내 于河城을 습격해 온 고구려 장수 如奴子를 물리치고 1천여 家를 사로잡아 棘城[遼寧省 義縣 서쪽]으로 돌아갔다. 이때 高琳의 6세조 高欽이 모용외에게 잡혀갔다.

모용외가 죽고 慕容皝(333~348)이 즉위하면서 형제들과 권력다툼이 발생하였다. 모용황의 친동생 慕容仁은 平郭을 거점으로 반란을 일으켰다. 모용황은 司馬 佟壽 등을 보내 모용인을 토벌하게 하였다. 동수는 모용인에게 항복하였다. 모용황이 336년 1월 모용인의 반란을 진압하자 그 휘하에 있던 佟壽와 郭充이 고구려로 도망해 왔다. 안악 3호분 묵서명에는 고구려로 이주한 후 동수의 자취가 남아 있다. 그는 고구려의 통제하에 낙랑군·대방군 고지로 옮겨져 지역의 개발과 통치에 활용되었다. 동수는 357년에 죽어 황해도 안악에 묻혔다.

모용황은 후조 石虎(334~349)에게 段部를 토벌하자고 제안하였다. 338년 3월 단부가 멸망하였다. 석호는 단부 공격과정에서 모용황이 약속을 지키지 않았다며 전연을 공격하였다. 석호가 극성을 공격하기에 앞서 주변 세력을 회유하자 전연의 東夷校尉 封抽와 護軍 宋晃 등이 내응하였다. 그러나 후조군이 패배하면서 봉추와 송황이 고구려로 망명하였다. 330년 이후 고구려와 후조는 전연을 둘러싸고 제휴하였다. 두 나라의 관계가 긴밀해진 결과 西邑太守 張氏와 帶方太守 張氏 같은 이주민이 발생하였다. 이들도 동수와 같이 고구려에 의해 낙랑군과 대방군 고지에 이주·안치되어 활용되었다.

모용황은 342년 수도를 극성에서 龍城[遼寧省 朝陽市]으로 옮긴 후 고구려 공격에 나섰다. 전쟁은 고구려의 완패로 끝나 고국원왕의 어머니 주씨와 왕비가 사로잡혔고, 남녀 5만 명이 포로로 잡혀갔다. 고구려 역사상 최대 규모의 '전쟁 이주민'이 발생하였다. 모용황은 345년에 宇文部 공격에 나서 멸망시켰다. 우문부왕 逸豆歸는 漠北을 거쳐 고구려로 이주하였다. 慕容儁(348~360)이 즉위하자 고국원왕은 전연에서 망명해 온 宋晃을 전연으로 보냈다. 송황은 고구려에 '정치 이주민'으로서 망명한 지 10년 만에 '외교 이주민'으로 다시 이용되었다. 고국원왕은 355년 전연에 사신을 보내 인질과 조공을 바치면서 어머니 주씨의 송환을 요청하였다. 모용준은 이를 수용해 주씨를 고구려로 돌려보냈다.

4세기대 고구려와 모용부(전연) 등의 국가 간에 발생한 이주민 사례는 17건이었다. 고구려로 들어온 이주민 10건, 고구려에서 다른 나라로 이주한 경우가 7건이다. 고구려가 확보한 이주민은 10,062명 이상, 고구려에서 타국으로 이주한 사람은 약 55,008명이다. 고구려의 인적 손실이 훨씬 컸다. 고구려로 온 '정치 이주민'들은 모두 자발적인 망명이었다. 崔毖·佟壽·宋晃 등이 대표적이다. 이들은 본국에서 官人이었으므로 고구려로 이주해 온 후에도 그에 상응하는 대우를 받았다. 349년 전연으로 보내진 송황도 그곳에서 중용되었다. 동수·서읍태수와 대방태수 장씨·동리는 고구려에서 의해 낙랑군과 대방군 고지로 사민되었다. 이들은 고구려의 통제하에 해당 지역에 배치되었다. 4세기대 고구려는 두 번에 걸쳐 대규모의 '전쟁 이주민'을 확보하였다. 미천왕은 302년과 313년에 현도군·낙랑군을 공격해 각각 8천 명과 남녀 2천여 명을 사로잡았다. 현도군으로부터 확보한 포로들은 平壤으로 사민되어 도성과 인근의 노역에 차출된 듯하다.

고구려에서 모용부(전연)로 간 '정치 이주민'은 없다. 지배층의 경우 質子로 잡혀가거나 파견된 '외교 이주민'이었다. 가장 큰 비중을 차지한 것은 '전쟁 이주민'이었다. 고구려 이주민들은 대부분 전연의 수도와 그 인근으로 사민되었다. 封裕 상서문에 따르면, 345년 당시 고구려 등에서 이주해 온 사람들 10만 호가 도성에 거처하고 있었다. 전연이 중원지역으로 진출하고 그에 따라 수도를 옮기는 과정에서도 일부 피정복민이 함께 사민되었다. 전연이 피정복민을 수도로 사민한 까닭은 정복지에서 이주시킨 사람들을 관리·통제하기에 도성과 그 인근이 유리했기 때문이었다. 전연은 목축이 생업이었으므로 농업기술에 능한 漢人과 고구려 등 이주민을 농업 노동력으로 활용할 필요도 있었다. 고구려 지배층들은 전연에서도 일정한 대우를 받았고, 때로 관료로서 出仕하였다. 일부는 전연 정권에 반감을 가진 채 이주민으로서의 삶을 이어갔다.

삼별초의 대몽 항전과 바다의 피난처

I. 머리말

몽골과의 장기간에 걸친 전쟁으로 고려는 국토와 백성이 유린되고 약탈당하였다. 그 와중에도 고려 정부는 무신정권의 집권을 유지하고 水戰에 약점을 보이는 몽골군을 피해 강화도 천도를 결정하고 항전을 이어갔다. 강화도를 전시수도로 하여 서해안과 남해안의 여러 島嶼들에 백성들을 이주시켜 생업을 마련하는 등의 대책을 마련하였고, 그중의 몇몇 도서는 몽골의 고려 복속 이후에도 삼별초와 전쟁난민들이 대몽항전을 이어가는 저항거점이자 피난처로 활용되었다. 개경의 사직과 주요 사원을 강화로 이건하고 연안 제방의 축조를 비롯한 3중성의 구조를 갖춘 강화도성을 수축하여 고려산과 정족산을 배후로 하는 산성 및 해도입보 전략이었다. 그러나 무인정권의 실각과 함께 개경 환도는 삼별초의 저항의지를 강화함과 동시에 서남해안의 여러 섬을 입보처로 삼아 항쟁을 이어나갔다. 대몽항전기 삼별초는 1천여 척의 함선과 가솔들이 함께 피난하면서 전쟁난민이 되었지만, 두 번째 천도지였던 진도를 필두로 완도와 남해도 및 제주도를 피난처로 삼았으며, 이외에도 압해도·대부도·조도·위도 등 서남해안의 여러 섬들은 몽골에 항전하던 삼별초와 전쟁난민의 입보처로 활용되었다. 아울러 일본의 후쿠오카와 류큐도 삼별초와 전쟁난민의 피난처로 선택되었을 가능성도 충분하므로 이에 대한 논의를 구체화하고자 한다.

Ⅱ. 강화천도와 山城 및 海島入保 전략

1. 강화천도와 입보처의 선정

고려시대는 수많은 이민족의 침입이 있었지만 특히 몽골의 침입은 기존의 전쟁 양상과는 다르게 전개되었다. 대규모 인명의 손상과 막대한 약탈이 확대되는 등[1] 전쟁의 규모가 커지고, 군사력이 압도적으로 불리한 상황이었기 때문에 전면전보다는 장기전으로 끌고 가면서 상대의 허실을 틈타 공격을 감행하는 이른바 국지전을 구사할 수밖에 없었다. 이러한 전쟁의 양상으로 인해 백성들을 보호하기 위한 입보산성을 매우 험준하고 궁벽한 곳에 구축하게 하였다.[2] 그리고 몽골과의 장기전을 대비한 입보책의 수립은 산성입보와 해도입보의 양면에서 진행되었다. 그러므로 무신정권이 강화천도를 추진한 배경에는 산성입보와 해도입보를 동시에 활용할 수 있었다는 점과 천도 이후에도 몽골과의 전쟁에서 산성과 해도를 동시에 활용하는 이원적인 방어체계를 운용하기 위함이었다.

산성입보와 동시에 추진된 해도입보는 1231년(고종 18)에 몽골군의 침략을 받고 3군이 크게 패해 개경 도성이 포위되자 화해로 위기를 넘기고 이듬해에 강화로 천도[3]하면서 진행되었다. 험준한 산성과 海島에 대한 入保策을 통해 騎馬를 위주로 하는 몽골군을 피하고 노인과 아이들, 그리고 부녀자가 지킬 수 있는 지형상의 이점을 최대한 활용하는 방어 전략이었다.[4] 그리고 水路防護別監[5]과 諸道水路防護使[6]가 이미 운용되고 있어서 무인정권의 강화천도에는 별다른 장애가 없었을 것이다. 따라서 고려는 몽골의 침략 초기부터 水戰에 약한 것을 간파하여 개성과 지리적으로 가까운 海島 入保處로 강화도를 선택하였다.

해도입보를 통한 해로방호의 전략, 즉 '도서해양전략'은 대몽골전에서 상당한 효과를 보았다. 유목민 특유의 기병부대를 앞세운 몽골의 군사작전은 육상에서는 가공할 파괴력을 선보였지만, 해상에서는 상당한 약점을 노출할 수밖에 없었다.[7] 몽골이 강도를 공략하고자 하였지만 선박운용이 어려워 포기했던 사례를 다음에서 확인할 수 있다.

> (고종 19년 9월) 몽골병이 松京을 포위하여 왕이 강화도로 피란하였는데, 적이 배를 만들어 쳐들어가려고 하였다. 그때 변려가 鄕戶로 있다가 붙잡혀 적이 길을 물으면서 단근질[烔焰]까지 하였으나, 물길이 매우 험하여 배를 타지 못한다고 답하였더니, 적이 그것을 믿고 배를 불사르고 물러갔다. 그러므로 곧 上將軍의 버슬을 주었다.[8]

한편, 전시수도인 江都는 바다로 막혀 있어 방어에 유리한 점이 있고 또 개경과 인접해 있으면서도 조운로를 통한 지방과의 연결이 가능하였다. 무인정권은 1232년부터 개경으로 환도하는 1270년까지 약 38년 동안 강화도에서 몽골과의 항쟁을 지휘하며 만들어간 정치와 문화 공간이었다.[9] 강화천도가 결정된 이후 1232년 궁궐조영,[10] 1233년 외성 축조[11]와 연안의 제방축조,[12] 1237년(고종 24)에 이르러 거의 완성된 강도의 성곽은 궁성·중성·외성으로 이루어진 3중성이었으며, 1250년(고종 37) 중성의 축조는 최항의 주도 아래 축성이 이루어졌다.[13] 이처럼 고려정부는 강도의 방어시설을 공고히 하며 아울러 갑곶에서 수전연습 등으로 수도 방어에 심혈을 기울였다.[14]

당시 강도에는 1천여 척의 각종 선박과 함선이 집결하여[15] 몽골군의 도해작전에 대비하였다. 이는 1238년(고종 25) 몽골군이 강화도 맞은편 연안에 출현하여 위협적 시위를 벌인 일이 있었는데, 당시 강도의 방어력을 단적으로 표현한 다음의 기록이 눈에 띤다.

> 오랑캐 등이 아무리 완악하다지만 어떻게 이 물을 뛰어 건너랴.

저들도 건널 수 없음을 알기에 와서 진치고 시위만 한다오.
누가 물에 들어가라 말하겠는가? 물에 들어가면 곧 다 죽을 터인데,
어리석은 백성들아 놀라지 말고 안심하고 단잠이나 자게나.
저들 응당 저절로 물러가리니 國業이 어찌 갑자기 끝나겠는가?[16]

이처럼 몽골군의 공격으로부터 강도의 안전을 보장받게 된 지배층들은 개경에서와 다를 바 없는 생활을 영위할 수 있었는데, 이는 강화도가 한반도의 중심부에 위치하면서도 한강·임진강·예성강이 만나 서해로 흘러가는 곳에 있어서 수도를 향하는 조운의 편리함과 외국 상선의 정박지로 운용되었기 때문이었다.[17] 그러므로 고려 정부의 강도 경영은 천도 이전과 같은 모습이었고, 조운으로 인한 江都의 경제적 번영은 「三都賦」에 서술될 정도였다.

성시가 포구이니 문 밖이 바로 배라, 꼴 베러 가거나 나무를 해서 돌아올 때에도 조그만 배에 둥실 실어 육지보다 길 빠르니, 땔감 부족 없고 마소 먹이 넉넉하여 사람은 한가하고 씀씀이 넉넉하며, 힘은 적게 들고 공은 뛰어나네. 장삿배와 朝貢배가 만 리에 돛을 이어 묵직한 배 북쪽으로, 가벼운 돛대 남쪽으로, 돛대머리 서로 잇고 고물이 맞물려서 한 바람에 따라 순식간에 팔방사람 모여드니, 산해의 진미를 실어오지 않는 물건 없네. 옥 같은 쌀을 찧어 만 섬을 쌓아 우뚝하고 주옥이며 모피를 싸고 꾸린 것을 사방에서 모아 가득하다. 뭇 배 와서 닻을 내리자 거리 가득 골목 붐벼 賣買가 자못 손쉬우니 말짐 소짐 무엇하리. 손에 들고 어깨에 메고 몇 걸음 안 걸어서 官家에 쌓여지고 민가에 흘러 넘쳐, 산보다 높직하고 샘물처럼 콸콸하니, 온갖 곡식이 썩을 지경이니 漢代의 富饒와 어떠한고… 云云[18]

인용에서와 같이 당시 강도의 지정학적 위치는 조운으로 활성화된 물산

의 집적지였음을 단적으로 보여주고 있다. 때문에 고려의 귀족들은 강화도에서 생활하는데 부담을 느끼지 않았을 뿐 아니라, 개경에서와 같이 종교 생활도 영위했을 것이라는 점은 개경의 사원을 강화로 옮겨 行香하였다는 사실로도 확인된다. "비록 천도한 초창기이나 毬庭·宮殿·寺社의 명칭이 모두 松都에 따랐고, 八關·燃燈·行香·道場이 모두 옛 방식 그대로였다"[19]는 기록을 앞의 인용문과 함께 검토해 보면, 강화도로 천도한 이후에도 개경에서와 같이 경제생활과 종교 활동이 가능하였음을 말하는 것이다. 그리고 개경 사원의 江都 이건 이후에도 불교행사의 전통은 지속되었고,[20] 사원의 기능도 여전하였던 것에는 전쟁을 극복하기 위한 신앙행위가 더욱 왕성하여졌음을 시사한다.[21]

당시 정부는 강도의 방어를 위해 육상에서는 축조된 성곽을 거점으로 고려산·정족산 등의 산성과 토성을 배후로 구축하였다. 삼별초를 주축으로 하는 육군이 도성에서 방어하며, 도성이 무너졌을 때 집권자의 사병인 도방과 마별초, 국왕의 호위군인 금위군이 방어하는 전략과 함께 바다에서는 고려 수군이 강화도 주변을 경계하는 전단을 구성하였다.[22] 그러나 이러한 전략으로는 고려군이 전세를 역전시켜 승기를 잡기가 쉽지 않았고 장기전을 치르겠다는 항전 의지만을 다질 뿐이었다. 무인정권은 정치권력의 유지와 대몽전쟁의 지속적 수행이 상호 연관을 맺는 상황이어서 항전 이외에 다른 선택이 없었다.[23]

몽골은 장기간의 전쟁을 수행하면서 군사전략 목표를 달성하기 위해 사전 정탐에 의거 치밀하게 고려를 침공하였다. 이를 위해 몽골군은 고려 침략의 경험이 있는 장수들을 연속적으로 파견하여 전투의 효율성을 높였다. 또한 몽골의 1·2차 침공과 달리 3차 침공부터 고려 전국토로 전장을 확대하고 강화도와 인접한 경기·서해안 지역을 집중 공략하여 강화도를 압박하였다. 이것은 고려 정부가 강화도를 근거로 항쟁을 지속할 수 없도록 하려는 의도였다.[24] 고려가 제3차 전쟁에서 채택한 방어책은 수세 전략의 일환으로 해도입보와 산성입보를 택하였는데, 두 전술 모두 작전 주도권을 상대에게 넘겨주고 수세적으로 전쟁과 전투에 임하는 개념이다. 그러나 이를 보장하기 위해서는 수세적인 차원의 국가정책이나 전략적 뒷받침이 필요하였다. 그렇지 않을 경우 불필요한 무력 충돌로 군사력 약화는 물론 일반민들의 큰 희생을 초래하였다.[25] 이러한 전쟁의 양상으로 인하여 고려 정부는 불가피한 선택을 취하였지만, 만일에 있을 몽골의 강화도 침공에 대비한 전략적 구상이 절실한 상황이었다. 당시 정부의 천도와 동시에 진행되었던 사원 활용은 단순히 종교기능뿐만이 아니라[26] 사원 자체의 승군을 활용하기 위한 전략적 선택이었을 것이다.[27]

한편, 산성입보는 고려가 기존에도 시행했던 전략으로 항쟁 초기에는 군·현의 중심지로부터 떨어진 험준한 산성을 택하였다. 몽골 침략 이전에는 치소성 위주의 입보전략을 구사하였다. 치소성은 지방공동체의 군사 및 방어 근거지 기능과 함께 향리의 독자적 집무소인 읍사의 역할도 수행하였다.[28] 그러나 대부분 기마병으로 구성된 몽골군을 감당하기에는 역부족이었고, 몽골의 1차 침입 이후 치소성의 한계가 드러나자 해도입보를 동시에 추진되었다. 강화천도 이후 입보하는 산성의 경우 치소성이 아닌 산성들이었으며, 입보처의 험준한 입지 조건이 중시되었음이 확인된다. 몽골군의 서해도 양산성을 함락시킬 당시 방호별감 權世候는 말과 사람의 통행이 힘든 험준한 곳에 위치했던 양산성의 입지 조건을 믿고 방어를 허술하게 하였다는 것이다. 대체로 이 시기의 산성입보는 피난과 방어의 利點을 충분히 확보할 수 있는 곳이었다.[29]

북계병마사가 보고하기를 "몽고군이 압록강을 건넜습니다."라고 하였다. 5도 안찰사 및 3도 순문사에게 이첩하여 거주민[居民]을 독려하여 산성과 해도로 입보하게 하였다.[30]

3월 병오 각 도의 군현에서 산성과 해도로 입보한 자들은 모두 육지로 나오

라고 명령하였다.[31]

　사료에서와 같이 강화 천도 이후 외적의 침입이 있을 때마다 국가가 적극적으로 거주민들을 산성으로 입보하도록 하였고 사정이 나아지면 출륙하여 원래 살던 곳으로 되돌려 보냈는데, 이처럼 해도입보가 용이하지 않은 곳에서는 산성입보를 적극 추진하였다. 산성입보가 추진된 경상도는 지리적 특성상 왜구나 임진왜란의 경우를 제외하고 역사적으로 외부의 침략에 직접적인 피해를 입은 적이 없었다. 그러나 강화 천도 이후 경상도는 1259년까지 11회에 걸친 몽골의 침략 중 직접적인 피해는 5회에 이르며,[32] 황룡사 소실 등을 겪기도 하였다.[33]

　경상도의 산성입보책은 지리적 조건으로 인한 해도입보가 매우 제한적이었기 때문이다.[34] 이때의 대표적 입보처는 상주산성으로 몽골의 車羅大가 공격했다가 물러난 곳이었다.[35] 산성입보는 기존의 생활 터전과 가까이 있고, 미리 무기와 식량을 준비해 두었기 때문에 빠른 입보가 가능했다. 그러나 제한된 공간에 들어가는 것이기에 단기적인 효과는 있어도 장기전에는 어려움이 컸다. 생활 터전이 성 밖에 있는 만큼 경작을 위해 성 밖으로 나가야 했는데, 이는 적으로부터 공격받을 위험이 따르는 것이었다.[36] 그렇다고 적절할 때 성을 나가 농작물을 경작하거나 수확하지 않으면 식량 부족으로 곤란해졌기 때문에 입보민과 관리 사이에 갈등이 빚어지기도 했다.[37] 이러한 이유들로 인해 몽골군의 침입에 제대로 응전하기 보다는 군현과 적당한 거리를 두고 오직 외침을 방어하는 정도의 기능으로 제한하였다고 볼 수 있다. 전라도에서도 조운로 상에서 확인되는 여러 도서들과 함께 장흥 수인산성, 나주 금성산성, 장성 입암산성 등을 중심으로 하는 산성입보책을 마련하였다. 몽골과의 전쟁 뿐 아니라 삼별초의 항쟁 과정에서도 산성입보는 계속되고 있었다.

金應德은 성품이 용감하였다. 원종 11년 羅州司錄이 되었는데, 이때 삼별초가 반란을 일으키고 진도에 웅거하고 있었는데, 세력이 매우 성하여 州郡에서는 기세를 바라보고 맞이하며 항복하거나, 혹은 진도에 가서 적장을 알현하기까지 하였다. 심지어 羅州副使 朴琈 등도 가만히 엿보기만 할 뿐 결정을 내리지 못하였는데, 上戶長 鄭之呂가 개탄하며 말하기를, "진실로 城에 올라 굳게 지킬 수 없다면 차라리 山谷 간으로 달아나 피해야 합니다. 고을의 首吏가 되어 무슨 면목으로 나라를 배반하고 적을 따르리오."라고 하였다. 김응덕이 그 말을 듣고 곧바로 守城할 것을 결의하고 州 및 領內 여러 縣에 공문을 보내고는 錦城山으로 入保하였다. 가시나무를 세워 목책을 만들고 솔선하여 사졸을 독려하였으며 적이 이르러 성을 포위하고 공격하자 사졸들은 모두 상처를 싸매면서 사수하였는데, 적이 성을 공격한 지 일주일이 되었으나 끝내 함락시킬 수 없었다.[38]

2. 해도입보책의 수립과 운용

1231년(고종 18) 몽골의 제1차 침략 당시 그간 방어 거점으로 기능해온 군·현 중심지의 치소성이 비교적 광범한 지역에서 한계를 드러내고 무력화되었다. 이러한 상황에서 黃州·鳳州 및 북계의 여러 州鎭에서 해도입보가 이루어졌다. 이들 지역의 해도입보는 개별 지역 차원에서 이뤄진 수령의 임기응변이었으나, 그 지역에 국한하여 사전에 중앙정부의 명령에 따른 조치였을 개연성도 높다. 몽골의 제1차 침입은 1231년 12월 여·몽 양국 간의 화친으로 종결되었다.[39] 그러나 1232년(고종 19) 6월 무신집권자 崔瑀의 재항전 의도 속에 강화천도가 단행되었고, 그 이후로 고려는 몽골과의 장기전에 돌입하였다.[40]

최우정권은 기동성을 특징으로 하는 몽골군의 군사력에 대응하여 장기전을 대비하면서, 해도인 강화로 천도하는 것과 궤를 같이 하여 각 지역은 해도(혹은 산성)에 입보토록 하였다. 1232년 6월에 단행된 해도입보 조치는 국가의 강압과 강제에 의해 전국적으로 확대 적용된 대책이었다. 이를 시발점으로 하여 대몽전쟁기는 물론, 충렬왕대까지도 해도입보책이 시행되었다. 해도입보의 이점으로는 산성입보에 비해 장기적인 면에서 유리하였다. 물론 내륙에 있던 군현이 해도로 들어가는 것 자체가 어려운 일이지만, 규모가 있는 섬의 경우에는 개간을 통해서 생활을 유지할 수 있었고, 산성에 비해 많은 인원이 입보할 수 있었다.[41] 입보처로 기능한 해도는 대부분 육지와 비교적 가까우면서도 전략적으로 중요한 요충지에 입지하는 특징을 지니고 있었다. 군현민이 입보하는 곳으로만 기능하는 것이 아니라, 몽골군의 후방 부대를 기습·견제하거나 江都(江華京)를 향하는 수로를 방어하는 등의 전략적 요충지의 역할을 하였다.[42]

해도입보는 철저히 정권 주도로 진행되었다. 해도들 가운데 입보처의 선택, 특정 해도에 입보해야 할 군·현의 결정 등은 국가 차원에서 이루어졌다. 국가의 관리들이 군현민의 해도 입보를 주도하고 집행하였음은 물론이다. 해도입보책의 시행은 관리가 지방에 파견되는 경우도 있었지만, 일반적으로는 기존의 공식적인 행정조직을 통해 이루어졌다. 입보령은 강도정부로부터 양계의 병마사, 5도의 안찰사, 하삼도의 巡問使 등에게 하달되고, 이들을 통해 다시 각 주·현의 수령들에 전달되었다. 입보민에 대한 지휘감독은 대체로 지방 수령에게 맡겨져 있었다. 대몽전쟁이 장기화됨에 따라 중요한 입보처에는 특별히 海島防護別監이 파견되어 해도입보를 지휘하기도 하였다. 지역민이 삶의 터전을 떠나 섬으로 들어가야 했으므로 민인들은 해도 입보를 주저하거나 경우에 따라서는 저항하기도 하였다.[43] 그러나 고려정부는 정책적 차원에서 강력한 의지로 해도입보를 추진하였고, 이에 대응하여 입보의 집행 과정에서 집과 錢穀 등을 불태워버리거나 가혹한 체벌을 가하는 등의 강압적인 방법을 동원해서라도 해도입보를 관철하였다. 강경책 외에도 입보한 민인들의 경제적 기반을 마련해 주고자 섬 안 혹은 연해안의 토지를 분급해주거나,[44] 해도로 옮긴 주·현의 租를 면제해주기도 하였다.[45] 이러한 시책들은 해도입보책의 안정적 운영을 위해 강구된 조처였다.

해도입보는 水戰에 상대적으로 약한 몽골군의 침입을 방어하는데 효과적인 전술로 고려가 장기간에 걸쳐 몽골과 대적할 수 있었던 요인들 중 하나였다.[46] 1250년대 이전까지 꽤 오랫동안 몽골군은 입보처인 해도에 대한 직접적 공략을 실행하지 못하였다. 단지 몽골군은 강화도 건너편에서 무력 시위를 전개함으로써 강도를 위협하는 정도에 지나지 않았다. 그러다가 1254년(고종 41) 이후부터 전략을 수정하여 해도에 대한 침공을 단행하였다. 葛島에서 민호를 잡아가거나 神威島를 함락시키기도 하였다.[47] 그러나 대체로 고려 別抄軍과 입보민의 적극적인 대응으로 인해 몽골군은 수전에서 패퇴함으로써 소기의 성과를 달성하지 못하였다.

해도입보책은 대몽전쟁이 장기화되면서 위기에 직면하였는데 우선, 몽골군이 강도 이남의 주요 해도를 침공하여 조운로를 봉쇄하면서 시작되었다. 즉 몽골군이 강화도와 가까운 아산만 일대를 장악하게 되면 강화 정부가 곤경에 처할 것이라는 것과, 조운로 상에서도 아산만 연안은 평야지대이면서도 교통이 발달한 收稅의 중심인데다 江都와 근접한 곳이어서 고려 정부와 무신정권은 이 지역에 대한 각별한 관심을 가지고 있었다.[48] 다음으로 민인들이 국가의 입보 지시를 따르지 않거나 입보한 해도에서 반란을 일으키는 등 강도정부가 입보민에 대한 효율적 통제가 어려워졌다. 그러나 해도입보책은 그 자체로서 소극적인 방어책이었지만, 몽골군 수뇌부가 對고려 전쟁의 실패를 스스로 인정할 정도로 몽골과의 30년 장기전을 이끌었던 원동력이었다. 또한, 1259년 고려가 몽골의 요구사항을 완화시키면서 강화를 체결하는데 영향을 주었다.[49]

한편, 강화도 이외의 여러 섬들을 직접 관할하였을 것으로 보이는 서남해안의 여러 도서들 중 진도, 완도, 남해도 및 제주도에 대해서 삼별초군의 지형 정보 수집은 상당하였을 것으로 보인다. 강화도를 근거로 대몽전쟁을 수행하였던 과정에서도 진도의 지리적 특징을 간파하여 거점으로 삼았던 것도, 진도가 남해와 서해가 교차하는 연결지점에 위치한 큰 섬으로 진도와 해남 사이에는 험한 명량해협이 방파제 역할을 하였기 때문이다. 더구나 삼별초가 장악한 진도 벽파진은 육지와의 주요 통로로 이곳을 제압하여 진도 방어를 적극적으로 활용하였다.[50] 1986년 학술조사를 시작으로 2012년까지 발굴된 연구에 따르면 삼별초의 용장산성 운영은 진도 진입 이전부터 산성 축조가 있었던 것으로 파악하고 있다.[51] 그 근거는 삼별초가 진도에 머문 기간이 9~10개월 정도였고 여몽연합군과 전투를 전개하는 동시에 전라도와 경상도 해안지역을 중심으로 활발한 제해권장악은 거점 지역의 확보 노력의 일환이었음을 고려해 볼 때, 짧은 기간에 왕궁 및 내성을 비롯한 용장산성까지 동시에 축조하는 것은 물리적으로 불가능하다고 보았다.[52] 때문에 삼별초가 진도 입거 후 한 달여 만에 장흥·나주·제주 등을 공략하는가 하면, 여몽연합군을 상대로 한 전투에서 우위를 점할 수 있었던 것도 이미 서·남해의 교차점에 전략 거점이 구축되어 있어서 가능한 일이었다. 강화도에서 대몽강화 이후 삼별초군의 남행 결정은 항쟁의 거점으로 삼은 진도, 제주도 외에 압해도, 완도, 남해도 등 서남해안의 도서들을 대몽항전기 해도입보처로 적극 활용되었다.

III. 서남해안 漕運路의 주요 해도입보처

고려의 주요 운송수단은 수레가 아니라 선박이었다.[53] 지방에서 거둔 조세와 특산물은 조운을 통하여 수도까지 운송되었으며, 주변국과의 사신 교환과 경제 교류 또한 대부분 선박을 통하여 이루어졌다. 특히, 고려로부터 시작된 조운제도는 왜구의 침입이 극심했던 시기를 제외하고 조세가 금납화되는 1894년까지 큰 변화 없이 이어졌다.[54]

고려의 조운제도가 언제부터 시작되었는지를 말해주는 명확한 자료는 없다.[55] 그러나 건국 초기인 태조 시기부터 이미 지방 조세를 선박으로 운송하였을 가능성은 크다.[56] 조운은 바다로 연결된 포구에 곡식을 집결한 뒤 배를 이용하여 수도로 운송하는 방식이었으므로 바다가 안정되지 못하면 운영되기 어려운 점이 있었다. 그래서 고려가 국초부터 해상 호족 세력들을 중앙의 귀족으로 끌어들이고, 지방 포구를 행정기구 안에 포함시키기 위해 노력한 것도 이와 무관하지 않다. 포구를 거점으로 하는 지방 세력들이 존재하는 한 조운은 그들에 의존할 수밖에 없기 때문이다.[57]

아울러 함께 검토할 수 있는 부분이 고려의 수군력이다. 고려 수군은 한반도 주변의 제해권을 장악하여, 송을 비롯한 동남아시아와의 교역에서도 충분히 활용하고 있었다. 즉, 고려 태조 때부터 행해진 팔관회의 진헌무역에서 필요한 해상교통로를 장악하고 있었고, 송과의 무역과 중동 아시아 상인의 고려 방문도 해당 시기에 활발했었다는 점은 이미 밝혀졌다.[58] 이것은 고려가 조운을 운용하는 과정에서 바다를 읽고 활용하는 능력이 우수했음을 의미하는 것이지만, 삼별초가 여몽연합군에 쫓겨 여러 섬을 이동하는 과정에서도 지속적으로 서해안을 약탈하였던 기록과 이에 대응하지 못하였던 고려 관군의 태도를 볼 때에도 삼별초의 수군력은 고려 정예 수군과 다름없었음을 말하는 것이다.[59] 이러한 상황에서 해도입보 전략은 몽골군과 고려군의 전쟁에서부터 여몽연합군과 삼별초의 항전에까지 상호 중요한 전술로 채택되었으며, 대몽항전기 초반부터 삼별초의 와해에 이르기까지 상당 기간 활용되었다.

해도입보처의 하나였던 압해도 웅거는 몽골군의 공략 기사에서도 확인되는데, 몽골 장수 차라대가 압해도를 치려다 중단하였다는 내용으로, 이때 차라대가 동원한 선박은 70척이었다. 이로 볼 때 압해도의 고려군 위세가 대단하였다는 것은 70척의 함선 동원으로 확인된다. 실제 차라대는 압해도의 대포 존재와 항전 의지에 놀라 침공을 멈추었다고 한다.

郞將 尹椿이 몽고군에서 왔다. 윤춘은 배반하여 몽고에 들어간 지가 몇 년이 었는데, 이때에 도망하여 돌아와 말하기를, "여러 장수가 車羅大[쟈릴타이]에게 서경으로 물러나 주둔하자고 권하였습니다. (차라대는)황제의 명령이 없다는 이유로 거절하며 말하기를, '내가 여기서 죽을지언정 어찌 물러날 수 있겠는가.'라고 하였습니다. 차라대는 일찍이 수군 70척을 거느리고 (배에) 旗幟를 가득 세우고, 押海島를 공격하려고 하면서, 저와 어느 관인을 시켜 다른 배를 타고 싸움을 독려하게 하였습니다. 압해도 사람이 큰 함선에 2개의 포를 설치하고 막았습니다. 양군이 서로 대치하고 싸우지 않았는데 차라대는 해안에서 바라보고 저희를 불러 말하기를, '우리 배가 포격을 받으면 반드시 부서질 것이니, 당해낼 수 없다.'라고 하였습니다. 다시 배를 옮겨 공격하게 하였으나 압해도 사람은 곳곳에 포를 갖추었습니다. 그러므로 몽고인은 마침내 수공하려는 계획을 그만두었습니다.[60]

이러한 사실은 이미 태조 왕건의 활동 시기부터 압해도의 전략적 중요성이 매우 컸는데 能昌의 존재 및 제거로 재확인된다.[61] 압해도는 영산강 입구에 있는 규모가 큰 섬으로 조운로 상 반드시 거쳐야 하는 섬이었기에 삼별초가 이 섬에 대해서 무관심하지 않았을 것이기 때문이다.

이처럼 고려가 운용했던 조운로 상의 여러 섬들은 조세를 개경으로 운반하기 위한 조창과 연계하여 연안항로의 정박처나 피난처로 활용되었음이 확인되며, 전란의 상황에서 이들 섬에 대한 입보 결정은 당연한 선택이었을 것이다. 해도입보의 피난처로 활용되었던 대부도, 조도, 위도 사례에서도 입보민의 생계를 보장하면서 몽골과의 전쟁을 수행하였다.

몽고군이 배를 만들어 槽島를 공격하였으나 함락시키지 못하였다.[62]
大府島의 別抄가 밤에 仁州 땅 蘇來山으로 가서 몽고군 100여 인을 공격하여 쫓아내었다.[63]

특히 영광군에 속해 있었던 위도에서는 金方慶을 중심으로 하여 방어 태세를 갖추면서 제방과 둑을 쌓아 조수를 막고 입보민이 경작할 수 있게 하였으며, 빗물을 모아 우물을 설치하였다는 기록은 여타 입보처에도 동시에 적용되었을 것이다. 그리고 일정 규모 이상의 섬을 중심으로 하는 방어 전략의 실행은 조운로를 중심으로 수립되었다. 다음의 기록은 위도를 직접 운용했던 내용이다.

陸昌縣은 본래 백제의 阿老縣【葛草라고도 하고, 加位라고도 한다.】으로, 신라 경덕왕 때 이름을 碣島로 고치고, 壓海郡의 領縣이 되었다. 고려에 와서 지금 이름으로 바꾸고, (영광군에) 來屬하였다. 比尒島·蒥島·神葦島·青島·禿島·白良島·慈恩島·喦墮島·櫻島·鷲島·乃破島가 있다.[64]

이후 (김방경이) 서북면병마판관이 되었을 때, 몽고군이 공격해 오자, 여러 성에서는 葦島로 入保하였다. 섬에는 10여 리 되는 평지가 있어 경작할 수 있었는데, 潮水가 걱정되어 개간할 수 없었다. 김방경이 堤堰을 쌓고 파종하게 하니 민은 처음에는 이를 힘들게 여겼으나, 가을이 되어 곡식이 잘 익자 사람들이 이에 힘입어 생활할 수 있었다. 섬에 또한 우물이나 샘이 없어 항상 육지까지 물을 길러 가다가 왕왕 포로로 잡혔다. 김방경이 빗물을 모아 연못을 만드니, 그 걱정이 마침내 끊어졌다.[65]

博州 사람들이 병란을 피해 葦島에 入保하였다. 나라에서 都領郎將 崔乂 등을 파견하여 별초를 이끌고 그들을 진무하게 하였는데, 박주 사람들이 도리어 최예와 指諭 尹謙, 監倉 李承璉을 죽였다. 최예가 거느리던 군사들은 모두 도망쳐서 갈대밭[蘆葦]에 숨었지만 사람들이 그 뒤를 밟아 모두 죽이고는 마침내 몽고에 투항하였다. 오직 校尉 申輔周만이 작은 배를 타고 도망쳐 와서 병마사에게 보고하였다. (병마사가) 즉시 군대를 보내 그들을 추격하여 부녀자와 어린아이들은 데리고 돌아왔다.[66]

안북별장 康之俊이 葦島로부터 와서 항복하였으므로 은 9근과 쌀 20곡을 하

사하고 이어 攝郎將으로 제수하였다.[67]

삼별초의 남행으로 이어진 항거는 조운로의 중요한 길목이었던 진도를 거점으로 삼으면서 계속되었다. 진도의 위치가 남해와 서해를 잇는 요충이면서도 개경과는 상당한 거리를 두고 있어서 여몽연합군의 공세에서 벗어날 수 있었다는 등의 이점을 적극 수용한 결과였다.

> … 설상가상으로 지금 역적이 날로 기승을 부려 경상도 金州와 密城까지 쳐들어왔는데, 거기에 더하여 南海·彰善·巨濟·합浦·珍島 등지를 약탈하고 심지어 연해의 부락까지 모조리 약탈하였기 때문에 백성에게서 거두어 (수요량에) 대기가 어렵습니다. 경상도와 전라도의 貢賦는 모두 육로로 수송하지 못하고 반드시 水運으로 해야 하는데, 지금 역적이 진도에 웅거하고 있고 여기는 바로 수로 교통의 목에 해당하여 왕래하는 배가 지나갈 수가 없으니 군량과 소 먹이, 농사의 종자를 아무리 거둔다고 해도 수송할 길이 없습니다.[68]
>
> 三別抄가 珍島에 들어가 거점으로 삼고 州郡을 침략하고 약탈하였다. 몽고 황제의 명령서[帝旨]를 위조하여 전라도 안찰사에게 백성들의 추수를 독촉하고 섬으로 이주하게 하였다.[69]

즉, 경상도와 전라도의 조세 운송에서 진도가 차지하는 지리적인 이점을 충분히 인지한 삼별초의 진도 웅거는 여몽연합군의 진공을 방해하는 요인이었음을 역설하고 있다. 또한 진도는 땅이 기름지고, 농수산물이 풍부하여 삼별초 및 그들을 동조하는 세력의 자급자족을 가능하게 하는 여건이 조성됐다는 점이다. 특히 진도는 주변 내륙 연안에 최씨 무인정권이 소유한 대규모 농장이 있었고 최항이 진도에 머물렀다는 기록으로 보아, 삼별초가 진도로 남하하기 전에 최씨 정권과 같이 대몽항전에 동조하는 세력과 분위기가 조성되었다고 할 수 있다.[70] 그리고 삼별초가 진도를 거점으로 가까운 지역을 공략하거나 식량 등을 빼앗아 군량으로 삼는 등의 활동[71]은 진도를 보다 적극적으로 공략하는 계기가 되었다.[72]

> 金方慶과 忻都, 洪茶丘, 王熙, 王雍 등이 3군을 거느리고 진도를 토벌하여 크게 격파하고, 가짜왕[僞王] 承化侯 王溫을 죽였다. 賊將 김통정이 남은 무리를 이끌고 탐라로 도망하여 들어갔다.[73]

강화 천도와 진도 진입으로 확인되는 성곽 수축과 그를 근거로 하는 대몽항전은 진도 정부를 끝으로 전쟁난민 처지의 삼별초와 그들에게 귀속된 가솔들은 같은 운명에 처해 있었다. 진도 평정 후 상장군 鄭子璵를 몽골에 파견하여 보고하는 자리에서 "賊船 중에서 도망간 것이 적지 않으므로 화근의 불씨가 여전히 남아있으며, 또 역적의 처자식과 一族은 모두 죄를 받을 것입니다."[74]라고 한 것은 삼별초가 처한 현실을 단적으로 설명해준다. 그러므로 삼별초가 진도에서 퇴각할 때 선택할 수 있었던 남해안의 도서들은 매우 제한적이었을 것이고, 피난처의 확보를 위한 일본 하카다 만으로의 상륙도 고려할 필요가 있었다.[75] 남해도와 함께 삼별초가 진입했을 것으로 생각되는 남해안의 섬은 완도를 포함해 볼 수 있다. 완도는 통일신라 말기의 장보고가 경영했었던 장도를 중심으로 하는 지역이지만 조금 떨어진 북쪽에서 확인된 법화사지 寺域에 대한 학술조사와 발굴 성과의 재검토에서 장보고 시기보다는 대몽항전기에 운영되었을 가능성이 더 큰 것으로 확인되었다.

국립문화재연구소에서 1990년부터 총 5차에 걸쳐 발굴을 진행한 결과 유적의 전반적인 현황이 드러났는데, 이를 확인하여 보면 다음과 같다.[76] 첫째, 법화사지는 경사지를 석축으로 하여 계단식으로 평탄지를 조성한 뒤 건물을 배치하면서도 기하학적인 구성미를 보여주고 있었다. 둘째, 현재 남아있는 담장과 건물의 축조 시기는 공반 유물을 통해 12~13세기에 해당하는 것으로 판단되며 이후 17세기에 해당하는 유물도 확인된다. 이중에는 통일신라시대에 제작된 것으로 편년이 가능한 유물도 소량이나마 확인됐지만 이와 더불어 대몽항전기의 법화사지를 증명할 수 있는 자료 제시가 가능해졌다는 점이다. 셋째, 역사적으로 『동문선』과 『신증동국여지승람』 및 『동국여지지』, 『여지도서』 등에서 법화사가 등장하는 시기와 발굴조사 결과 확인되는 고려시대의 유적 및 유물이 대체로 일치하는 점을 통해서도 현재의 법화사지는 통일신라시대에 창건되어 고려 중기 이후까지 지속적으로 운영되어 왔음을 밝혔다. 넷째, 완도 법화사지는 장도 청해진 유적과 더불어 고려시대에도 지속적으로 운영되었음을 다시 한 번 확인할 수 있다고 결론을 내렸다.

이와 함께 강봉룡은 강화 천도와 함께 조성한 강화도성과 진도 용장산성 등의 축성을 통해 항몽을 위한 시설을 대대적으로 조성하였는데, 완도 법화사지, 압해도 건물지 등이 그것이며 진도 정부의 하부 공관으로 보강되었고 남해도에도 새로운 거점 시설을 추가하였다고 추론하였다.[77] 윤용혁은 발굴성과를 토대로 완도 법화사가 12~13세기에 운용되었던 사원이라면 삼별초시기에 존재했던 사원일 가능성이 매우 높다고 보았다. 1270년 삼별초정부는 진도를 거점으로 삼았지만 그 세력권이 바다를 통하여 널리 흩어져 있었기 때문에 이를 보완하기 위한 일종의 지역 거점으로 남해도와 완도를 전략지로 삼았다고 보았다. 그리고 완도 지역에 전승되는 송징 전설[78]을 재고할 필요가 있으며, 장보고와는 시대를 달리하는 고려의 역사적 인물로 보아야 한다고 지적하였다. 아울러 진도 정부의 외곽 요충으로서 완도의 전략적 비중에 따라 법화사는 진도 용장사에 버금가는 종교적 거점이었으며, 1247년 강진 백련사 조직이 완도 법화사로 옮겨간 것을 주목하여야 한다고 보면서 발굴 유물의 진도 용장성 출토 유물과 밀접한 연관성이 있음을 간과하지 말아야 한다고 하였다.[79]

전체적으로 완도는 고려시대의 삼별초와 임진왜란 때의 수군활동과 연결되는 고리 속에 있음을 확인할 수 있으며, 경상도 지역의 남해도는 劉存奕장군과 직접 연결된다는 점을 유의할 필요가 있겠다. 특히 남해도는 鄭룡이 활동하였던 지역이기도 하지만 남해분사대장도감이 설치되었던 점에서 무인집권기의 유력자가 정치 및 종교 활동을 활발히 전개하고 있다는 사실과 분사대장도감에서 재조대장경의 판각에 직접 개입하였다는 사실 또한 주목할 필요가 있다.[80]

Ⅳ. 삼별초 난민의 제주도, 류큐 南行

여몽연합군의 진도 공략으로 인한 삼별초의 이동은 진도에서 비교적 가까운 남해안의 거제, 합포, 남해와 遠海의 제주도를 목적지로 하는 南行이었고, 이 과정에는 삼별초 이전의 고려 수군이 한반도 주변의 제해권을 장악하였다는 점을 상기할 필요가 있다. 국초부터 고려는 중국과 서역을 포함한 쿠로시오 해류의 범위에 있는 여러 국가들과 교역망을 형성하고 있었으며, 이를 활용한 팔관회 등의 축제는 고려의 외교적 입지를 강화하는데 활용되기도 하였다.

삼별초가 진도에 웅거하고 있는 상황에서 여몽연합군이 나주를 거점으로 하여 영산강을 따라 진도를 압박하였던 것은 삼별초의 군사 전략적 한계를 절감하게 하였다.[81] 이를 보완하기 위해 삼별초가 택한 제주도의 입지 조건은 첫째 진도와 해상으로 90km 정도 떨어져 있어 진도의 배후 거점 해도로 적합한 점, 둘째 제주도는 고려정부의 세력권에서 멀리 떨어져 있어 독자적 세력기반을 구축하는데 용이한 점, 셋째 제주도가 갖는 지정학적 위치로 본토의 남해와 서해 일대의 해상제해권과 일본의 큐슈와 류큐 등과 교류가 가능하다는 점, 넷째 우리나라에서 제일 큰 섬으로 입보민의 생계가 가능하다는 점을 들고 있다.[82] 그리고 삼별초가 웅거했던 항파두리 토성에서 추자도를 비롯한 북쪽해안 관측이 용이하였다는 것은 여몽연합군의 제주도 공략작전에서 선제적인 방어를 계획할 수 있다는 점[83] 등은 삼별초가 제주도를 최종 방어 거점으로 선택하는데 적극 고려되었을 것이다.

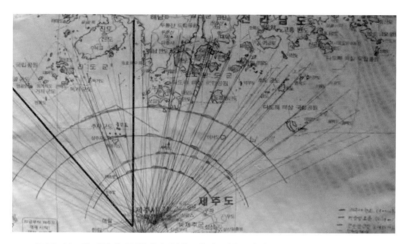

〈그림 1〉 항파두리 토성에서 북측 해안 관측 범위(굵은 실선이 관측 범위)

〈그림 2〉 항파두리 관측 대관탈도와 하추자도 실사(제주대 사학과 이상현 촬영)

앞의 〈그림 1, 2〉를 통해 확인할 수 있는 것은 맑은 날 항파두리 토성 북측 사면에서 북쪽 바다를 관측할 때 확인되는 섬은 대관탈도와 하추자도로, 여몽연합군이 이곳을 경유하여 제주도로 남진을 하더라도 대규모의 선단을 구성하기 때문에 그 규모를 확인할 수 있었기 때문이다. 그러므로 삼별초는 여몽연합군의 선단을 확인하고 선제적으로 방어 전단을 구성할 수 있는 시간적 여유를 갖게 된다는 점이 삼별초가 제주읍성 보다는 항파두리에 웅거하게 된 이유이다. 또한 항파두리는 토성의 좌·우로 고성천과 소왕천이 천연의 해자였으며, 이 두 하천은 雨期를 제외하고는 하천 바닥의 암반이 노출되는 건천으로 군사의 이동에 장애를 주는 저지선 역할을 하였다. 그리고 토성 안팎으로 식수를 공급할 만한 샘이 있어서 장기간의 군사 활동을 전개할 수 있는 입보처의 기능도 수행할 수 있었다. 이러한 제주도의 지리적 이점은 무신정권이 강화로 천도한 이후부터 서남해안의 도서들에 대한 지속적인 관심을 보였던 결과이지만, 삼별초의 遠海 이동을 통한 근거지 마련에 단서를 제공하는 계기가 되었다.

한편, 고려의 국제교류는 중국에만 그치는 것이 아니라 서역을 위시한 류큐제도 및 큐슈, 후쿠오카 지역에까지 범위를 넓혔던 것으로 보인다. 이와 관련하여 특히 삼별초의 이동경로를 추적해보면, 1271년 5월 진도에서 제주도와 남해도로 이동하였다는 기존의 시각을 되짚어 볼 필요가 있다. 삼별초가 대몽항전을 수행하는 과정에서 일본과의 연합전선을 펴고자 첩장을 보냈던 일이나, '癸酉年高麗瓦匠造', '高麗瓦匠造', '大天' 등의 명문기와와 많은 고려 기와들이 출토된 류큐 본섬 중부 내륙 석회암 지대의 浦添城 출토유물을 간과할 수 없다. 또 류큐 那覇市 구릉에 위치한 首里城의 서쪽 건물지에서도 고려 명문기와들이 발굴되었던 사실이 있다. 그리고 류큐 본섬 중부에 위치한 勝連城에서도 '高麗瓦匠造' 명문기와와 중국 도자기가 출토되거나, 1980년대에 발굴이 이루어진 류큐 본섬 系滿市의 南山城에서도 고려 청자편, 철촉 등의 출토로 13세기경에 축조된 성채임을 확인한 연

〈그림 3〉 10~13세기 동북아 해양교류도(국립제주박물관 제공)

구가 있다.[84] 그러므로 삼별초의 남행이 제주도에 국한하는 것을 넘어서 류큐 지역도 피난처로 선택하였을 가능성이 매우 높기 때문에,[85] 1273년 4월 김방경이 포로 1,300여 명을 압송하고[86] 삼별초 진공작전을 완수했다는 기록에만 의지하여 삼별초의 저항이 종식되었다고 이해하는 기존의 시각은 재고할 여지가 있다. 그 이유로는 같은 해 제주도를 탈출한 삼별초 세력을 회유하는 사면령이 내려졌다는 사실에서 확인할 수 있다.

> 元에서 사신을 파견하여 탐라의 賊黨으로서 州縣으로 도망가서 숨은 자들을 사면하는 조서를 내렸다.[87]

이로 보면 제주도 함락과 함께 탈출한 삼별초 세력의 일부가 본토로 회귀하여 여러 지역에 잠입하였던 사실을 말하며, 삼별초의 다른 일부 세력이 연안의 도서 혹은 해외로의 분산 가능성을 제기하는 것이다.[88] 사면령 이후에 귀순한 삼별초 세력이 없었으며, 정부의 추가적인 조치도 없었다는 것은 이미 삼별초의 일부 세력이 사면령 포고가 닿지 않는 해외 지역으로 이동하였을 가능성이 높기 때문이다. 이와 함께 큐슈 및 후쿠오카 지역에서 확인되는 元寇防壘는 1274년(文永 11)의 '文永의 役'과 1281년(弘安 4)의 '弘安의 役'이라는 여원연합군의 1·2차 일본 원정과 직접 연관되어 있다.[89] 이들 유적은 제주도의 동북해안에 축조되어 있는 환해장성과 매우 유사하며, 해안으로 상륙하는 적의 1차 저지선 역할이라는 점에서[90] 환해장성과 원구방루가 동일한 발상에서 출발한 것으로 보아 패망한 삼별초 세력의 아이디어가 일본에 제공되었을 것으로 보기도 하였다.[91] 이러한 논의들은 모두 류큐 출토 고려 명문기와와 관련되었다고 할 수 있지만, 1273년 4월의 삼별초가 제주를 탈출하여 바로 류큐 지역으로 이동하였다고 하더라도 기와 제작에 맞는 흙을 찾아 기와를 굽고 성채를 축성한 후 건물을 올렸을 것으로 보기에는 물리적으로 들어맞지 않아 이해하기 어렵다. 통상적으로 볼 때, 기와는 지역을 대표하는 집단의 건물에 사용될 가능성이 매우 높으며 류큐에서 13세기에 축조된 여러 성채들의 성벽과 건물에 쓰였을 것이다. 성벽과 건물의 위치를 설계한 후 기와를 올렸을 가능성이 높으므로 1273년 4월 제주도를 탈출한 삼별초가 8개월 남짓한 기간에 여러 성채와 건물을 축성하였다고 이해하기에는 시간적으로 무리가 따른다. 따라서 1273년 제주도에서 탈출한 삼별초의 류큐 이동도 기와제작에 영향을 주었겠지만, 1271년 진도에서 탈출한 삼별초의 일부 세력이 류큐에 상륙하여 浦添城·首里城·勝連城·南山城 등의 성벽과 성채를 축성하고 수축한 건물에 '高麗瓦匠造'의 명문을 시문한 기와를 구워 사용하였을 것으로 보는 것이 더 적절하지 않을까 생각한다.

V. 맺음말

삼별초의 대몽항전은 시기별로 다른 성격을 보인다. 강화천도가 있었던 시기는 몽골과 직접 전쟁을 수행하였던 시기로 수전에 약한 몽골군의 약점을 활용하는 해도입보책의 시행과 운용이었다. 무인정권이 선택한 입보처인 강화도는 조운로 상에서 물때를 기다리는 마지막 정박지여서 전쟁 수행의 적합지로 판단하였다. 천도 후 연이은 축성으로 외성—중성—궁성 체제를 구축하고, 강화도의 지명 또한 개경과 같이함으로써 대몽항전의 기점으로 활용하였다. 아울러 예전과 같이 조운을 강화에서 운용하면서도 서남해안의 주요 도서들을 외곽 지원으로 편성하는 치밀함도 보였다.

1270년 개경 환도 결정으로 전쟁난민의 지위로 격하된 삼별초는 진도로 이동하여 항쟁을 이어갔고, 남해안의 남해도를 운용하면서도 중간 지역의 완도를 지역 거점으로 삼았던 것으로 생각된다. 이러한 전략 수립의 배경에는 삼별초가 지닌 수군력을 간과할 수 없기 때문이다. 제주도로 거점을 옮길 때에도 제주도의 지리정보를 파악하고 있었으며, 제주의 항파두리 토성도 천연 해자를 양옆에 두고 방어 성곽을 축성하였다. 특히, 북쪽 바다를 쉽게 관측할 수 있는 지역을 방어거점으로 택하였다는 것으로 보아 제주도로 이동하기 전에 이미 지형 지세를 파악하고 있었음을 확인할 수 있다.

삼별초는 1273년에 공식적으로 제주도에서 소멸된 것으로 알려졌지만, 이후에도 개경정부에서 지속적으로 삼별초군을 회유하는 사면령을 포고했던 것으로 볼 때 삼별초가 절멸한 것은 아니었다. 이것은 후쿠오카 하카타만에서 확인되는 원구방루 유적이 제주도에 남아있는 환해장성과 그 성격이 유사하다는 점과, 류큐(오키나와)에서 발견된 고려 관련 명문와의 출토로 미루어 볼 때 삼별초의 遠海 이주를 생각해보게 하는 여지를 남긴다. 전쟁난민의 처지에서 피난처를 선택할 수 있는 지역이 제한적이었다는 사실과 일본학계에서도 고려인의 갑작스러운 출현이라 표현하는 류큐 이주를 정설화하고 있다는 점에서 대몽항전기 전쟁 난민이었던 삼별초군과 가솔들의 해외 이주를 적극적으로 재검토할 필요가 있다.

조선 세종대 제주도 '우마적' 처벌과 강제 출륙

Ⅰ. 머리말

원 지배시기 탐라는 원 제국 14개 국영 목장 중 하나가 설치되었을 정도로 목축업이 번성하였다. 이에 대해서는 선행 연구들이 많이 나와 있다.[1] 원 간섭기의 영향은 조선 건국 이후에도 이어져 조선시대에도 제주도는 牧馬로 유명하였고, 핵심적인 말 공급지였다. 그런 만큼 연구자들이 이에 대해 관심을 가졌고 연구 성과도 적지 않게 있다.[2] 선행 연구들을 통해 원 간섭기와 조선 전기 제주도의 목축업 상황을 이해할 수 있다. 그럼에도 원 간섭기의 영향이 강하게 남아 있었던 제주도의 목축업에 대해서 조선 정부는 어떤 정책을 시행하였고, 그러한 정책 시행으로 제주의 목축업이 어떻게 바뀌어 갔는지를 고찰한 연구는 많지 않다. 본문에서 살펴보듯이, 조선 건국 이후 정부 정책에 의해서 제주도 목축업은 큰 영향을 받으면서 위축되고 있었다. 牧子[3]들이 그 위기를 타개하는 과정에서 이 글에서 다루려고 하는 '우마적 사건'이 발생하였다고 판단하고 있다. 따라서 조선 초기 제주도에 남아 있던 목축업의 특징을 살펴보고 그에 대한 정부의 정책과의 관련 속에서 '우마적' 사건을 검토하려고 한다.

원 간섭기의 목축업·목축문화가 조선 건국 이후 재편되는 과정에서 우마적 사건이 발생한 것으로 이해한 선행 연구가 있다.[4] 필자 역시 선행 연구의 접근 방식에 동의한다. 다만 우마적 사건의 발생 배경에 대한 이해에서는 견해를 달리하고 있다. 그 선행 연구에서는 '우마적' 사건을 대체로 다음과 같이 이해하였다. 세종 대에 제주도민은 사적인 말 교역을 금지 당하였다. 그로 인해 제주민은 경제적으로 곤궁해졌다. 이에 그들은 교역 물품을, 발각되기 쉬운 살아 있는 말 대신 부피가 작은 말 가죽 등으로 교체해 갔다. 말가죽 등을 얻기 위해서는 말을 도살하여야 한다. 이런 배경 하에서 말 도살이 증가하였다고 보았다. 정부는 말 도살 증가로 말 번식이 타격을 입게 되자 그들을 '우마적'으로 낙인찍고 평안도로 강제 이주시키는 처벌을 한 것으로 이해하였다.[5]

선행 연구는 조선 초기 제주민은 말 교역을 금지당한 것으로 이해하였다. 이는 매우 중요한 문제인데, 관련 사료를 면밀히 검토해 보면 다르게 해석될 여지가 있다.[6] 즉 말 교역에 대한 전면 금지 조치가 시행된 것으로 보기 어렵다. 다만 제한적인 조치가 몇 번 취해졌다. 그렇지만 당시 목자들이 생계 곤란을 겪고 있었음은 자주 언급되므로 이는 사실로 인정된다. 선행 연구는 그들의 경제적 곤궁을 말 교역 전면 금지 조치에서 찾았는데, 전면 금지가 아니라면 다른 측면에서 그들의 생계 곤란 문제를 살펴볼 필요가 있다.

필자는 당시 조선 정부가 제주도를 대상으로 시행한 정책들이 목축업을 위축시켰다고 본다. 즉 제주도에서 농업을 장려하는 정책, 진도와 강화도 등의 본토 섬에 목장을 신설하고 제주 말을 다수 반출시킨 정책, 말 교역을 일정하게 제한하는 정책 등이 그것이다. 이런 정책들로 인해 제주 목축업은 위축되어 갔고 목자들의 생계도 어려워졌다. 이에 목자들은 우마를 도축하여 그 부산물인 육포와 가죽 등의 판매 확대로 위기를 것으로 타개하려고 하였다. 말 자체는 고가인 만큼 수요를 크게 창출하기 쉽지 않다. 반면 육포나, 가죽 등은 당시에도 수요가 컸다. 한편 우마 도축이 증가하면서 제주도 말 번식에 문제가 생길 것을 우려한 조정에서는 그들을 '우마적'이라고 하여 처벌하였다. 그래서 그들 중 일부는 평안도로 강제 이주되었다. 세종은 제주도 우마적을 처벌한 이후에 그들의 우마 도축은 목축업이 중심이었던 당시 제주에서 관습적으로 행해지던 일이었음을 뒤늦게 깨닫고 처벌을 무효화 하려고 하였다. 그러나 대신들의 반대로 뜻을 관철시키지는 못했다.

우마적 사건의 배경과 경과는 대체로 위와 같다고 생각한다. 이를 구체적으로 살펴보기 위해서 Ⅰ장에서는 조선 초기 제주도의 목축업 상황을 살펴볼 것이다. 그리고 말 교역 금지 문제도 면밀하게 검토할 것이다. 이어서 조선 정부가 제주도를 대상으로 시행한 정책들, 즉 농업 장려, 제주 말 다수 반출 등을 살펴보고 그런 정책들이 제주 목축업에 부정적인 영향을 끼치면서 목자들의 생계가 어려워졌음을 논하고자 한다. Ⅱ장에서는 우마적 사건이 조정에서 어떤 논의 과정을 거쳐서 강제 이주라는 처벌로 귀결되는지 살펴볼 것이다. 이어서 세종의 뒤늦은 후회 발언에 주목하여 제주 우마적의 성격이 본토의 우마적과는 다른 존재였음을 밝혀 보려고 한다.[7] 이상의 고찰을 통해서 15세기 초반 제주도 우마적 사건의 배경과 경과에 대한 이해가 심화될 수 있기를 바란다.

Ⅱ. 15세기 초반 정부의 정책과 제주 목축업의 위기

1. 제주에서 목축업의 위상과 우마 반출 제한 정책

여기에서는 조선 초기 제주도에 남아 있던 목축문화, 목축업의 위상 그리고 말 교역 문제를 살펴보고자 한다. 목축문화의 유산으로는 육포 생산을 꼽을 수 있다. 태조 4년 조선 정부는 제주도의 歲貢이었던 乾馬肉 진상을 그만두게 하였다. 이 조치에 이어서 실록 기록에는 '제주의 풍속에 매년 납월에 암말을 잡아서 포를 만든다.'는 내용이 있다.[8] 여기서 말하는 매년 납월에 암말을 잡아서 포를 만드는 제주의 풍속이 조선 건국 이후에 형성된 것으로 보기는 어렵다. 그렇다면 고려 후기에 그러한 풍속이 형성된 것으로 보아야 한다. 원 간섭기인 14세기에 형성된 풍속으로 추정해도 무리는 아닐 것이다. 당시 제주에서는 건마육을 고려 조정에 진상하였고, 그런 진상 관례가 조선 건국 이후에도 지속되었는데 조선 정부는 그것을 금지시킨 것으로 이해된다. 금지 이유는 실려 있지 않다. 말을 도축하여 건마육을 만드는 목축문화를 달갑지 않게 인식하였을 가능성이 높아 보인다.

태조 4년의 건마육 진상 금지 조치 이후에도 건마육 진상은 계속된 것 같다. 왜냐하면 태종도 즉위하는 해에 제주에 명하여 건마육 진상을 그만두게 하였기 때문이다.[9] 이 이후에는 제주도에서 건마육을 진상하였다는 기록은 보이지 않는다. 그렇다고 건마육 생산이 그친 것은 아니었다. 건마육 등의 육포는 고관들에게 뇌물로 활용된 사례를 확인할 수 있다.[10]

100여 년 간 실질적으로 탐라를 다스렸던 몽골인의 핵심 산업은 목축업이었다. 그들은 육고기가 쉽게 부패하지 않는 추운 겨울철에 우마를 도축하고, 그 고기를 말려서 육포로 만드는 풍속이 있다. 건조시킨 육포는 장기간 보관이 가능하다. 원 간섭기 제주도의 건마육 생산 풍속은 이러한 몽골 목축문화의 영향 하에서 형성되었고, 그 유풍이 조선 초까지 남아 있었던 것으로 볼 수 있다.

다음으로 조선 초 목축업 특히 말이 제주 사회에서 차지하고 있던 위상에 대해서 살펴보자. 제주도의 세공이었던 건마육을 금지시킨 조선 정부는 새롭게 세공을 지정하였다. 그런데 그 세공품은 다름 아닌 말과 소였다. 즉 태조 7년(1308)에 정한 제주도의 세공품은 말 1백 필과 소 1백 필이었다.[11] 건마육을 금지시키고 그 대신 부과한 세공이 소와 말이라는 사실은 당시 제주도에서 우마 사육이 중심적인 산업이었음을 보여준다.

태종 8년에는 제주 민호에 대해서 貢賦를 정하였다. 그런데 그 역시 말이었다.

제주는 바다로 떨어져 있어서 민호의 공부를 지금까지 정하지 않았다. 민호를 대·중·소로 구분하여 그 토산인 마필을, 대호는 대마 1필, 중호는 중마 1필, 소호는 다섯이 중마 1필로 한다. 암수를 물론하고 탈만한 마필을 가려서 공부로 하여 1409년 봄부터 모두 육지로 내보내게 한다.[12]

민호에 부과하는 공부 역시 말이었다는 사실도 민간에서 말 사육이 널리 행해졌음을 잘 보여준다. 특히 大戶와 中戶에게는 매년 말을 납부하도록 하였다. 이는 그들이 충분한 수의 말을 보유하고 있지 않으면 불가능한 조치이다. 매년 말이 부과된 대호와 중호는 꽤 많은 말을 사육하던 존재로 볼 수 있다. 이처럼 조선 초기에 歲貢과 민호에 대한 공부가 모두 말로 정해진 것을 통해서 당시 제주 사회에서 우마 사육이 차지하는 위상을 짐작할 수 있다. 사실 당시 제주도에서 축산이 번성하였음을 직접 언급한 자료들도 있다.

제주 도안무사 趙源이 국마 번식 방책을 아뢰었다. 본주는 땅이 따뜻하고 풀이 무성하고 산이 깊지만 호랑이가 없어 축산이 蕃殖합니다.[13]

제주에는 목마가 많아서 1만여 필에 이른다.[14]

제주는 땅은 좁은데 축산은 번성합니다.[15]

위 기사들을 통해서 당시 제주도에서 목축이 번성했음을 확인할 수 있다. 다만 그 목축의 번성은 원 지배시기의 유산으로 볼 수 있는데 이를 언급하지 않고, 단지 자연 환경만을 말하고 있어서 흥미롭다.

당시 제주도에서 기르는 말이 매우 많다고 하면서 1만여 필이라는 구체적인 숫자를 제시하였다. 원 간섭기에 제주에서는 2-3만 필이 사육되고 있었다는 기록이 있다.[16] 두 자료를 단순 비교하는 데는 한계가 있다. 그럼에도 원 간섭기보다 조선에 들어와서 제주도의 말 숫자가 줄어든 것은 사실일 것이다. 조선에 들어서서 제주 목축업은 상대적으로 위축되었던 것이다. 실제로 왕조실록에서 제주 말의 번식이 예전 같지 않다거나 또는 말의 체구가 작아졌다는 등 우려하는 내용을 찾는 것은 어렵지 않다. 그럼에도 말 1만여 필은 조선 입장에서는 매우 많은 숫자였고, 제주도는 여전히 말 생산과 관련하여서는 중요한 지역이었다.

말이 제주도를 대표하는 특산품이었던 만큼 제주 말은 뇌물로도 사용되었다. 또 제주도에 지방관으로 내려온 사람들은 말을 이용하여 재산 축적을 시도하기도 하였다. 말을 뇌물로 사용한 사례로는 고득종의 일화를 들 수 있다. 조선 초기 고득종은 제주 출신으로는 드물게 과거에 급제한 후 관직 생활을 하였고 고위직에까지 오른 인물이었다. 기록에 의하면 고득종은 과거 합격 이후에 제주에 가서 좋은 말을 많이 거두어 와서 權貴와 교제를 맺고 제주 사람들에게 위엄과 복을 누리게 하였다고 한다. 그래서 제주인이 고득종을 부형처럼 모셨다는 것이다.[17] 당시 제주를 대표하던 인물인 고득종은 제주 말을 이용하여 처세하고 있었던 것이다.

지방관이 제주 말을 뇌물로 사용하거나 말로 축재한 사례는 김위민의 보고에서 찾을 수 있다. 세종은 김위민을 파견하여 제주민의 질곡을 알아보도록 하였다. 제주도 실정을 살펴보고 돌아온 김위민의 보고 중에는 '정의 현감 양맹지가 매년 여름 진상이라 하여 관비와 遊女가 직조한 무명과 모시를 많이 聚斂하여 좋은 말을 사서 권귀에게 뇌물로 바친 일, 전 교유 배경지·전 검율 견자지·전 교수관 이정문 등은 殖貨하여 말을 산 일, 전 안무사 김소가 좌의정 이원이 보낸 필단을 營庫에 납입하고 좋은 말로 바꿔서 보낸 일' 등이 나열되어 있다.[18] 제주에 파견된 지방관들이 제주 말을 이용해서 출세를 도모하던 상황을 볼 수 있다.[19]

이 중에서 김소는 처벌 받은 기록이 있다. 사헌부는 황해 감사를 지낸

김소가 일찍이 제주 목사가 되었을 때 관물로 여러 곳에 뇌물을 주었고, 또 진상마를 李原이 사적으로 매입하게 허락하여 권신과 결탁하려 한 사실을 지적하면서 그의 직첩을 거두고 파직시켜 서임하지 말 것을 청하였다. 이에 세종은 김소를 削職하고 원하는 곳에 안치시킬 것을 명하여 처벌하였다.[20] 이처럼 당시 제주 말은 뇌물 혹은 축재 수단으로 이용되기도 하였다.

제주 사회에서 목축업이 핵심 산업이었던 만큼 제주인 입장에서 원활한 말 교역은 매우 중요하였다. 목자들은 말 교역을 통해 생활을 유지하였다고 볼 수 있다. 그런데 말 교역은 금지된 시기도 있고 해서 항상 허용되었던 것은 아니었다. 제주민의 말 교역과 관련해서 선행 연구는 세종 대에 말 교역이 금지 당한 것으로 이해하기도 하였으므로 보다 면밀한 검토가 요구된다.

私馬 즉 개인 말 판매와 관련된 첫 실록 기사는, 제주인이 육지로 나와서 말 파는 것을 금하지 말라는 것이었다.[21] 즉 개인 말 판매를 허용하는 조치였다. 그렇다면 그 이전에는 개인 말 판매를 금지하였다는 의미가 되는데 언제부터 금지하였는지는 확인하기 어렵다. 여하튼 이때 와서 개인 말 판매는 허용되었다. 그런데 개인 말 판매에 일정한 제한을 가하지 않아서 너무 많은 말이 도외로 반출되면 제주도 내 말 숫자가 크게 줄어들어 문제가 될 수 있다. 따라서 조정은 그러한 상황이 발생하면 부분적으로 말 교역에 제한을 가하였다.

사적인 말 매매를 전격 허용하고 2년이 지난 후에 7·8살 이상 된 수말의 육지 반출을 금지하자는 건의가 있었다. 즉 公私 간에 방목하는 7·8살 이상 수말을 육지에 내보내도 調習하여 쓰임에 맞게 하기 쉽지 않으니 금후에는 육지로 내보내지 말아서 좋은 말의 종자가 끊어지지 않게 하자는 취지였다. 이 건의는 받아들여져서 시행되었다.[22] 이로 인해 1407년 이후에는 7·8살 이상인 수말은 육지로 내보내서 판매할 수 없게 되었다.

1409년에는 제주의 민간 마필 중 탈만한 것을 선택해서 2천 필을 한도로 출륙하게 하자는 건의가 있었다. 이 역시 받아들여졌다.[23] 이는 1405년에 취해진 개인 말 교역 허용 조치에 제한을 가한 조치로, 2천 필을 상한으로 정한 것이다. 당시 제주도 말 숫자는 앞서 보았듯이, 1만여 필 정도였다. 1만여 마리의 말 중에 2천 필 이상이 반출된다면 1/5 이상이 줄어드는 것이므로 말 번식에 타격이 된다. 그래서 당시 제주도의 말 숫자를 고려하여 반출 상한을 정한 것으로 이해된다.

1425년부터 말 교역과 관련된 세 개의 자료는 선행 연구에서 말 교역 금지의 근거로 삼았다. 따라서 이 자료들은 보다 면밀한 검토가 필요하다. 해당 자료를 제시하면 아래와 같다. 인용문 중에서 밑줄 친 부분은 선행 연구에서 말 교역 금지의 근거로 제시한 내용이다. 반면 굵게 표시된 부분은 말 교역 금지 주장을 반박하는 내용이라고 생각한다.

> 제주는 사람은 많고 땅은 비좁아서 가난하니, 인민은 모두 말을 팔아서 생활을 꾸려 갑니다. 근래 受敎에 의해서 두 살 된 말을 육지로 보내 방매하는 것을 금지하였습니다. 이로 인해 말은 많고 풀은 적어져서 公私의 마필이 모두 파리해졌습니다. 좋은 말이 나오지 않는 것은 이에 기인합니다. 청컨대 이제부터 번식한 말이 많아지면 두 살 된 말도 모두 육지로 보내게 하고, 말이 적어지면 두 살 된 말은 육지로 보내지 못하게 하소서. 왕이 따랐다.[24]

위 인용문 중에서 밑줄 친 부분만 보더라도 이때 판매 금지된 말은 두 살 된 말로 한정되었음을 알 수 있다. 판매 금지 조치가 모든 말에 적용된 것이 아니었다. 따라서 이 부분만 갖고 말 교역 금지를 주장하기에는 부족함이 있다. 뿐만 아니라 같은 자료의 마지막 부분을 보면 번식한 말이 많아지면 두 살 된 말도 모두 육지로 내보낼 수 있게 하였다. 물론 말이 적어지면 다시 두 살 된 말은 육지로 보내는 것을 다시 금하도록 하였다. 이 조치는 분명히 두 살 된 말에 한정된 교역 금지였다. 그리고 그 금지조차도 말 번식이 잘 될 때는 해제하도록 하고 있다. 따라서 위 인용문을 말 교역 금지의 근거로 삼기에는 미흡하다고 생각한다.

두 번째 자료 역시 자세히 보면 말 교역 전면 금지 조치로 보기 어렵다.

> 섬 안에 땅은 좁고 사람은 많은데, 목장이 절반이 넘어 소와 말이 짓밟기 때문에 벼농사가 손해가 많습니다. 주민들은 전적으로 말을 팔아서 생활하는데, 근래에 암말의 출륙을 금지하여서 비록 두 살짜리 수말도 모두 팔아버립니다. … 개인 목장의 암말은 3년에 한번 혹은 2년에 한번 씩 육지에 내보내는 것을 허가하여 말먹이 건초를 번성하게 하소서. 왕이 따랐다.[25]

위 인용문의 밑줄 친 부분을 보면 암말의 출륙을 금지한 사실이 인정된다. 그렇지만 이 역시 말에 대한 전면 교역 금지가 아니라 암말에 한정된 제한적인 금지였다. 다르게 말하면 수말은 판매가 가능하였다. 뿐만 아니라 이어지는 내용을 보면 개인 소유 암말도 3년에 한번 혹은 2년에 한번 씩 육지에 보내는 것을 허락하였다. 오히려 앞서 본 자료에서 취한 암말의 전면적인 출륙 금지를 완화하는 조치로 이해할 수 있다. 위 인용문은 당시 말 교역 금지 조치가 있었지만 그것은 암말에 한정되고, 그것도 2-3년에 한번 씩은 암말도 판매가 가능하도록 완화하였음을 보여준다. 따라서 이 기록을 갖고 당시 제주민이 말 교역을 금지 당했다고 보기도 어렵다.

세 번째 기록은 가장 늦게 취해진 조치이므로 특히 주목해서 살펴볼 필요가 있다.

> 公私 목장에서 품질 좋은 수말은 '父'라는 낙인을 찍어서 육지로 보내는 것을 허락하지 아니 함은 이미 전에 입법하였습니다. 그러나 개인 목장에서는 그 본 주인이 뒷생각을 하지 않고 모두 다 팔아서 내보냅니다. 그 말들이 육지로 나갈 때에 만일 '父'라는 낙인이 찍힌 놈은 본 주인에게 돌려주게 하소서. 그리

고 언제나 목장에서 육지로 내보낼 때 제주 관원이 그 털 빛깔과 말 주인의 성명을 함께 기록하여 감사에게 보고하면, 감사가 하륙하는 곳의 수령에게 상고해 살피도록 할 것입니다.[26]

위 인용문에서도 반출 금지 대상은 전체 말이 아니라 품질 좋은 수말에 한정되었다. 그런 말은 '父'자를 낙인해서 육지로 반출되는 것을 막았다. 그런데 실제로 개인들은 그런 품질 좋은 수말들도 모두 내다 팔고 있었다. 그래서 다시금 '父'자가 낙인 된 수말이 반출되지 못하도록 단속을 강화하고 있다. 이 자료 역시 말 교역에 대한 전면 금지 조치로 보기는 힘들다.

정부 입장에서도 제주도는 핵심적인 말 공급지였으므로 그 번식 상황은 초미의 관심사였다. 말 번식이 위축된다고 판단될 때는 말이 잘 번식하도록 특정 연령 대 말이나, 품질 좋은 수말 등의 반출을 금지하는 제한적인 조치를 취하였던 것이다. 비록 전면 금지가 아니고 제한적인 반출 금지 조치였다고 해도 그러한 교역 제한이 제주도 목축업에 부정적인 영향을 끼쳤음은 물론이다.

조선 초 제주도는 공물이나 공부가 모두 말로 정해질 정도로 목축업이 매우 중요한 산업이었다. 당시 기록에 제주 주민들은 전적으로 말을 팔아서 생활한다는 기록이 있을 정도로 목축업은 핵심적인 생계수단이었다. 그리고 건마육 생산에서 보듯이 본토와는 달리 목축문화가 남아 있었다. 한편 정부는 교역을 일정하게 제한하는 정책을 실시하여 제주도의 목축업을 위축시켰다. 그런데 부분적인 교역 제한 조치뿐 아니라 다른 정책들도 목축업을 위축시켰다 이에 대해서는 절을 달리해서 살펴보고자 한다.

2. 정부의 농업장려·목장신설 정책과 제주 목축업의 위기

조선 정부는 목축업 중심인 제주도에 대해 서로 상반되는 두 가지 기대를 갖고 있었다. 하나는 말은 여전히 중요한 존재였으므로 제주도가 여전히 말의 중요한 공급지로 남기를 바랐다. 다른 하나는 제주도를 농업 중심 사회로 재편해 가려고 하였다. 조선은 기본적으로 농본주의를 내세웠으므로 제주도라고 예외로 둘 수 없었다. 그래서 제주도에서도 농업이 확산되고 제주인들이 농업에 종사하여 농민으로 살아가기를 바랐다. 그래야 항산이 있고 항심이 있을 것으로 생각하였다. 문제는 제주도에 기대하는 두 가지 기대가 사실 병존하기가 쉽지 않다는 것이다.

목축업이 번성하기 위해서는 광대한 초지가 있어야 하므로 일정하게 농경지를 희생할 수밖에 없다. 목축업 중심이었던 원 간섭기 제주에서 농업은 등한시 되었다. 원 간섭기 제주의 농업 상황에 대해서 선행 연구도 거의 관심을 갖지 않았다. 또 관련 사실을 전해주는 자료도 부족하다. 그런 중에 이제현의 다음 기록은 매우 중요한 정보를 담고 있다. 즉 '지금은 官私의 소와 말이 들판을 뒤덮고 있어 개간하는 바는 없다.'라고 하여 원 간섭기 제주의 경제 상황을 개괄하였다.[27] 이제현의 글을 통해서 당시 제주도에서 농업은 거의 외면되었고, 목축업이 지배적이었음을 어렵지 않게 짐작할 수 있다.

조선 초 기록 중에는, '제주에 목장을 축조하지 않았을 때는 한라산 허리로부터 평야에 이르기까지 마필을 놓아 마음대로 다니면서 키우게 하였다.'라는 내용이 있다.[28] 또 '제주는 인물이 적고 초목이 무성하였을 때는 좋은 말을 번식할 수 있었습니다. 그러나 1418년 이래로는 사람들이 땅을 많이 갈아 일으켜서 수초가 점점 부족하게 되었습니다.'[29]라는 기록도 있다. 이 두 기록을 보면 한라산 주변에 목장을 설치하기 전에는 농지로 사용할 수 있는 평야에서도 마소를 놓아기르는 것이 일반적이었음을 알 수 있다. 이런 자료들을 통해서 원 간섭기 제주도에서 농업은 중시되지 않았음을 알 수 있다.

이러한 제주도에 대해서도 조선 정부는 농본주의를 실현하고자 하였고,

농업을 장려하기 시작하였다. 이와 관련해서 흥미로운 것은 위 인용문에서 보듯이, 고득종이 1418년이라는 연도를 특정해서, 이 해부터 제주도에서 농업이 확대되기 시작하였다고 언급한 점이다. 어떤 배경에서 또 구체적으로 어떻게 농업 확대가 전개되었는지는 확인하기 어렵지만 세종 대 들어서 제주도에서도 농업을 확산하기 위한 노력들이 취해졌음을 충분히 짐작할 수 있다.

농업 장려로 경지가 늘어나면서 우마가 농경지에 들어오는 것을 막기 위해서 밭담을 쌓은 곳이 많아졌다. 이는 당연히 말의 방목에는 장애가 되었다. 그래서 어떤 안무사는 이런 밭담을 허물어야 한다고 건의하였다. 즉 1420년 전라 관찰사는 제주 안무사의 정문에 의거해서, 제주 인민이 밭머리에 담을 쌓아서 우마가 밟아 손상 입히는 것을 막고 있는데, 만약 賊變이 있게 되면 기병을 쓰기가 불편하니 그 방어 상 요해처에는 破去하여 말이 달리는데 편하게 하자고 건의하였고, 상왕이었던 태종은 받아들였다.[30] 경작자들이 우마가 경지를 짓밟아 피해를 끼치는 것을 막기 위해서 밭담을 쌓았는데 그것이 우마 사육에는 장애가 되었던 것이다. 당시 제주 목사는 목자들 입장에서, 기병 운영의 곤란함을 들어 밭담 설치를 반대하였던 것이다.

반면 1427년에도 비슷한 취지의 보고가 있었는데, 이때 제주 안무사는 농민 입장에서 사정을 아뢰고 있어서 대조가 된다. 즉 가난한 백성의 전토가 한두 뙈기밖에 안 되는데, 농작물의 싹과 잎이 조금 번성할 만하면 권세 있는 집에서 소와 말을 마음대로 놓아먹이므로, 소와 말이 그 싹을 뜯어 먹어도 가난한 백성은 위엄을 무서워하여 감히 고소하지 못한다는 것이다. 비록 관에 고소하여도 아무런 방도를 얻지 못하니, 이것이 쌓인 폐단이 되었다고 적었다. 그러면서 말과 소를 놓아먹여 백성의 곡식을 손상시킨 자는 관직 고하를 막론하고 모두 법과 교지에 따라 죄를 주어 백성의 고통을 구제해줄 것을 청하였다.[31] 이듬해에도 섬 안이 땅은 좁고 사람은 많은

데, 목장이 절반이 넘어 소와 말이 짓밟기 때문에 곡식에 손해가 많다고 하였다.[32]

이처럼 세종 대 들어 본격적으로 제주도에서도 농업을 장려하였고 그로 인해 농지가 늘어났다. 그 과정에서 소와 말을 마음대로 풀어놓고 키우던 목자들은 농지 확대에 따라 방목할 수 있는 목초지가 줄어드는 문제, 또 반대로 권세가 소유 마소가 곡식을 뜯어 먹어버리는 문제들이 발생하였다. 어느 것이나 목축업에는 결코 유리하지 않은 상황 전개였다.

이 문제를 해결하기 위해서 결국 1429년에 한라산 주위를 담으로 둘러싸고 목장을 설치하자는 건의가 있었고 채택되어 시행되었다. 지금도 10소장으로 유명한 한라산 목장은 이런 배경 하에서 설치었다. 제주 목장과 관련한 초기 기록에는, 고득종 등의 상언에 의해 병조에서 한라산 자락 네 면의 약 4息쯤 되는 면적에 목장을 축조하여 公私의 말을 가리지 말고 그 목장 안에 들여보내어 방목하자고 건의한 것으로 나온다.[33]

그리고 이듬해인 1430년에는 제주의 한라산 목장을 개축하였는데 주위가 165리라는 기록이 나온다. 당시 목장 부지 안에 있던 민호 344호는 다른 곳으로 옮겨야 했다.[34] 목장 축조는 한 해 공사로 끝난 것 같지는 않다. 다음해인 1431년에도 판부사 최윤덕은 벼농사가 잘 되었으니 제주에서 목장 쌓는 것을 청하였다. 이에 대해 세종은 제주 안무사에게 그 편부를 깊이 살펴 연구하도록 하였으니 만약 쌓을 만하면 반드시 아뢰어 올 것이라고 대답하였다.[35]

그런데 제주 목장 축조를 건의하였던 고득종 등에 대해서 사헌부에서는 처벌을 요구하였다. 고득종이 자신의 이익을 위해서 목장 축조를 건의했다는 이유였다. 사헌부에 의하면, 1429년 한라산 주위에 목장을 설치하자는 건의는 안무사였던 장우량이 갈려서 돌아온 후에 하였다. 사헌부는 장우량의 배후에는 고득종이 있다고 보았다. 고득종이 자기를 이롭게 할 계교를 품고 장우량에게 목장 축조가 필요하다는 부탁의 말을 하였고, 장우량은

토호의 이익을 위하여 목장을 쌓는 것이 합당하지 않음에도 거짓으로 편익이 있다고 아뢰었다는 것이다.[36]

이에 대해 고득종은 자신을 변호하는 장문의 글을 올렸다. 그에 의하면 안무사 장우량이 농사가 확산되면서 수초가 부족해지자 평지가 아니라 산림에 놓아기르는 것도 한 방책이 된다고 생각하여 한라산 주위를 빙 둘러서 담을 쌓아 목장을 설치하자고 아뢰었다는 것이다. 그러자 제주 출신인 자신에게 목장 축조의 편의 여부를 물었다고 한다. 고득종도 무식한 무리들이 불을 놓아 밭을 갈므로 만일 이를 금지하지 않으면 地氣가 불에 데어 부풀어 오르고, 산에는 초목이 없어져 말을 번식할 수 없을 것이라 판단하여 동의였다는 것이다. 그리고 말이 손상되는 이유는 목장 설치 때문이 아니라 산이 깊고 골짜기가 길기 때문에 마적이 횡행하므로, 말을 치는 사람들이 말을 잃어버리지 않기 위해 말이 마음껏 뛰어다니지 못하게 하고, 또 해마다 가뭄이 심해서 초목이 무성하지 않기 때문이라고 하였다.[37]

이러한 곡절이 있었지만 한라산 주위에 담을 쌓아 목장을 만들고 그 안에서 말을 키우도록 하는 방침은 추진되었다. 새로운 방목 조건에 적응해야 하는 초기에는 어려움이 많아서 말이 잘 크지 않고 번식도 잘 되지 못했다. 그러자 사복시에서는 어떻게든 말이 활동할 수 있는 공간을 넓게 확보하고자 했다. 그래서 목장 설치 이후 그러한 방책을 연이어 올렸다. 즉 사복시에서는 담을 쌓아 목장을 만든 후로 물과 풀이 부족하여 말이 잘 번식되지 못한다고 하면서 목장 밖의 묵은 땅 중 적당한 데로 내어놓게 허락할 것을 청하였다.[38] 이는 묵은 땅이라는 단서를 달았지만 목장 안에만 가두지 말고 목장 밖에서도 방목할 수 있도록 하자는 건의였다.

또 사복시에서는 목장을 축조하고 공사의 마필을 모두 들여다 놓아먹인 뒤로 마필 수는 많고 목장 안의 풀이 무성하지 못하고 또 목장 밖을 통행할 수 없어 말들이 여위고 약한 도손마가 되었다고도 하였다. 그러면서 가을철에 조관을 파견하여 그 사면에 쌓은 것을 헐어버리어 마필이 통행하면서 목양하게 할 것을 청하였다. 목장 밖에 경지가 있어서 피해가 우려되는 자에게는 우선 알리어 각자 밭머리에 스스로 담을 쌓게 할 것도 청하였다.[39] 이번에는 한라산 주위에 쌓은 담을 헐어버려서 예전으로 돌아가자는 파격적인 제안을 하였다. 그러면서 농작물에 대한 피해를 막기 위해서는 농민 각자가 밭에 담을 쌓게 하자는 것이었다.

또 한라산의 산상과 산하의 평지에서 목양할 수 있는 곳은 모두 경작을 금하고 이 앞서 목장 내에서 기경한 땅은 비록 목장을 파한 뒤에라도 다시 경작하지 못하게 할 것과 목장 밖에 현재 경작하고 있는 땅도 사사로이 자기가 목장을 쌓게 하고, 묵은 땅을 경작하는 것도 금하여 목양을 넓히게 할 것을 청하였고 왕은 수용하였다.[40] 이 역시 농경지 일부를 희생하더라도 방목지를 최대한 확보하려는 사복시의 노력이었다. 건의 일부가 수용되었지만 목장 설치 자체를 무효화되지는 않았다. 결국 한라산 주위에는 빙 둘러서 담을 쌓고 목장이 설치되었다. 목장 설치 이후에는 목장 안에서 말들을 방목하였다. 예전처럼 평지에서 말을 방목하는 것은 어렵게 되었다. 이로 인해 목축을 위한 초지가 부족해졌다. 목축업 환경의 악화였다. 그로 인해 목자들의 생계도 예전 같지 않게 되다.

한편 본토에 목장을 신설하고 제주 말을 옮겨서 키우려는 정책도 제주도 목축업의 위축을 초래하였다. 조선 초까지만 해도 조선 정부는 명나라가 제주 말은 원나라의 유산이므로 그에 대해 소유권을 주장할 것을 우려하였다. 1413년에 명 황제가 흉노 정벌을 위해 군사 1백 만을 징발하고, 또 제주 마필은 원이 방목하던 것이니 중국으로 옮겨 설치할 것을 청하는 보고가 있었다. 이에 대해 성석인은 지난번에 제주 마필을 가까운 섬에 쇄출하여 방목해야 한다고 아뢰었는데, 지금 이러한 소문을 듣게 되니 더욱 그럴 필요가 있다고 말하였다.[41] 1420년에는 명 사신이 제주의 말 숫자를 물어올 것에 대비하여, 큰 말 종자는 왜인의 난리로 이미 절종되었고 다만 작은 말뿐이라고 답변할 것을 세종이 지시하기도 하였다.[42] 이처럼 당시까지도 조선 정부에서는 제주 말에 대한 명의 징발 요구를 우려하였다. 이 우려를 해결하기 위해서는 조정은 제주도가 아닌 본토에서 말을 사육하는 방안을 적극 추진하였다.

구체적으로 본토의 섬들 즉 진도나 강화도 등지에 목장 설치를 추진하였다. 태종은 제주 말을 중국에서도 좋다고 하지만 실제로는 소문에 미치지 못한다고 하면서 쓸 만한 것을 가려내서 육지에 연한 여러 섬에 방목하고 馬政을 거행하여 3년이면 성과가 있을 것이라고 하였다.[43] 실제로 3년 후인 1410년에 제주에서 진상한 말 6백 필을 전라도에 두고 기르도록 하였다.[44] 2년 후에도 태종은 전라도 해변이 제주 풍토와 비슷하니 제주 말을 가려내어 들여와서 방목하여 번식시키게 하자고 하였다.[45] 새로운 목장 설치는 전라도 연해에 한정되지 않았다. 1413년에는 호조 참의를 제주에 보내 좋은 말 1백 필을 쇄출하여 왔는데, 이 말들을 기를 만한 땅을 경기, 충청, 전라에서 찾기 위해서 경차관을 파견하기도 하였다.[46]

당시 목장이 새로 설치된 가장 대표적인 곳은 진도였다. 1413년에 제주에서 진상한 말을 진도 古邑에서 방목하였다. 이듬해에는 제주 안무사 윤임이 골라 보낸 암수 말이 무려 1천8백 필에 이르렀다. 이 말들은 15運으로 分作해서 출송 예정이었고 진도에서 방목하려고 하였다.[47] 새로 설치된 진도 목장에서 말을 사육하기 위해서 제주의 목자들도 이주시켰다. 태종은 이들이 생활이 어렵고 식량도 다 하면 도망할 것을 우려하여 그들의 소원을 들어주어서 진도 목장이 잘 운영되게 하라고 지시하였다.[48]

세종은 강화도에 목장을 설치하는 데도 적극적이었다. 세종 역시 중국 조정에서 일찍이 제주에 말을 방목할 것을 논의할 일이 있다고 하고, 태종께서 이를 걱정하여 제주 말들을 강화에 옮기고자 하였으나 뜻을 이루지 못하였다고 하면서 강화도에 목장을 새로 설치하는 일을 추진하였다.[49] 1425년에는 제주 말 중 몸체가 큰 암말 50필과 수말 6필을 홍주 원산도로 옮겨와서 방목하여 번식시키자는 요청도 있었다.[50] 황해도의 초도, 백령도,

기린도 등을 목장으로 정하여 제주의 암말 5백 필을 쇄출하여 우선 전라도 각 고을에 분산시켜 기르다가 농한기에 위 섬들에 놓아기르는 건의가 채택되기도 하였다.[51]

이러한 정책으로 인해서 태종과 세종 대에 제주도 말들 중에 3천 필 이상이 본토 연안의 섬에 신설하는 목장에서 기르기 위해서 반출되었다. 많은 말의 반출은 당연히 제주 목축업을 부정적인 영향을 끼쳤다. 특히 1410년에 6백 필, 1413년에 1백 필, 1414년에 1천8백 필 등이 집중적으로 반출되었다. 즉 5년 사이에 2천5백 필이 본토에 신설된 목장으로 반출된 것이다. 말의 재생산 능력을 감안하고 또 당시 제주 말 숫자가 1만여 필 정도였음을 감안하면 5년 사이에 2천5백 필의 말이 반출된 것은 제주 목축업에 타격을 주기에 충분하였다. 말이 크게 줄어드는 만큼 목자들의 삶도 더욱 힘들어졌다. 일부 목자는 말과 함께 신설된 목장으로 이주된 것으로 나오지만, 반출된 말 숫자에 비례해서 이주시키지는 않았다고 본다. 말은 크게 감소한 반면 목자는 그에 비례해서 줄어들지 않았다면 목자들의 삶이 이전보다 힘들어졌을 것은 자명하다. 이처럼 조선 초기 정부의 정책은 전반적으로 제주도의 목축업을 위축시키는 결과를 초래하였고, 그로 인해 목자들의 삶도 힘들어졌다고 할 수 있다.

III. 세종 대 제주도 우마적 사건의 발생과 성격

1. 목축업자들의 위기 타개책과 우마적 사건의 발생

조선 건국 이후 정부 정책으로 인해 제주도 목축업은 위축되었고, 목자들의 생활도 예전 같지 않게 되었다. 이에 목자들은 타개책을 찾아야 했다. 그들은 우마를 직접 판매하기보다는 우마를 도축하여 만든 건육포나 가죽 등의 판매를 확대하는 것을 타개책으로 삼았다. 우마는 가격 자체가 고가여서 폭넓은 수요를 창출하기 쉽지 않다. 반면 건육포나 가죽은 상대적으로 수요가 많았다. 사실 목자인 그들에게 도축은 하나의 풍속이었다.[52] 다만 우마 도축이 갑자기 증가하면서 말 번식에 문제가 될 정도가 되자, 조정에서 이를 큰 문제로 인식하면서 우마적 사건이 발생하였다고 할 수 있다.

왕조실록 기록에 의하면 제주도에서 우마 도축이 사회 문제로 본격 제기된 것은 1431년부터였다. 이 해에 병조에서는,[53] 제주는 우마를 방목하는 장소일 뿐 아니라 원나라에서 풀어놓은 고라니가 번식하는 곳인데, 지금 閑雜之徒가 우마와 고라니를 잡아 죽여서 거의 다 없어져서 장래가 우려된다고 아뢰었다. 그러면서. 제주, 정의, 대정 및 동서 감목관에게 명령하여 우마를 방목하는 곳과 고라니가 사는 곳을 살펴보고, 그 부근에 거주하는 사람으로 헤아려 정하여 살피도록 하자고 하였다. 세종은 이 건의를 수용하였다.[54] 첫 기사에서는 우마 등을 잡아 죽이는 주체를 閑雜之徒라고 하였고, 처벌과 관련된 조치는 언급되지 않았다.

약 3년 정도 후에 병조는 비슷한 내용을 다시 보고하였다. 제주 목자 등이 公私 목장의 우마를 혹은 직접 자기가 도살하거나 혹은 타인과 무리를 이뤄서 宰殺하니 이로 인해 번식이 날로 줄어들어 장래가 우려된다는 것이었다. 그러면서 도살이 그쳐서 풍속이 바로 잡히고, 마필이 번식할 때까지를 기한으로 삼아서, 목자가 잘 간수하지 못해서 도살된 마필에 대해서는 歲准馬에 의거하여 그 숫자만큼 징수할 것을 건의하였다. 세종은 이 역시 받아들였다.[55]

이 보고에서는 우마 도살의 주체가 牧子로 특정되고 있다. 그들은 자기가 직접 도살하거나 남과 무리를 지어 도살하고 있었다. 병조는 도살로 인해 말 번식이 줄어들 것을 우려하였다. 그러면서 우마 도살로 인한 피해를 보충하기 위해서 도살된 말 숫자만큼 징수할 것을 건의하였다. 이후에 우마적으로 지칭되는 이들을 평안도 등지로 강제 이주시키는 처벌과는 비교가 된다. 그리고 도살의 주체를 우마적이라고 하지 않고 '목자'라고 한 것도 주목된다. 우마적이라고 하지만 그들은 실제로는 목자였던 것이다. 목자들은 자기 우마를 관습적으로 도축해 왔고, 이 무렵의 우마 도축도 그 연장선에서 이루어졌을 것이다. 물론 당시에도 남의 우마를 훔쳐서 도살하는 경우도 없지 않았다. 이런 자는 강력하게 처벌하는 것이 맞다. 그렇지만 전자의 경우는 달리 생각할 여지가 있다.

병조에서는 위의 보고 이후 두 달도 채 안 되어서 좀더 구체적으로 우마 도살자들을 특정하고 육지로 내보내는 처벌을 제안하였다.[56] 병조는 우마적 발생의 배경으로 경제적 곤궁을 들었다. 즉 제주는 땅이 좁고 인구는 많아서 생활이 간고하므로, 우마를 도살하여 생계의 바탕으로 삼는 자가 자못 많다는 것이다. 또 상인들이 왕래하면서 우마피를 무역하여 생활을 이어가는 자도 많다고 하였다. 특히 병조는 우마 도축이 갑절로 많아지고 번식하는 수는 적게 되었다고 하였다. 이를 보면 우마 도축은 이전부터 행해졌는데, 우마적이 사회적 문제로 부상하는 1430년대에 들어서면서 도축되는 우마의 숫자가 갑절로 많아지면서 병조에서는 말 번식에 장애를 초래할 수 있다고 보고 심각한 문제로 인식한 것으로 보인다.

병조는 우마를 도축하는 이들의 신분과 관련하여 크게 私賤, 평민, 公賤으로 나눠서 보았다. 그리고 그들에 대한 처벌도 다르게 할 것을 건의하였다. 사천의 경우 그 주인에게 돌려보내고, 평민과 공천은 땅이 넓고 백성이 드문 평안도 고을로 옮길 것을 요청하였다. 뿐만 아니라 私賤의 주인으로 실정을 알고도 고발하지 않은 자와 알고도 금하지 않은 자도 과죄할 것을 말하였다. 이처럼 병조에서는 갑자기 우마 도살이 증가하면서 말 번식에 피해를 끼칠 것을 우려하여, 우마를 도축하는 사람들의 신분에 따라 처벌을 건의하였다. 이때 처음으로 우마적을 평안도로 강제 이주시키는 처벌이 제시되었다.

한편 제주도 안무사도 우마적과 관련하여 보고하였다. 그 내용은 우마적이 자못 많아서 도살이 끝이 없으니 그 폐단이 작지 않고 또 좋은 말의 종자가 끊어질까 두렵다는 것이다. 그러면서 풍속이 바로 잡힐 때까지로 한정하여 刺字하는 것을 그만두고 발견되는 즉시 크게 징치할 것을 건의하였다. 그러나 형조에서는 안무사가 건의한 처벌 내용은 법률에 없어서 시행할 수 없다고 하였고, 세종도 형조의 의견을 따랐다.[57] 제주도 우마적이 문제가 되었고, 이들에 대한 처벌은 병조와 제주 안무사의 건의가 달랐다. 뒤에서 보겠지만 병조의 건의 즉 평안도로 강제 이주시키는 처벌 방안이 채택되었다.

당시 제주 출신으로 제주도의 사정을 중앙 조정에 알리는 데 핵심적인 역할을 하고 있던 고득종도 이 문제와 관련하여 상서하였다.[58] 우마적을 평안도로 이주시키려는 정책에 대해 일단 동의하면서도, 제주에 다녀 온 고득종은 해마다 흉년이 들어서 사람들이 먹을 것이 없어서 지금은 우마적이 더욱 많다는 말을 들었다고 하였다. 앞서 병조의 보고에서도 이 무렵 우마적이 갑절이나 많아졌다고 하였는데, 제주도를 다녀온 고득종도 생계가 더욱 어려워져서 우마적이 더욱 많아졌다고 하였다. 확실히 1430년대 들어서면서 생계가 어렵게 된 목자들이 우마를 더욱 많이 도축하면서 심각한 문제로 비화된 것은 분명해 보인다.

고득종은 항산이 없어서 항심이 없게 된 무리들이 우마를 도살한 것으로 보았다. 이런 사정을 외면하고 강제 이주 정책을 펴면 오히려 우마적으로 몰린 이들이 더 큰 문제를 일으킬 수 있다고 우려하였다. 그러면서 선별적인 처벌을 건의하였다. 즉 재범자와 초범자를 구분하여 처벌하자는 것이었다. 재범자는 강제 이주시키지만, 초범자는 그대로 제주에 두자고 하였다. 그리고 정책 시행 이후에는 초범자도 발각 즉시 출륙시키는 것에 동의하였다. 이렇게 초범자를 관대히 하는 선별적인 정책을 펴면 우마적도 저절로 사라지고 나쁜 풍속[汚俗]도 새로워질 것이라고 하였다.[59] 이 건의는 채택되었다.

이상과 같은 논의 과정을 거친 후 세종은 고득종의 견해를 수용해서 제주도 우마적 처벌을 결정하였다. 그 처벌 내용을 보면, 재범자의 경우 쇄출하여 평안도로 이주시키기로 하였다. 세종은 그들이 그곳에서 스스로 고치기를 바랐다. 이주 대상자 중에서 부모가 살아 계시고 모실 형제가 없는 자는 제주로 돌려보내도록 하였다. 그리고 아직 출륙하지 않은 우마적 중에서 부모를 모셔야 하는 이들을 분간하여 시행하도록 하였다.[60]

이렇게 해서 제주도 우마적 중에서 재범 이상인 자를 대상으로 평안도 강제 이주가 시행되었다. 세종은 평안도로 이주되는 우마적들을 배려하였다. 즉 평안도까지 가는 길에 그들이 지나가는 각 고을에서는 의복과 식량을 넉넉하게 지급하도록 하였다. 그러면서 부녀자와 아이들도 추위에 고생하거나 굶주리지 않게 하라고 하였다. 그리고 호조에서는 1435년 1월에 제주도 우마적을 쇄출하여 평안도에 분치하였다고 보고하였다.[61]

2. 세종의 제주 목축문화 이해와 우마적의 성격

우마적이라고 하여 처벌하였지만, 그 가운데는 원 간섭기 이래 제주 사회에서 행해지던 풍속에 따라서 우마를 도축한 사람들도 있었다. 앞의 자료에서도 언급되었듯이, 그들은 목자로서 생계를 위해 자기 우마를 도축하였을 것이다. 물론 우마적 중에는 남의 우마를 훔쳐 도살한 사람도 있었다. 조선 정부는 이 둘을 구분하지 않고 처벌하였다. 그렇지만 다른 성격을 지닌 존재들인 만큼 처벌도 달라야 했다. 특히 전자의 경우는 목축업 중심 사회에서 관습적으로 행해지던 일이므로 이를 처벌하는 것은 부당한 측면이 있었다. 세종은 우마적 문제가 제기되었을 때 이 둘의 차이를 명확히 알지는 못했던 것 같다. 그러나 시간이 흐르면서 이 둘의 차이를 인식하게 되었다. 그래서 전자에 대한 처벌을 무효화 하려고 하였다. 그렇지만 대신들의 반대로 뜻을 이루지 못했다. 여기에서는 이 문제를 구체적으로 살펴볼 것이다.

제주도 우마적을 강제 이주시키던 무렵에 영의정 황희는 우마적 선별과 관련하여 의문을 제기하였다. 그는 제주에서 평안도로 옮겨서 안치할 우마 도살자가 거의 650여 명에 이르는데, 어찌 그 모두가 도살한 사람이겠냐고 의문을 제기하였다. 그러면서 혹시 고기를 먹었을 뿐인데 연루된 자도 있을 수 있으니 그들을 분별해 내자고 건의하였다. 이에 세종은 이주 대상자들마다 그 이름 아래 죄명을 적어서 아뢰도록 하였다.[62] 황희는 강제 이주 대상이었던 제주도 우마적의 숫자가 너무 많음을 지적하고, 그들 중에는 억울하게 연루된 사람도 포함되었을 가능성을 제기하였다.

세종은 황희의 발언을 계기로 제주도 우마적 문제를 이전보다 면밀하게 검토한 것 같다. 황희의 발언을 접하고 두 달 정도 후에 세종은 의정부와의 논의 자리에서 우마적 문제를 직접 꺼냈다. 세종은 그간의 우마적 사건을 둘러싼 경과를 말하면서 자신이 잘못된 정보에 의해 부당한 처벌을 내린 것으로 보고 처벌을 무효화하려고 하였다. 즉 세종에 의하면 제주도 우마적 문제는 사복시에서 처음 제기하였다. 처음에 사복시에서 제주에 우마적이 성행하여서 목장 말이 번식하지 못하니 그들을 쇄출하여 회령, 여연 등지로 옮겨서 변방을 충실하게 할 것을 계달하였다는 것이다. 이 문제를 여러 대신과 의논하였는데, 당시 대신들은 사복시의 논의에 대해 모두 불가하다고 말하였다. 그런데 사복시에서 두 번, 세 번 계청하므로 결국 사복시 소윤 조순생을 파견하여 賊人을 쇄출하도록 하였다는 것이다.

사복시의 강력한 주장에 의해서, 그리고 제주도 우마적의 성격을 명확히 알지 못했던 세종의 재가에 의해서 우마적은 평안도로 강제 이주되었다. 그런데 쇄출 과정에서도 문제가 발생하였다. 쇄출된 우마적을 배에 태워서 바다를 건너는 과정에서 이송하던 배가 중국으로 표류하기도 하고 또 익사자도 나왔던 것이다. 세종은 이 일을 매우 안타까워했다.

그러면서 세종은 이 지경이 될 것으로는 생각하지 못했다고 하면서 후회의 발언을 한다. 우마적이 1천여 명에 이른다고 들었는데, 이는 다름이 아니라 제주인이 토풍에 젖어서 자기 우마를 잡아 제사하고 그 고기를 먹은 자까지 모두 쇄출되었기 때문이 아닌가 하면서 그 사실 여부를 신하들에게 물었다.[63] 세종의 발언에서 특히 주목되는 부분은 '제주인이 토풍에 적어서 자기 우마를 잡아 제사하고 그 고기를 먹은 자'라는 표현이다. 세종은 그들이 비록 우마를 도살하였지만, 그것은 목축 중심 사회에서 관습적으로 이루어지는 행위로 농업 중심 사회의 우마적과는 다른 존재로 인식하고, 그들을 단죄한 것에 대해 의문을 제기한 것이었다.

세종의 발언에 대해 황보인은 조관을 파견하여 다시 조사하고, 고기를 먹은 자까지 체포되었다면 모두 제주로 돌려보낼 것을 건의하였다. 다만 正犯 즉 남의 우마를 훔친 진짜 우마적은 그대로 평안도로 옮길 것을 말하였다. 그러나 우마적 사건을 공론화시켰다고 할 수 있는 사복시의 견해는 달랐다. 사복시에서는 조관을 또 보내면 괜한 소요를 일으킬 폐단이 있다고 하면서 반대하였다. 또 고기를 먹은 자까지 모두 쇄출되었다는 말은 믿을 수 없다고 하여 쇄출을 담당한 조순생을 두둔하였다. 맹사성은 이미 육지로 나온 자는 하삼도에 분치하여 그곳에서 살게 할 것을 건의하였다.

신하들의 의견을 들은 세종은 다음과 같이 결정하였다. 이미 출륙한 자는 전라도 각 고을에 분치하되 공한지를 주어 안거할 수 있게 할 것, 아직 출륙하지 않은 자는 그 실상을 조사하여 출륙 대상자이면 가을이면 8.9월, 봄이면 1,2월 안에 출륙시키고 그들이 원하는 곳에 분치할 것, 출륙 대상자 중에 독자는 제주에 남아서 부모를 모시게 할 것, 이미 평안도에 분치한 자들도 굶어죽지 않도록 구제하여 생계를 돕도록 할 것. 이 무렵까지도 세종은 우마적의 출륙 자체를 무위로 하지는 못했다. 다만 평안도가 아니라 전라도에 안치하게 하고, 평안도로 이주시킨 자들을 잘 보살필 것을 명하는 수준에서 우마적에 대한 처벌을 완화하였다.

세종은 위의 논의가 있고서 3개월 후에 다시 제주도 우마적 사건에 대해 의정부와 논의 자리를 마련하고 자신의 생각을 먼저 밝혔다. 그간 논의 과정을 말하면서 우마적을 징치하게 된 연유 밝혔다. 제주 같은 작은 섬에 무뢰배가 몰래 산골짜기에 모여 우마 도살을 자행하여 거리낌이 없다는 보고를 접하니 그들을 징치하지 않을 수 없었다는 것이다. 세종은 그 무리가 수백 명에 불과할 것으로 생각하여 대신들의 논의를 따라서 평안도 강제 이주를 시행하였다. 그런데 실제로 보니 그 이주 대상자는 8백 명이나 되었다. 세종은 출륙 명령을 중지하려고 하였으나 대신들의 논의가 어긋나서 그럴 수 없었다고 한다. 다만 그들 중에서 독자는 모두 돌려보내게 하였는데 그 수가 1백여 명에 이르렀다. 그리고 도망치고 죽은 자도 많았다고 한다. 세종의 발언을 보면 애초에 제주도 우마적이 본토의 우마적과는 다르다는 느낌은 갖고 있었던 것 같다. 다만 확신이 없었기에 또 대신들의 논의가 엇갈렸기에 사복시의 건의를 받아들여 강제 이주 정책을 시행하였음을 알 수 있다.

그러면서 세종은 제주도 우마적 사건의 본질에 한 걸음 더 다가선 인식을 피력한다.

> 이 문제를 생각해 보니, 제주는 멀리 바다 섬에 있어서 그 백성이 예의를 모르고 또 恒心도 없어서 산림에 몰래 숨어서 우마 도살을 일상적으로 하니, 이는 곧 옛날의 나쁜 풍속에 물든 것이다. 어찌 예의를 아는 육지의 백성과 같이 다스리겠는가. 옮긴 자들은 살던 곳을 멀리 떠나서 부모를 생각하고 고향을 그리워하는 회포와 원망하는 말들이 반드시 和氣를 상하게 할 것이다. 고로 賊徒들을 찾아 물어서, 그 소원이 그대로 육지에 살고자 하는 자는 소원대로 살게 하고, 고향으로 돌아가고자 하는 자는 고향으로 돌아가도록 허락하여 수심과 원망을 끊게 하는 것이 어떻겠는가.[64]

위 인용문을 보면 세종은 제주도 우마적이 어떤 존재인지를 보다 정확하게 알게 된 것 같다. 세종이 그 실상을 알게 된 데에는 고득종이 큰 역할을 한 것 같다. 왜냐하면 세종이 사용하고 있는, 항심이 없고, 예의를 모르고 나쁜 풍속에 물들었다는 등의 표현은 고득종의 상서에 나오는 것들이기 때문이다. 고득종의 상서를 다시 읽어 본 결과인지 아니면 고득종을 불러서 제주 사정을 보다 자세하게 들은 결과인지는 분명하지 않지만, 고득종에 의해 제주도 우마적의 실체와 성격을 이전보다 분명하게 알게 된 것 같다.

인용문 후반부에는 우마적에 내린 처벌을 무효화하는 내용들이 들어 있다. 강제 이주된 자들도 원하면 제주도로 다시 돌아갈 수 있도록 한 것이다. 세종의 특별 조치는, 제주의 목축 중심 사회에서 우마 도축이 일상적으로 행해지던 풍속으로 이해할 때 가능한 것이다. 실제로 세종은 '어찌 예의를 아는 육지의 백성과 같이 다스리겠는가.'라고 하여 제주도의 우마적이 육지의 우마적과는 다른 존재임을 말하고 있다.

그러나 신하들의 생각을 세종과는 달랐다. 신하들은 두 가지 이유를 들면서 반대하였다. 하나는 우마적을 이주시킨 지 오래되지 않았는데 즉시 돌려보내면 악을 징계할 길이 없다는 것이고 다른 하나는 제주는 땅이 좁고 백성이 많은데 이미 이주시킨 적도들을 돌려보내는 것은 옳지 못하다는 것이었다. 신하들은 세종이 깨달은 우마적의 실체를 여전히 모르거나 아니면 알고도 외면하였다. 특히 당시 제주는 인구 과잉이 큰 문제가 되고 있었던 만큼 이미 옮긴 자를 돌려보낼 필요가 없다고 주장하였다. 신하들이 반대가 거셌으므로 세종도 더 이상 자신의 주장을 밀고나가지 못했다.

그러나 세종은 3일 후에 다시 우마적 문제를 끼내서 대신들의 의견을 반박하고 자신의 뜻을 관철시키려고 하였다. 즉 우마적을 출륙시킨 지 얼마 되지 않았는데 돌려보내면 징계할 길이 없다는 신하들의 반대 의견에 대해, 그들이 고향을 떠난 지 이미 3년이 지났으니 악을 징계하기에 충분한 기간이었다고 반박하였다. 또 세종은 그들이 멀리 고향을 떠나서 부모를 생각하고 고향을 그리워하는 정을 가엽게 여겨서 고향으로 돌려보내 그들의 정을 펴고자 한다면서 신하들에게 이 문제를 다시 의논하라고 하였다. 이번에도 신하들은 이주시킨 우마적을 돌려보내는 것에 대해서는 반대하였다. 황희 등은 아내와 자식까지 옮긴 것은 전적으로 그 아비의 죄 때문이므로, 진범 중에 죽은 자가 있으면 그의 처자식에 한해서 고향으로 돌려보내자고 하였다. 반면 조계생은 제주가 땅은 좁고 인구가 조밀하여 농사짓기 곤란하므로 항산이 없고 그래서 우마를 도살하여 생계의 바탕으로 삼은 것이라고 하면서, 그들을 이주시킨 고을에서 토지 등을 주어서 생계를 이루게 하였는데 하필 고향으로 돌려보낼 필요가 있겠느냐고 하면서 반대하였다.[65]

이 논의 이후 세종이 우마적 사건에 대해 직접 언급한 기록을 찾기는 어렵다. 세종도 신하들 대다수의 반대 의견을 외면하고 주장을 관철시키기는 힘들었을 것이다. 또 제주도는 인구 과잉이고 평안도 등은 인구가 적었으므로 이주시키는 것 자체가 통치자 입장에서 나쁠 것도 없었다. 이렇게 해서 강제 이주된 우마적을 제주로 돌려보내려는 세종의 의지는 실현되지 못했다. 그 결과 이후에도 제주도 우마적을 평안도 등지로 강제 이주시키는 처벌은 계속 집행되었다.[66] 이때 우마적은 남의 우마를 훔쳐서 도살한 자들에 한정되었을 것이다.

이처럼 우마적 강제 이주 이후 세종의 발언을 통해서 제주도 우마적이 육지의 일반적인 우마적과 다른 존재임을 확인할 수 있다. 자기 우마를 도축하고도 억울하게 평안도 등지로 강제 이주된 '우마적'들은, 남의 우마를 훔쳐서 당연히 처벌을 받아야 '우마적'과는 다른 존재였다. 제주도 우마적 사건은 목축 중심 사회였던 제주도가 정부의 여러 정책으로 목축업이 위축되는 과정에서 발생한 것이었다.[67]

Ⅳ. 맺음말

조선 초기 제주는 목축업이 중심이었고, 목축문화도 남아 있었다. 농본주의를 내세운 조선 정부 입장에서 제주도의 이러한 상황은 낯선 것이었다. 조선 정부는 제주도를 대상으로 두 가지 상충되는 정책을 실시하였다. 말은 여전히 중요한 교통수단이었고 제주도는 최대 말 공급지였으므로, 제주도의 목축업이 유지되기를 바랐다. 그러면서도 제주도 역시 농업 사회로 재편되기를 바랐다. 후자의 정책이 실제로 시행되자 목축업의 입지는 이전보다 위축될 수밖에 없었다. 또 명나라가 제주 말을 요구할지 모른다는 우려 때문에 본토 연안의 섬들에 목장을 신설하려고 하였다. 그 과정에서 신설 목장에 필요한 말들 역시 제주에서 공급되었다. 그 수는 2천을 넘을 정도로 많았다. 또 말 교역에 대해서 부분적인 금지도 이루어졌다. 이러한 정책들이 시행되면서 제주도의 목축업은 위축되었다. 그로 인해 목자들의 삶도 이전보다 힘들어졌다.

생계가 곤란해진 목자들은 우마를 도축하여 만든 건육포와 가죽 등의 판매를 확대하여 생계를 도모하였다. 우마 도축은 목축이 중심이었던 제주 사회에는 하나의 풍속이었다. 그런데 1430년을 전후한 시기 곤란한 생계를 타개하기 위해서 우마 도축이 이전보다 갑절 이상으로 증가하면서 말 번식이 우려되는 상황이 초래되었다. 이에 사복시에서는 우마를 도살하는 자들을 강력히 처벌할 것을 주장하였다. 사복시의 주장은 받아들여져서 제주도 우마적들은 평안도로 강제 이주당하였다.

그런데 이런 조치를 취한 이후에 세종은 제주도 우마적 중에는 자기 말을 관습적으로 도축한 이들도 포함되었을 알게 되었다. 세종은 그들에 대한 처벌은 부당하다고 생각하였고, 그들을 제주도로 돌려보내려고 하였다. 그러나 대신들은 제주가 인구 과잉으로 여러 문제가 있는데, 이미 육지로 이주시켜 농민으로 정착해 가는 그들을 굳이 돌려보낼 필요가 있겠는가 하고 반대하였다. 세종은 다수 대신의 반대를 무릅쓰고 자신의 주장을 관철시키지는 않았다. 이렇게 해서 처벌 대상이 아닌 제주도 목자들 중 일부는 억울하게 평안도 등지로 강제 이주 당하였던 것이다. 세종 대 제주도의 우마적 사건은 정부의 정책 등으로 제주 목축업 정책이 위축되는 과정에서 발생하였던 것이다.

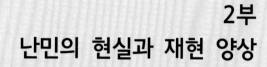

2부
난민의 현실과 재현 양상

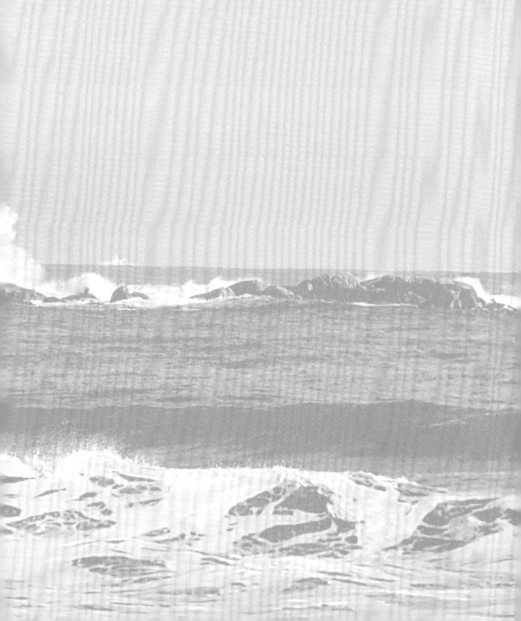

재일조선인의 이동(mobility) 경험과 기억으로 본 난민 감시와 처벌

Ⅰ. 모빌리티 담론과 재일조선인의 이동

근대국민/민족국가 체제가 확립되고 확산되는 과정에서 그 토대를 제공했던 모던(Modern)이 제기한 의제는 물론, 모던에 대한 비판과 반성의 담론도 제기되고 있다. 제국주의와 탈식민에 관련된 담론만 하더라도 오리엔탈리즘(Orientalism)과 혼종성(hybridity), 디아스포라(diaspora), 난민, 다문화, 그리고 포스트 혼종성과 비인간적 전환(The nonhuman Turn)에 이르기까지 우려와 기대, 그리고 새로운 고민을 넘나드는 다양한 논의가 있다. 이 가운데서 눈길을 끄는 것이 모빌리티(mobility) 담론이다.

'이동성(移動性)'으로 번역할 수 있는 '모빌리티'는 '이동할 능력, 이동하는 대상, 이동에 내재하는 사회적 위치성(계급), 이동에 의한 지리적 변화 등'을 포괄하고 있는 용어다.[1] '단순한 이동(movement)'이 아니라, 이렇게 이동에 내재한 다양한 관계들의 의미와 실천을 포괄적으로 뜻하기 때문에 우리말로 번역하는 대신 '모빌리티'라는 용어를 그대로 사용한다. 여기에서 말하는 이동에 내재하거나 부가되는 '관계'로는 지리적 경계(거리), 주체(대상)의 위치성, 정치와 권력 등이 손꼽힌다.[2]

모빌리티 담론은 모든 것이 이동하고 있다는 사실에서 출발한다.[3] 이 사실이 근대 이후 "국민국가질서에 따라 물리적으로 견고하게 구축된 국가 경계를 위태롭게 넘는 사람"[4]이라는 난민의 정의와 만나면, 모빌리티보다는 임모빌리티(immobility; 이동 제한), 곧 "이동할 수 없음"의 경험과 기억이 더 부각 된다. 죽은 노동인 자본과 자본가가 국가 경계를 자유롭게 넘나드는 데 비해서 목숨을 걸고 국가 경계를 넘은 노동자는 난민 또는 불법 체류자가 되는 현상이 일상적으로 벌어지고 있기 때문이다.

바다가 국가 경계로 작동했던 동아시아에서 난민의 역사와 그에 따른 인식과 태도는 유럽과 같으면서도 다른 면이 있다. 아시아태평양전쟁 이후 일본 열도의 경계를 확정하면서 근대국민/민족국가체제를 이식하는 과정에서 난민이 발생했고, 냉전체제 경쟁 속에서 개발독재를 거쳐 신자유주의 체제로의 급속한 변화를 성취해내면서 다양한 임모빌리티의 경험과 기억을 축적해왔기 때문이다. 이러한 경험과 기억은 모빌리티의 경험이 활성화된 오늘날 '나'를 구성하는 기본 단위로서 모빌리티 수행의 의미를 재구성하게 한다.

이 글에서는 일제강점기와 독립, 냉전시대를 거쳐 오늘날에 이르기까지 "모빌리티를 결정하고 분류하고 배치하는 기술", 곧 감시와 처벌이 작동되었던 사례를 재일조선인의 이동 경험과 기억에서 찾고자 한다. 재일조선인, 곧 일본 이주조선인은 근대라는 시공간에서 조국이었으나 더는 존재하지 않는 조선이라는 나라의 난민으로서, 제국으로 강제로 끌려가서 귀환하지 못하고 있거나 반대로 밀항했다가 발각되어 수용소를 거쳐 추방된 경험과 기억을 가지고 있다. 오늘날에도 임모빌리티 상황에 놓여 있는 조선적 재일조선인이 있다.

이러한 사실을 바탕으로, 우선 식민지/제국 일본의 식민지 정책으로 발생한 난민이 근대국민/민족국가 질서 이식 시기를 거치면서 겪었던 처벌과 추방에 대해 주목해보고자 한다. 이후 체제 경쟁에 몰두하던 대한민국 정부(이하 '한국정부')의 재일조선인에 대한 기민과 배제 정책과 비교 검토해볼 수 있기 때문이다. 이를 바탕으로 포스트 냉전 시대인 지금도 임모빌리티 상태에서 벗어나지 못한 재일조선인의 사례를 통해 근대국민/민족국가에 의한 동아시아 난민 감시와 처벌의 전근대성, 그리고 그 장치에 대해 살펴보고자 한다.

Ⅱ. 재일조선인의 처벌과 추방

재일조선인의 모빌리티 경험과 기억을 다루는 연구에서 빠지지 않는 첫 번째 주제어는 '밀항'이다. 동아시아해역에서 밀항이 본격적으로 문제 된 것은 근대국민/민족국가의 국가-국민-영토를 재구성하는 과정에서 한국과 일본 정부 모두에서 "불법이지만 지속적으로 반복되던 월경행위이자 국민국가의 경계를 규정한 법적 장치를 흔드는 일"[5]로 인식되면서부터다. 하지만 밀항은 "엄격하지도 않았으며 대동아공영권-황국신민이란 경계 속에서 큰 의미를 지니지 않았다"[6]던 식민지/제국 체제에서 이미 시작되었다.

재일조선인의 이동 경험과 기억은 일본의 식민지 정책과 연관된 농민층의 몰락에 따른 '도항(渡航)'이 이루어진 1910년으로 거슬러 올라간다. 이 시기는 '노동자 중심의 자유 이주기'로서, 1939년 이후 강제 연행에 의한 도항이나 근대국민/민족국가 형성기의 도항과는 구분된다.[7] 하지만 이 시기에도 "조선 내에서의 신분 상승을 기대"한 유학생과 "계층 하락, 실업 상태, 궁핍의 악순환에서 벗어나기 위해 현해탄을 건넌 하층농민"의 도항은 엄연히 구분되었고[8], 완화와 규제를 반복하는 일제의 도항 정책에 따른 '부정도항'이 존재했다.[9]

일본과 가까운 제주(濟州)의 경우 을사늑약(乙巳勒約) 체결 이전인 1903년에 해녀의 도항 사례가 이미 있었고, 1911년부터는 오사카 방적업계 직공모집을 기점으로 근대 공업노동자로서 도항이 본격화되었다. 그런데 정작 일본 도항이 합법화된 것은 식민지 법이기는 하지만 법적 근거인 1918년 2

월 조선총독부령 '노동자모집취체규칙(勞動者募集取締規則)' 공표를 기점으로 한다.[10] 그런데 이 법의 시행에도 불구하고, 1919년 3·1운동, 1923년 관동대지진 발생 등을 이유로 하는 여행증명서제도의 시행 및 폐지, 부활에 따른 도항 제한도 꾸준히 있었다.[11]

도항 제한이 있었다는 사실은 그것을 위반하는 부정도항이 있었음을 의미한다. 실제로 1925년 이후 도일 요구 격증에도 불구하고 조선인 노동자의 일본 도항 제한이 강화되자 밀항이 급증하였다. 특히 1928년 7월부터 거주지 관할 경찰서의 사전 심사를 통해 도항소개장을 발부받아야 하는 등 도항 조건이 강화되면서, 이를 충족하지 못한 사람의 밀항이 늘었다. 때마침 해운업계의 부진으로 화물운반선 등에서 밀항자를 모집하는 사례가 증가한 것도 한몫했다. 이런 사정으로 도항규제정책이 강화될수록 밀항은 더욱 증가했다.[12]

여기에서 눈길을 끄는 점은 도항과 부정 도항이 모두 제국주의/식민지 정책에서 비롯되었다는 사실이다. 제국주의/식민지 정책에 따라 조선의 경제 상황이 피폐해지는 상황에서 상대적으로 근대 공업노동자의 노동력이 부족한 일본의 상황은 이른바 합법적인 도항이 개시되는 직접적인 원인이 되었다. 이렇게 해서 도항이 개시되었지만, 도항규제정책이 시행, 강화되면서 부정도항, 곧 밀항도 발생하게 된다. 이 시기의 도항에서는 이렇게 '이동하는 주체'와 이동하는 행위보다는 그것을 촉발하거나 제한하는 제국주의 권력의 작동이 부각된다.

제국주의 권력은 '정규 절차'에 따라 이동할 수 있는 주체와 그렇지 못한 대상을 규율했다. 이에 따라 정규 절차에 따른 소개장이나 도항증명서를 발급받지 못한 사람들은 밀항 브로커의 선박을 이용하거나 증명서 부정 사용, 선박 잠입, 신분 사칭 등의 방법으로 기존 연락선을 이용했다. "막연한 도항이나 밀항 등을 저지하려는" 규율을 어기는 이러한 행위에 대해서 조선총독부는 최초 출발지와 출항지 경찰의 업무 분담, 도일 최전선인 출

발항에서의 도항 심사 및 저지, 단속을 강화하는 방식으로 대응했다.[13]

이동 주체에 대한 규율은 식민지인 조선보다는 일본 국내에서 더욱 강화되었다. 일본 국내의 밀항 감시는 "단순히 조선인 노동자의 도항이 만연하는 것을 가급적 저지하는 데 그치지 않고, 해외 불령선인(不逞鮮人)이 이러한 수단에 의해 내지에 잠입하는 것을 방지"[14]하는 데 목적이 있었기 때문이다. 이에 따라 출발항과 공조하에 연락선상을 비롯한 상륙하기 전의 해상로, 상륙이 예상되는 해안, 도착항, 상륙 후 각지로 향하는 육로, 이동 목적인 각 주요 도시의 조선인 사회에 대한 철저한 감시체제가 구축, 운용되었다.[15]

조선총독부와 일본 내무성 경찰의 이러한 밀항 대응체제에도 불구하고 밀항은 크게 줄어들지 않았다. 도일 및 강제송환을 둘러싼 제국주의 권력 내부의 입장 차이가 있었기 때문이다. 이러한 차이는 일본의 식민지/제국 체제의 특수성에서 비롯되었다. 조선은 홋카이도나 오키나와 등 내부식민지와는 달리 내지의 법률이 아닌 조선총독이 발한 명령으로 입법사항을 규정하도록 했다. 이러한 근본적 차별구조는 민족 배제와 포섭의 정치를 작동하는 장치로서 기능했고, 이것이 조선인 밀항에도 작동된 것이다.[16]

한편, 이 시기 조선인 밀항은 제국주의/식민지 정책에 따른 경제구조 재편 상황에서 "문명에 대한 동경 및 생활 수준의 향상에 대한 기대를 촉발하는 식민지/제국 체제"의 경계를 넘는 행위이기도 했다. 그런데 일본으로 '이동'한 조선인 대부분은 농민에서 노동자로 '이동'하였지만, 근대산업 내부로 유입되지 못한 잉여 노동력, 곧 일용직 노동자로 전락하였다. 그와 함께 이른바 외지에서 내지로 이동한 이들은 식민지/제국 체제에 내재된 차별구조에 의해 내지의 외지에 "붙들려 있던" 처지에서도 송환, 곧 '추방'을 걱정해야 했다.[17]

이러한 상황은 식민지/제국 일본의 패전 이후에 오히려 복잡하게 전개되었다. 식민지/제국의 해체와 근대국민/민족국가의 출범 과정에서 연합국 최고사령부(GHQ: General Headquarters)와 재조선미국육군사령부군정청(USAMGIK: United States Army Military Government in Korea, 이하 '미군정청')이 조선총독부와 일본 내무성의 체제를 승계하면서도 재일조선인과 일본인을 구분하는 정책을 취했기 때문이다. 재일조선인은 "군사상 안전이 허락하는 한 해방 민족"이었지만, "일본인이라는 용어에 포함되지 않"으며, "필요한 경우에는 적국민으로서 취급"될 수 있었고, 결과적으로는 처벌과 추방의 대상이 되었다.[18]

연합국 최고사령부는 1945년 8월 15일을 기점으로 일본 거주 조선인의 귀환자 등록을 명령하였고, 1946년 3월 14일까지 일본 거주 외국인을 대상으로 한 귀환 의향 유무 등록 및 강제 귀국을 압박하였다. 물론 "자유의지로 일본에 잔류하고 현행의 본국 귀환 수속에 따라 조선으로 귀환하기를 바라지 않는 조선인"에게는 "정식으로 수립될 조선 정부가 해당 개인을 조선 국민으로서 승인할 때까지 일본 국적을 유지"하도록 하였다. "경제적 이유"에서 일본에 머물러 있던 재일조선인은 일본 국적을 가져야 한다는 이 조치에 반발하였다.[19]

연합국 최고사령부의 이러한 입장은 식민지/제국 체제가 내포하고 있는 조선인 차별 정책을 계승하면서 근대국민/민족국가 수립 과정에 놓인 조선인 지위는 인정하지 않는 것이었다. 그래서 재일조선인에게 일본 국적을 강요하였다는 것을 오보라고 밝히면서도, "조선인을 일본의 법률 및 규칙의 적용으로부터 제외하는 것은 일종의 치외법권을 두게 되는 것이라 연합국군의 점령정책에 반하는 것"이라는 사실을 강조하였다. 이와 함께 귀환 후 일본으로 재입국을 시도하는 조선인을 밀항자, 또는 불법입국자로 규정하는 일련의 조치가 연이어 나왔다.[20]

당시 연합국 최고사령부 내에서도 이러한 조치가 "재미조선인이 우호적 외국인으로 간주되고 있는 사실", 그리고 "조선을 해방국으로 처우한다"는 방침과 모순된다는 인식이 있었다. 하지만 「외국인등록령」과 「출입국관리법」 등의 제정 과정에서 "조선인은 당분간 외국인으로 간주한다."던가, "항상 등록증 휴대 및 관공리 요구에 따라 등록증을 제시"해야 한다는 등 재일조선인을 차별하는 조항은 삭제되지 않았다. 차별을 넘어서 탄압으로 볼 수 있는 조항은 1948년 11월과 1949년 외국인등록령 개악을 거치면서 더욱 강화되었다.[21]

이렇게 근대 법령에 의한 감시와 처벌을 상징하는 것이 '오무라(大村)수용소'다. 오무라수용소는 일본 패전 후인 1950년에 출입국관리청설치령(정령 제295호)이 제정되면서 발생한 법령위반자를 본국으로 추방하기 전 임시 수용하기 위해 나가사기현(長崎縣) 오무라시(大村市)에 설치된 시설이다.[22] 1993년에 오무라입국관리센터(大村入国管理センター)로 명칭이 바뀌었지만, 냉전체제 구축과 함께 진행된 동아시아의 근대국민/민족국가 질서체제 수립 과정에서 새롭게 발생한 난민에 대한 감시와 처벌의 표상으로 지금도 인식되고 있다.

1945년 8월 '식민지/제국 일본'의 패전 처리 과정에서 연합국 최고사령부가 일본 열도를 경계로 근대국민/민족국가 일본을 재구성한 것은 양차 세계대전 후 유럽 근대국민/민족국가를 재구성한 것과 같은 맥락이다. 바다를 국가 경계로 삼아온 동아시아의 영토를 확정하는 과정은 유럽에 비해 비교적 용이하였지만, 그동안 "대일본제국의 신민(臣民)"을 구성하던 조선인, 대만인(臺灣人), 류큐인(琉球人) 등의 문제를 해결하기는 쉽지 않았다.[23] 그래서 재일조선인을 비롯한 동아시아 난민은 '유럽 난민'보다 복잡한 상황에 놓여 있었다.

법령에 의한 처벌, 그리고 추방이라는 이중 처벌에도 불구하고, 현실적으로는 해방정국의 정치적인 혼란과 생활 경제 불안은 물론, 일본 거주 가족 방문 등의 개인적인 이유로 재입국을 시도하는 이들에 의한 밀항 러시가 이어졌다. 이런 상황에서 귀환과 송환으로 북적거리던 부산에서 콜레라가 발생하자 일본인 및 조선인의 귀환과 재입국 시도 과정에서 체포된 강제 추방자 송환도 잠정적으로 중단되기도 했다. 이러한 상황이 맞물리면서 밀항 단속 강화에 따른 밀항 시도 급증의 악순환은 냉전체제의 구축과 함께 지속되었다.

요컨대 식민지/제국 일본에서 외부식민지 출신인 재일조선인은 식민정책에 따라 발생한 난민으로서, 식민지법에 의해 일본 도항이 허락되었다. 하지만 식민지/제국의 도항규제정책에 따라 출발지와 출발항에서는 물론 도착항과 내지에서도 밀항을 의심받아 처벌받고 추방되는 대상이 되었다. 식민지/제국 일본이 해체되는 과정에서 이러한 처벌과 추방은 오히려 강화되었다. 해방국 국민이었음에도 재일조선인이 강화된 처벌과 추방의 대상이 된 이유는 근대적 난민의 기원이 본래 근대국민/민족국가 질서의 수립에 있기 때문이다.

Ⅲ. 재일조선인의 통제와 기민

아시아태평양전쟁이 발발하면서 '전후 기획'에 들어간 미국은 1942년 중반부터 이미 한반도 신탁통치 구상을 검토했다. 한반도를 일본과 분리된 독자적인 정치경제단위로서 세계 경제에 점진적으로 편입시키고자 하는 이 구상을 실현하기 위해, 1945년 6월경에는 재일조선인과 재류일본인(在留日本人)의 귀환 문제 등도 검토되었다. 하지만 예상보다 일찍 전쟁이 끝나면서 세부적인 방침을 준비하지는 못했다.[24] 구체적인 귀환 규모 파악과 수송 대책 준비가 부족했기 때문에 여러 가지 현실적인 문제가 발생하게 되었다.

이런 상황에서도 연합국 최고사령관 각서(SCAPIN: Supreme Commander for the Allied Powers Directive Index Number) 677호 및 1033호 등, 일본 영토의 처분에 대한 연합국의 구상을 실현하는 조치가 신속하게 취해졌다. 그 주요 내용은 오늘날 동북아시아에서 일본과 영유권 문제로 갈등을 빚고 있는 지역을 일본 영토에서 제외하는 것이었다.[25] 이에 따라 송환 및 귀환 조치가 재류일본인과 재일외국인 모두에게 엄격하게 이루어졌다. 근대국민/민족국가 질서를 동북아시아에 이식함으로써 단일한 세계질서를 구축하려는 것이 연합국의 구상이었기 때문이다.

그런데 1951년 9월 8일에 조인된 샌프란시스코 강화조약을 준비하는 과정에서 이러한 조치에 중대한 변화가 생기게 되었다. 냉전을 배경으로 한 미국의 대일본 정책 변화와 대공산권 전략이 반영되었기 때문이다. 이에 따라 일본의 전쟁범죄를 다룬 극동국제군사재판(도쿄재판)과 강화조약에서 피해 당사국의 참여가 제한되었다. 분단 상황이었던 중국과 조선, 베트남민주공화국 등은 초청받지 못하였고, 영국령이었던 말레이시아, 싱가포르는 제외되었다. 라오스, 캄보디아, 버마(미얀마), 인도네시아 등도 청구권을 포기하거나 불참했다.[26]

1952년 4월 샌프란시스코 강화조약이 발효되면서 연합국 최고사령부에 의한 일본 군정기가 끝났다. 일본은 전쟁 책임을 추궁당하지 않았고, 승전국은 일본에 대한 배상 청구권을 포기했기 때문에 샌프란시스코 강화조약은 이른바 '관대한 강화(the leniency of the Peace Treaty with Japan)'로 불린다. 앞서 언급했듯이 이 강화조약에 참여할 수 없었거나 참여하지 않았던 국가는 한일기본조약, 일러공동선언, 중일평화조약 등 별도의 양자조약을 통해 국교를 정상화하거나 전쟁의 사후 처리를 해야 했다.[27] 이른바 샌프란시스코 체제는 별도의 양자조약 체결이라는 서브 시스템을 필요로 하게 된 것이다.

샌프란시스코 체제 구축과 이를 보완하는 서브 시스템 구축까지 '지연된 시간'은 재일조선인을 비롯한 동아시아 난민을 오무라수용소 같은 열악한 상황으로 밀어 넣었다. 연합국 최고사령부가 일본 영토를 확정하면서 재류일본인과 재일외국인 송환을 처리하는 동안, 신생독립국은 자국민 귀환 문제보다는 근대국민/민족국가로 출범하기 위한 노력을 경주해야 했기 때문이다. 이 과정에서 귀환 문제는 연합국 최고사령부와 각국 군정청, 그리고 각국 정부와 일본 정부의 이해가 복잡하게 얽힌 난제가 되었다.

이러한 상황은 상대적으로 용이했던 재류일본인 송환 문제만 보더라도 쉽게 확인할 수 있다. 연합국 최고사령부와 미군정청은 재류일본인과 재일 외국인의 송환과 귀환 문제를 우선적으로 처리했다. 세부적인 방침이 마련되지 못하여 어려움을 겪기는 했지만, 일본군을 포함한 미군정청 관할지역의 재류일본인 송환은 부산항을 통해 1945년 연말까지 별 무리 없이 이루어졌다. 문제는 소비에트 민정청(Советская гражданская администрация) 관할지역의 재류일본인 송환과 재일조선인의 송환이었다.

1945년 말부터 이미 문제가 되고 있었던 '38선을 넘어온 일본인 난민 유입'은 1946년을 지나면서 대규모 양상을 띠었다. 대규모 인원에게 식량 및 숙소를 제공하는 데 문제가 발생하자, 귀환 루트를 세분화하는 계획이 수립되었다. 하지만 미군정청의 주장에 따르면 소비에트 민정청이 일본인 수송책임을 덜기 위해 38선을 넘도록 권유하거나 강요하였고, 이와 관련된 협의에 적극적으로 응하지 않았다. 이러한 상황에서 5월 초 콜레라가 발생하자 부산항을 통한 송환과 귀환이 전면 중단되기도 했다.[28]

물론, 식민지/제국의 해체와 그에 따른 환경 변화에도 불구하고 해당 지역에 재류하고자 하는 일본인도 있었다.[29] 그런데 이들에 비해, 재일조선 인처럼 귀환할 국가가 아직 기틀을 갖추지 못한 상태였던 이들은 말 그대로 무국적자 신세였다. 귀국을 희망한다고 등록하지 않는 한 귀국의 권리를 상실하게 된다는 연합국 최고사령부의 귀환 정책에도 불구하고, 1946년 3월 38선 이북에 본적을 둔 재일조선인의 귀환이 정지되었는가 하면, 재입국 재일조선인의 검거와 추방이 본격화되는 등 강제추방 정책이 동시에 시행되었기 때문이다.[30]

이렇게 송환과 귀환 정책에서 밀입국자의 강제추방 정책으로 선회한 연합국 최고사령부와 일본 정부는 한국전쟁을 전후하여 외국인으로 등록하지 않은 재일조선인과 불법입국자를 강제로 추방할 수 있도록 법을 재정비하고, 제정하였다. 이러한 조치에 대해 재일본조선인연맹(이하 '조련')과 재일본조선민주청년동맹(이하 '민청') 등 재일조선인단체, 그리고 일본 공산당이 거세게 반발하였지만 일본 정부는 강제추방정책이 사실상 연합국 최고사령부에 의해 수행되고 있다는 점을 시사하면서 계속 추진하였다.[31]

일본 중의원 내에서조차도 재일조선인의 국적과 강제퇴거 문제가 제기되었지만 달라지는 것은 없었다. 오히려 한국전쟁이 발발하면서 일본 정부는 조련의 활동과 일본 공산당의 관계를 연결시켰고, 반공이데올로기를 접목하여 강제추방하기도 하였다. 제주 4·3 등 냉전체제 이행기에 출범하기도 전부터 근대국민/민족국가의 국가폭력을 행사했던 한국 정부도 이러한 논리에 동조하였을 뿐 아니라, 오히려 적극적으로 활용하기까지 하였다. 전쟁 난민은 물론, 가족 친지 방문자나 귀환자조차 국가 경계를 넘는 배신자로 취급했던 것이다.

실제로 이승만 정권은 한국전쟁 발발 후 일본 밀항자가 급증하자 엄벌에 처하겠다고 경고했다. 1950년 7월 외무부 정보국장 유태하(柳泰夏)의 엄중 처단 경고와 같은 해 12월 경남북지구 계엄민사부장 김종원(金宗元) 대령의 경고, 그리고 1952년 9월 이승만 대통령의 철저 조사 지시는 전시 이탈을 우려한 경고 수준을 넘어서는 강경한 대응이었다. 그 이유는 1952년 2월 재일조선인의 국적과 강제추방 문제 등이 논의된 한일회담에서 '악질 공산주의자'를 강제추방하는 것에 대해서 양국의 의견이 일치했다는 점으로도 충분히 짐작된다.[32]

냉전체제 구축과 유지 속에서 한일 양국은 치안과 반공 문제에 대해서는 공감대를 형성했다. 하지만 이승만 정부는 미국과의 동맹관계를 통해서 한국[33]을 한반도의 유일 정부로 표방하면서 일본 정부를 압박했다. 이에 비해 한국전쟁 직후부터 재일조선인의 '귀국사업'을 적극적으로 주도한 일본 정부는 재일조선인 국적 문제에 대한 입장이 다를 수밖에 없었다. 같은 맥락에서 1952년 이후 샌프란시스코 체제를 보완하는 서브 시스템인 '1965년 체제'의 출범, 곧 한일기본조약 및 제반 협정 체결에 이르기까지 재일조선인은 협상을 유리하게 끌어가는 조건으로 활용되었다.

예컨대 제1차 한일회담이 결렬된 직후의 첫 집단송환에서 한국 정부는 불법입국자 285명만 인수하고, 송환된 재일조선인 125명에 대해서는 인수를 거부했다. 그 이유에 대해서는 다양한 해석이 있지만, "한국과 일본은 각각 자신들의 '외부의 경계'에 자국민을 밀어내고 남겨둠으로써 정치적 교섭의 우위에 올라서고자 하는 줄다리기를 전개"[34]했다는 해석은 상당히 설득력이 있다. 일본과 한국은 국경의 안쪽에 수용소라는 또 하나의 경계를 설치하고 1965년 체제 출범에서 우위를 점하고자 하였기 때문이다.

이에 따라 재일조선인은 "제국의 공간의 연장선상에서 생활권을 회복하려고 하는 사람들"로서, "이동"을 통해서 "식민지 지배의 청산을 둘러싼 정치문제는 물론 영역문제로 인해 서로 충돌하는 위기를 내포"한 이들로 취급되었다.[35] 이들에 대해 이승만 정부가 추진한 기본정책은 집단귀환론이었다. 이는 일본에 거주하는 모든 한국인이 현재 소유하고 있는 전재산과 보상금을 지참하고 본국에 귀환하되, 귀국하지 않는 교포는 정부가 보호할 책임이 없으니 일본정부가 맡아 처리하라는 사실상의 기민정책(棄民政策)이었다.[36]

이승만 정부의 기민정책은 1959년 8월 일본적십자와 북한적십자가 캘커타 협정에 조인함으로써 북한이 주도하는 대규모의 귀국사업이 진행되는 상황에서도 유지되었다. 이승만 정부의 외교정책이 반일(反日)과 반공(反共)을 기저로 했기 때문이다. 이 두 가지는 국내정치 입지를 강화하고 북한이 주도하는 귀국사업을 외교적으로 저지하는 데 큰 역할을 했다. 하지만 귀국사업의 적극적인 저지가 재일조선인의 적극적이고 직접적인 수용으로 이어지지 않았기 때문에 역설적으로는 소극적인 대응에 그치게 되었다.

더 큰 문제는 이승만 정부가 이렇게 반일과 반공을 국내외정책의 기조로 삼아 체제경쟁에 나서면서 한일정부의 재일조선인 통제와 기민이 심화되었다는 것이다. 오무라수용소의 북한 귀국 희망자를 비롯한 정치적 망명자에 대한 남한 송환에 열의를 보이면서도, 북한과의 관계를 중시하는 듯한 일본에 대해서는 다양한 보복조치를 하였기 때문에, 결과적으로는 귀국사업에 대한 일본 정부의 태도를 바꾸지는 못하였다. 또한 재일조선인에게는 귀국사업을 추진하면서 지원을 아끼지 않았던 북한 정부에 비해 상대적으로 이미지가 악화될 수밖에 없었다.

재일조선인의 존재가 주의를 끄는 것은 이렇게 남북한과 일본 정부가 국내외에서 정치적 입지를 구축하고 우위를 점하는 때뿐이었다. 일본 정부는 최하위 계층에 속한 이들을 송환함으로써 정치·경제적 불안요인을 해결하려고 하였고, 남한 정부는 일본과의 협상 체결과 북한과의 체제 경쟁에서 우위를 점하려고 하였다. 이러한 정책 기조는 이승만 정부가 물러나고 등장한 군사정권에 의해 1965년 체제가 출범한 이후에도 유지되었을 뿐 아니라, 오히려 심화되었다. 그 결과 냉전체제 종식 이후에도 한일정부의 재일조선인 배제와 혐오의 상황은 더 심화되었다.

IV. 재일조선인의 배제와 혐오

1965년 체제 출범으로 재일조선인의 한국적(韓國籍)이 확정되었지만, 그와는 별개로 북한이 주도하는 재일조선인 귀국사업도 1984년까지 지속되었다. 남북한은 경제개발에 필요한 일본으로부터의 노동력, 자금, 기술 도입을 확대 또는 저지함으로써 체제 경쟁에서 우위를 점하고자 하였고, 일본은 재일조선인 북송을 통해 사회경제적 불안 요인을 해결하고자 하였기 때문이다. 이에 따라 냉전체제임에도 불구하고 국제적십자의 지원 아래

자유 진영에서 공산 진영으로 9만여 명이라는 대규모 인원이 자발적으로 이동하는 주목할만한 일이 일어났다.

당시 한국적을 선택하지 않았던 재일조선인은 근대국민/민족국가 일본에서 법적 지위를 상실하여, 복지 혜택과 참정권 등 시민적 권리를 누릴 수 없는 존재였다. 1950년대 초에도 취업 연령 재일한국인 4분의 3이 실업 중이거나 최하위 계층이었고, 특히 공산주의 이념적 색채가 강한 재일조선인은 사회적 불안 요인으로 인식되었다. 냉전체제로 돌입하면서 아시아 동반자 지위를 얻었던 일본으로서는 공산주의 국가 북한과 인접해 있는 현실을 직시해야 했다. 이러한 조건은 재일조선인이 식민지/제국 시대와 같은 상황에 놓여 있다는 것을 의미했다.

재일조선인이 귀국사업에 적극적으로 참여하게 된 이유에는 이러한 상황이 크게 작용했다. 북한은 귀국사업을 추진하면서 교육 및 취업 기회가 제공된다는 선전을 대대적으로 했고, 조총련을 통해서 조선 학교 건립 운동에 필요한 원조를 제공하는 등 지원을 아끼지 않았다. 그래서 범법 및 밀항 등의 이유로 남한으로 돌아갈 수 없거나 일본 체류가 어려운 재일조선인은 북한 주도의 귀국사업에 적극적으로 동참했다. 국가적으로도 당시 남한의 정치·경제적 상황이 북한에 비해 우위에 있는 것은 아니었기 때문이다.[37]

1965년 체제 출범과 귀국사업 지속은 이렇게 한국적을 선택하지 않은 재일조선인 문제를 낳았다. 전후 외국인등록제도상에서 한국과 조선은 모두 '한반도'라는 지역을 가리켰으나 1965년 체제 출범과 함께 대한민국의 국적(nationality of 'Republic Of Korea')을 가리키는 '한국적'만이 인정받게 되었기 때문이다. 지역 또는 민족을 뜻하던 조선이 국가와 연동하면서, 1952년 외국인등록 갱신 이후 이미 정치색이 입혀지고 있던 조선적 재일조선인은 조선인민민주의공화국 국적자 또는 무국적자(statelessness)로 인식되기에 이르렀다.[38]

조선과 한국, 고려(Korea)는 근대국민/국가의 출범을 앞둔 해방 후 정국에서 좌파와 우파, 중도를 가리키는 용어로 인식되기도 했다. 15년에 걸친 '1965년 체제' 출범 준비 기간에 반공을 표방한 이승만 정부와 군사정부가 재일조선인, 또는 "조선적 재일한국인"을 "빨갱이"로 간주하면서, 일본 정부의 조선적 묵인을 비판하였던 것도 그런 인식의 연장선상에 있다. 하지만 재일조선인에게 대한민국은 대한제국(Great Han Empire)이 아닌 남한 정부였고, 조선인민민주주의공화국도 식민지/제국의 조선이 아닌 북한 정부였다.

재일조선인의 이러한 인식에도 불구하고 1965년 체제 출범과 함께 조선적은 한국적과 이항대립하는 기표로 인식되었다. 이러한 인식은 재일조선인 커뮤니티를 재일본조선인총연합회(이하 '조총련') 계열의 '친북'과 민단 계통의 '한국적 등록자'로 양분시켰다. 1965년 체제에 따르면, 한국적 등록자만 일본 협정영주 대상으로 인정되었다. 그 범위는 구식민지 출신 당사자인 협정 1세 및 2세로 한정하였는데, 협정 3세의 법적 지위는 협정 발행일로부터 25년이 경과할 때까지 한국 정부의 요청에 따라 협의하기로 단서를 붙였다.[39]

이 단서는 협정 당시 한일 양국 정부가 가지고 있었던 재일조선인이 "일본에 동화되어 자연적으로 소멸되어갈 것이라는 인식"을 전제로 한 것이었다. 이러한 인식은 한일 양국 정부가 사실상 재일조선인을 방치하고 있었다는 사실을 반증한다. 그래서 "약 98%가 제주도, 경상도, 전라도 등의 남한이 고향"이었던 9만여 명의 재일조선인이 '해외공민'을 적극적으로 포섭하는 북한의 귀국사업에 참여하게 된 것이다. 다른 한편으로는 이 단서를 토대로 재일조선인의 법적 지위가 훗날 재조정될 수 있는 계기가 마련되기도 했다.[40]

「1991년 각서」는 1965년 협정체결 당시의 단서인 「법적지위 협정」 제2조 1항을 근거로 1988년 이후 수차례에 걸친 협의 끝에 이루어진 합의였다. 이 각서에 따라 제정된 「입관특례법」에서는 샌프란시스코평화조약 발효시 일본 국적을 상실하게 된 자와 그 자손을 대상으로 일본 정부는 외국인등록상의 표기와 상관없이 특별영주자 자격을 부여하기로 했다. 1965년 체제에서 한국적 협정 1세 및 2세 재일조선인으로 한정하였던 것을 해지한 것함으로써 조선적 재일조선인은 한국적 재일조선인과 동일한 법적 지위를 가지게 되었다.

1991년은 남북한의 UN가입이 동시에 승인된 해이다. 2년 앞선 1989년에는 베를린장벽이 붕괴되었고, 2000년에는 6·15남북공동선언이 이루어졌다. 냉전체제가 종식되고, 1987년 체제 이후 반공이데올로기의 완화 또는 퇴조가 실현될 것이라는 기대감이 높아졌다. 이러한 기대감은 2006년 민단 단장과 조총련 의장이 만나서 발표한 「5·17공동성명」에도 반영되었다. 하지만 일본 정부의 압박, 민단 내부 갈등, 북일관계 급랭 등 다양한 요인으로 7월 6일 공식적으로 백지화되는 등[41], 재일조선인 문제는 다시 복잡한 국면으로 들어서게 되었다.

당시 민단 단장이 조총련 본부 건물을 전격 방문하는 등 적극성을 보였지만, 발표 직후부터 보수적 성향 지방 단장의 반발로 공동선언이 사실상 이미 백지화된 것으로 알려졌다. 이러한 반발은 2002년 북일 정상회담에서 일본인 납치 사실을 인정하면서 일본 내 반북, 반공의 여론이 확대된 것과 무관하지 않다. 세계화와 신자유주의 질서의 유입, 민주정부 수립 등으로 화해 무드에 접어들고 있었던 한반도 상황과는 상반되는 분위기였다. 반공을 내세워 우위를 점하려는 냉전적(冷戰的) 태도와 배외주의(排外主義)가 결합한 것이다.

반공과 결합된 반북의 기조는 식민지/제국 시대의 반제국주의적 민족주의에 대한 일본 정부의 태도와 같은 맥락을 가지고 있다. 이후 냉전체제 속에서 이른바 자유진영이라는 같은 블록에 속해있던 한일양국은 이 지점에서 같은 대북 인식과 정책을 유지했고, 북한과의 관계를 두고 때때로 서로를 비난하고 압박하기도 했다. 이 과정에서 재일조선인, 특히 조선적을 유지하는 재일조선인은 북한의 '해외 공민'으로서 한일 양국의 치안을 위협하는 존재로 상징되고 조작되었다.

북한 주도의 재일조선인 귀국사업이 시작되면서 민단의 요청과 재일조선인 상공인의 모국 투자유치 차원에서 재일교포모국방문단의 방문이 허용되었다. 군사 정변 직후인 1961년 12월 경제개발 5개년 계획수행지원이라는 확실한 방문목적을 가진 재일교포모국시찰단이 방문한 이래 조국 근대화, 민족교육과 국민형성 등을 목적으로 한 소규모 모국방문사업이 추진되었던 것이다. 그리고 1975년부터 2002년까지는 그동안 적대시하던 조선적 재일조선인을 대상으로 한 재일동포모국방문사업이 실시되기에 이르렀다.

"인도주의적 입장에서 추진되고 있는 조총련계 재일 동포 모국 사업"[42]을 표방했음에도 결과적으로는 체제 경쟁에 재일조선인을 동원한 것에 불과하다는 사실은 이 사업이 박정희 정권의 몰락과 함께 급격하게 쇠퇴했다는 점에서도 반증된다. 정보기관은 모국방문단을 전방위적으로 감시하였고, 한국언론에서는 모국을 방문한 "조총련계" 재일조선인들이 "전향"을 하고 있다고 선전했지만, 기대와는 달리 조선적 재일조선인이었던 이들의 모국방문 때문에 조총련이 타격을 받지는 않았다.

오히려 모국에서 외국인이나 일본인, 또는 간첩으로 취급되면서, 모국에 대한 환상이 깨어지는 경험을 하는 이들이 많았다. 예컨대, 1971년 4월 20일 재일교포유학생 학원침투 간첩단 사건을 비롯하여 1980년대까지 간첩으로 검거된 재일조선인이 200여 명에 이른다는 사실은 재일조선인이 모국인 남한에서 어떻게 표상되고, 규율되었는지를 잘 보여준다. 모국유학생을 조총련계 인물 또는 한국의 유신체제에 반대하는 재일조선인과 연계시켜 간첩으로 만든 조작사건이 가능했던 것도 바로 그러한 표상과 규율 때문이었다.

귀국사업으로 입북한 재일조선인 귀국자의 사정도 기대와는 달랐다. 일본에서 "탈북귀국자(脫北歸國者)" 또는 "재일탈북자"로 불리는 탈북 재일조선인 또는 재일조선인의 일본인 가족이 많지 않은 데다, 북한에서의 부정적인 경험이나 견해를 가진 탈북자의 증언이라는 문제점이 있지만, 이들이 선전과는 다른 현실과 맞닥뜨리게 되었다는 것은 충분히 짐작할 수 있다. 북한에서 이들은 '일본'에서 왔다는 이유로 정치적, 사회적으로 차별과 이용의 대상이 되었고, 탈북한 뒤에는 일본에서 지원받지 못한 채 살고 있다.[43]

냉전체제 붕괴 후인 1990년대 이후 일본에는 식민지/제국 시기의 동아시아 제국주의와 유사한 내셔널리즘이 대두되었다. 그 시작은 이른바 '자민당 55년 체제'를 무너뜨린 '비자민·비공산' 연립정권이 등장하면서 동아시아 제국주의 침략전쟁을 인정하는듯한 제스처가 취해졌을 때였다. 이에 자민당을 비롯한 보수정치 세력의 반발과 함께, 침략전쟁을 인정하는 "자학사관(自虐史觀)"에 대항하는 조직적인 움직임이 일어났다. 이러한 움직임이 온라인 커뮤니티 활동과 맞물리면서 배외주의 헤이트스피치 그룹이 등장하게 되었다.

대표적인 배외주의 헤이트스피치 그룹은 2007년 설립된 '재일특권을 허용하지 않는 시민의 회'(在日特權を許さない市民の會; 이하 '재특회')로, 이들은 「1991년 각서」로 특별영주자 지위를 가진 재일조선인이 '특권'을 누리고 있으므로 일본에서 몰아내야 한다고 주장하였다. 이들이 재일조선인에 대한 혐오와 적대감을 드러낸 첫 번째 헤이트 데모는 2009년 교토(京都)의 조선학교 정문 앞에서 3일 동안 고성의 비방과 폭언을 가한 행위였다. 이후 헤이트 데모는 점점 더 심각해졌을 뿐만 아니라 외국인은 물론, 장애인과 성적 소수자 등 사회적 약자에게까지 확대되었다.[44]

헤이트스피치가 국제적인 문제로 대두된 2013년 다국적인 시민단체 노리코에 네트워크 (乗り越えネット) 등 일본 내 마이너리티에 대한 혐오의 움직임을 반대하는 이른바 카운터스 활동도 본격화되었다. 이러한 활동은 2016년 6월 「일본 외 출신자에 대한 부당한 차별적 언동의 해소를 향한 노력 추진에 관한 법률(本邦外出身者に対する不当な差別的言動の解消に向けた取組の推進に関する法律)」 제정으로 이어졌다. 하지만 이러한 성과에도 불구하고 카운터스 활동이 헤이트스피치를 전제로 저지, 또는 대항하는 것이라는 태생적인 한계를 넘어서야 한다는 요구도 제기되고 있다.[45]

재일조선인은 냉전체제의 경계를 가로질러 넘는 이들이면서, 동시에 그 어디에도 자유롭게 이동할 수 없는 이들이었다. 1965년 체제가 출범하면서 조선적 재일제주인은 존재하지만 법적으로는 존재하지 않는 이들로 취급되었다. 대부분 남한 출신이었던 이들이 냉전체제의 경계를 가로질러 북한행 귀국선에 몸을 실었던 것도, "조총련계"라는 꼬리표를 달고 재일교포 모국방문단에 합류하였던 것도 그 때문이었다. 1991년 각서로 이들의 지위는 보장되었지만, 아직도 남북한과 일본에서 혐오와 배제의 대상에서 벗어나지 못하고 있다.

V. 디아스포라에서 모빌리티로

근대국민/민족국가 출범 이후 '국적'은 생존을 위한 최소한의 요건이 되었다. 근대적 의미의 난민은 이것을 갖추지 못한 채 근대국민/민족국가의 경계를 넘어 이동한 이들을 가리킨다. 오늘날 근대국민/민족국가의 경계를 넘어 이동하는 이유와 양상은 근대국민/민족국가 체제가 구축되던 한 세기 전에 비해 다변화되었다. 이에 따라 디아스포라(diaspora)로 포괄되는 이주를 거쳐, 이동과 그로써 관계 맺는 것들, 그리고 관계 맺음의 양상을 포함하는 모빌리티로 담론의 장이 확산되고 있다.

재일조선인은 동아시아에 근대국민/민족국가의 경계가 생기기 전 외부 식민지에서 제국 내부로 이동한 이들이다. 이들의 이동은 식민지 법에 의해 허용되었고, 같은 법으로 통제되었다. 정규 절차를 통해 도항한 이들도 제국 내부에서는 외부식민지 출신으로서 차별과 감시의 대상이 되었다. 차별과 감시는 출발지와 출발항, 연락선상, 해상로, 상륙 예상 해안, 도착항, 상륙 후 각지로 향하는 육로, 집단거주지에서 무차별적으로 이루어졌다. 일용직 노동자로 전락한 이들은 처벌과 추방의 위험에 노출되어 있었고, 이들의 집단거주지는 내지의 외지로 취급되었다.

이러한 상황은 식민지/제국 일본의 해체와 근대국민/민족국가 경계 이식 과정에서 오히려 심화되었다. 연합국 최고사령부는 일본 열도를 따라 동아시아 근대국민/민족국가 사이의 경계를 긋고, 신생 근대국민/민족국가를 단일화된 세계질서에 편입시키고자 하였다. 이 과정에서 재일조선인은 '외국인'으로 등록하기를 강요당함으로써 근대국민/민족국가 일본의 국민이 아닌 존재가 되었다. 이들은 법령을 어긴 범법자로 처벌받고 출신국으로 추방되기 전까지 '경계 안의 경계인 수용소'에 수용되는 등 이중처벌을 받기도 했다.

재일조선인은 근대국민/민족국가의 국민이 되기를 선택하지 않음으로써 '비국민'으로 존재하게 되었다. 해방 정국에서 각 진영이 상상한 근대국민/민족국가의 이름이 조선과 대한민국, 그리고 고려였으며, 결국은 남북한이 분단되었다는 사실은 이들이 제국 일본으로 이동하기 전의 출발지가 사라졌음을 의미한다. 외국인이 된 이들의 국적란에 써진 조선은 대한제국도, 조선인민민주의도, 외부식민지도 아닌 출신지였다. 국가와 연동하지 않는 '조선적'은 식민지/제국의 역사, 정치, 문화적 배경이 포함된 정체성을 의미했다.

하지만 '경계인으로서 자기 신원'에 대한 재일조선인의 인식에도 불구하고, 샌프란시스코 체제와 서브 시스템인 1965년 체제의 출범까지 지연된 시간 동안 이들은 한일 양국으로부터 버림받은 기민(棄民)으로 통제받았다. 냉전체제 구축과 함께 반공을 표방한 한일 양국 정부에게 한국적으로 등록하거나 귀화하지 않은 재일조선인은 북한의 해외 공민을 의미하는 것이었기 때문이다. 때마침 경제개발 계획에 따라 노동력이 필요했던 북한의 재일조선인 귀국사업에 남한 출신이 대부분인 9만여 명의 재일조선인이 동참했던 것도 한일 양국의 재일조선인 기민정책과 그에 따른 인식 때문이었다.

북한의 재일조선인 귀국사업은 냉전체제 하에서 진영을 넘나드는 자발적인 대규모 이동이 이루어졌다는 점에서 주목할만한 사례로 손꼽힌다. 그리고 남한의 재일동포모국방문사업도 조선적 재일조선인을 대상으로 했다는 점에서 규모는 적지만 주목할만 사례. 하지만 인도주의를 표방한 이동임에도 불구하고, 실제로는 남북한과 일본 정부가 체제 경쟁 하에서 각국의 정치, 경제적 불안 요인을 해소하기 위해 재일조선인을 '동원'하였다는 점에서 비판받고 있다. 이 과정에서 재일조선인은 각국의 질서를 위협하는 존재로 상징되고 조작되었다.

이러한 상징과 조작은 냉전체제 종식과 함께 1965년 체제를 보완하는 「1991년 각서」가 체결된 이후에 벌어진 배제와 혐오의 원인이 되었다. 「1991년 각서」로 조선적 재일조선인도 특별영주자 지위를 가질 수 있게 되었지만, 냉전체제가 종식되면서 일본의 내셔널리즘과 배외주의가 오히려 강화되었기 때문이다. 이러한 상황에서 재일조선인의 정체성인 조선적은 특별영주자라는 지위가 아니라 특권으로 조작되었고, 혐오의 대상이 되었다. 오늘날 이 문제에 대해서는 한일 시민사회의 카운터스 활동으로 차별금지 법령 제정이라는 성과를 거두고 있다.

재일조선인의 이동 경험과 기억은 근/현대라는 시간, 식민지/제국과 근대국민/민족국가라는 공간, 공산주의/자본주의라는 진영, 주류/소수자라는 문화 등을 횡단해왔다는 점에서 모빌리티 담론에서 독자적인 위치를 차지한다. 그런데 재일조선인의 이동 경험과 기억에는 이주와 정주, 탈주 등 이동하는 행위보다는 그것을 무화(無化)시키는 감시와 처벌이 더 강하게 작동하고 있다. 재일조선인의 이동 경험과 기억에 따르면, 경계를 나누고 이동을 규율하는 권력에 의한 감시와 처벌은 식민지/제국보다 근대국민/민족국가, 그리고 오늘날 더욱 심화되고 있다. 이를 밝힐 수 있는 실질적인 개인의 이동 경험과 기억에 대한 연구는 과제로 남긴다.

1910~1960년대 재일제주인의
이주와 밀항의 난민 양상

Ⅰ. 들어가며

중동과 아프리카의 난민들은 지금도 유럽으로 들어가기 위해 지중해를 건너고 있다. 허가받지 못한 이 위험한 여정은 목적지에 이르지 못하고 끝날 수도 있다. 육지에 닿아도 그곳은 본토가 아니라 거대한 도매창고형 난민수용소로 변해버린 '섬'인 경우가 많다. 거기서 이들은 '난민'으로 인정받기 위해 엄격한 심사를 통과해야 비로소 다른 곳으로 이동할 수 있다.

난민은 유럽에서 일어난 두 번의 전쟁을 기점으로 국제적 문제로 부상했다. 제국이 무너지고 국가 경계가 재편되면서 수많은 피난민의 법률적 지위와 국적 인정 문제 등에 대한 국제적 협의가 진행되었다. 그것의 산물로 난민협약이 만들어졌고, 일정한 조건을 만족한 난민은 타국에서도 비호를 받을 수 있게 되었다. 하지만 유럽발 난민 문제는 유럽에만 국한되지 않고 세계 곳곳에서 비호를 구하는 사람들의 이주가 만연해지고 있다. 이들 중 대다수는 법적 지위와 권리를 인정받을 수 있는 '난민'이 되지 못하고 있지만 지금도 여전히 위태롭게 국가 경계를 넘고 있다.

지금도 수많은 이주자들이 선택할 수밖에 없도록 내몰리는 밀항에서 난민의 양상을 살펴보고자 한다. 여기서 다루는 밀항의 범주는 시기적으로 일제강점기에서 1960년대이고, 공간적으로 제주와 일본이다. 이주나 이동은 시대적 상황에 따라 바라보는 시각이 달라진다는 점에서 밀항 역시 이동으로써 같은 시각에서 다룰 수 있다. 밀항에 대한 규제와 해석은 사회·정치적 배경에서 이루어지는데, 밀항의 주체인 재일제주인은 냉전체제 속에서 국가권력의 정치적 이념과 이해관계에 따라 정체성이 규정되었고, 그로 인해 권리를 박탈당하고 정치적 박해를 겪었다.

밀항이 불법으로 단속되기 전에는 제주인의 도일(渡日)은 일본의 정책에 따라 장려되거나 일부 규제가 있기도 했지만 대체로 묵인되었다. 1930~1940년대에는 징집과 징용으로 강제 이주가 있었다. 1940~50년대에 제주는 미군정의 수탈로 피폐해졌고, 해방 후 귀환자들로 갑자기 인구가 급증하면서 생활고가 더욱 가중되었다. 그뿐만 아니라 남한 정부의 탄압으로 제주인들은 난민화된 삶으로 내몰리고 있었다. 제주 사람들은 탈주를 위해 밀항을 선택했고, 일본에서의 '재일의 삶'은 소수자로서[1] 차별받는 이주-난민이었다. 난민은 박해의 불안과 공포에 내던져진 이주자이다. 하지만 난민은 단지 도움이 필요한 존재라는 것에 그치지 않고, 국적이 지워진 인간으로서 인간의 기본적 '권리들을 가질 권리'를 폭로하는 존재이기도 하다. 다시 말해서 난민은 우리가 인간으로서 무엇을 인식하고 어떻게 살아야 하는지 우리에게 묻고 성찰하도록 한다.

일제강점기 재일제주인의 이주를 이주노동의 난민화 시각에서 살펴보고, 밀항이 어떤 맥락에서 출현하고 인식되었는지 이념적 배경을 통해서 분석할 것이다. 재일한인에 대한 연합군국 총사령관 최고사령부(이하 GHQ)와 일본정부의 인식이 곧 이들에 대한 법적 지위를 확정하는 시선이었고, 재일한인의 법적 지위는 밀항에 법을 어떻게 적용하는지에 대한 중요한 근거가 되었다. 밀항의 시도와 과정, 해석에 대해 이해하고 재일제주인의 이주와 밀항이 어떠한 난민의 양상으로 나타나는지 알아보고자 한다.

Ⅱ. 냉전과 열전 사이에서 '밀항'

한국은 밀항 행위를 단속하기 위해 1961년 12월 13일 밀항단속법[2]을 시행했다. 이 법은 밀항했다가 송환되는 한국인을 처벌하는 법적 근거가 되었다. 일본으로 밀항했다가 붙잡히면 월경지의 수용소에 감금되었다가 송환되어, 이 법에 따라 처벌받았다. 밀항단속법이 제정되기 전부터 미군 정시기 밀항에 대한 냉전적 담론이 존재했고, 감시와 처벌을 위한 국가의 직접적인 법제가 작동하고 있었다.[3] 1950년대에 들어서면서 한인(韓人)의 재도일을 불법으로 만드는 중요한 요인으로 '냉전'이 작동했다.[4] 한국전쟁을 전후로 동아시아 지역에 냉전이 심화 되기 시작했고, 미일 간 교섭에서 한인의 법적 지위에 대한 논의가 진행되었다. 주지하다시피 해방 후 한반도가 분단되고 두 개의 정부가 수립되면서 미국은 일본을 동아시아 지역에서 반공의 보루로 삼고자 했다. 이 과정에서 GHQ는 재일한인의 문제를 대공산주의 정책의 일환으로 인식하고 있었다.[5]

재일한인[6]은 냉전체제의 경계를 가로질러 넘는 이들이자, 어디에도 자유롭게 이동할 수 없는 이들이었다. 근대라는 시공간에서 조국이었으나 더는 존재하지 않는 '조선'의 난민으로서 제국에 의해 강제로 끌려가 귀환하지 못하고 있거나 반대로 밀항했다가 발각되어 수용소를 거쳐 강제 송환된 경험과 기억을 가지고 있었다.[7] 일본으로의 '부정도항'[8]은 일제강점기부터 있었으나 일제가 패망하고 GHQ에 의해 한인들의 이동이 허가/금지되면서 불법행위로써 '밀항'이 단속되었다. 그래도 재일한인의 한반도와 일본 사이 밀항-이동은 중단되지 않았다. 1965년 한일기본조약 체결 이후에도 밀항은 이어졌고, 80년대까지도 제주도 출신자의 밀항은 경제적·사회적 이유로 선택할 수밖에 없는 이동 방법이었다.[9]

근대적 난민의 발생은 전쟁이 주된 원인이었지만, 오늘날 난민이 발생하는 원인은 정치와 종교적 이유뿐만 아니라 기후위기와 같은 환경문제,

코로나 19 바이러스의 확산과 같은 팬데믹 상황 등 다양하다. 그러나 난민이 되는 사람들은 특수한 상황을 제외한다면 각 사회 안에서 이미 난민화를 겪고 있다. 이주-난민의 경우에도 이주할 수밖에 없는 강제성이 놓여있다. 이 강제성은 이주자들에게 깊게 새겨져 이주지에서 주류사회의 배제와 배척과 결합해 이주자의 정착을 거부하도록 작동한다. 주류사회에 정착이 거부된 이주자는 난민과 마찬가지로 '추방되고 버려진 삶'이라는 공통점이 있다.[10] 해방 후 고국으로 돌아온 귀환자, 전재민(戰災民) 등이 당시 한국 사회에서 거리의 부랑자로 내몰리고 감시와 단속의 대상으로 전락해 '소속할 권리'를 갖지 못한 '내적난민'(內的難民)이 된 것과도 다르지 않다.[11]

난민화는 이주-난민들만의 문제가 아니라 우리 사회의 현실이다. 우리 곁에 이미 난민들이 존재하고 있으며, 우리의 실존 역시 난민과 다르지 않다. 그뿐만 아니라 우리 자신이 난민화를 유발하는 가해자이자 집단임일 수 있다는 것을 자각할 필요가 있다. 난민과 난민화된 이들의 실존에 따라 '쫓겨난 자', '동화된 자', '혐오의 대상'으로 구분할 수 있다. 쫓겨난 자로서의 실존은 그들의 '터'와 '뿌리' 즉 실존적 공간(장소)의 상실을 의미한다. 반면, 동화된 자들은 쫓겨나지 않으려고 스스로 자신의 정체성을 상실한 실존을 의미한다. 혐오의 대상으로서의 실존은 그들을 쫓아낸 사회는 물론 그들이 머물고자 애쓰는 사회에서 타인으로부터 받게 되는 폭력적인 이미지를 대표한다고 볼 수 있다. 이러한 구분에 따르면 '난민화'는 곧 일상화된 폭력에 숨죽이거나, 그것에 편승하거나, 도피의 양상으로 나타나는 것과 크게 다르지 않다. 그렇다면 우리는 비록 '난민'이 되지 않더라도 가정과 학교, 일터에서 이미 난민화를 경험하고 있다.

김경녀는 이주노동자의 난민화 양상을 세 가지로 구분했다. 첫째, 유입 국가의 불법적인 노동관행과 강제추방. 둘째, 미등록체류와 쫓기는 삶. 셋째, 치안체계의 공포와 저항의 포기이다. 이주노동자에 대한 불법적 노동관행은 노동착취로 이어지고 이방인에 대한 부정적 담론은 이주노동자에 대한 배척요인이 된다. 뿐만 아니라 치안체계의 공포는 불법관행에 대한 저항을 포기하게 만든다. 이러한 난민화 양상은 일제강점기 재일제주인의 노동이주와 제주 4·3를 전후한 재일제주인의 밀항에서도 찾아볼 수 있다.[12]

1946년에 들어서면서 남한은 신탁통치 찬반을 놓고 정치적 불안이 극에 달했다. 이러한 한반도의 불안정한 정세는 재일한인의 귀환을 주저하게 했다.[13] 해방 후 열전의 현장이 된 한반도에서 주권국가의 내적/외적 안전을 담당하는 경찰과 군대가 바로 인민들의 생존을 위협하는 극도의 정치적 불안을 겪고 있었고,[14] 한국전쟁이 일어나기 전부터 일본정부는 재일조선인연맹(이하 조련)의 활동과 일본공산당의 관계를 연결해 반공이데올로기를 접목하여 재일한인들을 강제로 추방하려 했다. 제주 4·3에서 냉전체제 이행기에 출범하기도 전에 국가폭력을 행사했던 한국정부도 이러한 논리를 적극적으로 활용했다.[15] 전쟁 피난민, 가족 친지 방문자나 귀환자조차 국가 경계를 넘는 배신자로 취급했다.[16] 재일한인 중에는 해방 후 남한의 국가폭력과 전쟁의 현장에서 피난이나 망명 온 자들이 상당수 포함되어 있었다. 이들은 극도의 불안전한 현장으로부터 탈주한 것이다.

한반도에서 가장 치열한 정치의 현장이었던 제주에서의 밀항은 생존을 위한 길이었다. 밀항을 선택한 이들은 장 지글러의 말처럼 "박해 앞에서, 모든 사람은 다른 나라에서 피난처를 구하고 그곳으로 망명할 권리"가 있어야 했다.[17] 하지만 이들은 감시와 처벌의 대상인 동시에 조작되고 선동된 혐오를 통해서 난민화되었다. 단순히 감정적으로 싫어하는 것이 아니라 특정 집단 및 수직적인 권력체계에 의해 난민화된 이들에 대한 혐오는 발화되고 낙인찍는다. 그래서 목숨 걸고 밀항에 성공해도 철저히 신분을 숨기고 오랜 기간 침묵해야 했다. 제주 4·3은 국가폭력에 의한 학살이 자행된 것으로 밀항자들은 '박해'의 공포를 피해 탈주한 정치적 난민이었다. 하지만 밀항에 성공해도 공식적으로 자신들의 권리를 요청하고 인정받을 수 없었다. 20세기가 다 지나도록 말할 수 없었던 이들은 난민이면서 난민으로 인정받는 것조차 포기해야 했던 삶을 살았다.

1945년 해방 이후부터 1960년대까지 밀항 1세대는 해방 후 빈곤을 이유로 도일하는 경우가 많았다. 한반도가 분단되고 단독정부가 수립되는 1947~1950년 무렵에는 정치적인 박해를 피해 일본으로 도항하는 경향이 강해진다. 1948년 4월 3일에 제주에서 남한단독선거를 반대하는 무장봉기가 일어나자 그런 경향은 더욱 두드러졌고, 4·3은 제주도 경제와 사회에 큰 타격을 주면서 밀항을 장기화시킨 배경이 되었다.[18] 제주 4·3으로 인해 약 1만 명의 제주인이 일본으로 밀항한 것으로 추산되며, 이들은 주로 오사카에 정착했다. 일본4·3유족회는 일본 내 4·3 유족이 920여 명에 이르는 것으로 보고 있다.[19] 문경수에 따르면 '4·3콤플렉스'라고 일컬어지는 제주도 출신자들의 좌절감이나 심리적 왜곡 문제는 한국에서도 가끔 지적되는 사실이지만 일본에서도 지역 차별이나, 본국에 거주하는 가족 문제까지 얽혀 매우 복잡한 양상을 띠고 있다. 그 증상도 정치 그 자체를 기피 하는 태도는 물론 돈이나 재산에 대한 철저한 집착, 혹은 권력에 대한 과잉 충성 등 다양한 형태로 표출되었다. 이러한 제주 4·3의 충격으로 인한 심리적 트라우마(trauma) 혼돈 상태는 오사카의 제주인 사회에서 두드러진 것으로 보인다. 유족 중에는 아직도 4·3에 대해 언급하는 것을 두려워하는 사람도 있다.[20]

III. 해방 후 재일한인의 법적 지위 문제

일제가 패망한 후 1945년 10월 GHQ에 의한 일본통치의 체제가 갖춰졌다. GHQ는 독일의 경우와 달리 간접통치방식을 채택했다. 일본정부에 지령을 전달하면 일본정부가 실시하는 방식이었다. 따라서 당시 재일한인도 기본적으로 일본정부의 관리 하에 있는 것과 마찬가지였다. 문제는 GHQ

가 재일한인을 일본 사회의 질서유지와 반공정책이라는 관점에서 인식했다는 점이다.[21] GHQ는 해방 후 재일한인 귀환자의 지참금을 1,000엔으로 제한하고,[22] 재일한인학교를 폐쇄하고, 민족단체를 해산시키는 등 재일한인의 권리와 입장을 전혀 고려하지 않는 정책을 폈다. 김태기에 따르면, 미국정부의 우호적인 대일정책기조에 따라 GHQ는 일본을 안정적으로 자유민주주의 국가로 재건하는 것에만 무게를 두고 있었다. 그래서 GHQ는 재일한인을 감시와 통제의 대상으로 삼았던 일본정부의 인식과 정책을 지지했다.[23] 그 과정에서 일본정부의 재일한인에 대한 차별적 처우를 묵인하고 동화정책을 지지하고 조장하는 역할을 한 것이다. 이러한 점은 당시 재일한인의 법적 지위를 '해방민족'[24]이라고 규정한 것에서도 알 수 있다.

'해방민족'으로서 재일한인의 법적 지위에 대해서 GHQ는 1945년 5월 다음과 같은 방침을 정했다.

> "자유의지로 일본에 잔류하고 현행의 귀환수속에 따라 한국(Korea)에 귀환하기를 바라지 않는 한국인(Korean)은 처우의 목적상, 정식으로 수립된 한국정부(Korean Government)가 당해 개인을 한국국민으로 승인할 때까지, 추정 상 그 일본국적을 유지[保持]하고 있다고 간주 되어야 한다."

하지만 바로 공식화하지 않고 1946년 11월이 돼서야 공식적으로 입장을 발표했다. 이에 따라 귀환하지 않고 일본에 재류하는 한국인은 한국정부가 수립될 때까지 일본국민으로 취급된다. 하지만 해방된 한국인을 일본국민으로 취급한다는 것 때문에 반발에 부딪혀 귀환하지 않고 계속 일본에 머무는 한국인은 모든 국내법 및 규칙을 준수해야 한다고 일부 수정되었다.[25] 그렇다고 재일한인이 연합국민과 같은 외국인으로 인정된 것은 아니었다.

재일한인이 일본의 법률을 준수해야 한다는 것은 재일한인이 해방된 외국인이 아니라 일본국민으로서의 의무를 강조하는 것이었다. 이 점은 일본정부가 연합국민은 제외하고 재일한인에게만 재산세를 부과하고, 일본의 교육체계에 따라 의무교육을 받도록 하는 조치에서도 알 수 있다.[26] 재일한인은 일본국민으로 취급되면서 의무를 강요당하며 경제적으로 약탈당하고 민족교육의 기회마저 박탈당했지만, 정상적인 일본국민으로서의 지위와 권리를 누릴 수는 없었다. 이러한 모순적이고 차별적인 정책 중에 대표적인 것이 외국인등록령이었다. 일본정부는 1947년 5월 외국인등록령을 공포하고, 7월 1일 시행한다고 발표했다. 그 전에 이미 1946년 3월에 GHQ는 본국으로 귀환한 비일본인의 허가받지 않은 재도일을 금지하는 지령을 일본정부에 하달했고, 4월부터 일본관헌에 의해 불법입국이 단속되었다.[27] 1945년 10월부터 재도일이 시작되어 이듬해 4월에는 그 수가 급증하면서 문제가 되었기 때문이다.

외국인등록령은 일본 내 치안과 질서유지를 위한 것이었지만 밀입국하는 한국인 및 재일한인을 감시하고 통제하는데 이용되었다. 외국인등록령은 연합국민에게는 적용되지 않았고 주 대상이 재일한인이었다.[28] 외국인등록이 안 된 재일한인은 불법으로 일본에 들어온 밀항자가 되었다. 최민경에 따르면, 외국인등록령은 그 조항에서도 알 수 있듯이 밀항자를 단속하여 송환하기 위한 법적 근거였다.[29] 그런데 앞에서 언급한 것처럼 당시까지도 일본정부는 재일한인을 일본국민으로 인식하고 있었다. 따라서 재일한인이 외국인 등록을 해야 한다는 것은 모순적이었다. 그래서 일본정부는 의도적으로 재일한인에게 적용하기 위해 "대만인 중에서 내무대신이 정하는 자 및 조선인은 이 칙령의 적용에 있어 당분간 외국인으로 간주 한다"는 조항을 넣었다. 미국정부와 GHQ가 재일한인을 연합국민과 같은 외국인이 아니라 일본국적을 유지하는 모호한 '해방민족'이라고 정의한 것과 마찬가지로 일본정부는 '당분간' 외국인으로 '간주'한다는 애매한 표현으로 재일한인의 법적 지위를 규정했다. 이처럼 모순적이고 차별적인 외국인등록령은 1950년 1월부로 외국인등록증의 휴대의무와 관리체계가 더 강화되도록 개정된다. 그 이유는 한반도에 두 개의 정부가 수립되면서 밀입국이 공산주의자의 연락 및 활동으로 이용된다고 여겨졌기 때문이다.

GHQ와 일본정부는 1951년에 출입국관리 및 재일외국인 관리 법체계를 보완하기 위해 출입국관리령을 시행했다. 이미 재류권을 획득한 재일한인은 출입국관리령에서는 제외됐다. 하지만 외국인등록에 재일외국인의 지문날인 조항이 추가된 외국인등록법(1952년 4월 28일 공포 및 시행)이 적용되어 재일한인도 지문날인을 해야 했다. 당시 재일외국인의 대부분이 재일한인이었기에 명백한 의도가 있는 것이었다.[30]

GHQ는 한반도에 한국정부가 수립되자 재일한인을 한국국민으로 인정한다는 입장을 밝혔다. 하지만 남한 단독정부가 수립된 후에도 재일한인의 법적 지위를 확정하는 것에는 유보적이었다. 여기에는 재일한인을 일본 내에서 안정적으로 관리·통제하려는 의도가 있었다. GHQ는 일본점령이 끝날 때까지 재일한인의 법적 지위를 일본국민이면서도 필요에 따라서 외국인으로 취급했다[31] 이는 재일한인에 대한 인권 또는 주권적 고려 없이 자신들의 정치적 목적을 위한 관리 대상으로 인식했음을 보여준다. 이러한 인식은 재일한인 단체가 추진한 민족교육사업에 대한 탄압과 조련에 대한 강제 해산 등에서도 확인할 수 있다.

해방 직후 조련 등 재일한인 단체는 민족학교를 개설하여 민족교육사업을 전개했다.[32] 그런데 GHQ와 일본정부가 재일한인의 법적 지위가 일본국민이라는 것을 빌미로 1948년 "민족학교를 폐쇄하고 한국어 교육도 일본정부가 인가한 소·중학교에서 과외로 하는 것 외는 허용하지 않는 조치"를 취했다. 이에 대한 반대운동이 각지에서 일어났는데, 고베와 오사카가 가장 치열했다. 오사카에서는 4월 26일 학교 폐쇄에 항의하는 3만 명의 시위대에 경찰이 발포해서 사망자가 나오기도 했다.[33] 일부 재일한인학교는 일본 학교교육법을 준수하기로 하여 인가받아 운영되었다. 그런데 한국인학교에서 공산주의를 교육한다는 것을 문제 삼아 1949년 10월 대부분의 한국인학교가 폐쇄되었다. 이 과정에서 북한에 대한 활동과 일본 국내 노동운동을 전개하던 조련 또한 재일한인 문제를 대 공산주의 정책의 일환으로 인식했던 GHQ에 의해 1949년 9월에 강제 해산되었다[34]

IV. 재일제주인의 이주와 밀항

1) 재일제주인 이주노동의 난민화

일제강점기 제일제주인의 일본 도항은 불법적인 밀항이 아니었다. 해방 전까지 합법적으로 일본을 왕래할 수 있었고, 그 중 대표적인 것이 제주-오사카 간 정기여객선을 이용한 도항이었다. 당시 재일제주인들은 일본을 재화획득의 현장으로써 이로운 땅으로 인식했다. 실제로 일본 노동시장으로의 진출은 제주사람들에게 새로운 삶의 출발이기도 했다. 하지만 이주노동의 현실은 열악했다. 일본 사회에서 온갖 차별[35]과 멸시를 받으면서 피와 땀으로 재일제주인의 사회적 기반을 마련하고 공고하게 형성하며 활동 영역을 넓혔다.

재일제주인의 이동과 관련된 기존 연구에서는 제주인의 지역적·계급적 주변성과 강한 공동체적 유대관계(궨당)가 타지역 출신자들과 달리 고향 커뮤니티와 인적 네트워크를 끊임없이 활성화한 점이 주목되었다.[36] 이는 제주인의 도일 및 재일제주인 사회공동체 형성의 주요한 요인 중 하나이다. 일본으로의 이주는 제주와의 단절이 아니라 마을 단위로 지속적인 관계를 맺었으며, 제주의 마을과 일본의 있는 '제2의 마을' 사이의 네트워크를 통해서 교류·왕래가 지속되었다.[37] 문화적 측면에서도 재일제주인은 제주에서처럼 제사를 지내고 집을 짓고 나서 성주풀이를 하거나 장례 후 귀양풀

이를 하는 등 타지에서도 자신들의 문화를 이어가려는 모습을 보였다.[38]

제주와 일본 사이에 왕래가 빈번했던 것만큼 이동의 목적도 다양했다.[39] 일본의 전쟁 상황이 나빠지면서 제주도로 '피난' 간 경우, 가족의 일부가 피난 간 뒤에 해방되어 이산가족이 되거나, 해방 후에 제주도에 돌아왔다가 물자 부족으로 다시 일본으로 물건을 구하러 간 사람도 있었다. 가족과 함께 처음으로 제주도에 가서 한국어를 익혔지만, 제주 4·3과 한국전쟁의 혼란 속에서 면학의 길을 찾아 다시 일본으로 가기도 했다.[40] 이처럼 해방 전후 제주인의 이동은 기본적으로 한반도를 둘러싼 국제정세 속에서 매우 다양한 형태로 이루어졌다.

근대 제주인의 도일은 1903년 해녀와 어부들이 일본에 진출한 것을 시작으로 보고 있다.[41] 1914년부터는 제주도 출신 직공모집도 이루어졌고, 1918년 2월에는 조선총독부령 노동자모집취체규칙(勞動者募集取締規則)이 공포되어, 식민지법에 의한 합법적인 도항이 이루어지게 된다. 그 후로 토지조사사업(1910년 3월~1918년 11월), 산미증산계획(1920년~1934년)의 실시, 어업의 침탈 등으로 일본의 제주도 침탈이 본격화되면서 제주인들은 경제적 어려움을 겪게 되었고 농민의 대량 실업이 발생했다. 1차 세계대전으로 일본이 특수를 맞게 되어 대량 노동력이 필요해지면서 많은 제주인이 도일했다.[42] 1923년 제주-오사카 간의 정기항로 취항 후 제주인의 도항이 큰 폭으로 증가했다. 1922~23년 동안에 조선의 전체인구는 15% 늘었지만, 제주도 인구는 10% 가까이 감소했다. 같은 기간 오사카에 도항한 제주인이 1년에 약 3,500명에서 3만여 명으로 증가했다. 1934년에는 일본에 거주하는 제주도 출신자는 약 5만 명으로 제주도 인구의 약 4분의 1에 해당했다[43].

한인의 일본 체재 형태는 1920년대까지 일시적 구직을 목적으로 한 도일이 유동적으로 일어났지만 1930년대로 이행하면서 점차 가족을 동반하는 정주하는 형태로 변화했다. 중일전쟁 이후 태평양전쟁이 발발하면서 총

동원 체제가 본격적으로 전개될 무렵에는 1930년대 중기 이전에 도일한 한인들의 현지 정착화가 이미 상당히 진행된 상태였다. 오사카의 제주도 출신자들은 정착에 유리한 직공이나 방직공으로 일하면서 공동체를 형성했다.[44] 30년대 중반 이후 도항이 제한되기도 하지만 이미 오사카를 중심으로 재일제주인 공동체가 뿌리내려 한국과 일본의 경계를 넘은 제주인의 생활권 일부가 되었다.[45] 이 공동체는 제주 4·3을 전후하는 시기에 제주에서 건너온 밀항자들의 피신처가 되기도 했다.[46]

재일제주인이 오사카 이쿠노(生野)에 집단 거주하면서 공동체를 형성하는데, 그 시작은 이주노동이었다. 이주노동은 국제이주의 한 유형으로 정치적 이주와 구분되는 경제적 이주로 분류된다. 하지만 경제적 이주라고 하더라도 이주의 원인이 단순히 경제적인 것으로 국한되지 않는다. 또 이주지에서의 정착 과정은 이주 원인과 또 다른 양상을 만들기도 한다. 앞에서 언급했던 이주노동이 강제성을 내포할 수 있다는 것을 제외하더라도 유입국과 이주노동자 간의 불평등한 관계에서 다수에 의해서 정당화되는 폭력은 이주노동자에 대한 배척과 그러한 담론을 형성한다. 이는 이주노동자가 착취와 차별로 인해 난민화되는 요인이 된다.[47] 재일제주인도 일본 사회에서 소수자로서 난민화된 존재였지만 특유의 공동체 네크워크와 정신으로 거주 공간의 주체로서 자리 잡아 갔다.

2) 밀항의 기원과 난민 양상

밀항은 자국을 허가 없이 떠나는 것인 동시에 허가 없이 국가 경계를 넘는 행위이다. 일본에서 밀항자로 검거되어 한국으로 송환되면 허가 없이 한국을 이탈한 죄에 대한 처벌을 받아야 했다. 밀항단속법이 제정되기 전부터 GHQ에 의해 '허가 없이 국가 경계를 넘는 행위'가 단속되었다. 오늘날에도 많은 사람이 전쟁이나 가난 등을 피해 정치와 경제가 더 안정된 국가로 이주한다. '합법적' 이주는 그 이동의 별다른 문제가 없겠지만 현실적 곤란으로 인해 밀항을 선택하게 된다.[48] 밀항은 밀항브로커에 의해서 이루어지고, 그 과정이 불법이기에 많은 경우 어떠한 안전장치도 없이 매우 위험한 상황에 놓이게 된다. 영국과 프랑스 사이에 있는 영불해협만 해도 2021년 11월에 난민보트가 전복되어 27명이 사망하는 사고가 발생했다. 영국과 프랑스는 그 책임을 서로에게 미루었고, 사고에 연루된 인신매매범 4명이 체포되자 배후에서 난민을 보트에 실어 보내는 밀항브로커 조직 문제가 제기되었다.[49] 이와 같은 밀항의 위험은 과거에도 다르지 않았다. 일본으로 밀항하는 경우에 밀항브로커들이 밀항자의 절박한 사정을 이용하여 돈만 챙기고 사기를 치거나, 엉뚱한 곳에 내려놓는 경우도 있었고, 직접 소형 범선을 타고 밀항하는 경우 난파되거나 1달 정도 걸려 나가사키 모처에 도착하기도 했다.[50]

불법입국으로서 밀항은 해방 후부터 단속되는데, 밀항선을 이용하거나 대형 화물선, 소형선박 등에 숨어서 가는 방법이 있었다. 전은자(2008: 156-157)에 따르면, 밀항의 경로와 알선비용이 다양했으며, 전문 밀항선 또는 화물선 등을 이용했다. 직접 배를 마련해서 밀항하기도 했는데, 배가 낡아서 한국과 일본 경계해역에서 난파되기도 했다. 1920년대부터 일자리를 찾아 일본으로 도항하는 사람이 격증하자 일제는 1928년 7월부터 거주지 관할 경찰서의 사전 심사를 거쳐 도항소개장을 발부받아 도항할 수 있도록 제도를 변경하였다.[51] 하지만 도항소개장을 위조하거나 도항소개장 없이 단속을 피해 도항하는 사례가 늘어났다. 일본제국 내 신민의 이동을 법으로 금지할 수 없었기에 '밀항' 또는 '부정도항'[52]이라고 했지만, 불법도항이라고 할 수는 없었다.[53]

해방 후 1952년 4월 샌프란시스코강화조약 발효 전까지 한인의 도일은 불법이 될 수 없었다. 왜냐하면 한인의 법적 지위가 아직 확정되지 않아 기존의 일본국적을 유지하고 있었기 때문이다. 해방 직후 몇 개월은 한인의 재도일을 제재하지 않았다. 1946년 5월 한반도 남부에 콜레라가 유행하면서 밀항자 단속이 강화되었다. 하지만 콜레라 유행 상황이 진정 국면에 들어선 후에도 한인의 도일은 여전히 불법입국이었다. 왜냐하면 일본이 밀항을 감시·단속한 이유는 식민지인 조선과 상황이 다르기 때문이었다. 일본경찰 측이 스스로 "부정수단에 의해 도래하는 조선인에 대해 특히 엄중한 취체를 가하고 있는 이유는, 단순히 조선인 노동자의 도항이 만연하는 것을 가급적 저지하는데 그치지 않고, 해외 불령선인(不逞鮮人)이 이러한 수단에 의해 내지에 잠입하는 것을 방지하고자 함이다"라고 밝히고 있듯이 치안유지를 위해 국내로 민족주의, 사회주의 사상을 지닌 조선인이 밀입국하는 것을 막기 위해서이기도 했던 것이다.[54] 한인의 밀항 동향에 대한 일본 측 분석에서도 병역기피와 공산당 체포 회피라는 이유가 있었다. 이는 밀항에 드리워져 있는 국가 규율과 냉전적 기원을 고스란히 드러내는 것이다.[55]

　해방 후 한인의 밀항은 일차적으로 한반도의 불안정한 정치와 경제 상황에 의한 것이었다. 또한 일본에 남아 있던 가족, 지인 등의 인적 네트워크 또한 중요한 요인이었다. 1946년 3월 시점에서 일본에는 약 64만 명의 재일한인이 있었고, 이들과의 연고가 실제 이동을 가능하게 했으며 밀항의 강한 배경이 되었다.[56] 김예림은 '밀항'을 국가 내부에서는 삶의 길을 찾지 못하는 자들이 취하는 길이고, 난민이나 소수자로 이국의 땅에서 떠돌아야 하는 불법적 생존의 위험을 감수하고 선택하는 길이라고 보았다.[57] 해방 이후 재일제주인의 밀항이 이러한 성격을 여실하게 보여주고 있다. 밀항은 제주 섬의 정치적·경제적 상황 속에서 선택할 수밖에 없었던 고난의 길이었다. '인적 네트워크' 역시 재일제주인의 밀항에서 가장 잘 확인되는 특징이다.

　밀항이 국가권력의 허가/금지를 위반하는 이동이기에 밀항자들은 국가에 반하는 방식으로 자신의 삶을 개선할 수밖에 없다고 여기게 된 자들의 상태를 보여준다. 설령 밀항에 성공한다 해도 법적 지위도 없이 불법적 존재로 월경지를 배회하거나, 발각되면 수용소에 수감되고 송환 절차를 거쳐 떠났던 지점으로 반납되었다[58] 그럼에도 해방과 한국전쟁을 거쳐 1960년 대까지 극도의 생활난, 국가폭력, 내전이라는 공포로부터 탈주인 밀항은 계속되었다.

1950년 이후에는 밀항자가 일본 관헌에 적발되면 오무라(大村) 입국자 수용소[59]에 수용되었다가 한국으로 송환되는 것이 통상적인 조치였다.[60] 오무라 입국자수용소는 일본인도 아니고 한반도의 국민도 아닌 이중적 탈주 체성을 가진 자들의 관리소였다. 이들의 송환 여부를 결정하는데, 가족이나 친척의 탄원서가 중요한 영향을 미치기도 했다. GHQ가 송환 여부를 최종 결정하면서 중요하게 본 것은 송환 대상자의 사상 경향(과거 이력이나 범죄 등)이었기에 자유민주주의 국가질서 유지에 해가 되지 않는다는 것을 증명해야 했다. 이것에서 알 수 있듯이 수용소는 국민국가의 경계와 질서를 공고히 하는 최전선이었다. 김예림은 "수용소가 서로 마주하고 있는 영토-주권의 힘들이 부딪치는 역장인 동시에, 국가시스템의 공고화를 위해 상호 공조하는 국가들 간의 폭력적인 타협장소"[61]라고 보았다. 밀항이 자국과 타국 사이에서 허가 받지 않은 출국과 불법입국이기에 국가 간 질서를 흐트러뜨리는 행위로 규정된다. 따라서 수용소는 국가체제에 순응하도록 검열하고 길들이는 장소인 것이다.

김치완은 오무라 입국자수용소가 "냉전체제 구축과 함께 진행된 동아시아의 근대국민/민족국가 질서 체제 수립 과정에서 새롭게 발생한 난민에 대한 감시와 처벌의 표상"[62]으로 인식된다는 점을 지적했다. 난민은 본국(자기 삶의 터전)을 떠나온 사람이다. 난민의 영구적 해결방법에 현지정착과 재정착 외에 자발적 본국귀환이 있다. 하지만 해방된 조국을 등지고 탈주한 이들에게 본국귀환은 해결이 아닌 다시 쫓겨나는 것과 다르지 않다. 수용소를 통해 자발적 귀환이 아닌 강제 송환되는 밀항-난민들은 국민국가 체제가 수립되는 과정의 희생양이 되었다. 한편으로 이들이 선택한 난민 되기는 국민국가 체제의 이기적이고 차별적인 잔인한 민낯을 내보이게 했다.

V. 나오며

재일제주인의 이주는 일제강점기 이주노동에서 시작되었다. 제주 섬에서의 열악한 생활을 벗어나고자 일본으로의 이주노동을 선택했다. 1920~1930년대 차별과 멸시 속에서 난민화를 경험하면서도 재일제주인 공동체를 형성하고 점차 거주 공간의 주체로 자리 잡았다. 일본에서 뿐만 아니라 제주사회와도 긴밀한 공동체 네트워크와 연대를 유지했다. 밀항은 이러한 인적 네트워크가 강력한 동기가 되었다. 재일제주인 공동체 네트워크를 바탕으로 단속이 강화되는 상황에서도 밀항은 이어졌다. 제주사회 전반에 깊은 상처를 남긴 제주 4·3도 재일제주인의 밀항-이주의 중요한 요인이자 난민화 양상을 잘 보여준다. 국가폭력에 대한 공포와 기억은 재일의 삶에서도 지워지지 않았고, 밀항자로서 부당한 담론과 차별, 불법관행을 견뎌내야 했다. 재일제주인 공동체의 인적 네트워크는 생존을 위한 이주의 동기이자 이주의 난민화를 극복하는데 중요한 역할을 했다. 제주 섬의 특성과 국가폭력에 대한 기억은 내부적 결속과 유대를 강화시키는 역할을 했다. 제주 4·3은 해방 이후에 한국정부와 미군정에 의해 자행된 폭력과 그 기반위에 세워진 근대국민/민족국가의 이면을 탈은폐시켰다. 동시에 재일제주인들은 일본이라는 근대국가 안에서 "마을이라는 전근대적인 공동체 논리"로 삶을 이어나갔다. 이런 맥락에서 재일제주인 공동체는 제주사회의 마을과 긴밀한 연결돼 있으며 '제2의 마을'이라고 할 것이다.

밀항은 이동을 의미하지만 자유로운 이동이 아니라 국가권력에 의해 금지된 이동이다. 밀항자는 국가에 의존하는 것이 아니라 반국가적 행위로써 삶을 개척하려고 나선 자들이다. 성공한 밀항도 법적 지위 없이 밀고를 피해 숨어야하고 발각되면 수용소로 보내지거나 강제 송환되었다. 당시 미국 정부가 일본사회의 질서유지와 반공정책을 기조로 재일한인을 인식했고, 일본정부도 밀항에 대해서 정책의 일관성을 유지하기 보다는 필요에 따라서 재일한인의 법적 지위를 조정하며 관리·통제했다. 그뿐만 아니라 재일한인에 권리와 의무에 대해서도 모순적이고 차별적인 조치로 일관했다.

이러한 배경 하에서 밀항은 현재 유럽의 바다에서 일어나는 난민들의 밀항과 다른 듯 닮아있다. 유럽이 제3세계의 이주-난민을 바라보는 시선이 탈냉전 이후 극단적인 민족/국가주의적 경향으로 변하고 있다. 시대는 과거와 많은 변화를 겪어왔지만 밀항하는 행위와 이주-난민은 현재에도 여전히 이동의 허가/금지에 작동하는 위계적 권력에서 자유롭지 못하다. 경계를 넘는 이주-난민이 '비호를 누릴 권리'를 가질 수 있는 길을 찾는, 난민 연구의 관점에서 재일제주인 공동체와 제주 4·3 및 수용소에 대한 연구가 이어지기를 기대한다.

한국소설에 재현된 보트피플

Ⅰ. 들어가며

　2018년 5월. 환상의 섬 제주는 상상치도 못했던 열병에 몸살을 앓았다. 집단으로 입국한 500여명이 넘는 이방인과 그들을 둘러싸고 진행되었던 혼란이 그 원인이었다. 제주도에 집단으로 입국한 예멘인들은 두 가지 측면에서 난민에 대한 인식에 변화를 주었다. 하나는 "'지금-여기'의 문제가 아니라, 지구 반대편에서나 일어나는 일쯤으로 치부"[1]되었던 한국사회의 난민 이슈를 '지금-여기'의 것으로 받아들이게끔 한 것이다. 다른 하나는 한국사회의 역사적·문화적 경험체계 속에 형성되어 있던 '난민에 대한 인식'[2]과는 매우 다르고도 불편한 이상한(?) 난민들을 상상이 아닌 현실에서 직접 마주하게 되었다는 점이다.

　'이주의 시대'를 대비해 한국사회가 미리 치러야 할 예방 백신 정도로 생각했던 예멘 난민은 생각보다 깊은 후유증을 남겼다. 이른바 '찬성과 반대'로 제주 사회는 물론이고 한국사회 전체가 대립하기 시작했고 급기야는 같은 공간에서 '예멘 난민 찬반' 집회가 동시에 열리는 상황으로까지 치달았다.

　　"자국민 안전과 보호가 최우선…난민법 폐지해야" 찬성 집회 "난민 혐오 정서는 정책의 실패…배외주의 반대" 국민이 먼저다! 무사증·난민법 폐지하라!" "난민 반대에 반대한다, 정부는 유엔 난민 협약을 이행하라!" 불과 100여m도

채 떨어지지 않은 공간에서 전혀 다른 구호가 맞붙었다. 서울 종로구 동화면세점 앞 광장에는 '난민의 입국에 반대한다'는 구호가, 이곳에서 70여m 떨어진 세종로파출소 앞에는 '난민 반대에 반대한다'는 구호가 울려퍼졌다. …중략…

　같은 시각, 비슷한 장소에서 열린 두 집회는 난민을 둘러싸고 한국사회에서 벌어지는 갈등을 고스란히 드러냈다.[3]

　현장 취재를 통해 생생하게 전달된 난민 반대측의 목소리는 인용문의 현수막 문구나 구호보다 훨씬 심각하다. 신념과 열정으로 똘똘 뭉친 이들의 행동과 목소리가 향하는 곳은 이른바 '가짜난민'이다. 다시 말해, 이들은 인종 말살과 대량학살에 처한 난민은 응당 보호해야 하지만, 제주도에 온 예멘인들은 그것과는 거리가 먼 '가짜난민'이다. "단순히 전쟁이 벌어졌다는 이유로, 자국의 경제가 어렵다는 이유로, 또는 징집을 피해 떠도는 이들"[4]이기에 '진짜 난민'이 아니라는 것이다. 한편, 찬성측은 주로 반대측의 주장을 미러링하는 방식으로 자신들의 견해를 제시하고 있는데, 그렇기에 이들의 시선 또한 이른바 '가짜난민'의 난민으로서의 알리바이 증명[5]에 가 닿고 있다.

　이 글은 현재 한국사회에서 논의되고 있는 난민 담론에는 '가짜난민'이 핵심 기제로 작용하고 있다는 전제에서 출발한다. 이것은 예멘 난민을 둘러싼 갈등이 주로 '가짜난민'을 중심으로 전개되고 있는 현실적 상황에 대한 고려와 함께 '가짜난민' 문제를 어떤 식으로든 일단락 짓지 않고서는 난민 문제에 대한 진전된 논의가 불가능하다는 필자 나름의 판단 또한 담고 있다.

　'가짜난민'에 대한 논의는 매우 복잡하고 어렵다. 왜냐하면 '가짜난민'이 난민 반대의 핵심적인 증거로 사용되고 있지만, 정작 '가짜난민'을 판별하는 기준이 어디에도 존재하지 않기 때문이다. 현재 난민 관련 담론장에서 유통되고 있는 '가짜난민'은 오직 담론 생산 주체의 입맛에 따라 지극히 주관적으로 만들어진다. 누군가는 이른바 '가짜뉴스'를 근거로 '가짜난민'을 구성하기도 하고, 또 다른 사람은 문화적 배경과 자신의 경험적 인식에 근거해 '가짜난민'과 '진짜난민'을 구분한다. 그렇기 때문에 '가짜난민'은 매우 모호한 형태로, 마치 유령처럼 난민 담론장을 떠다니고 있다.

이 글에서는 그 실체가 매우 모호하지만, 여전히 난민 담론장에서 강력한 영향력을 행사하고 있는 '가짜난민'의 판별 기준들이 어떻게 만들어지는지를 살필 계획이다. 이를 위해 한국인들에게 '진짜난민'에 대한 강력한 이미지를 심어준 보트피플을 형상화한 문학작품을 분석하고자 한다. 이 작업을 통해 우리는 그동안 한국사회가 구성해 온 '진짜난민'의 모습은 물론이고 그것이 '지금-현재' 어떻게 '가짜난민'의 논의로까지 이어지는지를 밝힐 수 있을 것이다.

Ⅱ. '가짜난민'의 조건

'가짜난민' 문제가 제주 예멘 난민 문제의 핵심으로 등장한 것은 청와대 국민청원 게시판에 [제주도 불법 난민 신청 문제에 따른 난민법, 무사증 입국, 난민신청허가 폐지/개헌 청원합니다]라는 글이 게시되면서부터이다.

> 난민문제를 악용하여 일어난 사회문제가 선례를 통해 많았으며 또 이로인한 불법체류 문제는 여전히 현재진행중입니다. 기존의 사회문제에 대한 해결책은 하나 없으며 여전히 추상적인 경제적 파급효과와 관광수요, 유커의 유치를 위해서라고만 말하지 일어난 문제에 대해서는 묵묵부답인것이 화가 납니다. 또한 신청을 받으러 온 **난민들이 진정 난민들일지도 의문이 있으며 가까운 유럽이 아닌 먼 대한민국까지 와서 신청을 한 이유에 대해서도 의구심**이 드는 바, 다시 재고하거나 엄격한심사기준을 다시 세우거나 폐지해야한다 생각합니다.[6] (강조는 필자)

청원자는 제주도에 입도한 예멘인들이 '진짜난민'이 아니라 '가짜난민'이라는 시각에서 그 문제를 지적한다. 그는 제주도 입국 예멘인들에 의해 발생한 사회문제가 구체적으로 무엇인지에 대해서는 언급하지 않은 채, 막연한 공포심에 근거해 그들이 난민문제를 악용할 것이라며 위험성을 강조한다. 또한 난민 문제와 불법체류 문제를 동일선상에서 바라봄으로써 '난민=불법체류'라는 도식을 통해 난민에 대한 부정적 인식을 강화한다.[7] 게다가 '가짜난민'의 근거로 제주도 입국 예멘인들이 가까운 나라인 유럽이 아닌 한국을 택했다는 점도 들고 있다.

대부분의 청와대 국민청원이 그렇듯 찻잔 속 미풍으로 그칠 것으로 여겨졌던 위의 청원은 단시일 내에 70만 명이 넘게 서명함으로써 새로운 국면을 맞게 된다. 여론이 자신들에게 유리하게 흘러간다고 판단한 난민 반대측은 제주도를 기점으로 해서 전국적으로 난민 반대 운동을 확산시켰다. 일부 온라인 커뮤니티의 전유물로만 인식되었던 난민에 대한 혐오 표현은 SNS와 집회 공간을 통해 대중들에 널리 공유되었다. 특히 "다양한 여초 커뮤니티 및 한국의 래디컬 페미니스트들"[8]이 논쟁에 결합함으로써 "예멘 난민 문제는 걷잡을 수 없이 순식간에 한국 여성의 인권과 안전을 위협하는 문제로 재전유"[9]되었다. 그 결과 한국 사회에서는 '난민협약'이나 '난민의 정서'는 말할 것도 없고 청원인이 그토록 폐기를 주장한 '난민법'에서 조차 존재하지 않는 '가짜난민'이라는 이상한 '난민' 개념이 형성된다.[10]

난민 반대측은 '캠프', '브로커', '탈출', '고생', '박해', '이슬람', '위협', '안보', '종교', '스마트폰', '인터넷', '일자리', '여성', '불법', '심사' 등과 같은 어휘를 통해 진짜난민과 가짜난민을 구분한다. 이들의 주장에 따르면 적어도 한국사회에서 '난민' 인정을 받기 위해서는 박해에 대한 명백한 위협을 입증해야 하며, 난민브로커를 이용하지 말아야 하며, 무엇보다 탈출 중 고생(?)을 해야 한다. 심지어는 위의 조건을 충족하지 않은 난민 신청자에 대해 '진짜난민'임을 의심하는 행위는 혐오가 아니라 주권국가 국민의 자유로운 권리라 주장하기까지 한다.

　　당신들은 근본주의자의 피해자이지만, 한국인들은 철조망에 매달리며 필사의 탈출을 하는 장면을 뉴스로 볼 때만 동정해요. 여기로 오겠다는 순간, 당신들은 '어찌 되었든 탈레반하고 종교가 같은 사람들'에 불과하죠. 저들처럼 테러를 저지를 것이고, 저들처럼 여성을 노예처럼 대한다면서 수군거리겠죠. …중략… 그럼에도 희망을 품고 한국으로 온다면 유의할 것이 있어요. 먼저, 뗏목을 타고 와야 해요. 20인승 정원 크기의 배에 200명 정도 타고 오다가 100여명이 바다에 빠져 죽는 게 한국인들이 생각하는 난민의 모습이죠. 예멘 사람들이 제주도에 체류하면서 난민으로 인정받기 원한 적이 있었는데 이들이 스마트폰을 사용하는 게 특종, 단독보도, 르포라면서 신문에 나올 정도죠.[11]

　　인용문은 아프간 난민 문제가 국제적인 관심으로 부상하고 있던 시기에 기고문 형식으로 국내 일간지에 실린 글이다. 글쓴이는 한국사회가 만들어 놓은 난민 담론의 이율배반성을 강한 어조로 풍자하고 있다. 촌철살인의 화법으로 한국사회에서 "난민이 어떻게 상상되는지"[12]를 보여줌으로써 제주 예멘인들이 왜 그렇게 '가짜난민'으로 공격받았는지 그 비밀을 폭로하고 있는 것이다.

　　이 글은 한국인들이 생각하는 '난민다움'의 실체는 무엇이며, 그것이 어떠한 문화적 맥락 속에서 구성되었는지를 살피는 것을 목적으로 한다. 이를 위해 필자는 한국전쟁 이후 한국에 유입된 난민들을 수용했던 경험, 그 중에서도 제주 예멘 난민처럼 집단으로 유입되었던 난민을 분석 대상으로 삼았다. 보토피플[13]이 그들이다. 즉 보트피플에 대한 다양한 담론과 그들을 형상화했던 문화작품에 대한 분석을 통해 한국사회가 상상한 '난민' 모습의 기원을 확인하고자 한다.

Ⅲ. 한국문학에 재현된 '보트피플'

한국문학에서 난민을 형상화한 작품은 찾는 것은 상당한 노력이 필요하다. 결혼이주여성이나 외국인노동자를 형상화한 작품에 비해 난민을 대상으로 한 작품 수는 매우 적으며, 특히 보트피플의 경우는 손에 꼽을 정도이다. 한국전쟁 이후 집단적으로 유입된 최초의 난민이기도 한 이들 베트남 난민[14]들은 남베트남이 패망 후 한국사회의 다방면에서 다양한 방식으로 호명되었지만, 문학장에서는 상대적으로 부족한 편이었다.

베트남을 탈출해 해상에서 표류하던 보트피플이 한국인들의 시선에 포착된 것은 쌍룡호에 의해 베트남 해군과 그 가족 217명이 구조되면서부터였다.[15] 하지만, 보트피플의 문제가 본격적으로 한국인들의 관심사로 등장한 것은 이들이 구조된 후, 제3삼국으로 떠나지 못하고 한국에서 장시간 체류하기 시작하면서부터였다. 처음에는 인도주의적 차원에서 베트남 난민을 수용하였던 인접 국가를 비롯한 세계 각국은 급속도로 증가하는 보트피플을 더 이상 감당할 수 없다며 입국을 거부하였다. 게다가 '보트피플'의 성격을 둘러싼 일련의 논쟁[16]을 거치면서 이들을 바라보는 국제적인 시각[17] 또한 냉정하게 돌아선다.

그 결과 많은 보트피플은 공해상에서 구조를 거부당했고, 운 좋게 한국 국적 상선이나 한국으로 향하던 외국 국적 선박에 의해 구조된 보트피플만이 한국으로 들어오게 된다. 한국에 도착한 이들은 부산시 재송동에 마련된 베트남난민보호소에 수용되어 마지막 보트피플[18]이 떠날 때까지 약 17년 동안 한국에 머물게 된다. 이 과정에서 보트피플은 "전쟁은 어떻게 해서든 이겨야 하며 백기를 든 국민에게 설 땅이 없다는 것을 명심하고 대한민국을 지키기 위해 온힘을 기울이자"[19]와 같은 식으로 "대외적인 안보, 대내적인 질서 그리고 반공의식을 고무시키는 소재"[20]로 활용되었다.

이제 죽어도 내 나라, 살아도 제 祖國이라는 생각으로 共産主義의 侵略에 對處하여 나라를 지켜나가야 하리라는 것을 우리는 「베트남」難民의 悲運에서 뼈저리게 느끼고, 여기에서 오늘을 사는 우리의 슬기를 가다듬어야 할 것으로 믿는다.[21]

인용문은 베트남 보트피플과 관련하여 전가의 보도처럼 활용되었던 논리 구조를 전형적으로 보여준다. 보트피플은 그들의 처지가 비극적일수록 "祖國을 守護하는 문제로 歸着"[22] 되었다. 이들은 주로 한국의 담론장에서 나라를 잃고 망망대해를 떠돌다 집단으로 익사한 비극적인 사건, 성적으로 유린당하는 젊은 베트남 여성, 부모를 잃은 어린이의 모습으로 재현됨으로써 종국에는 한국인들에게 조국은 어떤 일이 있어도 반드시 지켜야만 하는 살아 있는 증거로 활용되었다. 덧붙여 일본에 대한 비판에 동원되기도 했다. 비판의 핵심은 베트남전을 통해 엄청난 경제적 부를 획득한 일본이 보트피플 문제에 대해서 국제적 책임을 방기하고 있다는 것이었다.[23]

보트피플에 대한 문학적 재현은 『머나먼 쏭바강』(1978)으로 문단의 관심을 한 몸에 받았던 박영환의 『인간의 새벽』(1979)에서 이루어진다. 그 이후 이청준의 일련의 작업과 천금성의 「보트피플」(1986)로 이어지다, 마지막 보트피플과 함께 한동안 관심에서 사라졌던 이들은 이종학의 「땅에 묻은 家族寫眞」(2002)에서 불쑥 찾아 와서 자신의 존재를 잊지 말라고 호소한다.

하지만, 소수의 작품에도 불구하고 보트피플에 대한 문학적 재현은 난민들을 "개별적이고 고유한 인간 개개인이 아니라 전체적이고 정형화된 보통명사 '난민'으로만 간주하고 있"[24]던 한국의 난민 담론에서 "개별적인 고통과 비극의 스토리를 가진 고유명사"[25]의 이야기를 보여준다는 점에서 특별한 의미를 지닌다.

난민의 재현이란 국민국가 체제에 포섭되지 못하는 사람들이 사회 내에 실존한다는 것을 인정하고 드러내는 일이기에 그 자체로 일정 정도의 불온성을 담지하게 된다. 존재하지 않아야 하는 존재를 드러냄으로써 소기의 목적을 달성해야 한다는 이 역설은, 그 대상이 처한 위험한 상황이 '우리'의 경각심을 자극할 수 있을 만큼만 선별적으로 재현되고, 그 대상의 존재를 통해 '우리'의 상대적 우월함을 확인할 수 있게 될 때 안정화된다[26]

인용문에서 비판하고 있는 것처럼 보트피플에 대한 재현은 한국인들의 상대적인 우월감을 확인하는 소재로 활용되었지만, '존재내 부존재'의 형태로만 존재했던 그들을 가시화함으로써 '난민'이란 존재를 드러내는 역할을 한다. 동시에 선택적 재현에 의해 한국 문학의 상상 속에서 구성된 보트피플의 이미지는 '실재효과'로 인해 사실보다도 더 강력한 힘으로 한국인의 난민에 대한 인식을 지배하게 된다.

3.1. 군더더기: 박영환의 『인간의 새벽』(1979)

박영한의 『인간의 새벽』[27]은 한국문학이 재현하고 있는 보트피플의 원형을 보여주고 있다. 이 작품은 장편 소설 『머나먼 쏭바강』(1978)으로 '오늘의 작가상'을 수상함으로써 일약 문단의 기대주로 등장한 박영한이 그 후속작으로 발표한 작품인데, 표절 시비 등으로 논란을 빚기도 하였다. 첫 출간 당시에는 1,500매 분량의 작품이었지만, 사이공 함락 장면에 대한 표절 시비[28] 후 1,100매 분량으로 개작되었다. 그 때문인지 작품 군데군데에서 서사적 단절과 비약이 보이기도 하지만, 한국문학 사상 최초로 보트피플의 모습을 본격적으로 형상화한 작품이라는 점만은 변함이 없다.

이 작품에서 보트피플은 작품 후반부에 '군더더기'[29]처럼 등장한다. 작중 주요 인물인 키엠과 뚜이는 작품 끝부분에서 서사적 긴장을 잃은 채,

갑자기 해상으로의 탈출을 감행한다. 이른바 '보트피플'이 된 것이다. 이 같은 서사 전개에 대해 정호웅은 작품의 성과와는 크게 상관없는 군더더기에 불과하다고 평가[30]한다. 하지만, 필자는 누구도 원하지 않고 아무짝에도 도움이 되지 않지만, 쓸데없이 덧붙여져 성가시게 하는 군더더기야말로 한국문학이 재현하고 있는 보트피플을 전형적으로 표현하는 개념이라 판단한다.

『인간의 새벽』에는 키엠과 뚜이처럼 해상으로 탈출한 보트피플 예외에도 다양한 형태의 난민들이 등장한다.

> 수용소로 쓰이는 초등학교 운동장은 더러운 음식 냄새와 그레졸 냄새 구역질 나는 사람 냄새로 뒤덮여 있었다. 녹슨 적철(赤鐵)더미가 텐트 뒤로 쌓여 있었다. 임시 텐트들에선 이따금씩 스텐레스 식기가 빈곤을 호소하며 날카롭게 쨍그랑댔고 으레껏 밥이 적다고 보채는 헐벗은 어린애의 울음 소리가 새어 나왔다.
>
> 그미의 죽통 앞에서 배식을 받으려는 난민들이 서로 먼저 타겠다고 아우성치며 장사진을 치고 있었다. 맨발에다 헝겊조각을 몸에 걸친 아이들이 두 기자에게 새까만 손을 내밀며 비굴한 웃음을 흘리고 있었다.(『인간의 새벽』, 387쪽)

작중 주인물 마이클의 눈에 비친 난민 수용소의 모습이다. 인용문은 작품 속에서 시종 원경으로 처리되었던 난민촌과 난민들이 처음으로 전경화되는 장면이다. 주인공의 눈에 비친 수용소는 부정적인 이미지들로 가득차 있다. 전쟁의 한복판, 그것도 날로 불리해가는 전황 속에서 만들어진 난민 수용소이기에 시설이 열악한 것은 불가피하다. 작가는 열악한 수용소 환경을 더럽고 구역질 나는 냄새의 후각적 이미지와 날카롭게 들리는 청각적 이미지, 그리고 헐벗고 새까맣고 무질서하기까지 한 시각적 이미지를 동원해 격리된 공간으로 주조해 낸다. 이렇게 만들어진 공간에서 난민들은

'비굴한 웃음을 흘리'면서 누군가의 도움을 기다리는 수동적인 존재(어린이)로 재현된다.

이러한 난민의 이미지는 베트남을 탈출해 보트피플로 전락한 키엠과 빅뚜이의 절망적인 상태에서 정점에 달한다.

> 시골 태생인 빈 처녀가 굶주린 나머지 자살해 버리자 선장이 시체를 갑판 위에 그대로 두고 섞을 때까지 기다렸다. 이윽고 갈매기는 왔다. 키엠 오빠와 선장이 막대기로 때려서 잡았다. 갈매기의 피를 빨아 목을 축였고, 고기는 말려서 말랑말랑하면서 단단해진 뒤에라야 뜯어 먹었다. 선장은 말라지 않고 날고기를 먹었다가 설사를 했다. 생존자들은 동족인 병사자와 자살자를 이렇게 이용해 먹었다. 처음엔 시체를 뜯어 먹은 갈매기에 구역질이 났지만 나중엔 없어서 환장할 지경이었다.
>
> 키가 멀쑥하던 란 처녀가 현재까지는 마지막 자살자였다. 그미는 남은 사람들에게 갈매기를 선사할 생각으로 바다에 몸을 던지지 않고 쇠꼬챙이로 동맥을 찔렀다. 그미 덕분에 사흘 전까지 갈매기 고기를 먹을 수 있었다. 이젠 누구 차례일까 …… 아마도 더 이상 자살자는 생기지 않을지도 모른다. 남아 있는 사람은 우리 오누이 한쌍과 선장뿐이다.(『인간의 새벽』, 491쪽)

민족해방 운동에 투신했던 키엠과 외세에 의해 수탈당하고 짓밟힌 베트남 인민을 상징한 빅 뚜이는 정작 민족해방 운동이 승리한 시점, 다시 말해 남베트남이 패망하고 베트남이 통일된 시기에 오히려 국가체계로부터 배제되고 만다. 그들이 선택할 수 있는 길이라고는 스스로 마련한 돈으로 배를 구해 무조건 베트남을 탈출해 바다로 나오는 길 밖에 없었다.

바다로 나와 구조를 기다리던 빅 뚜이 일행은 자신들을 외면한 우방국의 냉대 앞에 속수무책이었다. 혹독한 갈증과 배고픔을 참지 못한 이들이 자살했고, 처음 표류하던 때 12명이었던 일행은 급기야 키엠, 빅 뚜이, 선장 이렇게 3명만이 간신히 생존하는 최악의 상황으로까지 내몰린다. 그나마 빅 뚜이 일행이 40일 넘게 망망대해에서 표류할 수 있었던 것도 동족의 시체를 갈매기 먹이로 이용했기 때문이다. '보트피플'은 동족의 시체를 이용해서라도 생명의 마지막 끈을 붙잡으며 죽음과도 같았던 갈증과 배고픔을 견뎠던 것이다. 그렇게 망망대해를 표류하던 빅 뚜이 일행은 때마침 내리는 굵은 빗방울로 갈증을 해소 할뿐만 아니라, 당분간 사용할 수 있는 식수마저 얻게 된다. 바로 그 순간 키엠은 권총으로 자살하고 만다. 키엠의 죽음으로 빅 뚜이와 선장은 갈매기를 잡을 새로운 미끼를 확보하여 생존 가능성을 더 높일 수 있었다. 하지만, 빅 뚜이는 키엠의 시체를 버리지 말라는 선장의 명령에도 불구하고 "전신의 힘을 짜내어 시체를 힘껏 뱃전 너머로 밀"(『인간의 새벽』, 492쪽)어 버린다. 동료의 시체를 이용해 생명을 연장하는 야만이 아닌 인간의 길을 선택하는 것으로 소설은 끝을 맺는다.

그런데 이 작품에 재현되고 있는 보트피플은 빅 뚜이의 예에서 보듯이 작품과의 관련성을 상실한 채, 느닷없이 튀어나와 끔찍한 죽음의 고통만을 펼쳐 보이다 망망대해 속으로 사라진다. 따라서 이 작품에 재현된 보트피플은 한국사회와 직접적인 관련을 맺기보다는 '보트피플=죽음과도 같은 고통'이라는 극단적이고 허망한 인식만을 독자에게 제공할 뿐이다.

3.2. 카니발니즘: 이청준의 「시간의 문」·「제3의 신」(1982)

이청준이 1982년에 발표한 「시간의 문」[31]에는 '보트피플'과 관련한 충격적인 장면이 나온다. 작중 인물 유종열이 언젠가 신문에서 봤던 장면으로 제시되고 있는 문제의 장면은 '보트피플'과 관련하여 마지막까지 차마 인정할 수 없는 우려 또는 의혹이 적나라하게 재현되고 있다.

-여기서 우리는 먼저 죽어간 사람의 고기를 먹는다. 그리고 동료의 고기를

먹던 사람이 죽으면 우리는 다시 그의 고기를 먹는다. 그리하여 나는 이 섬에 도착한 여덟 명의 난민 중에 마지막 살아 남은 사람이 되었다.

나는 이제 죽어간 인간들의 옷 위에 나의 피를 흘려 마지막 당부로 이 글을 적는다. 내가 그 일곱 인간의 고기를 먹고 살아온 빚을 갚기 위해, 그 위에 이젠 내가 죽더라도 다시 나의 고기를 먹어줄 사람이 없으므로. 이 이야기를, 이 섬에서 일어난 참극의 이야기를, 누가 이섬을 찾아와 이것을 발견한 사람이 있거든, 눈감지 말고 전해주기 바란다. 우리를 위해 피 흘려 싸워준 우방국들에게, 우리를 외면하고 지나간 그 우방국의 선원들과 국민들에게, 세상의 모든 평화주의자와 인도주의자들에게, 그리고 누구보다도 먼저 우방국의 배와 비행기 편으로 재산과 함께 우방국으로 날아가 편안한 삶을 누리고 있을 우리의 옛 위장자들에게, 그 천추의 애국자들에게.

1975년 5월 ×일 (「시간의 문」, 210쪽)

작중 인물 유종열은 신문사 사진 기자로서 미래의 시간대를 찍는 독특한 성격의 소유자였다. 그는 주로 사진의 소재를 나무나 산, 강, 바람 등 자연에서 찾았는데, 그것은 그가 베트남 전쟁을 특파원으로 경험한 것에서 비롯된다. 베트남 전쟁에서 유종열이 찍은 사진에는 "포탄에 몸이 찢긴 병사의 신음과 절규, 굶주림 속에 쫓기는 피난민들의 참상"(204) 이 담겨 있었다.

종군 기간 동안 "인간의 삶과 죽음의 얼굴"(205)을 찍었던 유종열은 그후 자연만 찍을 뿐 사람의 모습을 담지 않는다. 그러면서 자신의 작품 세계를 궁금해 한 작중 화자에게 자신의 행위가 미래를 찍는 것이라고 이야기한다. 화자인 나는 이런 유종열의 태도를 전쟁의 끔찍함에서 벗어나려는 몸부림으로 여긴다. 그러던 중 유종열은 갑자기 회사를 그만두고 난민을 찾아 나서게 된다. 그가 난민을 찾아 나선 것은 "동남아 일대의 해상엔 월남 난민의 피난선들이 죽음의 항로를 헤매고 있"(210)지만 "옛 우방국들의

배마저 그런 난민선의 구조를 외면한다는 비정스런 뉴스"(210)를 접하고 나서였다.[32]

인용문은 유종열이 접했던 비정한 기사 중 하나이다. 이 인용문에는 '보트피플'과 관련된 사항을 총체적으로 보여준다. 베트남을 탈출해 바다로 나왔던 '보트피플'을 기다리고 있는 것은 주변 국가의 철저한 외면이었다. 보트피플을 공산 베트남 정부의 '인간폭탄' 또는 '혁명의 무기'로 인식했던 주변 국가들은 보트피플을 구조하기는커녕 심지어는 말레시아처럼 상륙을 시도할 경우 발견 즉시 사살하겠다고 발표하기까지 한다.[33] 이 와중에서 보트피플은 무작정 자신들을 구원해 줄 존재가 나타나길 기다려야만 했다. 그 기다림은 너무나 끔찍했다. 심지어 생존을 위해 동료를 먹는 이른바 '식인 행위(cannibalism)'[34]마저도 감내해야만 했다.

'보트피플' 관련 선행연구는 식인 행위가 있었음을 확인해 준다. Linh Kieu Ngo의 연구에는 그 구체적인 사례[35]가 적시되어 있다. 그런데 베트남 난민을 모두가 이런 고생을 경험한 '보트피플'로 봐서는 안 된다. 이청준은 동료의 시신을 먹으면서까지 마지막 구조의 끈을 놓지 않았던 최후의 생존자를 통해 자신의 비극적인 절규가 '천추의 애국자들에게' 전달되기를 희망하는 장면을 배치 한다. 그런데 이 장면은 베트남 난민 중에는 '보트피플'과는 질적으로 다른 이른바 '난민'들이 존재했음을 보여준다.

국내 유입 베트남 난민을 1차와 2차로 구분했던 노영순의 주장처럼 베트남 난민은 사이공 함락을 전후해 미군의 구출 작전에 의해 미국으로 떠난 이른바 '난민'들과 베트남과 중국 사이의 분쟁이 격화되면서 중국계 베트남인을 중심으로 한 '보트피플'로 구분된다. 전자는 "주로 남베트남 정부의 고위인사, 대기업의 고용인, 반공주의자, 기독교도였"[36]으며, "대개는 미국 CIA관계자이거나 미국계 군수회사의 고용인"[37]들이었다. 이들은 남베트남 안에서도 중산계급 이상의 사람들로서 세대주의 25%가 대학졸업자였고, 40% 이상이 중등교육 이상의 학력을 바탕으로 미국사회에 성공적으로 안착하게 된다. 이에 반해 약 100만이 넘을 것으로 추측되는 후자들은 가족 단위로 정주한 이전의 난민과 달리 대개는 독신 남성으로서 탈출 과정에서 인권유린과 장기간의 임시 수용소 생활로 정신적 외상을 입었다. 뿐만 아니라, 이들을 베트남 정부에 의해 수출되는 '인간화물'로 바라보는 국제적인 반이민 정서[38]의 확대로 인해 입국을 거부당하거나 입국했더라도 난민 인정이 불허되었다. 국제사회는 난민을 구조하기보다는 그들을 방치함으로써 받게 되는 비난을 감수했던 것이다. 「시간의 문」에는 보트피플을 바라보는 당시 국제사회의 인식을 난민선을 향해 노를 저어 나아가는 유종열의 최후의 모습을 찍은 일본인 선장의 발언을 통해 형상화한다.

이청준은 「시간의 문」 이외에 또 한편의 '보트피플'에 대한 작품을 남긴다. 작가 이청준의 유일한 희곡 작품이기도 한 「제 三의 神」[39]에서는 '보트피플'이 보다 직접적으로 형상화되고 있다. 소설의 이야기만으로는 아쉽다는 듯 작가는 구체적인 몸짓을 통해 '보트피플'의 처절한 삶을 형상화한다.

「제 三의 神」은 베트남에서 보트를 타고 탈출한 후 동남아시아의 작은 바위섬에 정박한 보트피플의 비극적인 이야기이다. 「시간의 문」에서는 언론의 보도기사나 해무에 가려져 그 실체가 모호했던 보트피플들이 「제 三의 神」에서는 각자의 사연을 갖고, 남베트남을 탈출할 수밖에 없었던 구체적인 인물로 생생하게 재현된다.

희곡의 장르적 특성상 작품의 맨 앞에 서술되어 있는 등장인물과 무대 설명에 따르면, 이 작품의 시간적 배경은 "1979년 월남 난민들의 해상탈출극(보오트 피플)이 한창이던 때의 여름 무렵"(223)이고 공간 배경은 "말레이지아 동쪽(인도네시아의 보루네오 북쪽) 근처의 한 작은 바위섬"(223)이다. 희곡은 무인도에 도착한 7명의 보트피플들이 자신보다 먼저 그곳에 표류했던 7명의 난민들이 남긴 유서를 발견하고, 그 유서의 비밀을 찾기 위해 연극을 하는 방식으로 전개된다. 그 유서의 내용이란 앞서 「시간의 문」에서 언론 보도로 제시되었던 보트피플의 참상과 비슷하다. 차이라면 지도

자의 역할을 맡은 등장인물 훈의 엄숙한 목소리로 보다 상세하고 절절하게 전달된다는 점이다. 등장인물의 면면을 살펴보면, 농사꾼(호아), 어부이자 화교 출신의 탈출선 선장(춘), 클럽 여급(롱), 월남군 상사(탄), 가톨릭 신부(비엔), 사이공 대학생(타오), 월남 정객이자 무기밀매업자(가이) 등 7명이다. 이들은 저마다의 사연을 간직한 채, 난민선에 승선하는데, 그중에서 농부 호아의 사연이 특별히 관심을 끈다.

바다로 나온 일행을 기다리는 것은 죽음을 재촉하는 혹독한 자연 환경과 보트피플들을 외면하는 냉혹한 현실뿐이었다.

> **호**: 어쩌다 물을 찾아 배를 저어 가면 그 놈의 해안 경비정들의 총알 세례나 받고 쫓겨났구. 바다를 떠다니다가 외국배를 만난 것도 여남은 차례나 되었지만, 이젠 구조무전에 응답조차 안하고 지나가 버리는 배들에게 희망을 걸 수는 없는 일이고…(225)

호아의 대사에서 당시 보토피플들이 처했던 일촉즉발의 상황을 알 수 있다. 본디 순진한 농사꾼이었던 호아는 공산당원들에 의해 행해진 이른바 "욕설놀음"에서 "안할 소리를 해버리고 말았"(228)다는 사소한 이유로 난민선을 타게 된다. 순진무구했던 호아는 한 달 가까운 망망대해에서의 표류 생활과 바위섬에서의 연극 참여를 통해 자신처럼 어느 쪽에도 서지 않았던 무관심이 진짜 잘못이라는 점을 깨닫게 된다.

「시간의 문」을 통해 베트남 난민에 대한 무관심을 질타했던 작가가 「제 三의 神」을 통해 재차 진짜 잘못은 '무관심'에 있다고 역설한 이유는 무엇일까? 무관심이 잘못이고 죄악이라는 작가의 문제의식은 위대한 쭈어들이 "둔감하게 지나치고 있는 이 작은 일"(286)을 쭈어가 되어 기꺼이 맡겠다는 호아의 발언을 통해 보편적 인간의 문제로까지 확장된다.

「제 三의 神」의 창작 의도는 연구자들의 관심 사항이었는데, 김낙혁은 이 작품이 "의사정치 메커니즘의 가혹성"을 보여줄 뿐만 아니라, 그 같은 '의사(擬似) 정치'가 "아직까지 계속되고 있는 우리 자신의 문제"[40]라는 점을 강조한 작품이라고 평가한다. 한편, 송은정은 이 작품의 배경과 인물들이 겪는 상황, 그리고 먼저 도착한 7명의 보트피플이 남긴 유서 등을 근거로 「제 三의 神」을 5·18광주민주화운동의 알레고리로 평가한다. 즉 무인도란 배경은 외각도로가 봉쇄되어 외부와 고립된 광주를, 식인마저 용납되었던 극단적 상황은 광주에서 동포를 향해 자행된 공수부대의 살육과 연결된다는 것이다[41]

무인도에 남겨진 난민들의 상황은 동료의 시체를 먹어야 할 만큼 극한으로 치닫는다.

> **탄** 차례와 간격이 일정한 게 좋았어요. 그런데 두 사람씩 죽음이 한꺼번에 겹쳤으니….
>
> **호아** 그래 진정 당신은 그 사람의 살집을 먹겠다는 것이오?
>
> **탄** 선장이 그걸 먹을 수 있었다면. 그래 우린 서로서로가 고맙고 소중스런 존재가 아니랬소.
>
> **호아** 그 저주스런 식량으로 말이오?
>
> **탄** 우리의 운명이 그런 걸 어떡합니까.
>
> **호아** 그 저주스런 운명, 당신이나 따르시오. 당신 말고 아직 세사람이나 남았으니 당신이나 차례차례 그 사람들을 먹어가며 마지막까지 벌겋게 살아 남으란 말이오.
>
> **탄** 차례가 그렇게 정해진다면 그것도 어쩔 수 없는 일이지요. 하지만 누가 마지막까지 살아 남게 되든, 그를 너무 원망해서는 안되오. 우리들 중에 누구도 먼저 간 자보다 나중 간 자의 고통이 작다고 할 수는 없는 일이니까.(『제 三의 神』, 264-265쪽)

인용문은 하루라도 더 살아남기 위해서는 식량 조절이 필요하다는 무인도의 지도자 탄과 더는 그 같은 야만적 행위를 운명이란 이름으로 받아들일 수 없다는 호아가 대립하는 장면이다. 저주스러운 운명에는 참여할 수 없다고 절규했던 호아는 자신의 의사와 상관없이 최후의 생존자가 된다. 마지막 생존자가 된 호아는 제3의 신인 '추어(神)'로 변신해 위대한 쭈어들이 "둔감하게 지나치고 있는 이 작은 일, 당신들 인간들의 죽음을 하나하나 세어 나가는 쭈어가 되기로 작정"(286)하지만, 번개를 맞고 생을 마감하는 것으로 작품은 마무리된다. 이 작품에서 제 3의 신인 추어가 상징하는 바는 매우 중요한데, 그 역할을 농민 출신 호아가 맡는다는 점이 흥미롭다.

3.3. 난민의 탄생: 천금성의 「보트피플」(1986)

박영환과 이청준에 의해 형상화된 보트피플들이 동남아시아 해협이나 무인도에서 비극적인 생을 마감한 군상이라면 천금성은 실제 마주할 수 있는 보트피플을 그리고 있다. 이 작품을 통해서 우리는 비로소 간접 경험의 보트피플이 아니라, 우리 눈앞에서 살아 움직이는 보트피플들을 보게된다. 노영순은 천금성의 이 작품에 대해 "베트남난민의 말듣기로 범주화시켜 파악"[42]할 수 있는 작품이라고 평가한다. 필자 역시 이 같은 견해에 동의하는데, 그것은 보트피플들이 비극적인 생을 마감하지 않고 구조되어 그들이 그토록 바라던 육지에 발을 딛는다는 점에서 그렇다.

말레이시아 페낭항을 귀항지로 화물을 싣고 부산항을 떠났던 한국 국적의 화물선 동배호는 남지나해상을 표류하고 있는 난민선을 발견한 미군 초계기로부터 난민들을 구조할 것을 요청받는다. 미군의 요청은 선장을 낭패에 빠뜨리게 되는데, 그것은 긴급한 생명을 구제해야 한다는 국제협약 상 선장의 의무와 현실적 여건 사이에서의 선택이 결국은 고스란히 선장의 몫으로 남기 때문이었다.

열이틀 뒤 '광명 87호'가 부산 외항에 도착하자 전씨와 선원들은 당시 안기부를 비롯한 국가정보기관의 조사를 받아야 했다. 전씨는 "당시 왜 많은 선장이 난민 구조에 적극성을 띠지 않았는지 알 것 같았다"고 말할 정도였다. 그리고 전씨는 자신이 조사받으러 다니는 동안 회사가 다른 선장을 채용하자 회사를 그만두게 됐다.[43]

인용문은 남중국해 해상에서 96명의 보트피플을 구조한 참치잡이 원양어선 광명 87호 선장 전제용의 사례이다. 금방이라도 부서질 듯한 목선 위에 아슬아슬하게 매달려 구조를 요청하는 베트남 난민 10여 명을 발견한 전제용 선장은 난민 보토를 무시하라는 회사의 명령에도 불구하고 이들을 구조한다. 처음 10여 명으로 생각했던 난민의 숫자는 무려 97명이나 되었다. 부산에 도착한 전제용 선장을 기다린 것이 회사의 해고조치와 사회적 낙인뿐이었다는 사실에서 난민 구조가 생각보다 간단치 않음을 알 수 있다.

「보트피플」 속 선장은 회사의 구조 금지 조치와 선상난민을 태운 배에 대해서는 입항을 거절하는 엄혹한 현실에서도 불구하고 눈앞에서 처참한 몰골로 구조를 기다리던 난민선과 거기에 승선하고 있는 '보트피플'의 모습을 외면할 수 없어 결국 구조를 택한다.

이걸 어디 사람의 몰골이라 할 수 있을까. 노예선이라고 하더라도 이렇지는 않을 것이다. 걸치고 있는 옷가지라는 것도 넝마 그대로였고 퀭한 눈이며 뼈다귀만 남은 몰골은 너무나도 처참해서 오히려 소름이 돋아날 지경이었다. 갓난 아기부터 노인에 이르기까지 층층으로 뒤섞여 있었는데 얼굴이며 드러난 살갗이며 숯덩이처럼 새까맸다. 참으로 눈 뜨고는 못 볼 끔직한 광경이었다. 세상에 어떻게 저런 소형 목선으로 저처럼 많은 인원이 바다로 나올 생각들을 했을까. 바다에 관해 조그만 지식을 갖고 있었어도 이런 무모한 행동은 하지 않았을 것이었다. 이 세상에 만약 지옥이라는 곳이 존재한다면 바로 이곳이 지옥이라고 말해 주고 싶었다. 표류선의 주위로 몇 마리의 상어가 헤어다니고 있었다.(「보트피플」, p.162.)

인용문은 구조를 위해 난민선에 다가선 작중 인물의 눈에 비친 보트피플의 모습이다. 일등 항해사 조민구는 선장의 명령으로 보트피플들을 구조하기 위해 나서는데, 그의 눈앞에 펼쳐진 광경은 한마디로 지옥과도 같았다. 금방이라도 침몰할 것 같은 표류선 주위를 감싸고 있는 상어 떼의 모습은 난민들이 절체절명의 위기에 놓여 있음을 보여준다. 그 위기의 순간 99명의 베트남인들은 한국인 선원에 의해 기적적으로 구조된다. 그런데 본격적인 문제는 구조 이후에 발생한다. 선박의 구조 자체가 여객선과 달라서 "수십 명이나 되는 난민들을 일시에 수용할 여지도 없을뿐더러 당장 그들의 뒷바라지에 필요한 식량이나 의약품 같은 것도 넉넉하지가"(159) 못했기 때문이다. 보트피플을 구조한 대가로 한국인 선원들은 배고픔을 겪어야 했고, 무엇보다도 보트피플들의 몸에서 풍기는 지독한 악취를 견뎌내야 했다. "난민들의 몸에서 풍겨나고 있"(163)는 지독한 악취를 참을 수 없었던 선원들은 베트남인들은 서둘러 목욕시킨다. 보트피플은 자신들을 목욕시켜주는 선원들에 대해서 매우 "고마와 했"는데, 이것은 마치 어른이 아이를 목욕시키는 장면과 흡사하다. 다시 말해 동백호의 선상에서는 베트남인에 대한 일련의 시혜행위-식수 공급, 음식물 공여, 그리고 목욕, 옷 제공 등-와 이에 대한 감사행위가 벌어진다. 이 행위를 통해 구원자 한국인과 피구조자 베트남인이란 위계가 형성된다. 그리고 그 위계를 통해 베트남인들은 바다를 떠도는 "人間의 落葉"[44]에서 벗어나 비로소 난민성을 지닌 난민으로 태어난다.

레러: 과거에 베트남 難民들에게 일어났던 이야기를 들은 적이 있는가? 곧, 배가 침몰하고, 다른 나라가 환영하지 않고, 또 그같은 혼잡 속에서 살고 있

다는 이야기들을 배에 오르기 전에 들었는가?

니안: 들어서 알고 있었다. 너무나 많은 사람들이 바다에서 죽었다는 이야기를 들었다. 그러나 나는 떠나기로 결심했다.

레러: 그러한 冒險은 할만한 價値가 있었는가?

니안: 있었다.

레러: 그렇게 나빴는가? 머물러 있는 것보다는 그런 危險을 무릅쓸만 했다는 말인가.

니안: 베트남에서 사는 것보다는 차라리⋯⋯[45]

　인용문은 10여 차례나 되는 해적의 습격 속에서도 기적적으로 구조되어 난민으로 인정된 니안의 인터뷰이다. 니안은 자신들이 탈출한 길이 죽음의 길이 될 수도 있음을 알고 있었지만, 난민으로 인정받는 것은 설혹 구조되지 못한 채 목숨을 버린다고 해도 기꺼이 감수할만한 가치가 있는 일이라고 주장한다. 하지만, 이들의 목숨을 건 모험이 구조가 되었다고 해서 모두 끝나는 것은 아니다. 난민으로 인정받기 위해서는 일련의 과정을 통과해야 하는데, 그 핵심은 이른바 임시수용소로 표상되는 난민캠프에서 생활이다.

　천신만고 끝에 동백호에 구조된 베트남 난민들은 말레이시아의 패낭항으로 입항이 결정된다. 이들은 말레이시아 정부가 마련한 난민캠프에 수용되게 되는데, 그전에 모욕적인 방역을 조치를 경험한다. "다짜고짜로 난민들을 한줄로 세워서는 차례차례 흰 가루약을 온몸에다 뿌"(174)리는 말레이시아 방역 당국의 소독이 있은 후에야 난민들의 하선이 허락된다. 하지만 그들의 하선을 바라보는 말레이시아 관리의 "저 사람들을 보십시오. 무슨 권리나 가진 듯한 저 꼴들을 말입니다"(173) 라는 발언은 난민 인정이 매우 지난 한 과정임을 상징적으로 보여준다. 작중 화자는 한국으로 입국한 보트피플들이 "부산의 임시 수용소에 마치 전쟁 포로들처럼 수용되어 있었고 그렇게 아주 오랜 동안 기다린 끝에"(170)야 비로소 난민을 인정받았던 사실을 상기하면서 자신들에 의해 구해진 99명의 보트피플 또한 이와 다르지 않을 것이라고 예상한다.

원양어선의 항해사와 선장으로 대양을 경험한 작가 천금성의 작품「보트피플」이 지닌 미덕은 보트피플들이 구조되어 난민수용소에 수용되기까지의 과정과 이 속에서 발생하는 갈등 상황을 사실적으로 보여준다는 점이다. 다시 말해 보트피플의 비극적인 상황과 함께 그들을 냉담한 시선으로 바라보는 시선 또한 사실적으로 형상화하고 있다. 어쩔 수 없이 베트남인들을 받아들여야 하는 말레이시아 정부 관리는 '자유'를 찾아 목숨을 걸고 탈출했다는 보트피플들의 주장에 대해 "전혀 앞뒤가 맞지 않는 말"(174)이라고 일축한다. 그는 시종일관 난민들의 주장과 태도에 대해 비판적인 입장을 견지하면서 바다로 탈출해 구조를 기다리는 보트피플들의 행위를 자신만을 생각하는 지극히 이기적인 행위로 간주한다. 또한 무슨 권리나 가진 듯이 행동하는 난민들의 모습을 더 이상 묵과할 수 없다며 비난한다.

그렇다면, 보트피플에 대한 이 같은 발언이 과연 말레이시아 정부 관리만의 그릇된 생각이었을까? 필자는 한국인의 내면 깊숙이 자라잡고 있는 보트피플에 대한 인식 또한 이와 별반 다르지 않다고 생각한다. 오히려 작가는 말레이시아 관리의 입을 빌어 한국 사회의 난민에 대한 인식과 함께 난민이 어떻게 행동해야만 자신의 난민성을 유지할 수 있는지에 대한 슬픈 현실을 보여주고 있다고 할 수 있다.

Ⅳ. 나가며-'난민'의 계보학

이 글은 제주 예멘 난민을 둘러싼 '가짜난민' VS '진짜난민' 논쟁을 바라보면서 '한국적 난민다움'의 실체 규명이라는 다소 거창한 기획 아래 '난민' 개념의 구성 과정을 탐색하고자 했다. 한국인이 생각하는 '난민'은 어떤 모습일까? 이 질문의 답을 찾기 위해 보트피플을 형상화 한 박영환과 이청준, 그리고 천금성의 작품을 검토하였다. 이들 작품에 등장하고 있는 보트피플은 작품에 따라 작품 속에서 차지하는 위치나 역할 등에서 차이가 있지만, 난민에 대한 공통된 이미지를 구성하고 있다. 이것을 도식화하면 다음과 같다.

첫째, 한국의 난민담론에서 난민은 반드시 배를 타고 들어 와야 한다. 한국 전쟁 이후 이루어진 난민에 대한 경험은 오직 LST선이나 '난민선', 그리고 화물선 등 각종 선박에 의해 망망대해에서 구조된 이들을 통해서다. 다양한 뉴스를 통해 망망대해에서 구조된 보트피플을 직접 경험한 한국인들은 문학적 재현에서마저 반복적으로 제시되는 '난민=배'라는 이미지를 접하면서 난민은 '배'를 타고 온 사람이란 인식을 익숙하게 받아들이고 있다.

둘째, 난민은 그 탈출 과정과 구조 과정에서 반드시 죽음에 버금가는 고통을 겪어야 한다. 시체를 갈매기의 미끼로 사용해 생존을 연장한 빅 뚜이 일행과 무인도에 표류한 채 식인을 통해서라도 구조를 기다리는 탄의 형상화는 '난민은 고생한 사람'이라는 강력한 이미지를 생성한다.

셋째, 난민은 반드시 난민수용소에서 난민으로 훈육되어야 한다. 난민수용소는 구조된 난민들이 반드시 거쳐야 하는 공간으로써 난민들은 이곳을 통해 난민으로 재탄생한다. 흰 가루약을 뒤집어쓴 채 입소를 기다리는 보트피플의 예에서 보듯이 난민 신청자들은 위계화된 권력과 시선에 의해 난민으로 호명되면서 비로소 난민성을 인정받게 된다.

넷째, 난민은 자신들이 받은 시혜에 반드시 감사를 표현해야 하며, 특히 자신들을 받아들인 수용국 국민국가의 처분에 순종해야 한다. 그렇지 않고 난민의 권리 등을 주장할 경우 한순간 자신의 처지도 모른 채 꼴값을 떠는 이기적인 자들로 비판받게 된다.

한국문학에 재현된 '보트피플'의 개념에 비추어 봤을 때, 제주도에 입국한 예멘들이 왜 그렇게 격렬하게 '가짜난민'논란을 불러일으켰는지 어렵지 않게 유추할 수 있다. 또한 '인류애의 모범'으로 칭송받았던 미라클 작전을 통해 아프카니스탄에서 탈출한 이들을 굳이 난민이 아니라 '특별기여자'로 명명할 수 밖에 없었던 저간의 사정 또한 이해가 된다. 죽음과도 같은 고통을 겪지도 않고, 배가 아닌 비행기로 입국한 이들을 난민으로 인정한다는 것은 한국인이 상상한 진짜난민의 모습과는 괴리가 있기 때문이다.

재일 4·3 난민의 좌절과 재생
―김석범 장편 『바다 밑에서』를 중심으로―

I. 『화산도』가 낳은 난민들

    김석범의 『바다 밑에서(海の底から)』는 작가의 장편소설로는 가장 나중에 발표된 작품이다. 일본에서 간행되는 월간지 『세카이(世界)』에 2016년 10월호부터 2019년 4월호까지 2년 반 동안 24회에 걸쳐 단속적(斷續的)으로 연재되었다가, 작가의 가필과 수정 작업을 거쳐 2020년 2월 이와나미 서점(岩波書店)에서 간행되었다. 서은혜가 옮긴 한국어 번역판은 2023년 4월에 도서출판 길에서 출간되었다.

    『바다 밑에서』는 그 내용에서 볼 때 대하소설 『화산도(火山島)』의 속편(續篇)[1]이자 후일담(後日譚)이라고 할 만하다. 김석범이 『화산도』를 완결한 것이 1997년이나[2] 그때로부터 20년이 넘은 시점에서 그것을 전체적으로 정리해내는 가운데 뒷이야기를 풀어놓은 셈이다. 그런데 이 작품에서는, 4·3항쟁 시기의 봉기와 투쟁과 학살 관련 내용들이 수시로 회고되기도 하지만, 이방근 사망 이후 일본 밀항자들의 사연이 중점적으로 펼쳐진다. 따라서 그 무대는 제주도나 한반도가 아니라 일본이며, 그 주요 인물들은 바로 4·3으로 인해 일본으로 밀항하여 난민으로 살아가는 이들이다. 말하자면 일본에서 펼쳐지는 4·3 난민들의 이야기라는 것이다.

4·3항쟁과 관련된 난민은 주로 검거·체포·학살 등을 피해 일본으로 밀항하는 방식으로 생겨났는데, 4·3항쟁을 전후해서 "제주도에서 적어도 1만 명 이상이 일본으로 건너"[3]간 것으로 추정되고 있다.[4] "해방 후 일본에 정착한 재일 한국인을 약 60만 명, 제주 출신자를 8만 명 정도로 보고, 그중 4·3으로 인해 일본으로 밀항한 제주인을 1~2만 명 정도로 추정"하고 있음에 따라 "밀항자와 그 친족·지인까지 포함하면 당시 일본에 있던 제주인 대부분은 크고작게 4·3과 관련이 있다"[5]고 해도 과언이 아니라는 것이다.

『바다 밑에서』에 나오는 주요 인물들은 "나라를 잃어서 난민이 된 게 아니라 국가에 의해서 난민이 발생"[6]한 경우에 해당된다. 그들은 단선반대 통일정부 수립을 외친 4·3항쟁에서 봉기를 주도한 남로당 제주도당의 조직원으로 활동했거나(남승지), 밀항투쟁을 벌였거나(한대용), 항쟁에 동조하는 태도를 견지했다가(이유원) 목숨 걸고 탈출해야 했다. 해방공간에서 통일독립을 위한 '혁명'[7]을 도모했지만 뜻을 이루지 못한 채 정치적 탄압을 피해 난민의 길에 들어섰던 것이다. 이에 여기서는 김석범의 장편 『바다 밑에서』에 대해 4·3 난민의 문제를 중심으로 살펴보기로 한다.[8]

II. 4·3 난민의 재일(在日) 서사

김석범의 『바다 밑에서』는 모두 25개의 장으로 구성된 작품이다. 1장은 사건을 전개하기에 앞서 4·3과 그 전사(前史)를 개략적으로 짚어내고 『화산도』의 마지막 부분을 확인함과 아울러 그 소식이 일본에 전해지는 과정 등의 전제 조건을 포석해 놓은 프롤로그 격인 부분이어서, 사실상의 본격적인 이야기 전개는 2장부터 시작된다고 할 수 있다. 그 내용을 장별로 요약하면 다음과 같다.

① 1949년 4월 밀항한 남승지는 이방근이 6월 19일 산천단에서 자살했음을 7월 20일 한대용으로부터 그 소식을 들었다.

② 방근 1주기를 맞아 도쿄에서 이유원과 만난 승지는 둘이 같은 꿈을 나눠 꾸었음을 알게 되고 1년 전 부옥이 방근의 시신을 업고 내려왔음을 전한다.

③ 둘은 하타나카(방근의 형) 집에 가서 방근의 1주기 제사(법요식)에 참여한다.

④ 파제 후 유원과 함께 도쿄역까지 갔다가 그녀와 헤어진 승지는 야간열차로 오사카로 이동해 이튿날 낮에 평화정 식당에서 대용을 만난다.

⑤ 승지와 대용이 식당에서의 낮술에 이어 대용 집까지 가서 술 마시면서 방근의 죽음과 고행자와의 혼담 등에 대해 얘기한다.

⑥ 대용은 승지에게 유원과 결합해야 함을 강조함과 아울러 행자의 낙태를 권한다.

⑦ 승일(승지 사촌형) 집에서 행자를 만난 승지는 상상임신이었다는 그녀의 고백을 듣는다.

⑧ 양준오, 김동진, 방근 등을 추억하던 승지에게 승일이 행자와의 중매를 언급한다.

⑨ 공장 일의 어려움과 고문의 상처 등을 생각하던 승지는 제주에서 온 송래운을 함께 만나자는 대용의 전화 제안에 부담을 느낀다.

⑩ 승일이 가문을 위해 결혼하라 압박하자 승지는 모든 일을 대용 만난 후로 미뤄달라 부탁하며 다시 공장 일을 하겠다고 한다.

⑪ 승지는 득남한 대용을 오사카에서 만나 그가 일본에서 구한 총을 방근에게 전했음을 알게 된 가운데 방근의 자살 이유를 중심으로 대화한다.

⑫ 승지는 대용 집에서 하룻밤 묵으면서 4·28협상의 실상을 말하고는 방근이 벌인 정세용 처단과 밀항투쟁의 뜻을 되새긴다.

⑬ 승지는 방근의 자살 소식을 처음 듣고 배회하던 때를 떠올리며 잠못 이루고, 이튿날 대용은 방근의 꿈을 꿨다고 말하고는 교토로 가면서 송래운과 만나기로 했음을 밝힌다.

⑭ 6월 25일 조국에서 전쟁이 개시됐다는 소식을 그날 밤에 접하고 걱정하는 가운데 며칠 후 행자가 만나자고 전화해왔으나 탐탁지 않게 대한다.

⑮ 7월초부터 공장에서 일하는 승지는 조국방위위원회가 한국전쟁과 관련해 발표한 호소문을 보며 4·3 선전포고문을 떠올리고, 7월 15일 오사카에서 대용을 만나 제주의 예비검속 희생자 소식을 접한 후 유원의 편지를 읽는다.

⑯ 제주 다녀온 대용은 9월 중순 승지를 만나 부옥과 함께 산천단에 다녀왔으며, 문난설이 그곳에 방문해 세웠던 시비가 훼손됐음을 전한다.

⑰ 대용은 방근이 한라산을 가린 암벽을 등진 채로 바다 향해 죽은 의미를 말하고, 승지는 난설의 자살 가능성을 언급한다.

⑱ 승지는 대용의 부탁으로 대마도에 밀항자를 데리러 가기로 한 후, 유원이 어머니를 뵙고자 한다고 승일에게 말한다.

⑲ 행자와의 혼담은 백지화됐으며 10월 5일 오사카로 간 승지는 대용과 유원을 만나 택시로 이동한다.

⑳ 어머니 집에서 말순을 포함해 다섯이 식사와 음주를 하고 잠자던 중에 승지는 유원의 오열을 듣게 되고 이튿날 승지와 유원은 쓰루하시 시장에 들렀다가 대용을 만나러 간다.

㉑ 평화정에서 셋이 만나 난설 필적의 시들을 보며 방근을 추억하는 가운데 승지는 방근의 정세용 처단 사실을 말하고 대용은 둘의 재회가 '기적의 생환'이라고 한다.

㉒ 허물하르방과 목탁영감을 회고하면서 식사를 마치고 헤어진 8일 후 승지는 유원의 편지를 받고 대마도행이 혁명의 길임을 믿는다.

㉓ 11월, 승지는 대용이 제주에서 데려온 밀항자를 오사카로 이송하기 위해 하카타를 거쳐 대마도에 도착해 사수나의 오두막집에 간다.

㉔ 승지는 안정혜와 강연주를 만나 밀항의 과정과 더불어 해상 학살(수장)에 대해 듣는다.

㉕ 남편 앞에서 음모가 태워진 안정혜, 유방이 도려내진 강연주의 사연 등을

듣고는 버스, 배, 열차로 이동해 12월 3일 오사카의 승지 어머니 집에 도착한 후 모두 얼싸안고 운다.

위에서 보듯, 『바다 밑에서』는 이방근 사망 1주기인 1950년 6월에 남승지와 이유원이 도쿄에서 만나는 때로부터 시작되어 1950년 12월초에 남승지가 대마도에 머물던 밀항자를 오사카까지 성공적으로 데려온 장면을 끝으로 소설이 마무리되고 있다. 따라서 이 작품의 플롯 시간(소설적 현재)은 약 반년 정도의 기간이 되는 것이다. 물론 수시로 남승지와 이유원의 밀항 상황을 비롯한 4·3 시기가 회고되기도 한다. 주요 공간적 배경은 오사카, 고베, 교토, 도쿄, 대마도 등지이다.

『화산도』에서는 남승지에서부터 이야기가 시작되었다가 점차 이방근으로 그 무게중심이 옮겨가면서 이방근 중심의 서사가 이루어졌는데, 『바다 밑에서』는 시종일관 남승지를 중심으로 전체적인 사건이 진행되고 있음을 알 수 있다. 남승지가 한대용과 이유원을 만나는 이야기를 뼈대로 삼은 가운데 남승지의 어머니와 여동생 말순, 사촌형 승일과 형수 경자, 혼담이 오가는 고행자, 그리고 이유원의 큰오빠인 하타나카 등이 등장하고, 마지막 부분에 새 밀항자인 안정혜와 강연주 정도가 나온다. 이밖에 야마구치현 H시에서 구두 수리 겸 헌 신 가게 주인인 문달길, 밀항선 그룹의 우두머리인 송래운, 대마도에서 처음으로 파친코 가게를 개장했다는 가네모토(김씨) 등이 등장하거나 언급되지만 이들은 소설에서 그다지 비중 있는 역할을 수행하지는 않는다.

주인공 남승지의 생각과 발화는 3인칭 서술자의 그것과 넘나들며 구별되지 않는 부분들이 곳곳에 보인다. 특히 그가 두 밀항자를 데리러 대마도로 다녀오는 부분에서는 작가 김석범의 체험[9]이 그대로 남승지에게 투영되면서 격한 감정이 표출되기도 한다.

남승지는 아연하여 몸이 반쯤 허공에 떠 있는 듯한 느낌으로 그 자리에 서 있었다./ 감사의 눈물이 멈추지 않아요. 제주에서는 슬픔도 기쁨도, 그럴 장소도 시간도 없어요. 그저 가슴에 손을 얹고 살짝 숨을 확인하는 것이 살아 있는 거예요. 살아 있으니까 눈물이 난다. 이렇게 살아 있으니까 눈물이 나오는 거야./ 연주는 우는 건가? 콧물이 좀 났을 뿐. 맞아, 연주가 얼마나 씩씩한 여자인지. 사막 같은 슬픔. 맞아, 사막 같은 마음에 눈물이 있나? 우리는 눈물도 얼어붙어서 안 나오잖아요. 연주도 정혜도 울고 있다. 이것이 오아시스의 눈물인가? 아이고, 용케 살아서 왔네. 살아서 잘 왔어. 울어, 울어요. 눈물이 마를 때까지 우는 게 좋아. 실컷 울어. 더 울 수 없을 때까지 웁시다.(552쪽[10])

작품의 맨 마지막 부분, 1950년 12월 3일 남승지가 오사카의 어머니 집에 밀항자 안정혜·강연주를 무사히 데리고 왔을 때의 장면이다. 3인칭 제한적 전지 시점이면서도 내포작가(김석범과의 거리가 거의 없음)의 목소리(생각)인지 작중인물 남승지의 목소리인지 따지는 것이 무의미할 정도로 뒤엉켜 있음이 감지된다. 그만큼 이 작품에는 김석범의 생각이 별다른 여과 없이 고스란히 담겨 있다고 판단해도 무방하다는 것이다.

남승지는 1949년 4월 중순 이방근의 주선으로 조천포구에서 밀항선을 타면서 난민 생활을 시작한다. 남승지는 밀항 직전 이방근에게 건네받은 시계를 늘 착용하는 것처럼 "돼지가 되어서라도 살아남아라"라는 이방근의 유지를 되새기면서 하루하루 버텨낸다. 그는 고베로 거주지를 옮기고 생년월일이 두 살 위인 김춘남(金春男)으로 외국인등록증을 만들어 재일조선인으로 살아가게 된다. 그렇게 실패한 혁명가로서, 살아남은 자의 아픔 속에서 재일 생활을 힘겹게 견디던 그는 대마도에서 새로운 밀항자를 데려오는 일을 수행하면서 재생(再生)을 꿈꿀 수 있게 된다.

이유원은 남승지보다 앞서 1948년 11월에 부산을 거쳐 밀항하였다. 작은오빠 이방근의 강권에 따른 것이었다. 일본인으로 귀화하여 의사로서 풍족한 생활을 영위하는 큰오빠 하타나카(畑中)의 도움을 일부 받기도 했으나 이방근이 한대용을 통해 남긴 돈으로 도쿄의 M음대에 다니면서 기숙사 생활을 하고 있다. 그녀는 "제주도 사람들의 희생에 의해 우리는 살아가고 있"으며 "오빠 역시 그런 희생자"(240쪽)라는 믿음을 견지한다. 그런 가운데 이방근의 정세용 처단과 자살 경위를 알고 충격을 받지만 그 뜻을 존중하면서 굳건히 재일의 삶을 영위하는 가운데 남승지와의 결합 가능성을 높여간다.

한대용은 1950년초 오사카 나카자키초로 이주했다가 다시 아내를 동반하여 교토에 정착한 후 아들까지 낳는다. 그는 정신적 지주 이방근의 죽음을 알게 된 후에 4·3의 밀항자가 줄어들고 경제 사정이 악화되면서 직접적인 밀항선 운영은 중지했다. 후지상사에 적을 두고서 오사카를 근거지로 제주를 오가는 무역선을 운영하던 그는 한국전쟁이 발발하면서 예비검속의 피해가 발생하자 밀항자 수송을 재개한다. "나 한대용 속에 이방근이 살아 있는 거야."(244쪽)라는 신념으로 어떻게든 이방근의 유지를 받들려고 애쓰는 그는 "한때 제주도에서는 성내의 건달이었던 한대용이 지금 일본에서 혁명적 인간으로 되어가는 것 같다"(373쪽)고 생각한다. 결국 한대용의 열정은 남승지의 재생에 큰 기여를 한다.

이처럼 이 소설은 조직원으로서 4·3항쟁에 직접 참여했거나 밀항 투쟁을 벌였거나 거기에 동조하였던 위의 세 인물이 일본에서 기억하고 성찰하고 모색하는 이야기다. "4·3에서 남겨진 생자(生者)가 4·3으로 인해 희생된 사자(死者)의 숭고한 뜻을 기억하길 바라는 김석범의 염원이 형상화되어 있"는 작품으로서 "남아있는 자들의 기억과 역사에 대한 진실의 소환을 통해 혁명의 뜻을 되새겨 나가야 함"[11]이 강조되고 있다고 할 수 있다.

한편, 이 작품에서 남승지의 사랑 이야기는 독자를 조바심 나게 하면서 흥미를 돋운다. 이방근이 남승지에게 당부한 이유원과의 결합이 의외의 장애 요소들로 인해 순조롭게 진행되지 않기 때문이다. 남승지가 밀항 후 이유원을 처음 만난 것은 1949년 7월이며, 1950년 1월에 이어 그 반 년 뒤인 6월 이방근 1주기를 맞아서 일본에서의 세 번째 만남이 이루어진다.

> 지금 이렇게 서로 기대듯이 상반신을 붙이고 간접적으로 살갗이 닿아 서로
> 의 온기를 느끼며 전차의 진동에 몸을 맡기는 것만으로도 도쿄 역까지 가는 시
> 간은 행복했다. 접촉되는 열기를 견딜 수 없어 상반신을 살짝 떼어내기도 한다.
> 유원 역시 이에 반응하듯이 몸을 움직였지만 차체가 흔들리자 반동으로 다시
> 몸 반쪽이 하나가 되었다.(57쪽)

제주에서부터 인연을 맺으면서 서로에게 호감을 갖고 있었던 남승지와 이유원은 일본에서 극적으로 재회한 후에도 '서로의 온기'에 '행복'을 느끼는 감정을 이어가고 있음을 알 수 있다. 하지만 인연의 끈은 뒤엉켜버리더니 쉽게 풀리지 않는다.

둘이 일본에서 재회하여 부부로서의 인연이 맺어지길 바라는 이방근의 뜻은 한대용을 통해서도 남승지에게 수시로 독촉되지만[12] 그것은 계속 지연된다. 표면적인 암초는 사촌형 승일 집의 식모였던 고행자와의 관계였다. 1949년 10월말 남승지가 계단에서 굴러떨어져 부상당하자 고행자가 상처를 치료하며 도와주는 과정에서 육체적 관계를 맺게 되었고, 이후 고행자가 임신 사실을 알려온 것이다. 그런데 남승지는 고행자를 어머니에게 인사까지 시켰으면서도 그녀와의 결혼을 결심하지는 못한다. 그것은 물론 이유원을 염두에 두고 있기 때문이기도 하겠지만, 조국에서의 전쟁 소식을 접한 직후임에도 영화 보러 가자고 하는 데서 보듯 그녀가 의식의 백치인 점을 용납하기 어려웠기 때문이기도 하다. 다행히도 상상임신임이 확인되면서 행자와의 혼담은 정리되었다.

이제 이유원과의 사랑에 박차를 가할 수 있는 상황이 되었다. 그런데도 남승지에게는 "유원은 재학 중이라는 것, 그리고 지금 돌아가신 오빠의 상

중이니 결혼 이야기는 피해야 한다는 것이 핑곗거리"(283쪽)로 작용한다. 그런 머뭇거림 속에서 둘의 결합은 답답할 정도로 계속 미끄러진다. 그들은 "서로 통하면서도 둘 사이에는 뭔가 이방근을 그 너머로 놓쳐버렸던 절벽처럼 건너기 힘든 무언가가 있었"(392쪽)던 것이다. 결국 그것은 남승지가 밀항자를 데리러 대마도로 다녀오게 되면서, 즉 새로운 혁명을 시작하게 되면서 조만간 해소될 수 있을 것으로 기대된다. 새로운 혁명의 시작은 사랑의 결실로 이어지게 될 것임이 예견된다고 할 수 있다.

김석범의 『바다 밑에서』는 이처럼 재일 4·3 난민의 기억과 성찰, 사랑과 혁명을 의미 있게 담아낸 장편이다. 기념비적인 작품 『화산도』를 세상에 내놓은 작가로서 100세를 바라보면서 끊임없이 포착되는 4·3항쟁에 대한 상념과 소회를 『바다 밑에서』를 통해 갈무리해내고 있다고 하겠다.

III. 좌절: 고통과 죄책감

남승지는 1949년 4월 중순 이후 일본에서 정치적 난민으로서 삶을 시작한다. 소학교 고학년 때 제주에서 고베로 건너가서 상업학교까지 다니다가 해방 직후 귀국했던 그였기에 일본이 낯선 곳은 아니었다. 그런 점에서 남승지에게는 대부분의 난민이 느끼는 장소 적응의 문제는 크지 않았다고 하겠다. 그에게는 생존과 적응이 문제가 아니었다.

남승지는 밀항 후 처음 두세 달은 고문의 상처를 치유할 겸 오사카 이카이노의 어머니 집에서 요양을 했다. 그러던 그는 이방근이 자살했다는 소식을 듣고 크게 방황하게 된다. 회고를 통해 그려지는 그의 오사카 밤거리 배회 장면이다.

남승지는 대도시 밤의 황야에 나와 선다. 황야를 걷고 헤매며 걷고 그저 황

야를 남승지는 걸었다. 걷지 않고는 움직이지 않고는 견딜 수 없다. 고가전철을
타면 도중에서 창문으로 뛰어내릴 것이다. 우메다에서 미도스지(御堂筋)를 난바
까지 남쪽으로 직진, 난바 바로 앞의 시전 교차로에서 왼쪽으로 크게 꺾어 일직
선으로 동쪽으로. 우에로쿠(上六), 쓰루하시(鶴橋), 이마자토(今里)…. 걷는다. 그
저 걷는다. 10킬로미터, 20킬로미터, 30킬로미터? 한 시간, 두 시간… 네 시간,
하루 종일이라도 걷는다. 땅을 의지 삼아 걷는다. 한라산 속 설중 행진, 굶주리
고 얼어붙은 손으로 눈을 먹어가며 발을 눈 속에 묻은 채 그저 걷는다. 맑은 날
설중 행진, 마지막 동지가 대빗자루로 발자국을 지워가며 걷는다.(268쪽)

이처럼 남승지는 이방근이 산천단에서 자살했다는 소식을 접한 그날 그
엄청난 충격을 견디기 힘들어 헤매다녔다. 우메다에서부터 어머니 집까지
30킬로미터 거리를 몇 시간 동안이나 걸어서 도착했다. 하염없이 걸었던
오사카의 거리가 남승지에게는 거친 들판으로 느껴지고 있다. 눈 속의 한
라산을 걸었던 장면이 떠올려지고 있음은 의미심장하다. 혁명의 실패가 혹
독한 시련으로 인식되고 있음이다.

4·3 난민의 밀항 과정은 몹시 험난하였다. 이 작품에서는 『화산도』에
나왔던 남승지와 이유원의 밀항 사실에 대해 반복적으로 회고되는 한편,
4·3항쟁 관련자들의 밀항 과정이 한국전쟁 발발 이후 예비검속 관련자들
의 경우를 통해 구체적으로 나타난다.

그들은 현재 100명 미만이라고 추정되는 한라산 게릴라 하산자들이 아니었
다. 하산은 거의 불가능. 죽임을 당하는 수밖에 없을 것이다. 밀항자는 예비검
속으로 쫓기는 자, 유치 중인 제주 경찰에게 돈을 써서 석방된 자 들이라고 했
다. 보도연맹과는 관계없이 지금도 당국이 눈을 떼지 않고 있는 요시찰자, 그
관계자 등이 어쨌든 빨갱이, 빨갱이 사냥, 레드 헌터의 연장으로서 줄줄이 체포
되고 있었다. 일반 도민도 가능하다면 섬 탈출을 원하고 있어서 앞으로 밀항선

업자가 늘어날 것이다. (…) 일본 돈으로 수만, 조선 돈으로 20만이라는 거금을, 더구나 경찰 등에 대한 공작 비용을 대기 위해, 그야말로 가재도구, 논[13]이라도 팔아넘기지 않는 이상 생길 수 없는 돈을 만들어 사람들은 섬을 빠져나왔다.(323쪽)

살육의 섬으로부터 탈출. 망망대해에 희롱당하는 16톤 목조선에 생명을 맡기고. 대마도 북단에서 이즈하라로. 그리고 본토 오사카까지의 시공간을 위험이라는 분위기의 감촉에 닭살이 돋은 채. 그나마 16톤은 큰 편이었고 대부분의 밀항자는 5, 6톤짜리 통통배로 일본에 왔다.(376~377쪽)

1950년 6월 전쟁 발발 이후에는 예비검속으로 쫓기고 있는 자, 수감 중에 빼돌려진 자 등이 주로 밀항선을 탔음을 알 수 있다. 밀항 자금을 마련하는 일도 어려웠고, 어렵게 밀항선에 몸을 실을 수 있더라도 그 작은 배는 망망대해에서 백척간두가 될 수도 있었다. 게다가 국경을 넘어 대마도까지 무사히 탈출하더라도 정착과 생활을 위해 일본 본토로 이동하기도 쉬운 일이 아니었다.

남승지는 움막을 출발하기 전부터 당부했다. 도중에 조선어를 쓰지 않을 것, 필요할 때는 익숙지 않더라도 일본어로 응답할 것. 무엇보다 밀항자라고 속으로 겁먹지 말 것. (…) 이즈하라항에서 연락선 승선 트랩을 오를 때 승무원이 검표를 하며 표 반쪽을 잘라갈 텐데 여행증명서, 신분증명서는 필요 없다, 버스 승차권이나 마찬가지로 승선권만. 선박 승무원은 버스 차장과 마찬가지로 그저 사무적인 일을 담당할 뿐이니 제복이나 제모를 보고 겁내지 말 것. (…) 갑자기 습격하는 적을 경계하듯 두리번거리지 말 것. 어쨌든 안심하고 자기 뒤를 따라오라면 된다고 다짐을 주었다.(543쪽)

난민들은 밀항자임을 숨기기 위해 각별히 조심하지 않으면 안 되었다. 발각될 경우 수용소를 거쳐 송환될 수밖에 없고, 송환 이후에는 목숨이 위태로웠기 때문이다.

목숨을 내놓고 탈출한 밀항자들은 국경을 무사히 넘었더라도 안심하고 새로운 삶을 살아가기가 어려웠다. 밀항자들은 우여곡절 끝에 정착한 뒤에도 지난한 삶을 견뎌내야 했다. 난민으로서 그들의 처지는 매우 고통스럽다. 그 고통은 남승지를 중심으로 여러 부면에서 나타난다. 그는 육체적 정신적 고통에 시달리면서 온전한 삶을 영위하기가 어려운 처지에 놓인다.

남승지는 입산 활동 중 체포되어 제주주정공장 수용소에서 심한 고문을 받은 바 있다. "단단한 벗나무 몽둥이로 엉덩이부터 다리, 등허리까지 50~60회를 구타하고 군화로 시체를 굴리듯이 하여 잠깐 두었다가 다시 때리기를 반복했"기에 "살이 터져서 뼈가 보이고 피투성이가 된 채 일주일을 누워"(160쪽) 지내지 않을 수 없었다.[14] 그런 반죽음의 상태로 이방근에게 구출되어 밀항선에 몸을 실었던 것이다.

> 오른쪽 다리에 상처가 있었다. 고문용 '사오기', 즉 제주 원산 벗나무 곤봉으로 정강이 뼈가 함몰되도록 맞은 깊은 상흔이 계절이나 날씨에 따라 쿡쿡 쑤실 때가 있다. 아까부터 바짓자락 속으로 손을 넣어 울퉁불퉁하게 뭉쳐 있는 상처를 문지르고 있었다.(86쪽)

> "(…) 어머니한테 내일한 이야기를 듣고 이 눈으로 보지 못한, 제주도에서 입었다는 끔찍한 상처에 대해 안다. (…) 공장 직원들과 함께 목욕을 하지 않고 공장 일이 끝나고서 드물게 한 번씩 너 혼자 공장 욕조를 썼던 이유도 알고. 어머니는 상처, 아니, 그건 상처라고 할 수 없지, 승지가 평생을 지고 가야 할 고문의… 흔적, 그 이야기를 하면서 결국엔 가슴이 막혀 큰 소리로, 다다미를 두드리며 울고 계셨어. (…)"(206쪽)

고문의 흔적은 오사카에서 난민으로 살아가는 남승지의 몸에 고스란히 새겨졌다. 제주에서의 고문의 흔적은 너무나 끔찍하여 동료는 물론 가족에게조차 보이지 못할 정도다. 아들의 그런 모습을 감지한 어머니의 심정은 숨이 막혀 미칠 지경이 되었다. 남승지에게 그것은 혁명과 투쟁의 고통스러운 기억이기도 하다. 정신적인 상흔은 더욱 고통스럽다.

> 그곳은 바닷가 마을 농가의 달빛이 비쳐 드는, 똥오줌 범벅 돼지우리였다. 밤새도록 고열에 시달린 탈주 게릴라의 몸속으로 스며든 정체불명의 등신대가 꿈틀거리는, 질척질척한 덩어리가 몸을 안에서부터 깨 부숴가는 묵직한 힘, 돼지로 다시 태어나는 진통을 끙끙대며 견디고 있었다. 의식이 분화하기 이전의 진통과 태어나는 것의 분리와 같은 몸뚱어리의 감각. 고통스러운 고열의 밤을 새우며 탈주 게릴라의 네 발로 기고 있는 양손이 짤막해지는 순간, 다섯 손가락이 뭉개져 떨어진 손목에서 발굽이 디밀고 나오는 걸 알았다. 검은 돼지털로 덮인 앞발이었다. 눈은 콧구멍을 위쪽으로 내민 얼굴에 옆을 향해 매달려 있었으며 깨닫고 보니 들러붙은 똥오줌을 떨러내려 꼬리가 돋아 있었다.(63~64쪽)

고베의 승일 집에서 남승지가 꾼 꿈의 내용이다. 입산 투쟁에서 붙잡혔다가 도망친 현재의 신세가 '돗통시(돼지우리)' 속의 돼지와 다를 바 없다는 인식이 꿈으로 나타난 것이다. '돼지가 되어서도 살아남아라'라는 이방근의 부탁과도 관련 있음은 물론이다. 살아남은 돼지라는 인식은 시종일관 남승지를 괴롭힌다. "(…) 내가 무슨 소릴 하고 있는 걸까? 정말 말도 안 되지. 정작 난 거기서 도망쳐 온 주제에. (…) 나에게 이런 소리를 할 자격이 있을까요? 여기 앉아서, 이런 소리를…."(247쪽)이라면서 자신은 어떤 말도 내뱉을 수 없는 존재라고 심하게 자책한다.

> 남승지는 창가 벽에 어깨를 기대고 창밖의 바다를 질리지 않고 내다보고 있

었다. 물결 하나하나가 표정을 바꾸는 것을 응시하면서 따라갔다. 끔찍한 이미지가 머리를 스쳐 가는 것을 자꾸 몰아냈다. 제주 산지항에서 육지 형무소로 이송되는 게릴라 포로들이 도중에 수장, 해상 투기로 학살당한다…. 재판도 없이 한밤중에, 예비검속자들의 손발에 돌로 추를 매달아 바다로 내던진다….(499쪽)

바다를 바라볼 때면 제주 바다에서 죽어가는 포로 게릴라와 예비검속자들이 연상된다. 남승지는 제주섬의 많은 이들이 바다에 수장(水葬)학살되었다는 소식을 듣고 있었다. 자신만 비겁하게 그런 죽음에서 벗어났다는 심한 죄책감에 빠져들었다. 도망자요 비겁자라는 죄책감은 남승지가 난민 생활 1년 반이 지나서 새로운 밀항투쟁에 동참하는 상황까지도 계속된다.

"나는 재작년 관음사 전투에서 체포되어 성내 알코올 공장 수용소에 있었어요. 그리고 나서 육지로 이송되거나, 도중에 바다에서 물고기 밥이 될 참이었는데 수용소에서 출소해서 작년 봄 일본으로 밀항해 온 인간입니다. 비겁하고 부끄러운 인간이죠…."/ (…)/ "아이고, 승지, 남승지 씨, 그런 말은 봉기를 위해 싸웠던 모든 사람들을 폄훼하는 말이에요. 나도 강연주도 모두 부끄러운 인간입니다. 승지 씨…."/ (…)/ "비겁? 내가 어떤 능욕을 당하고…. 나는 소위 인간, 사람이 아니야. 그런데도 나 나름대로는 사람이에요. 나는 살기 위해서 이곳으로 왔습니다. 연주도 그렇고요."/ (…) 어둠 전체가 안정혜의 말로 남승지의 얼굴을 감싸고 있었다.(520~521쪽)

남승지는 대마도에서 안정혜와 강연주를 만나 자신은 산부대 활동하다가 수용소 생활을 거쳐 밀항해온 부끄러운 인간이라고 말한다. 이에 안정혜는 그것은 '봉기를 위해 싸웠던 모든 사람들을 깎아내리는 말'이라면서 "그 땅에 남아서 치욕을 당하고 죽임을 당하는 편이 좋은 걸까? 그리고 놈들의 먹이가 되면 좋은 걸까?"라고 반박한다. 그리고 남편 앞에서 음모가 태워지고, 유방이 인두로 잘려나간 자신들의 상황을 증언한다. 오히려 "거기 남는 것은 비겁 이상의 것"(521쪽)이라면서 일단은 목숨을 건지는 것이 현실적인 선택이었음을 강조한다. 그만큼 이들은 부끄러움과 죄책감 속에서 굴욕적으로라도 살아남아야만 했던 상황이었음을 알 수 있다.

난민이 된 밀항자들은 말도 함부로 내뱉지 못했다. 제주도 현지에서만이 아니라 일본에서도 4·3은 "봉인된 침묵이자 터부"(250쪽)였다. "밀항자는, 특히 4·3 관계자는 조개처럼 입을 닫고 있었"(519쪽)던 것이다. 남승지로서도 "한라산에 관해서는 집에서 거의 입에 담은 적이 없었"(286쪽)으며 "이야기하는 중에 산, 한라산의 이름이 나오는 것을 멈칫하며 막"(287쪽)아야 할 정도였다. 이런 현상은 남로당 연락원으로 4·3항쟁에 참여했던 김시종 시인이 2000년 이전까지는 공식 석상에서 자신이 4·3 난민임을 밝힌 적이 없었던 사실[15]에서도 확인된다.

> 일본 밀항자들이 '4·3'이라는 문자, 단어, 말조차 무서워 입 밖에 내지 못하는 금기로 여기게 된 제주도. 이 말이 입 밖으로 나오지 않는다. 내어보려 해도 나오지 않는다. 금기를 범하려 하기도 전에 그냥 나오지를 않는 것이다. 그 말 할 수 없는 낱말을 입 밖으로 공기 속으로 내어놓음으로써 금기를 깨고 있는, 말할 수 있게 된 자신은 도대체 누구인가? 지금 여기 푹신한 소파에 엉덩이를 붙이고 앉아 맥주에 적신 입술로 매끄럽게 뱉어내게 만드는, 한대용과 남승지를 둘러싼 공간은 무엇인가?(264쪽)

재일제주인들은 동지끼리의 술자리에서나 4·3항쟁에 대해 말할 수 있었다는 것이다. 제주에서 수십 년 동안 금기였던 그것이 '식겟집(제삿집) 문학'으로 구전되었던 상황과 유사한 점이 있다.[16] 입을 다문 채, 혁명의 실패에 대한 분노를 억누르고, 도망자라는 죄책감 속에서 그들은 재일의 삶을 견뎌내야 했다.

이처럼 4·3항쟁의 와중에 절체절명의 상황에서 밀항하여 정치적 난민으로 살아남은 이들의 고통은 매우 컸다. 그들은 고문의 상처와 정신적 상흔을 안은 채 깊은 죄책감 속에서 인고의 나날을 보내야 했다. 혁명 좌절 이후의 삶에서 그들의 고통과 번민은 상상을 초월하는 것이었음을 김석범의 『바다 밑에서』는 용의주도하게 포착해 내었다.

Ⅳ. 재생: 새로운 혁명

남승지의 고뇌는 혼자 빠져나와 살아남았다는 죄책감이기도 하거니와 숭고한 혁명을 성공시키지 못함에 따른 회한이기도 하다. 간절히 염원했던 제주섬에서의 혁명 실패는 너무나 큰 좌절이었다. 그렇게 죄책감과 회한 속에 자신을 옥죄어 가둔 그로서는 육체적 편안함을 견디지 못했다.

> 고문 등의 후유증이 완치되지 않은 남승지는, 멀리 있는 다루미 조선중급학교 교원이 힘들 것 같다면 같은 나가타 구의 도보 10여 분 거리인 니시고베 초급학교 교원은 어떠냐는 권유를 받았으나(이 학교 재건위원회 이사였던 사촌형 남승일도 강력하게 권했다.) 모조리 거절했다. 건강 문제도 있어서 사촌형이나 형수 경자는 반대했지만 이를 무릅쓰고 결국 견습으로 사촌형의 고무공장에서 일하기로 한 것이었다. 육체노동에 몸을 맡긴다. 몸을 떠나 동요하고 있는 정신을 몸에 복종시킨다.(58~59쪽)

남승지는 조직 사업과 교육 사업은 혁명 사업이요, 교사도 혁명 사업의 일단을 담당하는 것이라고 생각했다. 밀항 초기에 혁명은 지독한 강박 관념으로 그를 괴롭혔다. 4·3항쟁을 혁명으로 믿고 실천했던 그로서는 "혁명 사업이라는 말이 날아다니는 교육현장이 낯설고 두려웠"다. 그랬기에 "혁명으로부터 멀리 멀리"(59쪽) 벗어나고자 애썼다. 그래서 교사 권유를 거절하고 육체노동의 길에 들어서서 땀을 흘렸다. 4·3 혁명의 실패자로서 조직적인 일이 힘들다는 생각으로 작은 공장의 노동자가 된 것이다. "무엇보다도 남승지는 노동이 불러오는 견디기 힘든 육체적 피로에 오히려 해방감을 느꼈"(184쪽)던 것이다.

하지만 혁명주체였던 남승지가 언제까지나 혁명의 기억을 멀리하고서 살아갈 수는 없었다. 그것은 도저히 망각할 수 없는 것이었다. 이방근이 끝내 자살을 택한 의미를 수시로 깊이 생각하곤 했다. 한대용을 만나 지속적인 대화를 나누면서 진정한 혁명의 뜻이 무엇이었는지 되새겨보곤 한다.

> "이봐, 승지. (…) 그때 4·3 혁명이 성공할 거라고 생각했지? 그건 혁명이야. (…) 단독선거를 저지하고 조선통일정부의 첫걸음을 구축한다. 현실이 정말 꿈이 되어버리는 건가? (…)"/ (…)/ 남승지는 한대용의 입에서 4·3 혁명, 혁명이라는 말이 나온 것에 놀랐다. 혁명, 혁명. 실패, 패배한 혁명, 궤멸한 혁명도 혁명인가?(107~109쪽)

'단독선거를 저지하고 조선통일정부의 첫걸음을 구축한다'는 목표로 헌신했던 제주에서의 혁명은 성공하지 못했다. 그런 마당에 재일 난민인 처지에서 다시 어떠한 혁명의 길을 도모할 수 있겠는가. 그 길을 찾기는 너무나 어려웠다. 그러던 차에 1950년 여름 한반도에서 전쟁이 발발한다.

> "(…) 난 혁명을 계속 이어갈 거야… 한라산의 하산자를 구출해서 일본으로 밀항시키는 것이 혁명이야. 이방근의 유지를 계승하는 것. 방근·대용, 이방근의 후계자, 그 길밖에 없어."/ 남승지는 말없이 끄덕이며 천천히 맥주잔을 기울였다. 혁명. (…)/ 패배라는 현실을 딛고, 이방근의 유지를 이어 하산자들을 일본으로 밀항시키는 것이 혁명, 이방근의 유지.(365쪽)

한국전쟁 개전 이후의 상황은 또 다른 밀항자들을 발생시켰다. 이방근이 한대용에게 넘겨줬던 한일호는 다시 예전의 게릴라 하산자 구제와 마찬가지로 제주사람들의 섬 밖 탈출을 위한 밀항선으로서의 역할을 수행하게 되었다. 이제 한라산 게릴라로서 하산하는 경우는 많지 않을 상황이지만, 전쟁 상황에서의 예비검속 조치에 따른 체포를 피한 사람들의 구출이 추가로 필요한 상황이 전개되고 있었기 때문이다.

한대용의 밀항투쟁 재개를 보면서 남승지는 다시 이방근의 행위를 생각했다. 이방근은 배신자 유달현을 처단한 데 이어 외가 친척인 경찰 정세용을 직접 쏘아 죽였다. 그러고선 자신을 밀항선에 태워 보낸 후 산천단에 가서 자결했다. 도대체 왜 그런 것일까. 결국 그는 이방근이 "되살아나는 희생양"(349쪽)[17]이었음을 깨닫게 된다. 이유원도 오빠가 "제주도, 고향 사람들을 대신해 정세용을 쏘았"으며 그 이후 산천단이라는 곳에서, 즉 "우리 도민들의 신앙의 산, 한라산 산신의 제단 흔적이 있는 신성한 곳"에서 자살한 것이니 "이방근은 (…) 도민을 대신해 희생해서 죽었"(450쪽)다고 말한다.

내 마음 깊은 곳에 오직 패배, 도망만 있는 것이 아니다. 끔찍한 학살에 대한 공포를 넘어선 증오, 복수심, 8·15 이후 일제의 주구, 친일파 정부 이승만이 저지른 학살에 대한 복수심, 복수할 방법은 당장 없지만 마음은 있다. 복수는 생명, 돼지가 되더라도 살아남아라. 그것이 투쟁이다. 이방근./ (…) 지금 나에게 무슨 희망이 있을까? 땅속 깊이 묻혀 있는 갓난아이를 포함한 무수한 학살 시체의 보이지 않는 불꽃이 지상에 빛을 발하고 언젠가 타오르는 것이 희망일까? 불가능하지만 가능한 희망. 그 희망은 허망이다. 인간의 이성으로는 대처할 수 없는 학살과 파괴. 무력감. 돼지가 되어서라도 살아남아라. 그게 투쟁이다. 사는 것이 투쟁이라고? 그래, 투쟁이다. 한일호를 한대용에게 넘기고 자살을 준비했다. 자살은 복수에 대한 죽음의 표현. 투쟁. 절망의 복수. 지금 알게 된 듯한,

깨달은 듯한 기분이 들었다. 복수. 복수는 죽은 생명의 부활.(372~373쪽)

살아남는 것이 투쟁의 길이다. 그래야만 어떻게든 복수를 꿈꿀 수 있게 된다. 그것을 위해 또 다른 죽음들을 살려내야 한다. 새로이 전개되는 밀항 투쟁에 나서야 한다. 이것이 바로 이방근 뜻임을 남승지는 비로소 믿게 되었다. 재생의 틈이 보인 것이다. 그러던 차에 한대용이 밀항투쟁의 일환으로 대마도에 가 달라고 그에게 부탁한다.

대마도에 가줬으면 해. 한대용의 이 한마디가 뭔가 남승지의 마음 깊은 곳에 어찌할 수 없을 만큼 얼어붙어 무감각해져 있던 것, 응어리에 균열을 만든 것 같았다. 그 틈새를 벌리고 녹이는 특급열차의 흔들림과 함께 그것이 사라진 듯한, 팔다리가 자연스레 뻗어가는 듯한 해방감도 느끼고 있었다. 밀항 이래, 도 망자의 마음에 지금까지 없던 조심스러운 기쁨이었다.(373~374쪽)

대마도는 "생과 사의, 죽은 자와 산 자의 분기점"(365쪽)으로 인식되는 것처럼, 대마도에 가는 행위는 남승지의 난민 생활에서 중대한 분기점이 된다. "밀항은 생명"이며 "복수는 생명의 부활"이기에 "돼지가 되어서라도 살아남아라"(375쪽)는 이방근의 유지를 받들기 위해 생사의 분기점인 대마도로 가기로 결심한다. 남승지는 한대용과 마찬가지로 절망의 제주도에서 사람들을 구출해내는 것도 이방근의 소중한 유지의 하나였음을 분명히 인식하였던 것이다.

제주도 탈출, 목숨을 부지한 일본 생활 1년 반. 남승지는 자신이 처음으로 전향적(前向的)인 자세라는 것을 느끼고 있었다. 앞을 향한다는 것은 무엇인가. 희망, 그런 거창한 것이 아니다. 대마도로 밀항자를 데리러 가는 것에, 앞쪽을 향해 한 걸음 내딛는 마음. 그것이 희망이라면 희망이다. 죽음의 땅을 벗어나

일본으로 온 이후, 처음 있는 일이다.(382~383쪽)

남승지는 비로소 혁명에 대한 가느다란 희망을 가질 수 있게 되었다. 멀리 내다보았을 때 제주섬의 혁명이 완전히 실패한 것은 아니며, 이제 새로운 혁명을 시작할 수 있다는 신념을 갖게 되었음이다. 한대용은 "예비검속을 당한 교원과 여성동맹 활동가, 저 지옥의 땅 혁명 여전사가 오거든, (…) 혁명투사를 데리러 가는 거니까 혁명적인 일"(460쪽)이라고 그를 격려한다.

> 바다 물결이 치고 있는 밤의 대마도, 경계의 섬. (…) 남승지는 어쨌든 여기까지 와서 살아 있는 안정혜, 강연주와 만난 지금, 춥고 더운 판별도 할 수 없을 듯한 심정이었다. 삶과 죽음이 뒤얽힌 경계, 제주도와 일본 사이의 경계, 사지에서 탈출하여 바다를 건너 대마도 이곳에 존재하며 살아 있는 안정혜와 강연주, 분수령 위에 가로질러 있는 죽었을 생명. 아직 한쪽 다리를 사경에 집어넣은 채인 강연주, 안정혜의 어둠, 혼돈을 감싸 안고 안정혜와 강연주를 그리고 남승지를 지탱하는 어둠의 마룻바닥.(518쪽)

남승지는 드디어 대마도에 도착하여 사스나의 오두막에서 공포에 떨며 숨어 있던 두 여성 활동가를 만난다. 새로이 난민이 되는 그녀들에게 남승지는 누망(縷望)을 주는 구원자로서의 구실, 새로운 혁명을 도모하는 동지로서의 역할을 수행하게 되었다. 남승지는 그녀들로부터 여성의 신체를 모욕적으로 훼손당한 끔찍한 증언에 이어, 하얀 손수건에 이름과 신상정보를 적어두고 처형장으로 끌려갔다는 송명순의 사연[18]도 듣는다.

이튿날 세 명의 4·3 난민은 그 오두막을 나선다. 이동하던 길에 강연주는 대마도의 동백꽃을 꺾어 냄새를 맡고는 가방에 넣는다. 그리고 이즈하라항을 벗어나 일본 본토로 향하는 배 위에서 그것을 바다에 띄워 보낸다.

일행 셋이 손을 모은다.

> 강연주가 가방 속에 소중하게 넣어 두었던 손수건에 싸인 동백꽃 두 송이를
> 꺼내서 "정혜 언니, 이 꽃을…." 했다. 안정혜는 끄덕이면서 "승지 씨, 동백꽃을
> 바다에 흘려 보냅시다." 남승지는 함께 자리에서 일어났다. 아아, 역시 꽃은 제
> 주도 망자들에게 바치는 이별의 헌화였다. 동백꽃. 제주도의 꽃, 대마도의 동
> 백./ 앞선 남승지는 통로에서 갑판으로 가는 문을 열고 우현 옆 통로로 나섰다.
> 바다가 요동치고 있었다. 바닷바람이 꽤나 차갑다. 두 사람은 흔들리는 배의 현
> 을 꽉 붙잡고 함께 한 송이씩 손에 든 동백꽃을 바다에 던졌다. 꽃은 파도를 타
> 고 떠올라 붉은 바다꽃이 되어 춤추듯 물결을 타고 멀어져 갔다. 두 사람은 머
> 리를 숙이고 합장하고 있었다. 남승지도 손을 모은다.(546쪽)

대마도의 동백꽃에서 제주도의 동백꽃이 소환되고 있다. 제주와 일본은
국경의 구획이라는 물리적인 단절을 넘어설 수 있음을 의미한다. 그러기에
동백꽃을 통한 이러한 추모는 재생의 다짐이기도 하다. "복수는 죽는 목숨
의 부활"(485쪽)임을 남승지는 확신하게 되었다. 4·3 난민인 남승지의 새
로운 투쟁은 비로소 시작된 것이다. 그것은 제주에서의 혁명이 완전히 실
패한 것이 아니었음을 의미한다. 이제 제주섬의 혁명이 재일 난민의 혁명
으로 다시 이어지게 되었다.

죽어서 제주에 묻힌 이방근과 정치적 난민으로 일본에서 살아가는 남승
지가 공히 목적하는 혁명과 투쟁의 지향점은 결국 '평화세상'이라고 할 수
있다. 이 소설에서 4·3항쟁 과정 가운데 특히 4·28평화협상[19]의 중요성이
수시로 강조되는 점[20]은 바로 그것을 입증한다. 이방근이 직접 외가 친척
인 정세용을 처단한 행위도 평화롭게 사태를 수습할 수 있었던 마지막 기
회를 앗아가 버렸음에 따라 감행한 결단이었음은 물론이다. 남승지와 한대
용이 수시로 만나고 나중에 이유원도 함께 만나는 식당 이름이 '평화정(平

和亭)'이라는 점, 한대용이 즐기는 담배 이름이 '피스'이며 남승지는 "피스의 고상하면서 감미로움까지 느껴지는 향기"(496쪽)를 맡는다는 점도 작가의 평화 지향성을 뒷받침한다. 따라서 『바다 밑에서』에서 4·3 난민들에 의해 전개되는 새로운 혁명은 바로 자주적인 통일정부 수립과 같은 맥락에서의 평화세상 건설이라고 할 수 있다. 그것은 죽은 자와 산 자 간의 상생교섭에 따른 '혁명의 되살림'이라고 할 만하다. 제주섬의 4·3혁명은 새로운 투쟁을 위해 일본에서 다시 태어난 것이다. 그 중심에 4·3 난민이 있다.

V. 난민문학으로서의 가능성

지금까지 살펴본 것처럼 김석범의 장편소설 『바다 밑에서』는 대하소설 『화산도』의 뒷이야기를 형상화한 작품이다. 하지만 4·3의 정치적 난민에 주목하여 읽을 때 이 소설은 독자적인 의미가 있는 문제작이라고 평가하기에 충분하다. 고찰한 내용을 요약 정리하면 다음과 같다.

첫째, 이 소설은 조직원으로서 4·3항쟁에 직접 참여했거나(남승지) 밀항 투쟁을 벌였거나(한대용) 거기에 동조하였던(이유원) 인물들이 정치적 난민이 되어 1950년의 일본에서 기억하고 성찰하고 모색하는 이야기다. 특히 남승지를 중심으로 그 좌절과 재생의 양상을 잘 보여주었다.

둘째, 혁명의 좌절에 번민하던 남승지는 이방근의 자살과 한국전쟁 발발 소식 등을 접하고는 살아남은 자로서의 죄책감에 더욱 시달리게 되었다. 난민으로서 살아남은 사람들은 육체적·정신적 상처를 안은 채 죄책감 속에서 방황하는 나날을 보내야 했으며 그들의 고통과 번민은 상상을 초월하는 것이었음을 작가는 남승지를 통해 용의주도하게 포착해 내었다.

셋째, 남승지는 이방근이 '재생의 희생양'이었음을 깨닫고는 한국전쟁 이후 새로이 전개되는 밀항 투쟁에 동참하게 되었다. 그는 대마도에 가서

4·3 난민이 된 두 여성 활동가를 본토(오사카)로 데려오는 임무를 수행하면서 새로운 혁명을 도모할 수 있게 되었는데, 그것은 궁극적으로 평화세상의 건설을 지향하는 실천이라고 할 수 있다.

이렇듯 김석범의 장편소설 『바다 밑에서』는 단순히 대하소설 『화산도』의 뒷이야기 정도로만 취급될 작품이 아니다. 4·3 난민의 밀항 이유와 그 과정, 혁명의 좌절에서 오는 살아남은 자의 죄책감, 난민 생활의 번민과 고통, 다시 시작하는 혁명(투쟁)과 재생의 모습 등이 잘 드러난 소설이다. 4·3 항쟁이 배태한 정치적 난민의 의미를 이처럼 문제적으로 구체화한 소설은 지금까지 없었다고 할 수 있다. 앞으로 김석범 문학에 대해 난민의 관점에서 읽으려는 시도는 계속될 필요가 있다.

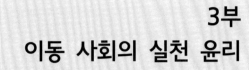

3부
이동 사회의 실천 윤리

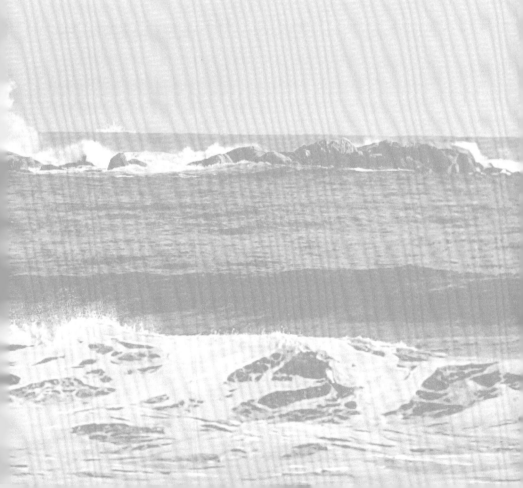

아노미적 혼란의 시대,
새로운 사회적 연대의 가능성

Ⅰ. 아노미적 불로소득 추구사회

우리는 프랑스의 사회학자 에밀 뒤르켐(Emile Durkheim)이 말한 아노미(anomie) 상태에 빠져 있다. 모두가 이기적으로 행동하면서 사회적 연대가 붕괴되어 가는 상태 말이다. 아노미적 증상은 네 가지로 요약될 수 있다. 노동의 가치 불인정, 불로소득 추구와 투기, 경쟁주의적 생존투쟁, 포퓰리즘이 그것이다.

첫 번째 증상은 노동이 제대로 인정받고 있지 못하고 있는 현실이다.[1] 인간사회는 노동없이 존재할 수 없다. 먹고, 마시고, 잠자고, 입는 기본적 필요 충족부터 문명이라고 불리는 발전된 사회 속 문화적 필요까지 모든 것은 노동으로부터 나온다. 몸을 움직여 무언가를 변형하고 창조하는 행위는 인간을 인간답게 하고 사회를 유지하게 하는 힘이다.[2] 그런데 자본이 자본을 낳고, 화폐가 화폐를 낳는다는 허구가 사실로 믿어지는 사회에서, 그리고 그러한 허구가 첨단의 정보통신기술과 가상현실, 인공지능에 의해 포장되는 사회에서 노동은 경쟁의 패배자들이 떠안아야 할 '고역'이다.

두 번째는 불로소득 추구의 전면화다. 노동의 의미 불인정이라는 증상은 불로소득 추구라는 또 다른 증상이 나타나는 동전의 다른 면이다. 불로소득은 자산계급이 누리는 특권이었다. 케인스가 '안락사' 시켜야 할 대상으로 지목한 금리생활자는 토지, 주택, 금융상품에 투자할 충분한 자산을 가진 사람들이었다.[3] 그런데 신자유주의 사회의 금융화(financialization)는 이런 양상을 바꾸었다. 신자유주의가 지배하는 사회는 고용이 불안한 사회이지만 동시에 확대된 소비주의 사회다. 불안한 고용은 부족한 소득을 의미하는데 이것은 소비주의 사회와 어울리지 않는다. 이러한 불균형을 메꾸어 주는 것이 확대된 부채 경제다. 부채 경제는 당연히 금융화로 가능해진다.[4] 부채는 다양한 형태로 나타난다. 직접적인 대출에서부터, 주택담보대출(모기지), 할부 구매, 그리고 신용카드 사용까지 삶은 빚의 사슬로 연결되어 있다. 청년들은 학자금 대출로 미래를 담보 잡힌다.[5] 그런데 이렇게 금융화된 사회는 빚내는 것을 쉽게 만들었다. 이미 노동의 가치가 폄하되고, 노동의 기회조차 불규칙한 조건에서 미래에 대한 준비는 투기적 성격을 띨 수밖에 없다.[6]

그래서 세 번째 아노미적 증상은 파편화된 원자로 존재하는 이기적 개인들 사이의 생존투쟁으로 나타난다. 여기에 경쟁주의라는 이름을 붙일 수 있다. 그리고 경쟁은 능력주의라는 그럴듯한 이름을 걸치고 등장한다.[7] 문제는 노동의 가치가 상실된 사회에서 불로소득 추구 기회의 확장이 숨을 곳 없이 과도하게 네트워크화된 사회의 과시와 비교, 그리고 그것의 결과인 좌절과 질시와 결합할 때 나타나는 사회의 붕괴이다. 공감의 능력은 갈수록 약해지고 공통의 문제를 진단하고 토의하고 합의를 도출하는 민주주의적 역량을 학습할 기회는 축소된다. 승자와 패자가 갈라지는 문턱(대개는 시험이다)을 넘어선 집단은 그렇지 못한 사람들에게 굴종을 강요한다. 반대편의 무시를 감내하는 패배자들이 승자들을 존중하는 것도 아니다. 공정성에 집착하지만, 패자들은 경쟁과 선발의 조건과 절차가 불공정하다는 것을 크게 체험한다. 이렇게 인정할 수 없는 패배의 멍에를 짊어진 사람들의 심성은 좌절과 불만으로 가득하다.[8] 그리고 그들이 배운 것은 무한경쟁과 승자독식의 원리다. 그런 세계에서 존재감은 누군가를 밟고 설 때만 갖게 되는 것이다. 오직 '나'뿐인 세계에서 고통과 좌절은 오직 나만의 것이고, 그래서 강렬하다. 타자의 고통을 공감할 여유도 여지도 없다. 만약 이러한 강렬한 고통체험에 인종, 종교, 성별, 성정체성이 덧씌워졌을 때 혐오의 감정이 싹튼다.[9]

네 번째 위기 증상은 포퓰리즘이다. 형식적으로나마 존재했던 대의와 대표자들의 정치적 사명감은 사라진 지 오래다. 불로소득 추구가 최고의 목적이 된 사회에서 정보에 접근할 수 있는 권력은 부를 축적하는 수단이 되어 버렸다. 정치는 경제적 논리에 좌우되고, 선거는 내용과 사용법을 설명하는 원래의 의미를 상실한 광고, 즉 과장으로 일관하는 광고의 경연장이 되었다. 고위 공무원과 정치인들의 행태는 공적인 이름으로 행해지는 사익 추구이다. 사적인 이익 추구가 공적인 것으로 둔갑하기 위해서는 과장과 왜곡의 기술이 필요하다. 그래서 거대 정당들 사이의 권력투쟁은 정견과 정책이 아닌 사소한 차이를 극단적인 것으로 과장하는 능력(기술)에 달려 있다.[10] 정치는 갈등을 모아내고 조정하는 역할을 하기는커녕 사람들 사이에 있는 불만과 좌절에 새로운 분리의 선을 긋고 혐오를 조장해서 없던 갈등까지 만들어 낸다. 진실은 중요하지 않다. 진실에 도달하려는 비판적 성찰은 시간 낭비가 되어 버렸다. 사실과 무관한 즉각적인 효과가 있는 거짓말들은 클릭 수와 광고가 중요한 언론에 매력적인 상품이다.

Ⅱ. 과학이 아닌 이데올로기로서의 경제학

왜 우리는 이렇게 불합리한 논리가 지배하는 사회에 삶을 맡기고 있을까? 현실의 모순과 위기를 몸으로 체험하고 있으면서도 왜 저항하지 않는 것일까? 이 질문에 답하기 위해서는 상식으로 받아들여지고 있는 지배적인 지식/과학 패러다임을 비판적으로 검토해야 한다. 비판의 일차적 대상은 지배적인 지식/과학 패러다임이 응축된 ('과학'으로서의) 경제학이다.[11] 경제학은 마치 제국주의가 식민지를 정복하고 지배하듯 스스로가 세워놓은 '관념적 전제들' 위에 수학적 모델을 모래성처럼 쌓아 올린 후 인간과 사회의 비밀을 해결한 것처럼 모든 분과학문을 통치하고 있다.[12]

주류경제학의 토대는 인간을 고립된 원자(原子)로 '가정하는' 것이다. 이러한 인간론은 공리주의(utilitarianism)라는 철학적 배경을 갖는다.[13] '근대적' 인간은 공리주의적 원칙에 따라 모든 행위에서 거래비용을 계산하여 편익(benefits)을 극대화하는 선택을 한다고 가정된다.[14] 경제학은 이러한 '관념론적' 전제를 가리고 과학의 지위를 주장할 수 있는 강력한 무기를 발명한다. 신고전파경제학(neo-classical economics)은 미·적분학을 적용한 한계효용(marginal utility) 개념으로 쾌락과 고통을 단위(unit)로 나누어 측정하고 계산할 수 있다고 주장했다.[15] '나누어질 수 없는 것을 나누는', 그리고 '측정할 수 없는 것을 측정하는' 잘못된 전제가 수학적 논리에 은폐되어 과학의 이름을 얻게 된 것이다.

관념적인 공리들에 의해 도출된 명제들은 계속해서 부당한 전제로 뒷받침된다. 경제학적 논리가 사회정책의 영역에 적용될 때 동원되는 비용–편익 분석(cost-benefit analysis)의 사례로 좀 더 깊이 들어가 보자. 비용–편익 분석은 고립된 원자로서의 개인, 공리주의적 인간론에서 출발한다. 그리고 이러한 전제에 근거해서 도출된 파레토 최적(Pareto Optimality) 또는 파레토 향상(Pareto Improvement)을 적극 활용한다. 파레토 최적은 누군가의 편익(효용)을 감소시키지 않고서는 다른 이의 편익(효용)을 증가시킬 수 없는 상태다.[16] 따라서 균형 상태에 있지 않을 때, 사회 전체의 자원은 모두의 편익(효용)을 증가시키는 방향으로 조정될 가능성을 가지고 있다. "그 누구도 A상태보다 B상태를 선호하지 않을 때, A상태가 그전에 존재했던 B상태에 비교해 사회적 향상을 의미한다"는 것이다.[17] 쉽게 예측할 수 있는 것처럼 파레토 최적은 불평등한 자원배분에 대해 무관심하다. 파

레토 향상 과정에서, 그리고 파레토 최적 상태에서는 승자와 패자가 있을 수밖에 없는 것이다.[18]

사회는 매우 복잡한 관계망들에 의해 만들어진, 그리고 한순간도 멈추어 섬 없이 변형되는 다층적인 기제들의 복잡한 상호작용 그 자체이다. 인간들이 고정된 것으로 생각하는 자연생태계도 그 자체로 복잡한 체계로 운동하고 있다. 이 두 개의 복잡한 체계 사이를 언어와 상징이 매개하게 되면 의미, 해석, 실천으로 가득 찬 삶의 양식이 나타난다. 아주 작은 언덕, 나무 한 그루, 오래된 골목조차도 생태적, 경제적, 사회적, 문화적 의미들이 중첩되어 있다. 고립된 원자로서 비용과 편익을 계산하고 모든 선택을 도구적으로 판단하는 사람들은 현실에 존재하지 않는다. 우리는 서로 비교하기(comparable) 어려운, 그리고 공약 불가능한(imcommensurable) 가치들로 충만한 세상에 살고 있기 때문이다.

경제학은 시간성도 왜곡한다. 상식적인 수준에서 인간이 역사적 존재임을 부정하는 사람은 없다. 그런데 경제학은 이렇게 당연한 사실을 부정한다. 고립된 원자, 합리적으로 비용과 편익을 계산하는 이기적 주체에게는 역사가 없다. 인간이면 '누구나 그러해야 한다'는 보편성이 역사적 특수성을 압도하기 때문이다. 그러나 실제의 인간은 언제나 다양한 사회적 관계의 앙상블(ensemble)이다.[19] 우리가 인간으로서 가지고 있는 보편성은 언제나 역사의 특수성 속에서 불완전하게 확인되는 것일 뿐이다.[20] 삼국시대 사람, 고려시대 사람, 조선시대 사람, 그리고 현재 사람들의 인간에 대한 정의와 가치가 같다고 생각하는 것은 상식적이지 않을뿐더러 논리적이지도 않다.

경제학적 시간 이해는 거꾸로 생각해도 문제가 있다. 비록 정확히 시기를 구분하는 것은 불가능할지라도, 원시시대부터 지금까지의 역사에서 사람들은 자연과의 교호 방식의 변화를 통해 공진화(co-evolve)해 왔고, 그럼으로써 서로 다른 삶의 방식과 가치(종교와 문화)를 만들어 왔다. 하지만 우리는 과거의 역사, 즉 앞선 세대 사람들의 기억들이 현재의 삶의 방식과 가치 속에 침전되어(sedimented) 있음을 알고 있다. 명확히 구분할 수는 없지만, 그리고 현재에서 다시 정의되고, 심지어는 새롭게 발명되기도 하지만, 한국 사람들은 고대로부터 이어져 오는 한국인으로서의 감정을 가진다. 외국어로 번역될 수 없는 한국인만의 정서, 그리고 그 정서를 응축해서 표현하는 말들은 고대로까지 거슬러 올라가는 역사성을 가진다고 이야기된다. 우리는 역사를 초월한 보편성으로 설명될 수 없는 역사적 특수성을 가지지만 동시에 역사를 관통하는 (비록 변형되고 갱신되지만) 가치와 문화 속에 사는 것이다.[21] 종족주의와 민족주의에 대해 비판적인 거리를 유지할 때조차 이러한 가치와 문화를 부정할 수는 없는 노릇이다.

경제학은 스스로가 설정한 협소한 과학의 기준에 욱여넣기 위해 현실을 왜곡할 수밖에 없다. 신고전파 경제학의 이러한 시간관념은 '지속가능성(sustainability)'을 제대로 반영할 수 없다. 지속가능성은 현세대가 필요를 충족하는 방식이 다음 세대의 필요충족을 위협하지 않아야 한다는 것이다. 그런데 과거와 현재의 시간이 겹쳐 있음을 부정하고 현재 세대의 선호(preference)에만 관심을 두는 경제학적 패러다임은 미래세대의 비용과 편익을 축소할 수밖에 없다. 현재를 사는 사람들과 미래에 올 사람들 사이에는 어떤 연관도 없고 각각이 가지고 있는 비용과 편익은 수량적으로 계산되어 합산될 뿐인데, 현재로부터 멀어질수록 비용과 편익은 할인되어 계산된다.

신고전파 경제학은 사람들의 공간체험도 왜곡한다. 구체적으로 체험되는 공간은 균질하지 않다. 시간성이 중첩되어 있듯이 공간은 구체적인 인간들의 체험, 즉 구체적인 실천을 통해 '생산'된다. '나'로부터 뻗어 나가는 공간체험은 지구적 수준에서 국가적 수준을 거쳐 구체적인 장소 감각이 중첩되어 가능해진다. 공간은 겹치고 주름져 있다. 굴곡져 있고 울퉁불퉁하다. 그리고 공간은 부피를 가진다. 이렇게 균질적이지 않은 공간은 '나'를 포함한 사람들의 관계들 속에서 변형된다.[22]

이렇게 생산된 공간은 모두 독특한 의미의 망 안에 존재한다. 생산된 공간, 끊임없이 변형되는 공간은 역사적, 문화적, 사회적, 정치적 의미들이 포개져 만들어진다. 이렇게 보면 서로 다른 시간성의 겹침은 공간을 통해 서만 가능해진다. 서로 다른 세대(시간성)의 사람들이 살아온 흔적들이 켜 켜이 쌓여 공간 생산(변형)의 원재료가 되는 것이다. 역사적 흔적의 퇴적은 곧 공간이 문화적인 층위를 가진다는 것을 의미한다. 과거의 문화적 실천 들의 흔적이 현재의 삶 속에 투영되어 서로 다른 층위와 시간성의 겹침이 나타나는 것이다. 그런데 사회적 의미의 층위는 서로 다른 이해관계를 가 지는 사람들의 화해할 수 없는 공간적 실천들의 대결을 내포하기도 한다. 공간은 적대들(antagonisms)을 가로지르며 생산되는 것이다. 결국 이러한 적대들을 담고 있는 공간의 사회적 층위는 정치적일 수밖에 없다. 공간을 둘러싼 대결이 공간의 생산에 깊이 연루될 수밖에 없는 것이다.

신고전파 경제학은 경제적 인간을 선형적 시간과 평면적 공간으로 정의 함으로써 불가능한 것을 가능하다고 주장한다. 실재는 지도로 '왜곡'되어 야만 하고, 그 위에 점으로 표시될 수 있을 때만 객관성의 기준을 충족한 다. 그럴 때만 과학의 기준에 맞게 공간을 설명할 수 있다.[23] 가설설정과 반증(falsification)을 과학의 기준으로 제시하지만, 반증을 위한 경험적 증 거는 실재가 아니라 경제학적 편견에 의해 가공된 사이비-경험으로 얻어 진 것들일 뿐이다.[24]

이제 모든 대상은 교환이 가능한 단위들로 쪼개어져 상품화된다. 억지로 절단되어 상품화되면 곧 공간이 화폐적 가치로 측정되어 거래된다는 것을 의미한다. 양으로 표시된 화폐적 가치가 갖는 힘은 막강하다. 사람들은 한 편으로 공간의 두께를 체험하고 그것을 지키려 노력하지만, 화폐로 표현된

(왜곡된) 공간의 가치에 쉽게 현혹된다. 이러한 과정을 통해 공간뿐만 아니라 우리 자신도 사물화(reification)하고 그럼으로써 상품물신성(fetishism)이 완성된다. 의미의 망, 정체성은 공간의 두께와 함께 사라지고 앞선 세대와 미래세대를 연결해 주는 장소적 의미도 붕괴한다. 이것은 곧 인간의 실존적 조건이 위협받는 것이며, 그 자체로 인간 존재의 부분인 비인간 존재, 자연생태계와 맺는 (지속 가능한) 관계의 파열을 초래한다.[25]

III. 경제학적 논리와 삶(생명)의 괴리[26]

마르크스가 『자본』 1권에서 제시한 자본주의 분석은 '가치법칙'의 분석으로부터 '잉여가치 착취'의 해명으로 나아간다. 마르크스는 '사용가치'와 '가치'를 구분하는 것에서 시작한다. 그리고 그러한 구분을 설명하기 위해 구체적 유용노동과 추상적 노동 개념을 도입한다. 가치는 (사회적으로 평균적인) 노동시간으로 측정되는 것으로 정의되는데 여기에 대응되는 것이 추상적 노동이다. 당연히 사용가치는 구체적 유용노동에 대응된다. 자본주의 사회에서 상품 사이의 교환을 규제하는 것은 구체적 노동-사용가치의 개념 쌍이 아니라 추상적 노동-가치의 쌍이다. 자본주의 사회에서 생산의 목적은 더 많은 화폐로 돌아오는 이윤의 추구이기에 상품의 유용성은 판매를 통해 가치가 실현된 이후 소비자의 일일 뿐이다. 생산의 사회적인 성격은 사후적으로만 확인된다.

그런데 마르크스는 가치법칙에 의해 규제되는 사회에서 더 많은 가치의 출처가 어디인가를 해명해야 했다. 그는 노동력이라는 특수한 상품이 노동과정을 통해 자신의 가치(임금이라는 화폐 형태로 드러나는)를 재생산하는 노동시간을 넘어서까지 하는 노동이 새로운 가치의 출처라고 논증했다. 그리고 이렇게 새로운 가치, 즉 잉여가치를 생산하는 노동만이 '생산적'이라고 정의한다. 잉여가치는 자본가가 구매한 노동력을 그것의 가치 이상으로 노동시킴으로써 얻어내는 가치 증가분이었다. 마르크스는 이것을 잉여가치의 '착취(exploitation)'라고 불렀다. 따라서 자본축적 동학은 경쟁하는 개별 자본가들이 더 많은 잉여가치를 착취하기 위한 투쟁의 과정이다. 여기서 자본가들은 잉여가치를 확대하는 두 가지 방법을 동원하는데 하나는 절대적 잉여가치를 확장하는 것이고 다른 하나는 상대적 잉여가치를 추구하는 것이다. 절대적 잉여가치는 물리적으로 노동시간을 연장하거나 노동강도를 강화하는 것을 가리킨다. 이에 반해 상대적 잉여가치는 기술 진보에 의한 노동생산성 향상으로 경쟁 우위를 점하는 것을 뜻한다. 일시적으로 얻어진 경쟁 우위는 특별잉여가치로 나타나는데, 기술적 우위를 누리는 자본가는 다른 자본가들보다 저렴하게 판매하지만, 더 많은 이윤을 얻게 된다. 특별잉여가치의 추구과정은 자본가들 사이의 경쟁으로 나타난다. 그런데 잉여가치 착취의 과정은 자본과 노동 사이의 대결도 포함한다. 임금, 즉 노동력의 가치(실제로는 가격)를 둘러싼 계급투쟁이 전개되는 것이다. 이러한 계급투쟁으로 자본가는 다루기 어려운 노동자들을 고용하기보다는 기계화의 발전으로 노동력을 절감하는 방향으로 움직이게 된다.

자본가 사이의 경쟁과 자본가와 노동자 사이의 대립은 노동과정에서 살아 있는 노동력의 투입보다는 이미 축적된 '죽어 있는' 노동 부분을 크게 하는 경향을 보인다. 마르크스는 이것을 자본의 유기적 구성의 고도화라고 불렀다.[27] 자본주의적 축적은 자본의 유기적 구성을 높이는 방향으로 발전하게 되며, 이것은 곧 편향적 기술발전을 추동한다. 그런데 이러한 흐름은 자본가들이 전혀 의도하지 않은 결과를 초래한다. 이윤율의 경향적 저하가 나타나게 되는 것이다. 이윤율의 경향적 저하는 자본주의 축적체계가 안고 있는 구조적 모순이다. 하지만 이러한 모순이 반드시 자본주의의 붕괴를 의미하는 것은 아니다. 국가(정부)의 개입과 자본의 대응이 만드는 반 경향이 나타나기 때문이다. 이러한 반 경향은 일반화할 수 없다. 따라서 현실에 존재하는 구체적 자본주의는 항상 '역사적' 자본주의일 수밖에 없다. 한편으로는 이윤율 저하를 막는 국가의 경제적 개입이 있어야 하고, 다른 한편으로는 노동자들을 관리하는 이데올로기적 동원이 있어야 한다. 근대 자본주의국가가 항상 민족적 형태를 띠는 이유가 여기에 있다.[28] 구체적 조건 속에서 위기는 과잉생산/과소소비, 과잉축적, 부문 간 불비례, 유동성 부족으로, 그리고 때로는 이 중 여러 개가 동시에 나타나는 복합적 조건 속에 발생했다.[29]

이렇게 자본주의를 역사적으로 이해하면서 동시에 마르크스주의적인 경제결정론을 넘어서기 위해서는 가치법칙을 재해석하는 작업이 선행되어야 한다.

마르크스의 논증에서 논란이 되는 것은 '생산적 노동'과 '비생산적 노동'의 구별이다. 마르크스의 정의에서 '비생산적' 노동은 새로운 가치를 만들지 못하는 노동으로 정의된다. 가치법칙 아래서 잉여가치를 창출하는 노동만이 '생산적'이기 때문이다. 생산적 노동과 비생산적 노동의 구별은 엄청난 논쟁을 불러온다. 국가에 의해서 제공되는 서비스는 생산적인가 비생산적인가? 주로 여성이 담당하는 사회적 재생산노동은 가치가 없는 것인가?[30]
생산적 노동과 비생산적 노동의 구분이 유용성, 마르크스의 표현을 따르자면 사용가치를 기준으로 정의되는 것이 아니라 가치, 또는 그것의 표현 형태인 교환가치로 측정된다는 사실에 주목해 보자.[31] 가치법칙은 자본운동의 추상적 법칙이기 때문에 잉여가치를 창출하기 위한 사회적 조건으로 무상으로 제공되는 '비생산적' 노동의 영역이 창출되고 관리되어야 했다. 가치법칙은 언제나 대가를 지불받지 못하는 재생산노동(가사노동, 주로 여성의 노동)과 무상이라고 간주되는 자연을 전제로 했다.[32] 자본주의는 가치의 창출(착취)을 위해 그 바깥에 있는 무상의 자원과 비생산적 노동을 유지해야 한다(수탈, expropriation)고 주장할 수 있기 때문이다. 그렇다면 가치법칙은 현실의 사회적 관계와 자연과의 상호작용 속에서 경향적으로 관철되는 '추상 법칙'이다. 이렇게 넓게 보면 가치법칙은 현실에서 다양한 메커니즘에 의해 과잉 결정(over-determined)된다. 마르크스의 표현처럼 "노동력의 가치규정에는 역사적·도덕적[정신적] 요소가 포함된다"는 점에서 계급 간, 사회세력 간 힘 대결이 결정적이다.[33] 하인리히는 이 구절을 인용하면서 자본가들이 노동자들의 요구를 "조건 없이 기꺼이 들어주는 일은 없기 때문에 노동력의 가치를 결정하는 노동자들과 자본가들 사이에서 계급투쟁이 벌어지게 된다"(원문의 강조)고 언급하고 있다.[34] 이런 맥락에서 인종, 종교, 국적에 따른 노동력의 차별적 가치평가, 그리고 산업예비군이라는 과잉인구의 형성도 가치법칙 그 자체의 내적인 요소는 아니지만 가치법칙이 현실화하는 과정의 변수로 고려되어야 한다. 사회적 재생산노동(가사노동+돌봄노동)과 자연적 한계는 이미 처음부터 자본주의적 생산양식의 가치법칙과 결부되어 있다. 가부장적 이데올로기와 자연을 대상화하는 근대적 지식체계(재생산노동과 자연을 외부화하는 것 자체)는 자본주의적 생산양식의 내적 계기였다. 제이슨 무어(Jason Moore)가 착취(가치법칙의 영역)를 가능하게 하는 저렴한 자원과 노동의 공급(프런티어, frontier 즉 수탈)에 주목하는 이유가 여기에 있다.[35]

가치법칙을 재해석하고 가치법칙이 관철되도록 하는 가치법칙의 외부, 그리고 그러한 외부를 유지하기 위한 국가의 역사적 개입 형태를 이론화할 수 있다면 마르크스가 제시한 생산양식(mode of production) 개념도 보다 넓게 재정의 될 수 있다. 생산양식보다 더 넓은 생존양식(mode of life)의 차원에서 자본주의적 가치법칙이 어떻게 경향적으로 관철되는지, 그리고 그 과정에서 어떻게 모순을 발생시키는지 살펴봐야 한다는 것이다.[36]

마르크스는 임노동의 가격인 임금은 노동력의 가치에 의해 규정되지만,

최종적으로는 도덕적(정치적) 요소인 계급 간 권력관계(이데올로기와 정치적 요소를 모두 포함하는)에 의해 결정된다고 말했다. 이미 데이비드 리카도(David Ricardo)와 토머스 맬서스(Thomas Malthus) 단계의 논의에서 임금은 토지생산성에 달려 있었다.[37] 그런데 제국주의적 단계에서 토지생산성은 식민지 개척에 따른 값싼 식량의 공급 문제로 전환된다. 그런데 이 단계에서 저렴한 상품은 식량을 넘어 노동력과 에너지, 그리고 생명에까지 확장된다.[38] 여기서 저렴한 노동이 이주노동으로까지 확장될 때 제국주의적 외적 관계는 소위 산업화한 나라들의 내적 문제가 된다. 그리고 성적 분업에 따른 무상의 재생산노동도 쟁점이었다. 이렇게 보면, 이미 확인했듯이, 가치법칙은 현실에서 다양한 메커니즘에 의해 과잉 결정된다. 이런 의미에서 『자본론』 1권의 '노동일' 장은 특별한 의미를 부여받을 수 있다. 가치법칙에 따르면 임금은 노동력의 재생산 비용에 따라 결정되어야 한다. 그러나 현실의 계급투쟁에서 노동력은 국가에 의해서 관리되고, 그 관리는 민족주의와 성적 분할의 규제를 받으며, 더 나아가 제국주의적 체제 아래에서의 불균등 발전에 영향을 받는다. 가치법칙은 오직 규제적 개념일 뿐이다. 구체적 역사적 자본주의 분석은 가치법칙을 인정하면서도 동시에 가치법칙이 어떻게 변이를 일으키는지에 주목해야 한다.

요약하자면 성차, 인종, 종교, 국적에 따른 노동력의 차별적 가치평가, 그리고 산업예비군이라는 과잉인구의 형성도 가치법칙의 교란 요소, 또는 가치법칙이 현실화하는 과정의 변수로 고려할 수 있다. 가치법칙은 내적 모순으로 잉여가치 착취와 경쟁에 의한 경향적 기술적 진보, 그리고 과잉 축적과 위기의 경향을 함축한다. 그러나 가치법칙은 외적 조건(가치법칙의 한계이지만 역설적으로 그것의 관철 방식을 조건 짓는)과 분리될 수 없다. 저렴한 노동, 자원, 식량을 관리/공급하는 수탈의 외적 조건이 있을 때만 가치법칙은 유지될 수 있다. 여기에는 더 중요한 의미가 숨겨져 있다. 가치법칙의 외적 조건이 수탈이라면 수탈의 장소는 착취의 장소들과 마찬가지로 사회적 투쟁이 발생하는 지점들이다. 우선 착취-수탈의 관계는 사회적 한계를 갖는다. 여성들의 투쟁과 반인종주의적 투쟁이 가장 대표적이다. 20세기 중반이었다면 민족해방 투쟁이 여기에 더해졌을 것이다. 이것은 유대와 연대의 새로운 방식을 창출하는 사회적 투쟁이기도 하다. 낸시 프레이저를 따라 노동의 경계를 다시 긋는 투쟁이라고 말할 수도 있다.[39]

IV. 몸과 무의식의 체험과 저항 주체

자본주의적 가치법칙의 한계는 바깥쪽에만 있는 것이 아니다. 안쪽, 즉 인간의 생존과 실존에도 한계가 드러나고 있다. 이미 마르크스 시대에도 생존과 실존의 한계는 논란거리였다. 『자본론』 1권 노동일이라는 제목이 붙은 10장은 인간 신체의 한계가 왜 문제가 되는지 생생하게 보여준다.

인간은 신체적으로(생물학적으로) 취약하다. 인간의 피부는 쉽게 상처 나고 통증에 민감하다. 영양분을 공급받지 못하면 두뇌가 제대로 작동하지 못하고 몸을 움직일 수 없다.[40] 오감은 감당할 수 있는 수준을 넘는 강한 감각을 견디지 못한다. 여기에 심리적 불안정성에서 생겨나는 불안이라는 한계가 더해진다. 진화의 결과로 얻어진 지적 능력은 미성숙한 채 세상에 나오는 대가를 치러야 했다. 미성숙한 유아가 사회적 동물로 자라나는 과정은 쾌락원칙(pleasure principle)을 포기하고 현실원칙(reality principle)을 받아들이는 것이다.[41] 그런데 이 과정은 원초적인 불안의 근원이 된다. 사회의 구성원이 되는 것은 본능적인 나를 억압하는 고통스러운 단절이기 때문이다. 이런 단절은 깔끔하게 완성될 수 없다. 성인이 되어서도 사라지지 않는 불안 요소로 '내' 안에 남아 있는 것이다.

만약 신체적 취약성(vulnerability)과 심리적 불안(anxiety)을 인간 생존과 실존의 내적 한계로 받아들인다면 이것을 부정하거나 극복할 수 있다고 주장하는 것은 오히려 생존과 실존을 위기에 빠트린다. 상품 물신성이 우리를 휘감고 있는 세계에서는 신체마저도 상품으로 인식된다. 개인은 자신을 상품으로 간주하고 상품성을 높여야 한다. 여기서 멈추지 않는다. 신체적 취약성이 무한히 발전하는 기술이 제공하는 상품에 의해 극복이 가능한 것처럼 착각하게 된다. 잘 만들어진 영화의 한 장면 같은 자동차 광고는 외부 세계가 가하는 모든 충격으로부터 나를 보호할 수 있을 것 같은 착각에 빠지게 한다. 온갖 전자장비들로 보호되는 화려한 아파트 광고는 타자로부터 완벽하게 차단된 사적 공간을 약속한다. 웨어러블 전자장치는 건강상태를 수시로 점검해서 정보를 확인할 수 있게 한다. 종종 겪게 되는 사소한 사고와 뉴스로 접하게 되는 대형 사고는 위험으로 계산되어 더 크고 튼튼한 자동차, 더 팽팽하게 감시할 수 있는 전자장치 구매를 욕망하게 한다.[42] 사소한 사고는 끊임없이 발생하고 있고, 뉴스의 대형 사고는 나에게도 발생할 수 있다는 엄연한 사실은 계산된 위험인 보험과 더 비싼 상품의 구매 속에 희미해지지만 어쨌든 누군가는 사고로 다치고 죽는다. 나에게 닥치기 전까지는 오직 통계 속의 숫자로만 남아 있는 죽음들이다.[43] 이런 죽음이 보험과 상품으로 가려질 수 없는 사고로 출현할 때, 사람들은 결코 완전히 보호될 수 없는 생명의 취약성을 경험한다.[44]

심리적 불안정은 의학적 치료와 교육으로 강해진 자아에 의해 극복될 수 있다고 믿어진다. 치유(healing)의 담론이 넘쳐난다. 그런데 의학적 치료와 심리적 치유는 역설적으로 인간의 원초적 불안을 배가시킨다. 치료와 치유로 강해진 자아는 결국 경쟁사회에서 타자로부터 고립된 단독자로서의 역량이라는 그릇된 인식에 기초하기 때문이다. 계속되는 계획과 계산, 그리고 평가는 의식을 팽팽한 긴장 상태에 놓이게 하고 그런 상태는 무의식에 상처를 남긴다. 심리적 불안은 그 원인이 무의식의 수준에 있기에 쉽게 얼굴을 내밀지 않는다. 약물로 치유할 수 있고, 상담으로 극복할 수 있다는 약속은 무의식의 불안을 한계로 받아들이지 않고 싸워서 정복해야 할

적으로 본다. 지극히 근대적인 사고방식이다.[45] 그러한 태도는 불안을 증폭한다. 원초적 불안조차 극복 가능하다고 주장하는 근대적 합리성의 약속과 완화될 수 있을 뿐 결코 사라질 수 없는 불안 사이의 빈틈에 무한경쟁과 승자독식 사회의 스트레스가 밀고 들어올 때 불안은 더욱더 크게 된다.[46]

　서로를 향한 관심, 배려, 돌봄만이 궁극적으로 신체적 취약성을 완화할 수 있다. 철갑과 기계장치에 의해 신체적 취약성으로부터 보호되고 있다고 착각하는 자동차 운전자가 역설적으로 사고를 통해 신체적 취약성을 매 순간 확인해 주지만 정작 사고는 확률적 정규분포 안의 일상으로 계산될 뿐이다. 현대인의 상징인 자동차 운전자는 타자에게 관심이 없으며 타자를 배려하지도 않는다. 오직 진행하는 자동차의 장애물로 인식할 뿐이다. 신체적 취약성을 보호하는 것처럼 보이지만 오히려 위협이 되는 자동차는 사람들에게서 공적인 공간을 빼앗고 사회적 상호작용의 기회를 박탈하기도 한다.[47] 이런 공간적 분리는 자동차에 의해서만 생겨나는 것이 아니다. 일터의 사무공간은 칸막이로 나누어져 있고 사람 사이의 관계는 컴퓨터 모니터와 자판을 통해서만 이루어진다. 단순히 분리된 것이 문제가 아니다. 공간적 분리는 심리적 분리를 동반한다. 서로에 대한 업무평가, 그것이 반영된 인사고과는 경쟁의 커다란 바위를 무의식 위에 올려놓는다.[48] 원초적 불안이 돌봐주는 사람과의 유대를 통해 완화될 수 있듯이 삶의 과정에서 생기는 이차적 불안은 사람들 사이의 상호작용과 소통에 의해서만 완화할 수 있다. 모두가 신경증으로부터 완전히 벗어날 수 없지만, 그래서 때때로 우울감을 느끼게 되지만 개인은 사회적 상호 의존으로 정체성을 유지할 수 있다.

　마르크스는 상품사회가 인간을 동료 인간들로부터 소외시킨다고 했다. 뒤집어 생각하면 인간은 동료 인간들과의 관계를 통해서만 인간일 수 있다는 말이다.[49] 마르크스의 '자유로운 개인들'은 고립된 자본주의적 인간이 아니라 사람들 사이의 유대를 회복한 개인들이다. 이럴 때만 개인은 자신을 사랑할 수 있다. '실존적으로' 자기를 세상의 중심에 놓을 수 있게 되는 것이다. 실존적으로 자기를 중심에 놓는 사람은 이기적 행위자가 아니다. 이기적 행위자들은 자기보다 앞서가는 사람과 비교하면서 좌절하는 사람들이다. 그러나 실존적으로 자기중심성을 가진 사람들은 타자에의 의존, 그리고 그것을 가능하게 하는 공동체를 받아들이고 나서 주변 세계를 만드는 주체로서의 자기를 확인하는 존재다. 그리고 실존적 자기중심성의 회복은 주변의 동료 인간을 인정하게 할 뿐만 아니라 갑작스럽게 출현하는 낯선 타자들을 환대할 수 있게 할 것이다. 혐오의 정치가 출현하는 배경은 스스로에 대한 사랑의 결핍이다. 다름과 차이 그 자체에서 혐오의 감정이 생겨나지는 않기 때문이다. 현대 세계를 괴롭히고 있는 일상의 파시즘과 우익 포퓰리즘의 근본적 원인은 신체적 취약성과 심리적 불안을 증폭시키는 사회적 상호의존의 약화에 있다.

V. 경쟁의 논리와 아노미를 넘어선 지식 패러다임

신체적 취약성과 무의식의 불안이 완화되는 데 필요한 사회적 연대는 자본의 가치법칙과 마찰을 일으킨다. 그러한 마찰이 가치법칙의 외적 한계를 향한 의식의 성장과 만날 때 현재를 넘어선 새로운 정치가 출현한다. 한계는 결핍과 부족이고 그것은 불만으로 나타난다. 불만이 개인적인 것으로 축소할 때 혐오 정치의 위험이 생긴다. 더 나은 사회는 그러한 불만이 한계를 인식하고 저항으로 발전할 수 있게 하는, 그리고 그러한 저항들이 모이는 연대를 가능하게 하는 정치적 기획(project)이 있을 때 현실화할 수 있다. 이러한 새로운 사회는 모순과 결핍이 발생하고 체험되는 물질적 장치들 안으로부터 생겨난다. 자본주의의 한계는 몸과 무의식의 체험과 수탈의 프런티어로부터 생겨난 불만-저항이 경제학적 논리의 허구를 깨고 나가면서 연대와 공존의 사회적 실천이 실험될 수 있는 여지를 내부로부터 만든다. 이제 이런 불만과 저항은 민주주의적 과정을 통해 연대로 발전해야 한다.

다양한 불만과 저항을 민주주의적으로 모아내기 위해서는 앞에서 분석한 낡고 협소한 경제학적 패러다임을 넘어서야 한다. 그리고 그것은 낡고 협소한 과학적 지식의 기준을 비판하는 것이기도 하다.[50] 이러한 비판의 출발은 인간 삶을 틀 지우는 복잡한 체계들이 가지는 불확실성의 인정이다. 인간사회의 문화, 경제, 정치, 그리고 생태계는 복잡하게 얽혀 공진화하고 있다. 공진화의 과정에서 우발성을 통해 드러나는 현상들은 절차적 합리성(procedural rationality)에 근거한 숙의에 의해서만 지식의 영역 안으로 들어올 수 있다. 모든 체계는 근본적으로 불확실성을 띠고 있다.[51]

이렇게 관점을 뒤집으면 과학적 실천은 평면에서 점을 찾아 직선으로 연결하는, 현실을 왜곡하는 단순성을 목적으로 하지 않는다. 직면한 문제를 해결하는 '과정(process)'이 과학의 객관성을 보장하는 핵심으로 도드라진다. 과학적 실천은 '문제 해결 과정(problem-solving process)'인 것이다.[52] 문제 해결 과정은 과학적 논의와 학습, 그리고 그 결과로 나타나는 정책 결정을 포괄하게 되는데, 여기에는 확장된 참여의 여지가 주어진다. 서로 다른 가치 판단에 따른 다양한 견해들이 반영된다면 문제 해결 과정의 불확실성과 복잡성을 인정하면서도 결과로 얻어지는 지식의 질을 보증할 수 있게 된다.[53] 과학의 역할은 포기되지 않고 여전히 핵심적이지만 "자연적 체계의 불확실성"과 "인간 가치의 관련성"의 맥락에서 다시 정의되어야 한다.[54] 과학적 지식의 생산에서 유일하게 올바른 것은 존재하지 않으며, 우리는 "타협의 해결책(compromise Solutions)"을 추구해야 한다.[55] 그리고 과학의 기준을 단순화된 평면의 명증성에서 복합적 체계에 대한 다면적 이해와 민주적 합의 과정으로 변경하게 되면 과학적 발견의 과정은 학습과정(learning process)과 중첩된다.[56] 이제 과학적 실천은 가치를 담고 있는 다양한 견해들의 '두꺼운' 내용이 다소 '정제된' 형태로 공유되고 토론될 수 있는 방향과 틀을 제공하는 것에 맞추어져야 한다. 서로가 공유할 수 있는 실재론적(realist) 근거를 가져야 하지만 인식론적인 상대주의(epistemological relativism)를 수용해야 하는 것이다. 그리고 그러한 상대주의가 지적 허무주의로 치우치지 않는 것은 실천적 지식의 두터움과 그것에 기반한 민주적 토론이 있기 때문이다. 과학은 이러한 지식의 공유와 토론이 생산적으로 발전할 수 있는 조건을 만들어 주어야 한다. 과학적 실천은 문제해결의 과정이자 학습의 과정이어야 하는 것이다.

여기서 공약가능성(commensurability)과 비교가능성(comparability)에 대한 철학적 논의가 도움이 될 수 있다. 전통적인 경제학은 공약가능성을 전제한다. 강한 공약가능성은 공통의 기준으로 행위의 결과들을 측정하여 순위를 매길 수 있다고 생각한다. 기수적 등급(cardinal scale)이 가능하다는 것이다. A, B, C 세 명의 성적을 90, 85, 83점으로 점수 매기는 것이 강한 공약가능성의 표현이다. 이에 반해 약한 공약가능성은 서수적 등급(ordinal scale)만을 나타낼 수 있다. 점수로 표시할 수는 없지만 A, B, C 세 명을 1등, 2등, 3등으로 순위 매기는 것이 약한 공약가능성의 표현방식이다. 약한 공약가능성과 강한 공약가능성은 모두 강한 비교가능성으로 분류될 수 있다. 강한 비교가능성은 서로 다른 행위들의 순위를 매길 수 있는 하나의 비교항(comparative term)을 가지는 것을 의미하기 때문이다. 이에 반해 약한 비교가능성은 환원 불가능한 가치 갈등을 피할 수 없다는 것을 받아들이지만 실천적 판단을 포함하는 합리적 판단은 인정한다.[57]

이제 우리는 공약가능성을 기각해야 한다. 그리고 강한 비교가능성도 마찬가지로 거부해야 한다. 오직 약한 비교가능성만이 진정한 민주주의와 공명

할 수 있다고 주장할 수 있다.[58] "건설적인 합리성"(constructive rationality)
에 토대를 두고 갈등하는 서로 공약 불가능한, 그래서 다차원적일 수밖에
없는 결정들의 효과들을 모두 고려해야 하기 때문이다.[59]

신고전파 경제학이 비판에 직면하여 제기하는 반론은 사회가 지탱되기
위해 요구되는 수많은 결정은 짧은 시간 안에서 서로 부딪치는 갈등을 조
정해야 하는데, 다차원성을 고려하는 숙의는 시간과 비용이 너무 많이 들
어가는 비효율적 방법이라는 점이다. 직면한 문제가 논쟁적이고 이해관계
가 복잡한 데다가 결정까지 긴급하게 요구된다면 화폐적 양으로 표현된 선
호의 계산을 통해 결정에 도달하는 것이 효율적이라고 주장한다.[60] 이미
언급되었듯이 신고전파 경제학의 주장은 잘못된 인간관, 시간관, 공간관에
기초하고 있기에 인간과 자연의 교호과정을 복합적 시간성 속에서 생산되
는 공간적 실천으로 이해하지 못한다. 효율성이라는 기준은 경제학적 결정
이 초래하는 인간성 파괴, 사회파괴, 자연생태계 파괴를 다음에 오는 분절
된 시간 단위 속의 비용으로 축소해서 그것이 가지는 재난적 결과를 은폐
하는 효과를 가진다. 따라서 계산되는 시간 단위 안에서 효율적일 뿐이다.
과거-현재-미래의 연속성을 고려한다면 전혀 효율적이지 않다. 경제학의
효율성은 기후위기 재난에 맞서 장기적인 대책을 수립하지 못하고 주먹구
구식으로만 대처하고 있지 않은가?
약한 비교가능성이 경제학 안으로 민주주의를 도입하는 통로 역할을 한
다. 공진화 과정의 인식에 따라 인간만이 아닌 생태계 전체를 경제학의 고려
대상으로 끌어들이면서, 그 조건 아래서 가치평가와 경제학적 논의의 주체가
되는 사람들에게 서로 겹치는 다양한 관점을 되돌려 줄 수 있다. 우리는 단지
효용을 계산하는 기계이기를 멈추게 된다. 그다음 단계는 이렇게 자신의 다
양한 목소리를 돌려받은 사람들이 이해당사자(stakeholders)로 경제적 지식
구성과 학습, 그리고 정책 결정 과정에 참여하는 제도적 조건을 마련하는 것

이다. 결정은 언제나 "확장된 동료 공동체(extended peer community)"의 토론을 거쳐서 도달하게 되는 것이다. 이제 현재의 이익과 이윤을 넘어 장기적 안목에서 사태를 파악할 수 있게 된다. 현재 이해관계를 넘어 예방의 원칙(precautionary principle)을 통해 합리적으로 판단해야 한다.[61]

민주적 참여의 과정은 학습의 과정이기도 하다. 민주주의는 참여라는 학습을 통해 시민의 역량을 발전시킬 수 있을 때만 온전한 의미를 띠게 된다. 따라서 확장된 동료 공동체를 통한 숙의의 과정은 전문가들에 의해서는 파악되기 어려운 보통 사람들의 필요와 욕구를 반영할 수 있는 갈등 해결 방식을 정식화하는 통로이기도 하다.[62] 이러한 학습의 과정은 모든 사람을 모든 영역에 정통한 행위자로 키워내는 것을 목적으로 하지 않는다. 현실적으로 불가능한 목표다. 학습과정이기도 한 참여는 행위자들이 민주적 절차를 통해 전문가 지식이 가지는 진실성을 회의하고 평가하고, 때로는 수용할 수 있는 능력을 갖추게 하는 것이다. 전문가들의 지식이 가지는 권위가 무조건 수용되는 것이 아니라 공론의 장에서 비판되고 검증되어 수용 여부가 결정되어야 한다. 이러한 태도는 신고전파 경제학이 옹호하는 시장의 원리와는 공존하기 어렵다.[63]

이제 전문가들의 지식은 부분적(local)이고 구체적인(concrete) 체험으로부터 나오는 지식과 나란히 중요성을 얻는다. 전문가들의 지식은 구체적, 실천적 지식이 개인의 욕구를 넘어 타자와의 대화를 가능하게 돕는 것이다. 이제 지식은 시장에서 고립된 개인들의 선택이나 전문가의 독단적 지식에 의해 만들어지는 것이 아니라 전문가들의 과학적 지식과 사람들의 실천적 지식의 결합하고(수직적 축), 개인이 아닌 모두의 지식이 논증을 통해 수렴되는 것(수평적 축)을 통해 도약한다. 이제 지식은 민주적 과정을 통해 집합적으로 생산되는 것이어야 하는 것이다.[64]

경제적 정책 결정과정이 동료공동체의 확장을 통한 민주주의의 심화라면 경제학은 정치로부터 분리된 중립적 과정이기를 멈춘다. 경제는 그 자체로 정치적 성격을 띠며 경제적 정책 결정은 정치적 과정이기도 하다. 그리고 그 자체로 모든 것을 결정할 수 있는 중립적 관점이 존재하지 않는 한 문제해결은 언제나 타협을 동반할 수밖에 없다. 서로 갈등하는 가치들을 중재할 중립적 입장은 애초부터 존재하지 않기 때문이다.[65] 그러나 타협적 해결이 단순한 협상(negotiation)으로 오해되어서는 안 된다. 타협적 협상은 합의된 판단(judgement)에 이르는 논증의 과정을 생략한 채 서로의 입장을 절충하는 것으로 귀결될 수 있다.

타협적 해결은 '어느 것이든 괜찮다'는 상대주의적 태도를 비판해야만 한다. 직면한 문제에 대해 서로 다른 가치들이 충돌하지만, 비록 잠정적일지라도 해당 문제에 대한 합의를 도출하는 합리적인 논증 과정이 있어야 하기 때문이다. 이러한 논증 과정이 없는 협상은 권력을 가지지 못한 사람들이 권력을 가진 사람들에게 굴복하는 것을 정당화하는 수단으로 전락할 수도 있다. 힘이 없는 사람들에게 형식적으로만 주어지는 대화는 있으나 마나 한 것이다.[66] 이런 맥락에서 새로운 과학/지식 패러다임이 추구하는 문제해결 방식은 타협보다는 판단에서의 수렴(convergence in judgements)이라고 할 수 있다.[67]

VI. 비-환원론적 자연주의가 상식이 되는 세계

생태주의 사회이론가 테드 벤턴(Ted Benton)이 제시한 비-환원론적 자연주의(non-reductionist naturalism)로 지금까지의 논의를 인간을 넘어선 비인간 종으로까지 확장하는 인식론적 전환을 시도할 수 있다. 벤턴 주장의 핵심은 종으로서의 인간과 비인간 종의 연속성이다.[68] 집합적인 문제해결 능력을 학습해서 역량을 발전시킬 수 있는 인간은, 그러한 학습으로 인간이 지구생태계에서 예외적 존재가 아니라는 '예외적' 인식에 도달할 수 있게 되었다. 이것은 생태주의를 사회이론과 종합하는 쉽지 않은 도전에 대한 응답이기도 하다. 생태주의는 진보를 표방하는 넓은 사회 사상적 스펙트럼과 적대적일 수밖에 없었다. 생태주의는 자연의 한계와 인간의 오만함을 비판하는 데서 출발할 수밖에 없었는데, 오랫동안 자연의 한계, 특히 생물학적 한계를 주장하는 것은 인간사회를 고정된 생물학적 본성으로 환원하는 보수주의와 친화력을 갖는 생각이었다.

이 문제를 해결하려는 벤턴의 개입은 두 가지 점에서 흥미롭다. 우선 벤턴이 논의의 대상으로 삼는 것은 마르크스주의다. 그는 한편으로 기존의 마르크스주의가 '충분히 유물론적이지 못했고' 따라서 관념론, 최소한 유토피아적인 요소를 담고 있었다고 비판했다.[69] 자연적 한계를 과학과 기술의 발전으로 넘어설 수 있다고 생각했고, 생산력의 무한한 발전을 기대했다는 것이었다.[70] 다른 한편, 지구생태계의 자연적 한계와 인간의 신체적 한계를 인정하는 것이 이러한 유토피아적 요소를 극복할 수 있는 더 '적합한' 유물론이라고 주장했다. 유물론은 인간 생존의 자연적 한계를 인과적으로 설명해야만 했다. 하지만 그것이 곧바로 인간의 역사적 역량, 문화적 역량을 결정하는 것은 아니라고 주장했다.[71] 벤턴이 주장하는 비-환원론적 자연주의의 핵심은 자연적 한계를 인정하는 인식적(인과적) 태도가 곧바로 가치 평가적 또는 정치적 태도를 의미하는 것은 아니라고 것이었다.

예상할 수 있듯이 벤텐의 '자연주의'는 비판에 노출된다. 자연의 한계와 생물학에 기대어 사회를 설명하는 것은 극히 위험한 것으로 취급되었다. 사회생물학과 진화심리학이 세련된 방식으로 종합을 시도한 후에도 의심의 눈초리는 여전하다. 비록 유전자와 원시시대 인간의 심리적 경험에 근거하기는 했지만, 사회생물학과 진화심리학은 인간의 본성을 사회과학과 철학이 생각하는 것보다 훨씬 더 고정된 것으로 제시하면서 논란을 키운 면도 있었다.[72]

이런 맥락에서 생태-페미니즘 철학자 케이트 소퍼(Kate Soper)의 벤턴 비판은 상당히 복합적이다. 일면 벤턴의 주장에 동의하는 것처럼 보이기도 하지만, '자연주의'라는 개념에는 비판적이다.[73] 첫째, 자연주의는 인간 행위로 지구생태계가 급격히 변형되고 있는 현실을 제대로 설명할 수 없다고 주장한다. 현대 과학은 지구생태계가 인류세(anthropocene)로 불릴 수 있는 새로운 지질학적 단계에 들어서고 있다고 말하고 있다. 기후변화뿐만 아니다. 종의 멸종, 대기의 화학적 구성의 변화, 해수면의 상승과 바다의 산성화 등 많은 지표가 행성지구가 돌이킬 수 없는 재난 상태로 빠져들고 있다는 과학적 증거가 되고 있다. 이러한 인식 자체가 인류의 성취이자 역량이다. 인간의 힘은 자연의 한계에 가로막히지 않는다. 인간의 힘은 자연에 의해 완전히 지배되지 않는다.[74] 물론 이 첫 번째 측면은 자연의 한계를 나타내기도 한다. 과학과 기술로 통제할 수 없는 의도하지 않은, 예측하지 않은 결과인 생태적 위기는 정확히 자연의 한계를 가리키고 있기 때문이다. 여기서 소퍼가 말하고 싶은 것은 생태계를 인위적으로 변형하면서 위기를 초래한 것이 인간이기 때문에 그것에 맞서 위기를 극복하는 길을 찾는 것도 인간이라는 사실이다. 이것이 자연주의 비판의 두 번째 측면이다.[75] 소퍼는 생태계를 위협하는 인간의 힘은 특정한 생산양식과 삶의 양식 안에서 이루어지고 있고, 이러한 양식을 변화시키지 않고서는 생태위기에 대응할 수 없다고 생각한다. 우리가 사는 세계에 대한 반성은 인간이 스스로 변화할 수 있는 여지와 능력으로 실현되어야만 한다. 그래서 소퍼는 당당하게 자신을 철학적 인간주의자(humanist)로 선언한다.

소퍼의 입장에서 간과할 수 없는 점은 벤턴의 비-환원론적 '자연주의'와 거리를 두고, 인간과 문화의 독자성을 강조하게 되면서 마주하게 되는 지배적 이데올로기에 대한 과소평가다. 소퍼가 사회와 인간의 변형 가능성의 근거로 내세우고 있는 문화적 역량이 강한 이데올로기적 시멘트에 의해 유지되고 있다면 어떻게 할 것인가? 소퍼가 원하는 인간-사회의 발전 방향은 지속가능하고 평등한 사회일 것이다. 그런데 지금 사람들은 그것과 상반되는 이기주의와 경쟁주의에 꽉 붙들려 있다. 금융화되어 부채에 기대어 확장하고 있는 현대자본주의는 이윤추구를 최고의 가치로 격상시키고 개인을 원자로 파편화시키고 있다. 인간주의에 호소한다고 해서 해결될 문제가 아니다. 이렇게 보면 소퍼의 인간주의는 다소 '과잉된' 낙관주의처럼 보인다.

이런 이론적 곤란을 해결할 실마리는 벤턴을 비롯한 다수의 생태마르크스주의자들이 전기로 삼는 청년 마르크스의 생각이다. 일면 서로 모순적인 것처럼 보이지만, 인간은 자연적 존재이지만 동시에 사회적 앙상블이라는 주장을 함께 종합적으로 해석할 필요가 있다. 소퍼의 다소 지나쳐 보이는 인간주의 안에도 이 두 가지 생각을 종합할 수 있는 여지가 남아 있다. 소퍼의 철학적 접근을 현실 정치로 끌어들이는 연결통로 역할을 하는 대안적 쾌락(alternative hedonism)이 그런 여지를 담고 있는 개념이다.[76] 소퍼는 독자들에게 자본주의가 지배하는 사회의 소비주의적 쾌락을 얻기 위해 잃고 있는 즐거움을 상상하라고 요청한다. 뒤집어 보면 소비주의적 쾌락이 초래하는 고통이 무엇인지 생각하라는 것이다. 빠르고 편리한 이동이라는 쾌락을 주는 자동차는 공적 공간과 교류, 놀이, 쾌적한 환경을 파괴했다. 사람들은 자동차에 의해 공간을 빼앗기고, 어린이들은 사회적 유대와 연대감을 키울 놀이의 기회를 박탈당하며, 미세먼지와 소음에 시달린다. 걷는 기회를 상실한 사람들은 비만과 성인병으로 고통받는다. 소퍼는 이제 어떤 선택지가 더 행복하고 만족스러운 것인지 질문하고 토론해야 한다고 제안한다.

소퍼는 대안적 쾌락을 인간의 독특한 역량, 즉 물질적 조건에 묶여 있지 않은, '상상의 힘'에 호소하는 계기로 생각한다. 그런데 대안적 쾌락은 결국 인간의 신체적(생물학적) 한계(내적 한계)와 지구 생태적(자연적) 한계(외적 한계)가 현재의 생산과 소비 방식과 충돌할 때 나타나는 것이다. 지구생태계의 커다란 위기가 눈앞에서 전개되고 있지만, 사람들은 여전히 관행대로 화석연료로 에너지를 만들고, 자동차에 의존하고, 소비주의적 쾌락에 집착한다. 앞서 지적했듯이 이데올로기적 힘이 강력하게 작동하고 있다. 그러한 이데올로기적 힘을 깨기 위해서는 생물학적 한계와 자연적 한계에 대한 호소와 자각이 있어야 한다. 우선 기후위기의 과학적 증거가 제시되어야 한다. 그리고 몸이 그 한계를 체험해야 한다. 충분하지는 않지만, 팬데믹 (위협으로 체험된) 위기가 각성의 계기가 되었던 이유가 여기에 있다. 홍수와 가뭄의 체험은 삶의 양식에 문제가 있다는 것을 공론장의 의제로 올려놓게 한다. 여전히 과학기술에 대한 맹신과 성장주의가 강력하게 우리를 붙들고 있지만 그래도 최소한 논쟁의 구도는 변경할 수 있다. 사회적 관계의 앙상블이기에 인간은 사회가 만든 이데올로기 안에서 생각하고 행동한다. 인간은 구조적 효과 안에서만 자유로울 수 있다. 정통 마르크스주의가 가치법칙, 착취법칙과 자본주의의 구조적 위기론으로 혁명을 예측했지만, 그리고 그러한 착취와 모순의 양상이 다시 뚜렷해지고 있지만, 그것만으로 새로운 사회를 향한 역사적 운동이 생겨나지는 않는다. 이것이 지배적 이데올로기의 힘이다. 그래서 내적(생물학적) 한계에 의해 몸에 각인되는 외적(자연적) 한계를 자각하는 계기가 있어야만 한다. 벤턴의 비-환원론적 자연주의는 이러한 내적-외적 한계의 자각을 촉구하는 것이다. 그리고 인간이 자연적 한계에 묶여 있다는 자각은 곧 소퍼가 호소하고 있는 인간의 독특한(역사적으로 구성된 예외적) 역량이라고 할 수 있다. 비-환원론적 자연주의의 성취의 밑바탕에는 휴머니즘이 깔려 있다.

벤턴과 소퍼의 화해로부터 한 발 더 나가보자. 도나 해러웨이(Donna Harraway)의 포스트-휴머니즘적 사고로 우회할 수 있다. 해러웨이는 소퍼와 벤턴의 논쟁과는 사뭇 다른 시각에서 문제에 접근한다. 기술 발전으로 변화된 현대인의 삶의 풍경이 인간과 기계-기술을 뒤섞어 놓았다는 현실 인식은 생명과 기계의 혼종(잡종)으로 상상력이 뻗어 나가게 한다. 휴대전

화가 몸에서 떨어지면 불안을 느끼는 우리 자신을 떠올려 보면 일면 이해가 되기도 한다. 자동차 없이는 이동을 상상할 수 없고, 텔레비전과 컴퓨터 단말기가 없이는 정보를 얻을 수도 없고 세상과 소통할 수도 없다. 인간은 기계와 뒤섞여 있는 사이보그(cyborg)인 것이다. 해러웨이는 이미 1980년대 '사이보그 페미니즘'을 선언하고 모두가 잡종임을 받아들이라고 촉구했다.[77] 지배적인 권력관계를 비판하는 그녀의 이론적 개입이었다. 해러웨이는 최근 개와 고양이는 물론 모든 생명체는 반려동물이 아니라 반려종이라고 말했다. 그리고 인간도 그들에게 반려종이다.[78] 같은 맥락에서 정치적 방향도 제시한다. 인류세가 지구 위의 모든 생명체가 인간에 의해 직면하게 된 재난생태를 가리킨다면 이것을 전환의 계기로 삼아(인류세를 경계 사건으로 삼아), 모든 생명체가 친족이 되는 툴루세(Chthulucene)로 옮겨 가야 한다고 촉구하고 있다.[79] 해러웨이의 주장은 호소력이 있다. 이미 우리는 기계-생명의 잡종이다. 그리고 3년 동안 팬데믹으로 고통받았던 사람들에게, 이제 더는 논란이 대상이 되지 않는 기후변화의 효과로 폭풍, 산불과 들불, 가뭄, 홍수가 일상이 되어버린 세상에 사는 사람들에게 '친족되기'의 윤리적 태도는 설득력 있게 들리기조차 한다.

그런데 포스트-휴머니즘이 기꺼이 받아들이고 있는 인간과 기계가 뒤섞인 세계의 현실과 여기로부터 도출한 해러웨이의 규범적(윤리적) 태도 사이에는 커다란 격차가 있다. 규범적 태도가 곧바로 현실이 되는 것은 아니다. 현실의 물질적 변화로부터 곧바로 의식의 변화와 사회의 변화를 도출하는 것은 기술적 결정론과 주의주의(voluntarism)의 최악의 조합이다. 사회가 첨단기술과 생산양식의 변화로 격변하고 있다는 사실을 인정한다고 해도 여기로부터 곧바로 새로운 사회의 근거를 찾을 수 있는 것은 아니다. 우리는 정보통신기술과 인공지능기술이 인간의 해방과 인간-자연-사물의 평등주의적 잡종 사회를 추동하기보다는 더 강력한 소비주의적 욕망을 강화하고 있는 현실을 지켜보고 있다. 급속한 기술 변동은 인간, 자연,

사물의 평등이 아니라 모든 대상을 이윤 창출의 과정에 더 효과적으로 밀어 넣으면서, 인류가 직면하고 있는 환경적 재난조차 과학과 기술의 힘으로 극복할 수 있다는 망상을 심어주고 있지 않은가?

해러웨이는 변화하는 현실에 빠르게 대응하면서 자연과 동물까지 확장된 민주주의를 외친다. 하지만 결국 민주주의를 실천하고 그 실천을 통해 현실을 변화시키는 것은 역사적 역량을 가진 집합적 주체로서의 인간이다. 해러웨이의 포스트-휴머니즘은 그런 역사적 주체에게서 역량을 빼앗아 자연과 사물에 나누어 주었다.[80] 그런 세계에서 정치의 장소를 찾는 것은 어려워 보인다. 모든 존재가 주체가 되어 생기를 갖게 되어 자기 존재를 위해 움직이는 세상은 민주적이기는커녕 혼란과 혼동으로 가득한 세계다. 그리고 여기에는 인간, 자연, 사물 사이의 민주주의라는 수사와는 정반대의 지적 엘리트주의의 위험이 도사리고 있다. 포스트-휴머니즘이 '규범적'으로 제시하는 사회를 실현하기 위해서는 정치적 주체로서의 '우리'가 만들어져야 한다. '우리'는 지구생태계의 위기가 지운 짐마저 감당해야 하는 사람들이다. 자연과 사물에 권리를 나누어주는 '아름다운' 규범적 세계에 조금이라도 다가서기 위해서는 그들이 정치적으로 먼저 조직되어야 한다. 그런데 그들은 착취와 억압에도 불구하고 여전히 지구를 위험에 빠트리고 있는 소비자본주의에 붙들려 있다. 누구를 상대로 말해야 하나? 위기에 빠진 비인간 동물종들에게? 사물들에게 말을 걸어야 하는 것인가? 정치적 책무를 회피하는 지식인의 아카데미즘은 종종 현학적인 관념으로 무장한 엘리트주의로 귀결된다. 소위 대중이라 불리는 잠재적 정치적 주체가 대화 상대에서 빠져 있을 때 논쟁은 지식인 사회에 국한되고 비판은 대학 강의실과 세미나실 안에서만 울려 퍼진다. 묘사적인 것과 규범적인 것 사이에서 길을 잃는다.[81] 사물이 대화의 대상이 되는 바로 그 순간, 사물의 능동성을 인정하지 않는 '대중'은 정치적 적(敵)으로 전락하거나 계몽의 대상이 된다.

비-환원론적 자연주의와 대안적 쾌락은 결사와 연대, 공동체(사회적)를 신체-자연과 함께 생각하도록 한다. 자아(실존적 개인)도 이것과 분리될 수 없다. 취약성이라는 불가피한 자연의 한계는 고통과 불안을 완화하는(상품 사회가 속삭이는 것처럼 극복하는 것은 불가능하다) 사회적 연대를 요청한다. 그러한 연대 안에 있을 때만 사람들은 실존적인 존재 의미를 얻을 수 있다. 연대와 그것을 통한 존재 의미를 가로막는 것이 자본주의다. 상품의 논리는 모두에게 만족을 약속하지만, 그 누구도 만족을 얻지 못한다. 필요 충족이 아니라 끝없는 욕망으로 지탱되는 사회이기 때문이다. 이제 그런 욕망의 추구를 당연한 정상으로 표상했던 근대의 과학적 태도와 경제적 합리성은 팬데믹과 기후위기로 의문에 붙여졌다.

비-환원론적 자연주의는 신체의 물질성과 무의식을 비판이론의 근거로 받아들일 수 있다. 유아기에서 시작되어 어른이 되어서까지 계속되는 불안은 진화(생물학적, 기후적, 문화적인 것의 복합적, 우발적 작용 과정)의 결과로 얻어진 역사적 역량의 대가다. 한편으로 언어와 문화도 자연적 존재인 인간의 진화과정의 우발적 결과다. 다른 한편으로 이렇게 얻어진 문화적 역량은 인간 두뇌의 발달을 초래했고, 완전히 성숙하지 못한 상태에서 세상에 나올 수밖에 없는 대가를 치를 수밖에 없었다. 어린 생명체의 자연적 본성이 사회적 관계로 진입하는 과정은 혼동과 불안의 과정이게 된 것이다. 사회화는 언어적 상징의 세계로 진입하는 것을 의미한다. 인간은 본능-충동의 자연적 존재와 상징질서에 편입된 사회적 존재 사이의 상대적으로 안정적인 정체성을 유지하려는 집단적 투쟁의 결과로서만 존재한다.

현세대는 중대한 기로 위에 서 있다. 한편으로 자본주의 가치법칙은 외부의 조건(한계)에 걸려 넘어지고 있지만, 다른 한편으로 금융화와 정보혁명으로 무장한 자본주의 이윤추구는 사회, 특히 경제를 물질적 기반으로부터 분리하고 있다. 한편으로 팬데믹, 기후위기, 그리고 사회적 재생산의 위기는 자본주의적 가치법칙이 자연적-사회적 한계에 부딪히고 있음을 나타내지만, 다른 한편으로 정보통신기술혁명과 인공지능 급속한 발전은 위기의 원인인 자연과 인간, 사회의 한계를 더욱더 강력하게 부정한다. 그 결과는 더욱더 삶형태를 파국으로 몰아넣고 있다. 파국은 자연의 착취를 심화시킬 뿐만 아니라 인간의 착취, 사회의 착취도 극단으로 밀어붙임으로써 지구생태계를 혼란에 빠트린다. 지구생태계는 어떻게든 다시 균형을 찾아가겠지만 그 과정은 인류의 파멸을 동반할 수 있기에 파국적이다. 이것이 현재 인류가 처한 현실이다. 어떻게 할 것인가? 무엇을 할 것인가? 현세대에게 던져진 역사적 질문이다. 이 질문에 답하기 위해서는 자연적 환원과 사회적 환원 사이의 진동을 기꺼이 받아들여야 한다. 그런 흔들림은 약점이 아니라 강점이다. 그러나 흔들림은 일정한 범위 안에서의 진동이어야 한다. 포스트주의와 포스트휴머니즘, 그리고 신유물론은 낡고 협소한 틀을 깨드렸지만, 그것에 의해 만들어진 충격파에 만족했다. 다른 한편에서 일부 마르크스주의자들은 충격파를 다시 낡은 틀 안에 욱여넣으려 했다. 이제 그 충격파를 가시화하고 분석해야 할 때이다. 벤턴-소퍼 논쟁은 그런 분석을 가능하게 할 운동의 범위를 설정하는 출발점으로 해석될 수 있다.

시선의 권력과 무관심의 포용, 쿰다

I. 한 공간 다른 시선

중문관광단지가 처음 조성되었을 때 제주 사람들은 안으로 들어가 볼 엄두를 내지 못했었다. 관광객들을 위한 시설로 인식했기 때문이다. 제주의 어느 특정 지역을 관광구역으로 묶어 놓고 관광객들에게 관광상품으로 제공하며 시작된 제주의 관광 산업화는 관광지를 제주 지역 전체로 확장하고 있다. 여전히 수많은 무슨무슨 박물관 등에 자유롭게 드나드는 관광객들과 달리 적지 않은 제주 사람들은 그런 박물관 등을 포함하여 관광지로 특정된 곳 그 바깥에서 그저 바라만 보고 있게 된다. 관광객들이 이용하는 것이라며 스스로를 통제선 밖으로 튕겨내고 있는 것이다. 물론 돈을 쓰러 온 사람들은 쓸 돈을 가지고 왔겠지만, 먹고 살기 바쁜 사람들은 도민할인에도 불구하고 그런 곳에 선뜻 돈을 쓸 수가 없다는 사정이 더 큰 이유인지도 모른다. 관광지 매표소 바깥에는 드나드는 관광객들에게 물건을 팔기 위해 자리를 깔고 관광객들의 시선을 붙잡으려고 제주어를 시전하며 현지인이라는 시선을 보내는 사람들이 있다. 같은 장소이지만 그들의 시선은 서로 다르다.

한 공간의 서로 다른 시선은 시선을 보내는 개인이 서로 다른 주체임을 의미한다. 돈을 들고 카지노장을 바라보며 걸어들어가는 사람, 돈을 잃고 쫓겨나와 카지노장을 바라보는 사람, 돈을 쓰며 관광지를 찾는 사람, 돈 좀 쓰고 가라고 그들을 바라보는 사람, 서로 다른 사람들의 서로 다른 시선. 하지만 동일한 개인이라 할지라도 상황에 따라 부여되는 신분이 달라지면 이로 인해 다른 시선을 가지게 된다.

Ⅱ. 시선의 변화

사우디 아라비아에서 태어난 예멘 사람 모하메드는 다섯 살에 아버지와 어머니의 고향 예멘으로 돌아간다.[1](19) 대학을 졸업하고 예멘 항공사에 취직한 모하메드는 사나아 국제 공항에 근무하며(21), 항공사에서 제공하는 무료 티켓으로 많은 나라들을 여행했었고, 그 중에 말레이시아는 관광과 휴양지로 꽤 좋은 곳이었다(57). 비자 없이 75개국을 여행할 수 있었고, 비자가 필요한 경우엔 공항에서 즉석으로 발급받을 수 있었다(65). 물론 관광객이었을 경우이다.

예멘 전쟁 이후 예멘을 탈출한 모하메드는 말레이시아 쿠알라 룸프 공항 입국장에서 예멘에서 온 학생들, 사업가들, 가족들, 여성, 어린이, 나이든 사람, 환자들과 함께 단지 예멘에서 온 사람들이라는 이유로 까다로운 입국심사를 받아야 했다(65). 예멘 전쟁 이후 주변 국가들이 과거의 비자 발급 정책을 일시 중단하였고 입국 허용 국가에서 예멘을 제외시켰다는 것을 실감하게 되었다(65). 어찌어찌 입국이 가능하더라도 체류 이외의 어떠한 것도 허용되지 않는 비자를 위해 월 50달러의 비용을 부담해야 했다(73). 예멘 전쟁 발발 이전과 전혀 달라진 상황이었다.

모하메드의 말레이시아 입국과정은 사실상 위장이었다. 돌아갈 항공권, 숙박할 호텔, 체류가능한 현금 2천 달러 등을 입국 심사대에서 확인시켜주었지만 현금 2천 달러는 비행기 탑승객으로부터 빌린 돈이었다(65). 전쟁 이전에는 굳이 확인하지 않던 것들인데 확인시켜주어야 했다. 예전과 달라진 검열은 돈을 쓰러 온 사람인지 아닌지를 따지기 위한 것이다.

관광객으로 돈을 쓰러 말레이시아에 왔던 모하메드와 목숨을 부지하기 위해 말레이시아를 찾은 모하메드는 전혀 다른 시선에 직면한다. 관광객을 보는 시선이 난민을 보는 시선으로 달라진 것이다. 시선의 변화는 모하메드 본인에게서도 나타난다. 모하메드는 자신의 달라진 처지를 다음과 같이 표현한다.

> 모하메드가 예전에 말레이시아를 방문했을 때를 생각해보면, 말레이시아는 매우 매력적인 휴양지였고 말레이시아의 아름다움과 쾌적함에 반할 정도였다. 관광객으로서의 즐거움일 경우에 한정된 것이다. 지금은 전혀 다르다. 난민들과 전쟁에서 탈출한 사람들이 살 수 있는 곳은 말레이시아의 뒤편이었다. 과거에 말레이시아의 앞을 보고 앞에 서 있었지만 지금 모하메드는 그 뒤편에 서 있는 것이다.
>
> 모든 것의 뒤편에 있는 삶, 그 뒤편의 삶을 모하메드는 살고 있다. 부엌의 뒤편에서 일하고, 거리의 뒤편, 사람들의 뒤편에서 걷는다. 허락받지 못한 노동의 장소, 부엌의 뒤편, 비참한 현실을 불쌍하게 바라보는 그렇게 스스로 초라해질 수밖에 없는 사람들의 시선을 피한 거리의 뒤편, 꼬투리가 잡히게 되면 뇌물이라도 바쳐야 눈감아줄 경찰들을 피하기 위한 사람들의 뒤편, 그 뒤편의 삶이 모하메드의 삶이었다.
>
> (모하메드 외, 2022: 77)

관광객 모하메드는 말레이시아의 아름다움을 보았지만, 난민 모하메드는 말레이시아의 다른 면 그 뒤편을 보게된다. 봐야 할 곳, 볼 수 있는 곳이 다르다. 관광객의 시선은 관광객을 위해 진열한 것들에 고정되도록 고안된다. 난민의 시선에서 관광객을 위한 볼거리는 비켜서 있고 차단되어 있다.

우리의 시선은 어떤 위치에서 보느냐에 따라 이미 고정되어 있다. 위치에 따라 보내는 시선도 받는 시선도 달라진다. 푸코(Michel Foucault)에 따르면, 근대 서구에서 권력과 지식이 결합하여 빚어낸 감시의 시선은 인간의 관찰하는 눈이 발달하여 이루어진 것이 아니고, 공간의 입체적 재배열을 통해 가능해진 것이다.[2] 시선이라는 것은 배열에 따라 위치에 따라 달라진다. 이와 같이 시선을 주고 받는 관계는 사회적 관계이며, 사회적 관계는 권력 관계이다.

III. 시선의 권력관계

시선의 권력 관계를 발생시키는 구조는 어리와 라슨(John Urry and Jonas Larsen, 2021/2011)이 분석한 『관광의 시선』The Tourist Gaze 3.0을 통해 살펴볼 수 있다. 보는 것(seeing)은 인간의 눈이 하는 일이지만 시선을 보내는 것(gazing)은 사회적으로 구성된 보는 행위 또는 시각적 제도의 담론적 결정을 가리킨다.[3](14-15) 교육 담론, 건강 담론, 집단 결속 담론, 즐거움과 놀이 담론, 문화유산과 기억 담론, 민족 담론 등 다양한 담론이 고안된 관광 상품을 통해 관광객의 시선을 결정한다(43-44). 사회에 따라, 사회 집단에 따라, 그리고 역사적 시기에 따라 달라지는 관광객의 시선은(16) 낭만적 시선, 집단적 관광객 시선으로 유형화되기도 하고(44-45), 방관적 시선, 숭배적 시선, 인류학적 시선, 환경적 시선, 미디어화된 시선, 가족적 시선으로 개념화되기도 한다(45-46). 시선을 보내는 것은 시각을 넘어선 감각을 수반하는 신체화된 사회적 관행이다(47). 생생한 사건을 보기 위해 시각적으로 독특한 장소에 가고, 특별한 암벽을 오르고, 뜬구름처럼 유유자적 거닐고, 급류 래프팅을 하고, 번지 점프를 하는 등 관광객의 신체는 육체적으로 생기 넘치거나 겉보기에 자연 그대로의 것이거나 활기를 띠고 있을 수 있는 장소를 향하여 시공간 속에서 복잡한 길을 찾아가는 동안 움직인다(49).

노동과 가사 공간으로부터 지리적으로 그리고 존재론적으로 멀리 떨어져 있는 특수하고 전문화된 여가 공간에서 관광객의 신체는 침입적으로 이해될 수도 있다(49-50). 특히 인류학적 시선이 가장 침입적인 것이 될 수 있는데, 관광객들이 그 호스트 공동체에 오랜 기간 머물면서 그곳을 진실되게 알려고 할 것이기 때문이다(51). 물론 관광객의 시선에 반하여 현지인의 시선이 관광객들을 보고 즐거워하거나 혐오스러워하거나 흥미스러워하거나 멋지다고 느끼면서 시선의 대상으로 포착하기도 한다(51).

　이렇게 관광의 시선은 관광객의 시선이든 현지인의 시선이든 시선을 보내고 시선을 받아들여야 하는 권력 관계로 이해된다. 관광객의 시선은 욕망을 채우려고 대상을 향해 던지는 낚시줄이다. 경외심과 탄성으로 관광지의 자연과 문화에 대한 존경심을 표시한다고 하더라도 관광 욕구를 채워주는 시선의 대상에 불과하다. 서비스를 제공하는 현지인들을 바라보는 시선에는 존경심보다 무시가 짙게 깔려있다. 찬사를 표한다고 하더라도 인격적인 것이 아니라 서비스에 대한 품평일 따름이다. 현지인의 시선 역시 욕망을 채우기 위한 낚시이다. 관광객의 욕망에 맞추어 관광 상품을 준비하고 자신의 욕망을 채우기 위해 비용을 요구한다. 관광객의 미끼는 자본이고 현지인의 미끼는 상품과 서비스이다. 현지인의 시선은 그것이 협조적 시선이든 저항적 시선이든 비용을 추가하기 위한 흥정일 수밖에 없다. 이처럼 상호적 시선 개념은 시선의 권력 관계에 주목하지 않고 이익 교환 관계에 집중한다. 그러나 자본주의 사회에서 권력의 우위는 자본을 가지고 있는 관광객에게 있기 마련이다. 관광객과 현지인은 자본을 가지고 관광지에 들어온 자본가와 비용에 따라 서비스 노동을 제공하는 노동자의 관계일 수밖에 없다.

Ⅳ. 품평의 시선과 피평의 시선

관광의 시선은 품평의 시선이다. 품평을 할 수 있다는 권력을 주저없이 표출하는 것이 관광의 시선이라는 점에서, 관광객의 시선은 현지인의 시선과 동격으로 상호적인 시선이라고 말할 수 없다. 관광은 일상의 생활과 노동에서 이탈하여 시선의 대상이 아닌 시선의 주체로서 익명의 시공간을 품평하며 자신의 권력을 느끼고 싶어하는 욕망이 표출되는 시간이동 공간이동의 이탈이다. 관광의 시선, 품평의 시선이 적나라하게 펼쳐지는 시공간은 비단 관광지에 국한되지 않는다. 도처에 깔린 성산업 현장은 관광의 욕망과 관광의 시선이 집약되어 있는 곳이다.

관광지에서 관광객의 시선은 자연과 문화라는 관광 상품에 대한 경탄과 서비스를 제공하는 현지인에 대한 무례함이 양면의 동전처럼 혼재되어 있다. 품평의 시선인 것이다. 이러한 품평의 시선이 적나라하고 극명하게 펼쳐지는 현장은 관광산업 초기에 관광산업 발전을 견인하기 위한 도구로 소환되었던 성매매산업이다. 성산업 현장은 관광지와 마찬가지로 방문자의 익명이 보장되는 익명의 시공간이다. 성산업 현장에서 관광의 시선은 성노동자에게 집중된다. 경탄과 무시가 혼재해 있으며, 경탄이라 하더라도 무시가 전제되어 있다.

성산업에 종사하는 여성노동자들은 품평의 시선에 대해 다음과 같이 이야기 한다.[4]

> 성산업에서 통용되는 몸은 어떤 몸이고, 왜 이렇게나 이 산업은 한쪽 성별에 기울어져 있는지(105).
>
> 저는 쌍커풀 수술과 앞트임, 코 수술, 입술필러, 입꼬리 보톡스, 사각턱 보톡스, 이중턱 지방분해 주사를 맞았어요. 머리는 투블럭 같이 짧게 치는 스타일을 하고 싶지만 그럼 팔리는 몸이 되지 않기 때문에 단발 이상의 기장을 유지하고

있습니다. 몸매는 살집이 있는 편이에요. 긴장을 풀면 단시간에 10키로까지 왔다갔다해요. 폭식으로 스트레스를 풀고 살찔까봐 손가락을 넣어서 토를 하고 보조제를 먹곤 합니다. 화류일을 하기 위해서는 팔리는 몸으로 몸을 변형시켜야 해요. 이걸 사이즈라고 하는데 사이즈가 얼마나 나오느냐에 따라서 업종이 바뀝니다. 업종마다 아가씨에게 떨어지는 돈이 달라요.(109)

아가씨 날개로(양옆으로) 앉히고 얘는 가슴도 크고 예쁜데 너는 뭐냐고 여자가 이렇게 뱃살 있는 거 처음 본다고 배 잡아보자고 뱃살 잡고요(112).

재밌는 방이었어요. 기억에 남는 장면들이 있습니다. 파트너 아가씨의 가슴을 만지는데 아가씨에게 허락을 구하는 게 아니라 동성 친구들에게 허락을 구하는 장면이라든가요. 왜 스킨쉽을 하는데 아가씨가 아니라 동성친구들에게서 동의를 구하지.(90)

첫 단속. 저를 취조한 사람은 진술서를 쓰기 위한 거라며 성적인 이야기를 계속 하고 다른 경찰들은 바깥에서 '저 사람은 아가씨야 실장이야?'라며 아가씨들의 외모를 평가했습니다(52).

(이소희 외, 2018)

관광객의 취향에 맞추어 관광 상품을 꾸미고 배치하는 것처럼, 성산업 현장에서도 성산업에 통용되는 몸을 만들기 위해 신체를 성형한다. 관광의 유형만큼이나 성산업의 유형도 다양하며, 다양한 성산업 업종에 따라 통용되는 몸의 기준이 달라진다. 무엇보다 품평의 시선은 적나라하게 직접적으로 시선의 권력을 휘두른다. 성산업 현장에서 품평의 시선은 '조롱과 경멸'[5]이다. 성산업 현장에서 성노동자들은 주체성이 박탈되며, 익명의 시공간 바깥에서조차 품평의 대상이 된다. 현지인의 시선처럼 관광객의 시선에 협조하거나 저항하는 상호적 시선은 형식상으로만 존재할 뿐이다. '이렇게는 못 만나'라며[6] 저항하기란 결코 쉽지 않다. 돈을 주는 이유가 자신의 성욕을 해결하기 위해서라기 보다는 여자를 돈 주고 사는 권력의 쾌락을 느끼고 싶어서이기에,[7] 시선의 권력은 가히 일방적이다.

관광지와 성산업 현장은 일상의 시공간에서 시간이동 공간이동으로 이탈되어있는 익명의 시공간이라는 점에서 그리고 시선의 권력이 작동하는 곳이라는 점에서 닮아 있다. 관광지와 성산업 현장에서 발생하는 시선의 권력 관계는 상호적 시선이라는 개념으로 희석시키기에는 사실상 기울어진 권력 관계이다.

성산업 현장은 관광의 시선과 난민의 시선이 교차하는 곳이기도 하다. 이미 지구의 모든 곳이 관광지이고 어디든지 관광 상품이 진열되고 있다. 또한 성산업 현장도 지구 곳곳에 어디에서든지 접근 가능하다. 심지어 관광 산업 개발 초기에서부터 관광객을 불러 모으기 위한 전략으로 성산업과 도박산업이 공공연하게 활용되었었다. 성산업 현장에서 성노동자들은 난민의 시선으로 품평의 시선을 견뎌내고 있다.

시선은 그 자체가 권력을 내포한다. 관광의 시선은 시선의 권력을 행사하며, 품평의 시선은 시선의 권력을 즐긴다. 현지인의 시선은 시선의 권력에 대한 나름의 대응이지만, 피평에 무력해지고 난민의 시선이 되기도 한다. 자본주의 사회에서 권력은 자본에 근거하며 자본을 잃었거나 자본에 영혼과 몸이 팔리게 된 사람들은 도박장 바깥에서든, 성산업 현장에서든, 관광지에서든 난민의 시선을 경험하게 된다. 관광지이든, 성산업 현장이든, 도박장이든 이 모든 시선은 교차하며 권력 관계의 흐름을 형성한다.

V. 시선에 탑재된 관심과 무관심

시선이 형성되는 초기에 적대와 환대라는 즉각적인 관심이 표명되기도 한다. 적대와 환대는 타자에 대한 즉각적이고 적극적인 관심의 표명이다.

우리는 우리가 직면했던 난민과의 만남에서 적대와 환대를 표출하였다. 그러나 실제로는 제 3의 반응이 존재한다. 무관심이다. 적대와 환대는 즉각적이고 적극적인 관심의 표명이지만 무관심은 관심의 유예이다.

난민에 대한 적대 반응은 낯선 타자에 대한 혐오와 두려움에 기반한다. 예멘 난민의 갑작스러운 출현을 통해서 우리는 낯선 것, 다른 것에 대한 혐오가 인류역사상 어느 시대보다 더 공고함을 절감하게 되었다.[8] 혐오의 사회적 조건은 신자유주의라는 이름으로 강요된 시장맹신주의에 있다고 지적한다. 개별주체의 취약함과 불안정성은 타자와의 연대, 연대를 통한 서로 간의 인정에 의해서 완화될 수 있지만, 우리가 살고 있는 시장맹신주의 사회가 연대와 상호인정 그리고 그것을 통해 만들어지는 자기존중을 원천적으로 봉쇄하고 있으며, 이렇게 봉쇄된 연대와 상호인정이 종교적 광신과 극단적인 정치적 열망을 통해서 왜곡된 형태로 나타난다는 것이다. 이것이 바로 극우적 포퓰리즘과 혐오의 정치가 움터 나올 수 있는 토양이다.[9]

난민에 대한 제주도민의 인식조사에 따르면, 자신의 경제 상황이 양호하다고 생각하는 계층이 난민 유입에 훨씬 민감하게 반응하고 적극적으로 반대하고 있었다.[10] 경제적 수준이 상대적으로 중상 이상이라고 생각하는 경우 신자유주의 시장 경쟁에 본격적으로 진입한 상태라는 점에서, 연대와 상호인정이 타자를 배제하는 방식으로 왜곡되고 있는 것으로 이해할 수 있다. 예멘 난민에 대한 적대 반응의 중심에 개신교 기독교인들이 자리하고 있었다[11]는 점도 마찬가지로 왜곡된 형태의 연대로 해석할 수 있다. 난민 반대 목소리의 논쟁에서 핵심은 국민과 난민의 대립이었지만 특히, 무슬림에 대한 편견과 혐오가 크게 작용하면서 난민을 낯선 타자로서 단지 불안과 두려움을 조장하는 존재로 인식했다는 점에서[12] 그러하다.

난민에 대한 환대 반응이 보편규범으로서의 인권에서 비롯된다고 볼 수도 있지만, 인권이라는 개념이 근대국민국가의 틀 안에서 국가 경계 내부의 국민과 법률적 인정을 토대로 하기 때문에 국가 경계 외부로부터 들어온 난민에 대하여 적용하는 것은 쉽지 않은 일이다.[13] 법률적 인정을 위한 심사가 진행되어야 하고 심사는 선택과 배제를 동반하게 되어 있다. 난민은 오히려 국민국가의 원리를 근본적으로 흔들고 범주상의 혁신을 위한 터를 닦아주는 한계 개념으로 인식할 필요가 있다.[14] 경계를 넘나드는 상상력, 경계를 넘나들었던 타자 경험을 통해 자기를 인식하는 주체의 성찰이 난민에 대한 환대를 가능하게 할 수 있을 것이다. 난민으로서의 자신의 자리가 바로 경계의 틈새이기에 그 틈새를 한껏 활용하고 경계를 그어놓는 금을 자유로이 넘나들고자 했던 경험이[15] 틈새를 통해 들어온 난민을 환대하고 포용할 수 있도록 할 것이다.[16]

난민은 국가를 상실한 국민국가의 법률적 보호에서 배제된, 생존의 뿌리가 뽑힌 채 월경하는 이들이다. 보호의 울타리가 없는 난민들이기에 상대적으로 권력의 우위를 점한 상태에서 난민들을 인식하게 된다. 우리가 처한 현실 속에서 난민과의 만남은 적대와 환대라는 두 가지 상반된 반응으로 나타나며, 적대와 환대는 두 진영으로 나뉘어 충돌을 일으키기도 한다. 하지만 난민과의 만남을 적대와 환대라는 대립쌍으로만 이해할 필요는 없으며, 실제로 제 3의 반응이 존재한다. 무관심이다. 적대와 환대는 즉각적이고 적극적인 관심의 표명이지만, 무관심은 관심의 유예상태이다. 시간이 지나가면서 무관심은 유예해 두었던 관심을 표명하고 적대와 환대 어느 한편으로 기울어지게 될 것이다.

VI. 무관심의 포용, 쿰다

무관심은 종종 현실 속에서 실천을 불가능하게 하는 병적인 것으로 진단되기도 한다.[17] 하지만 외부에서 들어온 소수자인 난민에 대한 무관심은 배려일 수가 있다. 물론 무관심이 무관심으로 끝나고 관계로 이어지지 못한다면 무관심은 배려가 될 수 없을 것이다. 관심이 동반되거나 관심으로 나아가기 전 단계로서 무관심은 포용과정의 첫 단계가 될 수 있을 것이다. 난민과의 만남 첫 단계에서 즉각적이고 적극적인 관심으로 적대나 환대를 표명하기보다 무관심으로 일정 시간 같은 공간에서 지내볼 필요가 있다.

다문화사회에서 소수자[18]들은 눈에 잘 띄게 마련이다. 다수의 시선은 소수자에게 부담일 수 있다. 시선을 거둔 무관심이 소수자에게 평화를 가져다 줄 수도 있을 것이다. 특히 소수자들이 그들만의 문화를 형성하지 못하고 개별 소수자로 살아가고 있는 한국사회에서 소수자에 대한 배려는 '차이에 대한 전략적 무관심'[19]이어야 할 필요가 있다.

무관심에 대하여 칸트는 관심의 소멸이 아니라 관심에 대한 일시적인 판단 중지로 이해하였다.[20] 칸트의 무관심은 무감각이나 무감정이 아니라, 공감에 의해 과잉된 인간 사랑을 억제하거나 통제하는 적절한 방법으로 사용될 수 있다는 도덕적 특성을 가지고 있다(99). 무관심은 감정의 동요를 나타내지 않는 일종의 냉정함이다(99). 가라타니 고진은 인식적이고 도덕적인 관심을 괄호에 넣는 무관심이 관심을 괄호에 넣고 차이를 새롭게 발견하게 한다고 말한다(100). 훗설의 형상학적 환원(괄호치기, 판단중지)처럼 우리가 알고 있다고 보통 생각하는 것을 유보해야 알 수 있기 때문이다.[21] 무관심은 관심의 유보이고 유예이다.

2021년 11월에 조사된 한국인의 난민인식과 제주도민의 난민인식 조사에서 한국인의 무관심은 14%로 나타났으나, 제주도민의 무관심은 22%였다. 제도적 장치에 맡겨두면 된다는 입장을 합하면 61%가 난민에 대한 찬반 입장을 보류하고 있다.[22] 제주도민의 무관심은 제주 사람들의 배타성으로 비판되기도 한다. 제주 섬 바깥에서 제주지역으로 들어와 살고있는 육지 사람들에게 제주 사람들의 특징을 물어보면 제주 사람들이 배타적이라는 말을 자주 한다. 육지 사람들이 이해한 제주 사람들의 배타성은 제주 사람들의 무관심을 가리킨다. 제주 사람들은 외부에서 들어온 타자에 대해서 즉각적인 관심을 표명하지 않고 무관심으로 대응하는 경우가 많다. 제주 사람들의 이러한 태도는 '드르쌍 내불어사 쿰어진다'(신경 쓰지 않고 관심을 두지 않고 내버려두어야 공동체의 일원으로 품을 수 있다)는 쿰다 문화를 형성하였다.

제주 사람들에게서 쿰다, 포용의 실천은 무관심으로부터 시작하여 대등한 관계로 한 울타리 안에 서는 것에 이르는 것이다. 대등한 관계가 되고 나면 적대와 환대는 의미가 없다. 한 품 안에서 나누는 품앗이 주체들로서 수눌음 공동체의 일원이 되기 때문이다. 제주에 들어온 예멘 난민들도 무관심의 단계를 지나 품앗이 주체로 수눌음에 참여하였다. 제주 섬을 떠나지 못하도록 발이 묶여있던 예멘 난민들도 제주 섬 여러 지역으로 흩어졌을 때 마을 사람들의 무관심을 경험하였지만, 시간이 지나면서 서로 대등한 관계에서 수눌음에 참여할 수 있었다.[23]

> 무릉공소에서 우리가 주목해야 할 일이 있었어요. 공소에는 관리책임자인 공소회장이 있어요. 처음에 제가 여섯 명이 머물거라고 했는데, 사람이 많아져서 9명이 들어가야 했어요. …… 그런데 일주일도 안됐는데 회장님 전화가 왔어요. "동네에서 어떤 사람이 세탁기를 바꾸는데 아직 쓸만하데요. 세탁기 준다는데 받아도 되겠지요?" "아이고, 그럼 받아, 받아요!" 조금 지나니까 "이 사람들 법적으로 일하는 거 허가됐나요? 동네 사람들이 이 사람들 먹을 것도 없을 텐데, 일당 주고 일 시키고 싶다는데 일 시켜도 되겠지요?" "무릉지역은 해도 돼요! 단속하는 사람 없으니까요, 알아서 하세요." 동네 사람들이 자발적으로 나선 거지요. 나중에는 동네 젊은 사람들이랑 아침에 가서 조기축구 하는 거예요. (김상훈 외, 2021: 246)

제주 문화에서 수눌음은 육지부의 품앗이를 넘어선 생활 전반에 걸친 노동력 교환을 의미한다. 국가에서는 아직 예멘 난민들의 노동할 권리를 인정하지 않지만, 마을 사람들이 예멘 난민들에게 먼저 눕(품)을 청하였다. 무관심의 단계, 마을 공소에 들어온 예멘 난민들을 드르쌍 내부는 단계가 지난 후에 필요를 나누고 도움을 청하는 관계가 된 것이다. 놉을 청한다는 말은 일손을 도와달라는 의미이고, 나중에 필요한 일에 일손을 내어주겠다는 의미이다. 현대 사회에 이르면서 놉을 청하고 되갚아야 할 놉을 약속하던 것이 놉을 청하면 품값을 지불하는 것으로 바뀌었어도 놉을 청하는 이가 고용주의 태도를 보이지 않는다는 점에서 수눌음의 기본 정신을 유지하고 있다. 예멘 난민들의 경우에는 정착하지 못하고 떠나야 할 상황을 인지하기에 미래에 내가 도와주어야 할 빚인 나의 품, 나의 일손을 비용으로 환산하여 나누어주었던 것이다. 놉을 청하고 놉을 제공하고 일당을 받는 과정에서 날품을 제공하게 되는 놉 일꾼은 단순한 피고용자가 아니다. 놉일을 한다는 것은 다음에 놉을 청할 수 있는 자격을 가지게 된다는 것을 의미하기에 수눌음 공동체의 구성원임이 인정되는 것이다.

우리 사회는 이미 다문화사회이다. 예멘 난민들뿐만 아니라 미얀마, 방글라데시, 에티오피아, 파키스탄, 콩고DR, 그리고 아프가니스탄에서 온 난민들이 우리와 함께 살고 있다. 결혼이주여성들과 산업연수생, (체류경과) 외국인노동자들까지 우리는 여기 함께 살고 있다. 경제활동영역 바깥으로 점점 더 많이 내몰리고 있는 실업자와 경제활동영역에 진입하지 못한 채 도전의 지속으로 지쳐가는 취준생들, 성산업 현장의 성매매노동자들, 스스로의 정체성을 인정받지 못한 채 죽음을 저울질 해야 하는 성소수자들도 모두 우리는 여기 함께 살고 있다. 다문화사회의 윤리는 쿰다의 실천으로 구현될 수도 있을 것이다. 적대나 환대 이전에 무관심으로 서로에게 평화로운 상태를 만들고, 그럼으로써 시간이 지나 대등하게 품을 나누는 수눌음 공동체의 일원으로 만나는 것이 쿰다의 실천이기 때문이다. 주체와 타자가 아니라 무관심을 매개로 하는 타자와 타자의 관계를 거쳐 대등한 주체와 주체로 만나는 설정은 다문화사회의 윤리적 실천을 구상할 때 도움이 될 수 있을 것이다.

한국에서 출생한 난민아동의 출생등록의
문제점과 법적 대안

Ⅰ. 들어가는 말

한국은 1992년 12월 난민의 지위에 관한 협약과 난민의 지위에 관한 의정서에 가입한 이후에도 2012년 독립된 난민법을 제정한 국가이다. 난민법을 제정한 목적은 세계정세에 따라 발생하는 여러 가지 형태의 난민을 수용하고 국제인권법적 차원에서 난민을 보호하는데 있다. 그러나 한국에서 출생한 난민아동은 출생신고 조차하지 못하는 상황에서 적지 않은 수가 무국적자로 살아가고 있다.

한국은 난민법이 아니더라도 1991년 유엔아동권리협약을 비준한 국가이다.[1] 유엔아동권리협약 제7조에 따라 '아동은 태어난 즉시 등록되고 이름과 국적을 가질 권리를 그리고 동 협약 제8조에 따라 국가는 아동의 국적, 이름, 가족관계를 포함한 아동의 신분을 지켜주고 보호해 줄 의무가 있다. 이에 한국에서 출생한 모든 아동은 출생신고를 할 수 있어야 한다. 그러나 출생등록을 규정하고 있는 가족관계등록에 관한 법률(가족관계등록법 혹은 가등법으로 약칭함)은 대한민국 국민만을 그 규율 대상으로 하기 때문에 외국인 아동은 배제되고 있으며 이로 인해 한국에서 출생한 난민아동은 부모의 국적국이나 한국 어느 쪽으로도 출생신고 할 수 없는 어려움에 처해 있다.

2019년 아동권리위원회는 아동권리협약 제7조에 근거하여 대한민국 정부를 상대로 "온라인 출생신고를 포함한 출생신고가 부모의 법적 지위 및 출신지와 관계없이 모든 아동이 보편적으로 이용·가능하도록 보장할 것"을 권고하였다. 연이어 2012년 인종차별철폐위원회도 "한국은 당사국에서 태어난 난민, 인도적 지위 체류자 및 난민신청자의 자녀, 그리고 미등록 이주민의 자녀의 출생을 적절히 등록할 제도와 절차를 마련할 것"을 권고하였다. 2018년에도 계속해서 보편적 출생등록제의 도입과 더불어 난민과 관련된 여러 가지 사항에 대해서 개선할 것을 권고하였다. 그러나 난민의 수가 증가[2]하고 있는 상황에서 지금껏 이러한 권고사항은 개선되지 않고 있다.

출생은 권리능력과 모든 신분관계 발생의 출발이다.[3] 아동은 출생신고를 통해 이름과 국적 그리고 법적 신분관계에 대한 권리를 갖는다. 출생등록은 법적으로 한 사람의 존재를 증명하고 시민적·정치적·경제적·사회적·문화적 권리를 보호하는 가장 기초적인 것이다. 그러므로 아동은 누구나 부모의 국적, 혼인여부 등을 불문하고 출생신고가 되어야 한다. 아동의 출생이 등록되지 않으면 공적으로 자신의 존재를 증명할 수 없을 뿐만 아니라 건강관리(예방접종 및 각종 의료혜택), 교육, 국가적 사회급부 및 사회참여가 어렵다. 또한 아동학대, 아동매매, 불법적 입양, 심지어는 아동살해 등 인권침해의 무방비 상태에 놓이게 된다.[4]

그러므로 한국은 아동의 '출생등록권'을 실현하고 아동권리협약에서 규정하고 있듯 이를 이행하기 위하여 "모든 적절한 입법적, 행정적 및 여타의 조치를 취해야" 하고 "경제적, 사회적 및 문화적 권리에 관하여 … 국제협력의 테두리 안에서 이에 대한 조치를 취하여야" 한다(유엔아동권리협약 제4조).[5]

이에 본 논문에서는 한국에서 출생하였으나 제도적 결함으로 인해 출생신고를 하지 못하는 난민아동이 출생신고를 할 수 있도록 하는 입법론적 방안을 모색해 보고자 한다.

II. 한국인 그리고 외국인 및 난민 아동의 출생등록

1. 한국 국적자인 아동의 출생등록

가. 부모 양쪽이 모두 한국인인 아동의 출생신고

가족관계등록제도는 개인이 출생에서 사망에 이르기까지 개인의 국적이나 행위능력의 유무, 가족관계 등 신분에 관한 사항을 공시하기 위한 것이며[6], 어느 나라에나 존재한다. 이는 개인의 신분관계를 신뢰할 수 있는 공적인 증명의 수단이며[7], 출생신고 후 신고내용이 가족관계등록부에 등록된다.

그러나 가족관계등록법은 '국민'을 그 규율 대상으로 하고 있음을 규정하고 있으므로(가등법 제1조) 외국인이나 무국적자는 이 법률의 대상에서 제외된다. 결국 최소한 부모 중 일방이 한국인이어야 가족관계등록법상 자녀의 출생신고가 가능하다.

혼인중 자의 경우 출생신고 의무는 부모에게 있으며(가등법 제46조 제1항), 부모는 아동의 출생 후 1개월 이내(가등법 제44조 제1항)에 관할 주민등록지의 동사무소에서 출생신고를 하여야 한다(가등법 제21조). 아동의 출생이 신고 되면 동사무소의 공무원은 제출한 서류에 문제가 없는 한 이를 수리하여야 하고 아동에 대한 정보는 가족관계등록부에 기록된다. 이로써 출생이 등록되면 개인의 출생을 증명해 주는 기본증명서 및 가족관계를 증명하는 가족관계증명서 등을 발급받을 수 있다.

혼외자의 경우 출생신고는 모가 하도록 되어있다(가등법 제46조 제2항). 그러나 부도 일정한 조건하에 자녀의 출생신고를 할 수 있도록 규정하고 있다(가등법 제57조). 그러나 이는 극히 예외적인 상황이다. 이에 2024년 3월 헌법재판소는 '혼인 외 출생자 신고는 모(母)가 해야 한다'고 규정한 가족관계등록법 제46조 제2항과 '남편이 있는 여성과 혼외 자녀를 낳은 생부가 혼외자의 출생신고를 할 수 있지만, 이는 생모가 소재 불명이거나 특정할 수 없는 경우 등에 한정된다'고 규정한 같은 법 제57조 제1·2항에 헌법불합치 결정을 내렸다. 그러면서 2025년 5월 31일을 법 개정 시한으로 정했다.

부 또는 모가 출생신고를 하는 경우 필요한 서류는 병원 등에서 발급받은 출생증명서 그리고 부모의 신분증과 본, 등록기준지를 알 수 있는 가족관계증명서 등을 제출하여야 한다. 가족으로 기록할 자가 대한민국 국민이 아닌 외국인인 경우에는 성명·성별·출생연월일·국적 및 외국인등록번호(외국인등록을 하지 아니한 외국인의 경우에는 대법원 규칙으로 정하는 바에 따른 국내거소 신고번호 등이 작성되어야 한다(가등법 제9조 제2항 4호).

가족관계등록부에는 국적이 기록되는데, 현행 가족관계등록법상 가족관계등록부는 한국 국적을 가진 자만이 가질 수 있다. 이에 출생신고는 국적을 증명하는 문서이기도 하다.[8] 우리나라의 국적법에 따르면 대한민국에서 출생한 아동은 출생 당시 부 또는 모가 대한민국의 국민이면 그 자녀는 출생과 동시에 대한민국 국적을 취득한다(국적법 제2조 제1항 1호). 부모가 대한민국 국민이면 추가적으로 자의 국적을 신청할 필요가 없으며(자의 출생신고 시 부모의 신분등록 사항에 관한 신분증과 가족관계증명서의 제출을 통해 부모의 국적을 알 수 있음), 자녀는 자동적으로 대한민국 국민이 되며, 출생신고를 통해 가족관계등록부에 국적이 기록된다(국적법 제2조 제1항 1호).

나. 한국인 부와 난민 모 사이에서 출생한 아동의 출생신고

혼외자인 경우 부가 외국인이고 모가 한국인이면 자녀는 모가 출생신고를 하고 자동적으로 모인 대한민국의 국적을 취득하게 된다. 그러나 부가 한국인이고, 모가 외국인인 경우 부는 인지절차에 따라 인지신고를 한 다음, 국적법 제3조에 따라 법무부장관에게 신고함으로써 대한민국 국적을 취득한 후 통보가 된 때 가족관계등록부를 작성할 수 있다(국적법 시행령 제2조, 가족관계등록법 제93조, 가족관계등록예규 제429호).[9] 최근 사건에서 한국인 부가 난민인 모 사이에서 출생한 혼외자에 대하여 출생신고(가등법 제57조)를 하고자 하였으나, 부가 모의 혼인증명서를 제출할 수 없었기 때문에 출생신고가 거부되었다. 난민인 모는 중국정부로부터 여권갱신이 불허된 상태에서 일본 정부에 난민신청을 하여 체류허가를 받았고, 단기방문비자(C-3)로 대한민국에 입국한 상태였으나 중국정부로부터 혼인관계증명서를 받을 수 없었다.[10]

그러나 대법원은 기존의 판결[11]과는 달리 이 사건에서 가족관계의 등록 등에 관한 법률 제57조 제2항에 따라 부가 외국인인 모의 인적사항은 알지만 자신이 책임질 수 없는 사유로 출생신고에 필요한 서류를 갖출 수 없거나, 모의 소재불명이나 모가 정당한 사유 없이 출생신고에 필요한 서류 발급에 협조하지 않는 경우에도 출생신고는 가능하다고 하였다.[12] 이 판결은 무엇보다 자녀의 생명권 보장이 부자관계의 존부에 관한 심사보다는 우선적 권리임을 근거로 판단하였다는 점에서 의미있는 판결이며[13], 이 판결은 아동의 '출생등록권'은 법 앞에 인간으로서 보장받아야 할 권리임을 판시한 첫 판결이기도 하다. 아울러 이 판결은 UN의 권고와 결부하여 이루어지던 보편적 출생등록제 논의를 촉진하는 계기를 제공하였다는 점에서도 법 정책적으로 중요한 의미를 갖는다.[14] 그러나 위 판결에서 말하는 '아동의 출생등록권'이 보편적 모든 아동을 의미하는 것이 아닌 '대한민국 국민으로 태어난 아동'으로 한정하였다는 점에서는 그 한계가 있다.

2. 한국에서 출생한 난민아동의 출생신고

가. 난민아동의 출생등록 상황

"신원이 없는 신생아", "무명녀", "있지만 없는 아이들" 이는 공식적으로 출생이 등록되지 않은 아동을 일컫는 말이다. 전 세계적으로 출생신고가 되지 않은 아동의 수는 대략 5년 동안 약 2억 3천만 명에 이른다고 한다.[15]

현재 우리나라에서 체류하고 있는 미등록 난민아동에 대한 통계자료를 찾아보기 어렵다. 다만 2017년 통계에 따르면 전체 난민신청자 32,733명 중 18세 미만의 난민 아동은 전체 신청자 중 357명(4%)에 달한다.[16]

일반적으로 난민아동은 두 가지로 분류되는데, 우선 난민부모와 함께 한국에 입국한 아동이거나 혹은 한국에서 출생한 아동이다. 난민은 자국으로부터 인종, 종교, 국적, 특정 사회집단의 구성원인 신분 또는 정치적 견해를 이유로 박해를 받을 수 있다고 인정할 충분한 근거가 있는 자로서 국적국의 보호를 받을 수 없거나 보호받기를 원하지 아니하는 외국인이며 또는 박해의 공포로 인하여 대한민국에 입국하기 전에 거주한 국가로 돌아갈 수 없거나 돌아가기를 원하지 아니하는 무국적자인 외국인이다(난민법 제2조). 난민아동의 경우 체류의 근거가 부모의 난민지위에 있기 때문에 난민아동의 경우에도 난민신청을 하여야 하고, 그 후 가족결합원칙[17]에 따라 부모의 난민인정 여부에 따른 지위를 부여받게 된다(난민법 제37조).

난민은 난민인정자, 인도적 체류자[18], 난민신청자[19]로 분류된다. 난민아동의 난민신청은 독립한 박해사유가 없는 경우가 대부분이므로 부모의 난민신청사유에 의존하여 진행된다.[20] 난민심층면접조사에 따르면 난민은 한국에서 출생한 자녀의 출생신고, 자녀양육, 국적 문제 등의 어려움을 호소하고 있다.[21] 현재 정부는 난민부모의 법적 지위에 관계없이 한국에서 출생한 외국인의 자녀는 모두 부모의 국적국 재외공관에 출생신고를 해야 한다는 입장을 고수하고 있다.[22] 이에 난민자녀는 모국과 한국 어느 쪽에도 출생등록이 되어 있지 않은 무국적 상태에 있는 경우가 많다. 이는 난민인 정자인 경우에도 입장은 크게 다르지 않다.[23]

2013년 연구보고서의 조사에 따르면 난민자녀의 경우 절반가량은 국적국의 재외공관에서 출생신고를 한 상태이고, 다른 절반은 재외공관에서 조차 출생신고를 할 수 없어 무국적 상태에 있는 것으로 파악되었다.[24] 무국적의 원인은 난민 부모가 정부에 대한 두려움 때문에 대사관에 조차 가지 못하는 상황이 대부분이었으며, 대사관에 가서 출생등록을 요청한 경우에도 뇌물 등을 요구하거나 그 이외에도 국적국은 자국민이 외국에서 출생한 경우 출생등록절차를 마련하지 않고 있는 경우도 있다. 또는 대사관이 한국에 주재하지 않는 경우도 있다.[25] 아동의 출생신고를 할 수 있었던 경우는 난민에 대한 박해의 주체가 정부가 아니라 부족, 단체 등 국가내의 조직이었으며, 국적국이 자국민을 보호할 능력이 없어 난민이 된 경우 대사관과 접촉에 문제가 없기 때문에 아동의 출생등록을 한 경우이다.

나. 외국인 및 난민아동의 출생신고

외국인 아동의 경우에도 출생신고를 전혀 할 수 없는 것은 아니다(가족관계등록법 제44조 이하). 정부가 외국인인 경우 자국의 국적국에 출생신고를 하도록 하고 있기 때문에 난민부모는 국적국에 자녀의 출생신고를 하여야 하지만, 국적국에 출생신고를 하였든 혹은 하지 않았든 상관없이 난민부모는 자녀가 출생한 지역의 동사무소에 자녀의 출생신고를 하는 경우가 있다. 그러나 그들에게는 가족관계등록부가 없기 때문에 자녀의 출생사실이 기재될 수 없고(가등법 제20조제1항), 다만 이것은 접수되고 보존될 뿐이다. 즉, 가족관계의 등록 등에 관한 규칙 제69조 제1항에는 '가족관계등록이 되어 있지 아니한 사람에 대한 신고서류, 그 밖의 가족관계등록을 할 수 없는 신고서류는 시·읍·면의 장이 접수순서에 따라 특종신고서류편철장에 편철하여 보존한다'라고 규정하고 있다. 난민부모는 이러한 '특종신고'에 의한 출생신고를 위하여 난민부모의 외국인등록증 또는 여권 등의 신분증과 병원에서 발급받은 출산증명서, 경우에 따라서는 혼인증명서(미혼증명서) 등을 제출하여야 한다. 이들 서류는 원본이고 한글 번역을 제출하여야 한다. 이에 출생신고가 접수되면 이들은 '출생신고수리증명서'를 교부 받을 수 있다. 그러나 이 증명서는 공적으로 출생 사실을 입증하는 법적인 효력은 없으며, 단지 출생신고가 접수되었다는 사실만을 확인받을 수 있을 뿐이다.[26]

3. 외국인 및 난민 아동의 체류자격 및 외국인등록 의무

가. 외국인 아동에 대한 체류자격 및 외국인등록 의무

한국에 체류하고 있는 모든 외국인은 한국에 거주하기 위해서 체류자격이 있어야 한다(출입국관리법 제23조). 체류자격은 1. 대한민국에 체류할 수 있는 기간이 제한되는 체류자격과 2. 대한민국에 영주(永住)할 수 있는 체류자격으로 분류된다(출입국관리법 제10조). 대한민국에서 출생한 외국인 아동의 경우에는 출생한 날부터 90일 이내에 체류자격을 부여받아야 한다(출입국관리법 제23조). 또한 체류자격을 받는 날부터 90일을 초과해서 대한민국에 체류하려는 경우에는 체류자격을 받을 때 외국인등록을 함께 해야 한다(출입국관리법 제23조 제1항 제1호 및 제31조 제3항).

외국인 부모에게서 출생한 자녀는 부모의 체류자격, 체류목적 등에 따라 방문동거(F-1), 동반(F-3) 또는 영주(F-5)의 체류자격을 받을 수 있다. 외국인 부모에서 출생한 자녀가 체류자격을 부여받지 못하면 대한민국 밖으로 강제퇴거 될 수 있으며(출입국관리법 제46조 제1항 제8호), 3년 이상의 징역 또는 3천만원 이하의 벌금에 처해진다(출입국관리법 제94조 제15호). 또한, 외국인 사이에 출생한 자녀가 외국인등록을 하지 않으면 대한민국 밖으로 강제퇴거 될 수 있으며(출입국관리법 제46조 제1항 제12호), 1년 이상의 징역 또는 1천만원 이하의 벌금에 처해진다(출입국관리법 제95조 제7호).

한편 한국에서 출생한 외국인 아동이 장기간 체류허가를 받지 못한 채 살아오는 경우 이들 아동은 대부분 출생등록이 되지 않은 상태에 있다.[27] 이들은 한국에서 자라고 한국 언어와 문화속에서 성장하였으나, 강제퇴거 명령을 받은 상태이다. 그러나 이들 아동의 대다수는 본인의 의사로 국내에 체류한 것이 아니라 부모에 의하여 체류자격을 취득하지 못한 것이므로[28], 강제퇴거 되는 것이 바람직한가에 대하여는 의문이 제기되고 있다.[29] 이에 그동안 어떤 형태로든 한국에서 출생한 아동들에게 출생등록을 할 수 있도록 하고, 본인이 원할 경우 영주권 또는 제한적으로 국적취득의 기회를 부여하여야 한다는 목소리가 있어 왔다.[30]

이에 2012년 국가인권위원회는 '이주인권가이드라인'에서 이주아동에서 특히 미등록 아동의 기본적 인권보장과 체류에 대한 보장, 18세 미만 이주아동은 단속 및 구금 조치를 받지 않도록 하여야 한다는 원칙을 제시하기도 하였다.[31] 또한 2014년에 발의된 '이주 아동권리보장기본법안'에는 대한민국에서 출생한 아동이 5년 이상 거주한 경우에 대하여 특별체류자격을 부여할 수 있도록 하고, 또한 이렇게 특별체류자격을 부여 받은 아동의 부모도 강제퇴거를 유예받을 수 있도록 하는 등의 내용을 마련되기도 하였다.[32] 그러나 이 법안은 국회임기 만료로 폐기되었다.

그 후 2020년 법무부는 국내에 장기체류하는 미등록 외국인 아동에 대하여 2021. 4. 19부터 2025. 2. 28. 까지 한시적으로 시행되는 체류자격의 확대 방안을 내놓았다. 이는 불법체류 이주 아동에 대한 조건부 구제대책을 마련한 것이다. 국내에서 출생한 후 15년 이상 국내에 계속해서 체류한 외국인 아동에게 중·고등학교에 재학 중인 경우에 학습자격(D-4)을, 고등학교를 졸업한 경우 임시체류자격(G-1)이 부여된다.[33] 그러나 여전히 미등록 아동에 대한 체류자격 신청의 문턱이 높다고 지적되고 있으며,[34] 미등록 이주아동의 체류에 대한 원칙적인 보장은 이루어지지 않고 있다.[35]

나. 난민아동의 체류자격 및 외국인등록 의무

한국에서 출생한 난민아동의 경우에도 외국인에 포함되므로 아동이 출생한 날부터 90일 이내에 체류자격부여신청서를 제출하여 체류자격을 받고 외국인등록을 하여야 한다(출입국관리법 제31조).[36] 그러나 난민아동은 외국인이지만 체류에 있어서 이주아동과는 다소 다른 적용을 받는다.

아동은 부모와 같이 난민신청자이다(난민법 제4조, 제37조). 그러나 앞서 설명하였듯이 난민아동의 체류의 근거는 부모의 난민지위 여하에 달려 있고, 난민아동의 난민신청은 대부분 부모의 난민신청사유에 의존하여 진행된다.[37] 난민신청자는 난민인정 여부에 관한 결정이 확정될 때까지(난민불인정결정에 대한 행정심판이나 행정소송이 진행 중인 경우에는 그 절차가 종결될 때까지) 대한민국에 체류할 수 있다(난민법 제5조 제6항).

난민인정자는 체류지를 관할하는 지방 출입국·외국인관서에서 거주(F-2) 체류자격으로 변경하거나 체류자격을 부여 받아야 한다. 이들은 난민인정사유가 소멸될 때까지 체류기간 연장허가를 받아 국내에서 계속하여 체류할 수 있다. 그러나 매회 3년의 범위 안에서 체류기간이 연장될 수 있다.[38] 인도적 체류자는 인도적 체류허가 사유가 소멸될 때까지 기타 G-1-6 체류자격으로 매회 1년의 범위 내에서 체류기간 연장하여야 한다. 인도적 체류자의 배우자와 미성년 자녀도 인도적 체류지위를 신청할 수 있는데, 이들은 G-1-12 체류자격으로 분류된다.[39] 실무상 인도적 체류허가의 자격은 난민불인정결정서에 난민으로 불인정하나 내전이 종료할 때까지 인도적으로 체류가 허가된 상태이다.[40] 난민신청자는 본인의 체류지를 관할하는 지방 출입국·외국인관서에서 기타G-1 체류자격으로 변경하거나 체류자격 부여를 받아야 하고, 6개월마다 연장하여야 한다.[41] 결국 난민인정절차는 난민으로 인정되기까지 어느 정도 기간을 필요로 하며, 그 기간 동안 난민아동의 지위는 무방비 상태에 놓이게 된다.[42]

Ⅲ. 한국에서 출생한 난민아동의 출생등록의 문제점과 법적 대안

1. 외국인 아동을 위한 보편적 출생등록제 도입

현재 가족관계등록법은 '국민'만을 그 규율 대상으로 하고 있다. 그러므로 한국에서 출생한 모든 아동이 한국에서 출생신고를 할 수 있도록 하기 위해서는 '보편적 출생등록제도(Universal Birth Registration, UBR)'의 도입이 필요하다. '보편적 출생등록제'는 모든 아동이 자신이 태어난 국가나 부모의 체류자격, 사회적 지위에 관계없이 공적 기관에 의해 출생이 등록되는 것을 의미한다. 그동안 우리나라에서도 보편적 출생등록제도의 도입에 대한 많은 논의가 있었다.[43] 그러나 여전히 어떠한 결실도 맺지 못하고 있는 상황이다.

현재 난민아동(외국인 아동)의 출생등록을 위한 입법방식은 우선 가족관계등록법의 일부 개정을 통해 가능하도록 하는 것이며, 이는 별도의 특례조항을 두는 것이다.[44] 다른 하나는 특별법을 제정하여 외국인 아동의 출생신고를 가능하도록 하는 것이다. 후자의 경우에는 최근 2022년 6월 28일 권인숙의원이 대표발의안인[45] '외국인아동의 출생등록에 관한 법률안'이 있다.

한편 우리나라에서 지금껏 보편출생등록제도와 더불어 논의되고 있는 것은 출생통보제도이다. 출생통보제도는 지난 2023년 6월 30일 국회 본회의에서 「가족관계의 등록 등에 관한 법률 개정안」이 통과되어 2024년 7월 1일부터 '출생통보제'가 시행될 예정이다. 출생통보제는 의료기관에서 출생한 아동의 출생사실을 의료기관에서 지방자치단체로 전달되도록 하는 제도로, 아동의 출생을 지자체가 공적으로 확인할 수 있도록 하여, 출생신고가 되지 않은 경우 국가가 직권으로 출생신고를 할 수 있도록 한 것이다. 그러나 출생통보제는 건강보험에 가입되지 않은 외국인 부모로부터 출생한 이주아동 및 난민아동의 경우에는 여기서 배제될 수밖에 없다.[46] 그러므로 결국 유엔아동권리위원회가 권고한 사항인 아동의 출생등록을 실현하기 위해서는 보편출생제도가 실현되어야 할 것이다.

2. 출생신고 시 제출서류에 관한 문제

보편출생등록제도나 출생통보제도가 도입된다고 하여도 난민부모는 특수한 상황에 처해 있기 때문에 자녀의 출생등록에 있어서 필요한 서류를 모두 제출할 수 없는 상황이 발생한다. 난민아동의 출생등록에 있어서 이들이 제출하여야 하는 서류를 소지하고 있지 못하는 경우 자국으로부터 발급받기 어렵거나 이를 취득하기 위해서 많은 시간이 소요될 수 있다. 자녀의 출생신고가 지체되지 않고 즉시 이루어질 수 있도록 하기 위해서는(아동권리협약 제7조), 부모의 신분증명이 불안정한 상황에 있다고 하더라도 아동의 출생신고가 가능할 수 있어야 하며, 이를 위해서 어떠한 경우에도 차별받지 않아야 한다(유엔아동권리협약 제2조).[47]

독일은 이러한 경우 '인증된 출생등록증서'를 발급하여 우선적으로 출생증명서 대신 사용할 수 있도록 하고 있다. 우리나라의 경우 '출생수리증명서'는 이와 대비될 수 있을 것이다(가족관계등록법 규칙 제69조 제1항).

현재로써 이 서류는 공적인 효력이 없으나 출생을 신고하도록 하고 인증하여 대체증명서를 발급하는 형태도 가능할 것이다. 이를 위하여 결국 위의 증명서에 효력을 부여하여 기본증명서와 같이 활용할 수 있도록 하여야 할 것이다. 이를 위해서는 독일 신분등록법 제35조와 같은 관련 근거 조항을 마련하여야 한다는 점에서 가족관계등록법의 일부 개정이 요구된다.

출생신고시 출생등록부에는 자녀의 생년월일, 부모의 이름, 성별, 국적 등 아동의 출생에 대한 명확한 기록을 남겨 놓아야 할 것이며, 이는 한국인과 동일하다. 그러나 위의 대체증명서는 완성된 증명서가 아니므로 출생등록이 완결될 수 있도록 미비된 서류를 제출하도록 하는 등의 과정이 필요할 것이지만 그것이 불가능한 경우 독일의 경우에서처럼 독일신분등록법 제9조에 따라[48] 선서에 의한 보증(Versicherung an Eides)[49]등을 활용하거나 이외에도 난민의 경우 특정 서류를 제출할 수 있는 가능성이 낮은 경우에 대해서는 요건을 완화하여 원본문서가 분실 또는 파손된 경우에 사본을 수락하거나 서류제출을 면제하거나 진술 또는 증인 진술도 가능하도록 하는 것도 참고할 수 있을 것이다.[50]

3. 난민아동의 국적에 관한 문제

난민아동은 부모의 국적에 따라 국적이 결정된다(국제사법 제67조 제1항 및 제68조 제1항). 그러나 난민 부모가 국적국의 제외공관을 통해 자녀의 출생신고를 할 수 없는 경우 난민아동은 무국적자가 된다. 왜냐하면 국적은 출생신고를 하지 않으면 취득할 수 없는 것이기 때문이다. 아동권리협약에 따르면 '당사국은 모든 아동에게 자국의 국적을 부여할 의무가 있는 것은 아니지만 특히 아동이 무국적자가 되는 경우 자신의 관할권 내에 있는 모든 아동은(외국인, 무국적자 등 모두를 포함하여) 출생신고가 즉시 이루어질 수 있도록 해야 한다(아동권리협약 제7조 제2항).[51] 난민아동이 가족관계등록법상 출생을 등록할 수 있다고 하여 반드시 한국국적을 부여해야 하는 것은 아니다. 국적의 문제는 현재 인권으로써 보호되어야 하는 이상 단순한 국내문제가 아니라 국제법이 적용되어야 한다는 인식이 강해지고 있다.[52] 모든 사람에게 국적을 보장하는 것이 유일한 국적을 보장하는 것보다 우선한다는 생각에 무국적방지를 입법화하려는 국제사회의 움직임도 전개되고 있다.[53] 이런 의미에서 난민아동은 출생등록을 통해 부모의 국적을 취득할 수 있어야 한다.

한편 독일은 우리나라와 같이 국적취득에 있어 원칙적으로 혈통주의의 속인주의를 취하고 있으나 1999년 개정국적법 제4조 제1항[54]에 따라 출생신고에 있어서는 국적과 관계없이 속지주의가 적용되어 외국인 부모가 영사관 등에 출생신고를 한 경우라도 신분등록법상 출생신고를 추가로 하도록 하였다.[55] 이는 전통적으로 속인주의에 근거한 독일 국적법이 시대적 변화로 인해 출생권(Geburtrecht)을 인정하기 위하여 일정 부분 속지주의적 성격을 보완한 것으로 볼 수 있다.[56] 2000년 국적법 개정 이후 외국인 부모에게서 출생한 자녀는 부모 중 일방이 최소 8년 동안 독일에서 살거나 영구적 체류권(unbefristetes Aufenthaltsrecht)을 가지고 있는 경우 독일 국적(Staatsangehörigkeit)을 취득할 수 있도록 하였다. 이에 자녀는 21세가 만료되면 독일과 부모의 외국 국적 중 하나를 선택하여야 한다.

한국에서 출생한 난민 아동(외국인 아동)의 경우에도 이러한 부분적 속지주의를 채택하여 한국 국적을 취득할 수 있도록 하는 것도 앞으로 우리 사회에서 필요할 것으로 생각한다.

4. 출생등록과 외국인등록의 문제

출생등록은 개인의 존재를 증명하는 서류이므로 모든 서류에 앞서 첫출발이 되는 서류이다. 난민아동의 출생이 등록된 후 비로소 체류허가를 위한 외국인등록이 가능하다. 그렇다면 국적국에 출생신고를 하지 못한 난민 아동의 경우 외국인 등록이 가능한가? 법무부는 병원의 출생증명서를 제출하면 외국인 등록을 할 수 있도록 하고 있는데[57], 경우에 따라서 난민부모는 자녀가 무국적 상태에서 외국인 등록 시 출입국관리공무원 혹은 부모에 의해 임의로 부모의 국적 등을 기재하는 사례가 발견되고 있다.[58] 이는 국적 등에 대한 실질적인 검토 없이 외국인등록을 해주는 것으로 이렇게 작성된 외국인등록은 사실상 공신력 있는 것이라고 볼 수 없다는 비판이 있다.[59]

이처럼 무국적 아동에 대한 인증된 출생등록을 거치지 않고 이루어지는 외국인등록은 문제가 있다. 이는 결국 보편적 출생등록의 부재에서 오는 문제라고도 볼 수 있다. 이에 독일의 경우에서처럼 본질적으로 공적인 가족관계등록법상 출생등록이 이루어진 후 부모가 그의 체류지를 관할하는 지방출입국·외국인관서의 장에게 외국인등록을 신고(출입국관리법 제31조)를 하도록 하여야 할 것이다. 이 때 출입국관리소에 출생증명서(우리의 기본증명서) 혹은 기본증명서, 혹은 '인증된 출생증서' 등을 제출하는 것이 올바른 절차에 의한 것이라고 볼 수 있을 것이다.

5. 출생등록과 관련된 공무원의 통보의무에 관한 문제

독일의 경우 현재 출생신고가 등록된 후 신분등록관청은 이민국에 이를 통보하도록 되어 있다. 그러나 유엔아동권리위원회는 독일의 신분등록관청이 이민국(Auslaenderbehoerde)에 아동의 출생 통보의무를 폐지할 것을 요청한 바 있다.[60] 이는 우리나라가 보편적 출생제도를 도입한 경우에도 문제될 수 있는 사항이다. 사실상 2017년 조사에 따르면 신청자 9,942명 중 합법체류 상태에서 난민을 신청한 사람은 6,678명(67%), 불법체류 상태에서 신청한 사람은 3,264명(33%)에 이른다.[61] 이는 적자 않은 수이다. 결국 불법체류자인 부모가 난민신청자가 되고 자신의 신분이 드러나는 것을 두려워하여 자녀의 출생신고를 회피할 가능성은 높다. 그러므로 아동의 출생신고 시 부모의 불법체류에 관한 사항이 드러나지 않도록 하는 것이 필요하다. 결국 출생신고에 대한 실질적인 접근을 보장하기 위해서는 출생신고 담당 공무원이 출생신고 된 난민아동의 개인정보를 출입국관리 당국에 자의적으로 제공하는 것이 차단되어야 한다. 이와 관련된 조항인 '출입국관리법 제84조 제1항에서 공무원이 직무수행 시 부모의 불법체류 사실 등을 알게 된 경우 통보의무를 하도록 되어 있는데 이것을 면제하여야 한다.[62] 또한 가족관계등록법 제11조 제6항[63]에는 '그 밖의 법에서 규정하는 사유'에 개인의 가족관계등록에 관한 정보를 제공할 수 있도록 규정하고 있는데, 이를 개정하여 출입국관리법 제84조가 '그 밖의 법에서 규정하고 있는 사유'에 포함되지 않는다는 점을 명시하여야 할 것이다.[64]

6. 신속한 출생등록과 아동에 대한 예방접종, 건강권 등과 국가의 급부

아동은 출생 시 예방접종과 의료서비스를 받을 수 있어야 한다. 이에 아동은 모에 의한 것이 아닌 자신의 이름으로 의료서비스를 받을 수 있기 위해서도 빠른 시일내에 출생신고가 이루어져야 한다(아동권리협약 제7조). 가족관계등록법 제44조 제1항에서는 '신고의무자(부모)가 1개월 내에 신고를 하도록 규정하고 있다. 독일의 경우 1주일, 미국의 켈리포니아 10일, 뉴욕 5일, 호주 7일, 일본은 14일로 규정하고 있다. 우리나라의 현재 1개월의 출생신고 기간이 '즉시 출생신고'되어야 한다는 아동권리협약 제7조에 부합하는가에 대해서도 검토할 필요가 있다.[65]

신생아는 출생시 4주 이내 결핵접종, 1달 이내 비염감염 2차 접종(1차 접종은 출생 후 바로)을 해야 하며, 그 후에도 아동은 계속적으로 예방접종을 필요로 한다. 모자보건법 등에서는 임산부와 영유아의 예방접종과 건강검진를 실시할 것을 규정하고 있다.[66] 난민신청자는 신생아에 대한 예방접종을 무료의료기관이나 보건소에서 무료로 받을 수 있다. 그러나 이에 대한 정보제공의 부재, 언어장벽 등으로 이러한 혜택을 누리지 못하는 경우도 있다.[67] 또한 실무상 무엇보다 이들은 의료보험 가입이 되어 있지 않은 상태이기 때문에 임신과정에서부터 출산 후 모나 아동의 질병으로 인하여 의료비를 감당하기 어려운 상황이다. 우리나라의 경우 국가는 난민신청자에게 의료지원을 규정하고 있다(난민법 제42조). 특히 난민법 시행령 제20조[68]과 난민법 시행규칙 제16조의2[69]에 따라 의료비 지원받을 수 있다는 정도로 규정하고 있다.

독일은 난민신청자혜택법(Asylbewerberleistungsgesetz)이 있는데, 이 법의 적용 범위 내에서 신생아의 의료 서비스를 보장하기 위한 다양한 시스템을 마련하고 있으며[70], 특히 동법 제4조에서는 질병, 임신 및 출산 시 혜택에 대한 규정을 별도로 두어[71], 모와 자녀에 대한 의료지원을 보다 구체적으로 규정하고 있다. 임신이나 출산은 특별한 상황이며, 아동의 건강은 생명 유지 및 전인적 발달을 위한 중요한 요소이니 만큼 체류자격의 합법성 여부에 관계없이 최소한의 의료접근권이 보장될 수 있어야 할 것이다.[72] 그러므로 출산 후 모와 자녀의 건강이 더욱 보호될 수 있도록 난민법 시행규칙에 이에 대한 특별 조항을 둘 필요가 있을 것으로 본다.

IV. 맺는말

우리나라는 아동권리협약을 비준한 국가이고 난민법을 제정한 국가이지만 아동권리위원회의 계속되는 아동의 보편적 출생등록제도과 이와 관련된 여러 가지 권고에도 불구하고 아동의 '출생등록권'을 실현시키지 못하고 있다.

2005년 호주제 폐지를 통해 호적법은 가족관계등록법으로 전면 개정되었다. 이는 시대변화를 거스를 수 없는 커다란 변화였다. 기존의 호주 중심의 가족체제인 가부장제를 벗어버리고 헌법 제36조가 규정하고 있는 '개인의 존엄과 양성평등'의 기본원칙을 실현한 결실이었다. 그러나 우리는 이제 가족관계등록법에서 또 하나의 변화를 필요로 한다. 그것은 가족관계등록법이 '개인'의 신분등록을 표명한 만큼 우리 국민만이 아닌 보다 넓은 관점에서 한국에서 출생한 모든 아동이 출생등록될 수 있도록 제도화하는 것이다. 국제사회에서 아동권리협약을 이행하는 것은 우리의 의무이며, 모든 아동이 출생등록될 수 있도록 그들의 기본적 권리를 보장하는 것은 '아동의 복리를 최우선시'하는 우리의 우선적 과제가 아닌가 생각한다.

주 석

4세기 고구려의 이주민 동향과 대외관계

1 이 글에서는 3세기 후반부터 337년 9월 慕容皝이 燕王을 자칭한 이전까지를 慕容部, 그 이후를 前燕(337-370)으로 부르고자 한다. 慕容燕은 後燕(384-407)과 北燕(407-436)까지를 포함하는 넓은 의미로 사용하겠다.

2 공석구, 「安岳 3號墳의 墨書銘에 관한 고찰」, 『역사학보』 121, 역사학회, 1989; 공석구, 「德興里 墨書古墳의 주인공과 그 성격」, 『백제연구』 21, 충남대 백제연구소, 1990 : 『高句麗 領域擴張史 研究』, 서경문화사, 1998; 임기환, 「4세기 고구려의 樂浪·帶方地域 경영」, 『역사학보』 147, 1995 : 『고구려 정치사 연구』, 한나래, 2004.

3 李成市, 「東アジアの諸國と人口移動」, 『新版 古代の日本』 2, 角川書店, 1992 : 『古代東アジアの民族と國家』, 岩波書店, 1992 : 이병호·김은진 옮김, 『고대 동아시아의 민족과 국가』, 삼인, 2022; 이기동, 「고구려사 발전의 획기로서의 4세기」, 『동국사학』 30, 동국사학회, 1996; 공석구, 「4~5세기 고구려에 유입된 중국계 인물의 동향」, 『한국고대사연구』 32, 한국고대사학회, 2003a; 공석구, 「高句麗에 流入된 中國系人物의 動向」, 『고구려연구』 18, 고구려연구회, 2004; 박세이, 「長壽王代 北燕民 刷還에 대한 一檢討」, 『백산학보』 86, 백산학회, 2010; 안정준, 「4~5세기 高句麗의 中國系 流移民 수용과 그 지배방식」, 『한국문화』 68, 서울대 규장각 한국학연구원, 2014; 공석구, 「4세기 고구려 땅에 살았던 중국계 移住民」, 『고구려발해연구』 56, 고구려발해학회, 2016; 이성제, 「중국계 流移民의 來投와 고구려의 대응방식」, 『중국고중세사연구』 55, 중국고중세사학회, 2020.

4 苗威, 『高句麗移民研究』, 吉林大學出版社, 2011; 이동훈, 「위진남북조시기 중국의 코리안 디아스포라」, 『한국사학보』 72, 고려사학회, 2018.

5 정호섭, 「高句麗史에 있어서의 이주와 디아스포라」, 『선사와 고대』 53, 한국고대학회, 2017; 정동민, 「4세기 초·중반 慕容部·前燕과 고구려의 流移民 수용」, 『역사문화연구』 86, 한국외국어대 역사문화연구소, 2023; 전덕재, 「한국고대사회 外來人의 존재양태와 사회적 역할」, 『동양학』 68, 단국대 동양학연구원, 2017, 99-109쪽.

6 거젠슝(葛劍雄) 지음, 김영문 옮김, 『불변과 만변 거젠슝, 중국사를 말하다』, 역사산책, 2022, 160쪽.

7 葛劍雄, 『中國移民史』 2(先秦至魏晉南北朝時期), 復旦大學出版社, 2022, 276-287 쪽.

8 『자치통감』 권81, 진기3, 무제 태강 6년(285).

9 『진서』 권108, 재기8, 모용외. 靑山과 棘城의 위치 비정은 최진열, 「16국시대 遼西의 인구 증감과 前燕·後燕·北燕의 대응」, 『백제와 요서지역』(백제학연구총서 쟁점백제사 7), 한성백제박물관, 2015, 85쪽의 각주 50 참조.

10 『삼국사기』 권17, 고구려본기5, 봉상왕 2년(293)·5년(296).

11 동북아역사재단 편, 『중국 소재 고구려 유적과 유물』 Ⅷ(혼하─요하 중상류), 동북아역사재단, 2020, 162-166쪽.

12 『삼국사기』 권17, 고구려본기5, 미천왕 3년(302).

13 현도군의 置廢 및 고구려와의 관련성은 윤용구, 「현도군의 군현지배와 고구려」, 『요동군과 현도군 연구』, 동북아역사재단, 2008, 113-130쪽; 이성제, 「玄菟郡의 改編과 高句麗」, 『한국고대사연구』 64, 2011, 296-315쪽; 이승호, 「玄菟郡의 변천과 對고구려·부여관계」, 『고조선단군학』 47, 고조선단군학회, 2022 참조.

14 동북아역사재단 편, 『중국 소재 고구려 유적과 유물』 Ⅷ(혼하─요하 중상류), 2020, 168-176쪽.

15 『삼국사기』 권17, 고구려본기5, 미천왕 15년(315) "功破玄菟城 殺獲甚多." 여기서 '殺獲'을 '죽이거나 사로잡음'으로 번역하는 경우가 많은데, 관련 용례를 검토한 결과 戰死者로 판단된다(장창은, 「4~7세기 삼국 간 전쟁포로의 동향과 그 의미」, 『先史와 古代』 67, 한국고대학회, 245-246쪽).

16 장효정, 「『三國史記』 高句麗本紀 東川王 21년조 기사 검토」, 『고구려연구』 13, 고구려연구회, 2002, 13-15쪽; 이도학, 「『三國史記』의 高句麗 王城 記事 검증」, 『한국고대사연구』 79, 2015, 155-157쪽.

17 공석구, 앞의 논문, 2016, 23쪽; 기경량, 「환도성·국내성의 성격과 집안지역 왕도 공간의 구성」, 『사학연구』 129, 한국사학회, 2018, 259쪽; 강진원, 「고구려 국내도읍기 王城의 추이와 집권력 강화」, 『한국문화』 82, 서울대 규장각 한국학연구원, 2018, 212-213쪽; 정동민, 앞의 논문, 2023, 23-24쪽. 집안 분지 내 '○壤' 지명 사례가 많음에 주목해 '平壤'도 '집안의 평지 일대'로 파악한 것이다. 이는 여호규가 동천왕대 평양성 위치를 비정하면서 주장하였다(여호규, 「高句麗 國內 遷都의 시기와 배경」, 『한국고대사연구』 38, 2005, 63-64쪽; 「고구려 도성의 구조와 경관의 변화」, 『삼국시대 고고학개론』 1(도성과 토목편), 대한문화재연구원 엮음, 진인진, 2014, 76쪽).

18 『진서』는 素連·木津, 『자치통감』은 素喜連·木丸津라고 되어 있다. 『진서』를 따라 표기한다.

19 『진서』 권108, 재기8, 모용외;『자치통감』 권87, 진기9, 회제 영가 3년(309) 12월, 영가 5년(311). 중원을 떠난 이주민은 幽州刺史 王浚에 의탁하였다. 그런데 왕준이 이주민을 위무하지 못하고 政法이 서지 않자 정사를 잘 처리하고 인물을 아끼는 것으로 알려진 모용외에게 귀부하였다(『자치통감』 권88, 진기10, 민제 건흥 원년[313]). 모용외는 漢文化의 수용에 적극적이었고 서진 왕조에 '勤王'을 내세움으로써 漢人 관료들의 귀부를 원만하게 하였다(李椿浩, 「五胡時期 慕容前燕의 建國과 그 性格」, 『동양사학연구』 113, 동양사학회, 2010, 74-86쪽).

20 『위서』 권77, 열전65, 고숭;『위서』 권83하, 열전외척71하, 고조.

21 박한제, 『中國中世胡漢體制研究』, 일조각, 1988, 38쪽: 안정준, 앞의 논문, 2014, 129-135쪽.

22 북위 효문제는 고양을 厲威將軍[2품]으로 삼았고, 何間子와 承信은 明威將軍[종3품]으로 삼아 客禮로써 대우하였다. 이후 고양의 딸이 孝文帝와 혼인해 文昭皇后가 되고, 宣武帝(世宗, 499~515)를 낳았다(『위서』 권13, 황후열전1, 효문소황후 고씨 및 권83하, 열전외척71하 고조;『북사』 권13, 열전1, 후비상).

23 『삼국사기』 권17, 고구려본기5, 미천왕 14년(313)·15년(314).

24 『자치통감』 권88, 진기10, 민제 건흥 원년(313).

25 『삼국사기』 권17, 고구려본기5, 미천왕 12년(311).

26 공석구, 『高句麗 領域擴張史 研究』, 서경문화사, 1998, 58쪽.

27 여호규, 「4세기 고구려의 낙랑·대방 경영과 중국계 망명인의 정체성 인식」, 『한국고대사연구』 53, 2009, 163쪽.

28 『자치통감』 권88, 진기10, 민제 건흥 원년(313).

29 『진서』 권14, 지4, 지리 상 평주.

30 戶·家가 위진남북조시대에는 같은 호구 단위가 아니라는 지적이 있다(최진열, 앞의 논문, 2015, 97-98쪽). 다만 1호·가의 인구수가 시대별로 다르고, 그것을 구체적으로 알 수 없으므로 편의상 5명으로 산정하였다.

31 『진서』 권39, 열전9, 왕준;『자치통감』 권87, 진기9, 회제 영가 5년(311). 서진 제도로는 平州刺史가 東夷校尉를 겸했고 요동의 襄平[遼寧省 遼陽市]에 주둔하였다(金毓黻, 『東北通史』, 1941 : 동북아역사재단 옮김, 『김육불의 東北通史』 상, 동북아역사재단, 2007, 294-295쪽).

32 공석구, 「고구려와 慕容'燕'의 갈등 그리고 교류」, 『강좌 한국고대사』 4, 가락국사적개발연구원, 2003b, 57쪽.

33 『진서』 권5, 제기5, 효민제 건흥 2년(314); 『자치통감』 권89, 진기11, 민제 건흥 2년(314) 3월.
34 『진서』 권108, 재기8, 모용외; 『자치통감』 권91, 진기13, 원제 태흥 2년(319).
35 최비가 고구려를 망명지로 선택한 까닭은 모용외와 가장 적대적이면서 강국이라는 점(지배선, 「고구려와 鮮卑의 전쟁」, 『고구려연구』 24, 2006, 78쪽)과 그의 망명에 고구려가 개입되어 있을 가능성이 지적되었다(박세이, 「4세기 慕容鮮卑 前燕의 성장과 고구려의 대응」, 『한국고대사연구』 73, 2014, 60쪽).
36 『진서』 권108, 재기8, 모용외; 『자치통감』 권91, 진기13, 원제 태흥 2년(319).
37 장통은 313년 낙랑군민을 이끌고 모용외에게 귀부해 僑置된 낙랑 태수에 부임하였다. 모용외가 장통을 우하성 공격에 보낸 것은 그가 고구려에 대한 원한이 깊었기 때문이라는 견해가 있다(강선, 「고구려와 前燕의 관계에 대한 고찰」, 『고구려연구』 11, 2001, 14쪽). 여기에 장통이 고구려와의 전투 경험이 많은 측면이 고려되었을 것이다.
38 『자치통감』 권91, 진기13, 원제 태흥 2년(319); 『삼국사기』 권17, 고구려본기6, 미천왕 20년(319). 고구려 장수와 지명에 대해 『자치통감』에는 如奴子와 于河城라 했고, 『삼국사기』에서는 如孥와 (于)河城으로 기록하였다. 『자치통감』에 따라 표기하겠다.
39 피정복민을 수도나 인근에 배치한 것은 16국시대 여러 나라의 보편적인 통치방식이었다(최진열, 앞의 논문, 2015, 99-110쪽).
40 이동훈, 「위진남북조시기 중국의 코리안 디아스포라」, 『한국사학보』 72, 고려사학회, 2018, 43쪽.
41 『삼국사기』 권17, 고구려본기6, 미천왕 20년(319)·21년(320). 『양서』와 『북사』 고구려전에는 "乙弗利[미천왕]가 요동에 자주 침략했는데 慕容廆가 이를 막을 수 없었다"고 되어 있다(『양서』 권54, 열전48, 고구려; 『북사』 권94, 열전82, 고구려). 그렇다면 두 사서의 내용이 반영하는 시기는 319년 이전이라고 할 수 있다.
42 『자치통감』 권91, 진기13, 원제 태흥 4년(321).
43 『주서』 권29, 열전21, 고림.
44 『자치통감』 권91, 진기13, 원제 태흥 2년(319); 『삼국사기』 권17, 고구려본기6, 미천왕 20년(319).
45 이동훈, 「고구려유민 高德墓誌銘」, 『한국사학보』 31, 고려사학회, 2008, 29쪽.
46 모용한의 행보는 지배선, 「慕容翰에 대하여」, 『동방학지』 81, 연세대 국학연구원, 1993 참조.
47 『진서』 권109, 재기9, 모용황; 『자치통감』 권95, 진기17, 성제 함화 8년(333).

48 『진서』 권109, 재기9, 모용황; 『자치통감』 권95, 진기17, 성제 함화 8년(333).

49 『진서』 권109, 재기9, 모용황; 『자치통감』 권95, 진기17, 성제 함강 2년(336) 정월.

50 묵서명에 冬壽로 되어 있지만 佟壽와 같은 인물로 보는데 이견이 없다. 묵서명의 내용은 『譯註 韓國古代金石文』 1(고구려·백제·낙랑편), 가락국사적개발연구원, 1992, 57-59쪽 참조.

51 공석구, 앞의 논문, 2003a, 144-145쪽; 공석구, 앞의 논문, 2004, 479-480쪽.

52 안정준, 「高句麗의 樂浪·帶方郡 故地 지배 연구」, 연세대 박사학위논문, 2016, 65-68쪽.

53 동수와 고구려의 관계에 대한 연구사는 안정준, 앞의 논문, 2016, 4-5쪽; 공석구, 「고구려의 낙랑군·대방군 지역 지배」, 『고구려 중기의 정치와 사회』(고구려통사 3), 동북아역사재단, 2020, 259-260쪽 참조.

54 공석구, 앞의 책, 1998, 96-98쪽.

55 여호규, 앞의 논문, 2009, 178-179쪽.

56 『진서』 권109, 재기9, 모용황; 『자치통감』 권95, 진기17, 성제 함강 3년(337) 9월·10월.

57 『진서』 권109, 재기9, 모용황; 『자치통감』 권95, 진기17, 성제 함강 3년(337). 『진서』에서는 단요가 전연 변경의 우환이라 했고, 『자치통감』에서는 단요가 후조의 변경을 자주 침략한다고 되어 있다.

58 『자치통감』 권95, 진기17, 성제 함강 4년(338) 3월.

59 봉추는 西河 출신으로 모용외 때 중용되었다. 동이교위를 지낸 封釋의 아들이자 345년 모용황에게 상서문을 올린 封裕의 아버지이다. 『자치통감』 권87, 진기9, 회제 영가 5년(311); 권88, 진기10, 민제 건흥 원년(313).

60 『자치통감』 권95, 진기17, 성제 함강 4년(338).

61 『진서』 권106, 재기6, 석계룡상; 『자치통감』 권96, 진기18, 성제 함강 4년(338) 4월.

62 『진서』 권105, 재기5, 석륵하; 『자치통감』 권94, 진기16, 성제 함화 5년(330) 2월, 9월.

63 『진서』 권105, 재기5, 석륵하; 『십육국춘추집보』 권15, 후조록5, 석륵; 『삼국사기』 권17, 고구려본기5, 미천왕 31년(330). 이때 우문부도 후조에 사신을 보내 名馬를 바쳤는데, 『삼국사기』에는 빠져있다.

64 이종록, 「3~4세기 숙신의 성장과 고구려」, 『고구려발해연구』 76, 고구려발해학회, 2023, 62쪽.

65 『진서』 권105, 재기5, 석륵하;『십육국춘추집보』 권15, 후조록5, 석륵.

66 김영주, 「高句麗 故國原王代의 對前燕關係」,『북악사론』 4, 북악사학회, 1997, 11-14쪽.

67 『진서』 권109, 재기9, 모용황;『삼국사기』 권18, 고구려본기6, 고국원왕 9년 (339)·10년(340). 고국원왕이 세자를 전연에 보낸 것은 화맹에 대한 후속 조치이지만 전연에 대한 정보 수집의 목적도 있었을 것이다(지배선, 「고구려와 鮮卑의 전쟁–慕容廆와 慕容皝을 중심으로–」,『고구려연구』 24, 2006, 81쪽).

68 이정빈도 339년 전연의 고구려 공격을 338년 고구려와 후조가 연합한 결과로 보았다(이정빈, 「4세기 전반 고구려의 해양활동과 황해」,『역사와 실학』 59, 역사 실학회, 2016, 22쪽).

69 『자치통감』 권96, 진기18, 성제 함강 7년(341) 10월.

70 여호규, 「4세기 동아시아 국제질서와 고구려 대외정책의 변화」,『역사와 현실』 36, 한국역사연구회, 2000, 44쪽; 이정빈, 앞의 논문, 2016, 17쪽.

71 박세이, 앞의 논문, 2014, 68-69쪽. 그는 '安平'을 '河北省 安平'으로 비정하면서 그곳이 후조의 薊城(北京 인근) 인근이라 하였다. 그런데 하북성 안평은 내륙의 博陵郡에 소재하지 계성에서 찾아지지 않는다.

72 『자치통감』 권96, 진기18, 성제 함강 7년(341) 10월.

73 이정빈, 앞의 논문, 2016, 16-24쪽.

74 서읍태수 장씨 무덤과 명문 내용은 공석구, 앞의 논문, 2016, 14-16쪽 참조.

75 공석구, 앞의 논문, 2016, 15-16쪽.

76 李崇智 編著,『中國歷代年號考』(修訂本), 中華書局, 1981, 34쪽.

77 안정준, 앞의 논문, 2016, 59쪽. 다만 "建武八年西邑太守"가 '건무 8년(342)에 서읍태수를 지낸' 것이라면 장씨의 이주 시기는 그 이후로 늦춰야 한다.

78 張撫夷라고도 하는데 撫夷가 직명일 가능성이 크다고 보아 張氏로 지칭하겠다.

79 무덤의 발견·조사 경위와 명문 내용은 정인성, 「대방태수 張撫夷墓의 재검토」,『한국상고사학보』 69, 한국상고사학회, 2010 참조.

80 공석구, 앞의 논문, 2016, 17쪽.

81 임기환, 「4세기 고구려의 낙랑·대방지역 경영」,『역사학보』 147, 1995 :『고구려 정치사 연구』, 한나래, 2004, 164-165쪽; 공석구, 앞의 책, 1998, 95쪽; 안정준, 앞의 논문, 2016, 57-58쪽.

82 예컨대 서봉총 출토 은합의 辛卯年도 바닥과 뚜껑에 '太歲在辛'과 '太歲在卯'로 나누어 표기하였다.

83 연구사 검토는 정인성, 앞의 논문, 2010, 40-42쪽 참조.

84 공석구, 앞의 책, 1998, 94-95쪽; 공석구, 앞의 논문, 2016, 17쪽; 정인성, 앞의 논문, 2010, 61-65쪽; 안정준, 앞의 논문, 2016, 58쪽.

85 김영환, 「後趙 통치자 石勒의 문화변용 연구」, 『남서울대 논문집』 10, 2004 : 『5 胡 16國時期 諸種族과 政權 연구』(하), 온샘, 2021, 6-14쪽.

86 『진서』 권106, 재기6, 석계룡상.

87 김영환, 「5胡 16國시기 後趙 통치자 石虎의 문화변용 연구」, 『중국학보』 51, 한국 중국학회, 2005 : 『5胡 16國時期 諸種族과 政權 연구』(하), 온샘, 2021, 39-49쪽.

88 지배선, 『中世東北亞史硏究-慕容王國史-』, 일조각, 1986, 89쪽. 모용한은 333년 모용외 사후 모용황과의 권력다툼 과정에서 段部로 망명하였다. 338년에 단부가 멸망하자 다시 우문부로 망명하였다. 모용한은 망명생활 중 고국을 그리워하였 다. 그는 우문부에서도 미친 척하며 逸豆歸에게 협력하지 않았고, 훗날을 위해 우문부의 지리정보를 수집하였다. 이것이 모용황에게 알려지면서 340년 2월 전 연으로 도망해 왔다. 모용황은 그를 고구려와 우문부의 정벌에 앞장세웠다(지배 선, 앞의 논문, 1993, 83-98쪽).

89 『삼국사기』 권18, 고구려본기6, 고국원왕 12년(342).

90 『진서』 권109, 재기9, 모용황; 『위서』 권100, 열전88, 고구려; 『자치통감』 권97, 진기19, 성제 함강 8년(342) 10월·11월; 『삼국사기』 권18, 고구려본기6, 고국원 왕 12년(342). 전연의 용성 천도와 고구려 공격 시기에 대해 『진서』와 『위서』는 341년으로, 『자치통감』과 『삼국사기』는 342년의 일로 기록하였다. 모용황이 조 양지역에 궁궐과 종묘·사직의 공사를 시작한 것이 341년 정월이었다(『자치통감』 권96, 진기18, 성제 함강 7년 정월). 도성의 조성 기간을 고려할 때 용성 천도와 고구려 출정은 342년이 타당하다.

91 남도와 북도의 경로에 관한 연구사는 양시은, 「성곽」, 『고구려고고-유적편』(고구 려통사 8), 동북아역사재단, 2021, 123쪽의 〈표 1〉 참조.

92 『자치통감』 권97, 진기19, 강제 건원 원년(343) 2월; 『삼국사기』 권18, 고구려본 기6, 고국원왕 13년(343).

93 『자치통감』 권100, 진기22, 목제 영화 11년(355) 12월; 『삼국사기』 권18, 고구 려본기6, 고국원왕 25년(355).

94 『진서』 권109, 재기9, 모용황; 『위서』 권103, 열전91, 흉노우문막괴; 『자치통감』 권97, 진기19, 강제 건원 2년(344) 정월. 우문부의 멸망연대에 대해 『진서』는 345년, 『자치통감』은 344년으로 되어 있고 『위서』는 모호하다. 모용황이 우문부 를 정복하고 확보한 민의 숫자에 대해 『진서』는 '5만여 落', 『위서』와 『자치통감』

은 '5천여 落'으로 10배 차이가 난다. 일두귀의 행보는 『진서』와 『자치통감』이 漠北으로 숨거나 그곳에서 죽은 것으로 되어 있고, 『위서』는 이후 고구려로 달아 난 것으로 되어 있다. 우문부의 멸망연대는 345년으로 파악했고(이재성, 『古代 東蒙古史硏究』, 법인문화사, 1996, 99-103쪽), 일두귀의 행보도 사서의 편찬 시 기와 계기적인 합리성을 고려해 『위서』의 내용을 따르고자 한다.

95 『진서』 권109, 재기9, 모용황; 『자치통감』 권97, 진기19, 목제 영화 원년(345) 10월; 『삼국사기』 권18, 고구려본기6, 고국원왕 15년(345).

96 동북아역사재단 편, 『중국 소재 고구려 유적과 유물』 Ⅷ(혼하-요하 중상류), 동 북아역사재단, 2020, 204-206쪽; 양시은, 「성곽」, 『고구려고고-유적편』(고구려 통사 8), 동북아역사재단, 2021, 119-123쪽.

97 강선, 앞의 논문, 2001, 21쪽; 박세이, 「高句麗와 '三燕'의 境界」, 『고구려발해연 구』 54, 2016, 17쪽. 이 견해대로라면 일두귀의 고구려 망명 시기는 345년 10월 이전으로 국한된다.

98 이재성은 345년 당시 고구려와 우문부가 동맹관계였던 것이 일두귀가 고구려를 선택한 원인이라고 하였다(이재성, 앞의 책, 1996, 98-99쪽). 그러나 고구려가 전 연에 342년에 침입을 당하고 다음 해 稱臣한 상황에서 우문부와의 동맹을 유지 하기는 어려웠을 법하다. 고구려는 일두귀의 망명을 은폐할 수밖에 없었을 것이 다. 고국원왕이 어머니를 모셔오기 위해 일두귀를 맞교환 대상으로 활용했을 법 한데도 그렇지 않았기 때문이다. 『진서』와 『자치통감』에 우문부가 고구려로 온 사실이 누락된 것도 그 이유에서 비롯된 듯하다.

99 『자치통감』 권98, 진기20, 목제 영화 4년(348) 9월.

100 『자치통감』 권98, 진기20, 목제 영화 5년(349); 『삼국사기』 권18, 고구려본기6, 고국원왕 19년(349).

101 공석구, 앞의 논문, 2003a, 152쪽; 지배선, 앞의 논문, 2006, 85-86쪽. 전연이 주씨를 돌려보내지 않은 이유에 대해 345~349년 부여지역의 지배권을 두고 고 구려와 전연이 대립하였기 때문이라는 견해가 있다(여호규, 앞의 논문, 2000, 46-52쪽).

102 李成市는 고국원왕이 전연으로부터 미천왕의 시신을 돌려받거나 왕의 어머니를 귀환시키는 과정에서 동수가 외교적 역할을 했을 것으로 보았다(李成市, 『古代 東アジアの民族と國家』, 岩波書店, 1992 : 이병호·김은진 옮김, 『고대 동아시아 의 민족과 국가』, 삼인, 2022, 45쪽). 동수는 357년 69세의 나이로 죽었다. 따라 서 355년 당시에는 고령이어서 외교사절의 역할을 하기 어려웠을 것이다. 343

년 미천왕의 시신을 찾을 때도 전연에 간 인물은 고국원왕의 동생이었다. 전연에서 이주해 온 관료들의 외교적 역할을 상정하는 것은 가능하겠지만 동수의 행보에 그것을 관련짓기는 현전하는 기록상 쉽지 않다.

103 『진서』 권110, 재기10, 모용준; 『자치통감』 권100, 진기22, 목제 영화 11년(355) 12월; 『삼국사기』 권18, 고구려본기6, 고국원왕 25년(355). 『진서』에는 '營州諸軍事' 관호가 앞에 추가되어 있다.

104 여호규, 앞의 논문, 2000, 53-54쪽.

105 『진서』 권110, 재기10, 모용준; 권111, 재기11, 모용위; 『자치통감』 권101, 진기23, 목제 승평 4년(360) 정월.

106 『진서』 권111, 재기11, 모용위; 『자치통감』 권101, 진기23, 목제 승평 4년(360) 2월.

107 『진서』 권111, 재기11, 모용위; 『자치통감』 권101, 진기23, 해서공 태화 2년(367) 5월 및 태화 3년(368) 정월. 모용각과 모용위는 모용평보다는 慕容垂 중용하기를 바랐는데 모용평의 계략으로 실행되지 못했다.

108 『자치통감』 권102, 진기24, 해서공 태화 4년(369) 3월-10월.

109 『자치통감』 권102, 진기24, 해서공 태화 4년(369) 10월-11월.

110 『십육국춘추집보』 권29, 전연록7, 모용위; 『자치통감』 권102, 진기24, 해서공 태화 5년(370) 11월. 胡三省이 여울을 부여의 왕자로 주석하였다. 370년 이후 고구려 질자의 행보에 대해서는 이정빈, 「모용선비 前燕의 부여·고구려 質子」, 『東北亞歷史論叢』 57, 동북아역사재단, 2017, 104-107쪽 참조.

111 『자치통감』 권102, 진기24, 해서공 태화 5년(369) 10월-11월; 『삼국사기』 권18, 고구려본기6, 고국원왕 40년(370).

112 三岐良章, 『五胡十六國-中國史上의 民族 大移動-』, 東方書店, 2006 : 김영환 옮김, 『五胡十六國-中國史上의 民族 大移動』, 경인문화사, 2007, 139쪽.

113 관인과 왕족·귀족들의 이주는 개인 망명으로 기록되었더라도 실제 宗族·軍民과 보필 집단을 거느렸을 가능성이 크다(안정준, 앞의 논문, 2014, 125쪽). 다만 그 인원이 분명히 남아 있지 않으므로 여기에서는 최소한으로 산정하였다. 연번 4의 '수십'은 편의상 50명으로 하였다.

114 여호규, 앞의 논문, 2000, 53-62쪽.

115 李成市는 5세기 이후 중국식 姓氏를 가진 고구려 인물이 외교와 군사 방면에서 활약하는 데 주목해 고구려가 중국계 여러 집단을 조직하여 활용한 것으로 보았다(李成市, 앞의 책, 1992 : 이병호·김은진 옮김, 앞의 책, 2022, 43-44쪽). 고구

려로 이주한 중국계 관인 출신의 경우 4세기대도 비슷하게 활용되었을 것이다.

116 『자치통감』 권98, 진기20, 목제 영화 5년(349);『삼국사기』 권18, 고구려본기6, 고국원왕 19년(349).

117 黃本驥 編,『歷代 職官表』,「歷代職官簡釋」, 上海古籍出版社, 2005, 17쪽.

118 『위서』 권33, 열전21, 송은.

119 黃本驥 編, 앞의 책, 2005, 18쪽.

120 송황이 고구려의 내부 사정을 잘 알았으므로 모용준이 그를 대고구려 정책에 이용하기 위해서 중용했을 것이다(공석구, 앞의 논문, 2003a, 152쪽). 이기동은 소수림왕대 율령 반포와 태학 설치에 송황 같은 漢人 관료의 관여가 있었을 것으로 보았다(이기동, 앞의 논문, 1996, 18쪽).

121 『삼국사기』 권17, 고구려본기5, 봉상왕 9년(300).

122 최진열, 앞의 논문, 2015, 98-101쪽; 이동훈, 앞의 논문, 2018, 43-44쪽.

123 『진서』 권109, 재기9, 모용황;『자치통감』 권97, 진기19, 목제 영화 원년(345) 정월.

124 백제는 부여를 잘못 표기한 것이다(여호규,「4세기~5세기 초 고구려와 慕容'燕'의 영역확장과 지배방식 비교」,『한국고대사연구』 67, 2012, 91쪽).

125 최진열은 전연이 확보한 고구려와 우문부·단부 기타 제종족 포로의 합을 약 10만 호로 파악하였다(최진열, 앞의 논문, 2015, 156쪽).

126 최진열, 앞의 논문, 2015, 156-157쪽.

127 전연은 342년 龍城으로 천도한 이후 350년 薊[北京], 357년 鄴[河北省 安陽市 臨漳縣]으로 수도를 옮겼다.

128 이동훈, 앞의 논문, 2018, 47-48쪽.

129 『십육국춘추집보』 권29, 전연록7, 모용위;『자치통감』 권102, 진기24, 해서공 태화 5년(370) 11월.

130 355년 고국원왕이 342년에 인질로 붙잡혀간 어머니를 모셔오기 위해 다른 인질을 보냈다(『삼국사기』 권18, 고구려본기6, 고국원왕 25년). 이때 전연에 간 인물도 왕의 어머니를 대체할 만한 신분이었을 것이다. 그렇다면 370년 당시 업성에 있었던 고구려 질자는 342년뿐만 아니라 355년에 전연으로 간 이주민까지 고려해야 한다. 이에 대해 342년 이주민(이동훈, 앞의 논문, 2018, 48쪽)과 355년 이주민(여호규,「高句麗와 慕容'燕'의 조공·책봉관계 연구」,『한국 고대국가와 중국 왕조의 조공·책봉관계』, 동북아역사재단, 2006, 23-24쪽)으로 보는 것과, 두 시기 모두를 상정하는 견해(이정빈, 앞의 논문, 2017, 82-85쪽)가 있다.

131 지배선, 앞의 책, 1986, 204-205쪽; 여호규, 앞의 논문, 2000, 53쪽; 이정빈, 앞

의 논문, 2017, 91-94쪽. 이정빈은 업성의 질자가 북문을 열었다는 사실에 주
목해 이주민 중 상류 지배층이 일반 민과 구분되어 도성 내부에 거처했을 것으
로 보았다. 그리고 여울과 500명의 질자는 도성과 왕궁의 숙위 업무를 담당했
을 것으로 추정하였다.

132 三岐良章, 앞의 책, 2006 : 김영환 옮김, 앞의 책, 2007, 174쪽. 慕容燕은 漢人
士族의 경우 능력 있는 자를 적극적으로 등용하여 정치기구 확립과 경제기반
확충에 활용하였다(안정준, 앞의 논문, 2014, 120-121쪽).

133 『진서』 권124, 재기24, 모용운.

134 『자치통감』 권109, 진기31, 안제 융안 원년(397). 胡三省은 모용황이 고구려를
깨뜨린 시기를 함강 8년(342)으로 주석하였다.

삼별초의 대몽 항전과 바다의 피난처

1 『高麗史』 권24, 고종 41년 12월 갑오일 기사에는 몽골군에 잡혀간 남녀가 무려
26만 6천 8백 명이며, 살육을 당한 사람은 셀 수 없을 정도로 전란이 있고 나서
이처럼 심한 때가 없었다는 기록만으로도 당시의 참혹상을 짐작할 수 있다.

2 柳在春, 『韓國 中世築城史 硏究』, 경인문화사, 2003, 28-34쪽.

3 『高麗史』 권23, 고종 19년 7월;『高麗史節要』 권16, 고종 19년 7월 乙丑, 乙酉.

4 車勇杰, 「고려말 1290년의 淸州山城에 대한 예비적 고찰」, 『金顯吉敎授정년기념
향토사학논총』, 수서원, 1997, 82-83쪽.

5 『高麗史』 권122, 列傳35, 酷吏, 宋吉儒. "… 加大將軍, 爲慶尙道水路防護別監, 率夜
別抄巡州縣, 督民入保海島. 有不從令者, 必撲殺之. 或以長繩, 連編人頸, 令別抄等,
曳投水中, 幾死乃出, 稍蘇復如之. 又慮民愛財重遷, 火其廬舍錢穀, 死者十八九."

6 『高麗史節要』 권18, 元宗 11年 5月. "惟𢙼憤怒, 莫知所爲, 分遣諸道水路防護使及
山城別監, 聚保人民, 將以拒命."

7 강봉룡, 「몽골의 침략과 고려 무인정권 및 삼별초의 '島嶼海洋戰略'」, 『東洋史學
硏究』 115, 동양사학회, 2011, 60쪽.

8 『新增東國輿地勝覽』 권54, 平安道 泰川縣 人物條. "高宗十九年, 蒙古兵圍松京,
王避于江華島, 造船欲攻. 時呂以鄕戶被執, 賊問路, 至加炮烙, 答以水路甚險. 賊信
之, 焚舟而退. 卽授上將軍."

9 김창현, 「고려 江都의 짜임과 사회상」, 『인천문화연구』 2, 인천광역시립박물관,

2004.

10 『高麗史』권23, 고종 19년 6월; 고종 21년 정월.

11 『高麗史』권82, 兵志2, 城堡; 권129, 崔忠獻傳 添附 崔怡傳; 권23, 고종 24년.

12 『高麗史節要』권16, 고종 22년 12월, "徵州縣一品軍 加築江華沿江堤岸".

13 『高麗史』권82, 兵志2, 城堡.

14 정진술, 『한국해양사 – 고대편』, 경인문화사, 2009, 422쪽.

15 『高麗史』권130, 열전43, 叛逆4, 裵仲孫.

16 李奎報, 『東國李相國集』5, "九月九日 聞虜兵來屯江外 國人不能無驚 以詩解之. 虜種雖云頑 安能飛渡水 彼亦知未能 來以耀兵耳 誰能論到水 到水卽皆死 愚民且莫 驚 高枕甘爾床 行當自退歸 國業寧遽已."

17 강옥엽, 「高麗의 江華遷都와 그 배경」, 『인천문화연구』 2, 인천광역시립박물관, 2004, 22-24쪽; 尹龍赫, 「高麗의 對蒙抗爭과 江都 – 江都遷都(1232)와 江都 경영 을 중심으로 –」, 『高麗史의 諸問題』, 삼영사, 1986, 202-204쪽; 정진술, 앞의 책, 2009, 423쪽.

18 崔滋, 「三都賦」, 『新增東國輿地勝覽』권12, 江華都護府. "大夫曰 城市刱浦 門外 維舟 蒭往樵歸 一葉載浮 程赴於陸 易採易輸 庖炊不匱 廢萊亦周 人閑用足 力小功 優 商船貢舶 萬里連帆 艤重而北 棹輕而南 穡頭相續 舳尾相銜 一風頃刻 六合交會 山宜海錯 靡物不載 擣玉舂珠 累萬石以碨磈 苞珍裹毛 聚八區而蕎蘥 爭來泊而纜 碇 倐徏塡而巷隘 顧轉移之孔易 何馱負之賽倩 爾乃手挈肩擔 往來跬步 堆積于公 府 流溢於民戶 匪山而巍 如泉之溥 菽粟陳陳而相腐 孰與大漢之富饒"

19 『高麗史』권21, 고종 21년 2월 癸未.

20 강화 천도를 단행한 시점에 개경 사원 중 일부가 강화로 옮긴 것이 확인되는데 천도 이전의 강화에는 사원의 수가 7~8寺에 불과하였으나, 천도 이후 47寺로 늘 어나고 개경 사원과 같은 寺名이 대부분이었다. 1270년 환도 이후 강화에는 11 寺만 남았다(전영준, 「고려 江都時代 사원의 기능과 역할」, 『역사민속학』 32, 한 국역사민속학회, 2010, 131-159쪽).

21 윤용혁, 「고려 대몽항전기의 불교의례」, 『역사교육논집』 13·14合, 1990; 김형우, 「고려시대 강화의 寺院연구」, 『국사관논총』 106, 국사편찬위원회, 2005, 257쪽; 김창현, 「고려 강도의 신앙과 종교의례」, 『인천학연구』 4, 인천학연구원, 2005; 안지원, 『고려의 국가 불교의례와 문화』, 서울대학교 출판부, 2005, 참조.

22 김창현, 「고려 江都의 짜임과 사회상」, 『인천문화연구』 2, 인천광역시립박물관, 2004.

23 정해은, 『고려시대의 군사전략』, 국방부 군사편찬연구소, 2006, 243-247쪽.

24 윤용혁, 『고려대몽항전사연구』, 일지사, 2004(3쇄), 339-340쪽.

25 서인한, 『한국고대 군사전략』, 국방부 군사편찬연구소, 2005, 193쪽.

26 전영준, 앞의 논문, 2010, 131-159쪽; 『高麗史』 권81, 志35 兵1 肅宗 9년 12월; 『高麗史』 권19, 世家19, 明宗 甲午 4년; 『高麗史』 권100, 열전13 鄭世裕 附 叔瞻; 『高麗史』 권81, 志35, 兵1 元宗 12년 4월; 許興植 編, 「靈通寺大覺國師碑」, 『韓國金石全文』 中世 上, 亞細亞文化社, 1984; 『朝鮮金石總覽』 上, 亞細亞文化社, 1978; 『傳燈本末寺誌』, 亞細亞文化社, 1978.

27 전영준, 「고려시대 사원의 승도와 승군 운용」, 『고려–거란 전쟁과 고려의 군사제도』(강감찬학술대회 자료집, 2021.10.08.) 참조.

28 최종석, 「고려전기 축성의 특징과 治所城의 형성」, 『진단학보』 102, 진단학회, 2006, 116쪽; 「대몽항전·원간섭기 산성해도입보책의 시행과 치소성 위상의 변화」, 『진단학보』 106, 진단학회, 2008, 29쪽.

29 『高麗史節要』 권17, 고종 40년 8월, "蒙古兵陷西海道椋山城. 是城四面壁立, 唯一徑僅通人馬. 防護別監權世侯恃險, 縱酒不爲備, 且有慢語. 蒙人臨城, 設砲攻門碎之, 矢下如雨. 又梯石壁而上, 以火箭射, 草幕皆延爇. 甲卒四入, 城遂陷, 世侯自縊死. 城中死者, 無慮四千七百餘人. 屠男子十歲以上, 擒其婦女小兒, 分與士卒."

30 『高麗史』 권24, 고종 40년 7월, "甲申 北界兵馬使報, '蒙兵渡鴨綠江', 卽移牒五道按察, 及三道巡問使, 督領居民, 入保山城海島."

31 『高麗史』 권24, 고종 42년 3월, "三月 丙午 諸道郡縣, 入保山城海島者, 悉令出陸."

32 윤용혁, 「여몽전쟁기 경상도에서의 산성·해도 입보」, 『軍史』 100, 국방부 군사편찬연구소, 2016, 44쪽.

33 『高麗史』 권23, 고종 25년 윤4월, "蒙兵至東京, 燒黃龍寺塔."

34 윤용혁, 위의 논문, 2016, 46-47쪽.

35 『高麗史』 권24, 고종 41년 10월; 『高麗史節要』 권17 고종 41년 10월, "冬十月 車羅大攻尙州山城 黃嶺寺僧洪之射殺一官人 士卒死者過半 遂解圍而退."; 윤용혁, 「몽고의 경상도 침입과 1254년 상주산성의 승첩」, 『진단학보』 68, 진단학회, 1989; 「고려의 대몽항전과 아산– 1236년과 1256년 아산지역 전투를 중심으로」, 『순천향 인문과학논총』 28, 순천향대학교, 2011, 251-274쪽.

36 『高麗史』 권23, 고종 23년 7월. "癸酉 蒙兵二十餘騎, 入慈州東郊, 擄刈禾民二十餘人, 皆殺之."

37 윤경진, 「고려 대몽항전기 南道 지역의 海島 入保와 界首官」, 『軍史』 89, 국방부 군사편찬연구소, 2013, 41-42쪽.

38 『高麗史節要』 권18, 원종 11년 9월; 『高麗史』 권103, 열전16, 諸臣. "金應德, 性

勇敢. 元宗十一年, 爲羅州司錄, 時三別抄反, 據珍島, 勢甚熾, 州郡望風迎降, 或往珍島謁見賊將. 至羅州副使朴琈等, 首鼠未決, 上戶長鄭之呂, 慨然曰. "苟不能登城固守, 寧遁避山谷. 爲州首吏, 何面目, 背國從賊乎." 應德聞其言, 卽決意守城, 牒州及領內諸縣, 入保錦城山. 樹棘爲柵, 率勵士卒, 賊至圍城攻之, 士卒皆裹瘡死守, 賊攻城七晝夜, 竟不得援."

39 崔鍾奭, 앞의 논문, 2008.

40 해도입보에 대한 사료의 직접적인 표현은 고종(1258) 때의 일이지만, 1232년 6월의 강화천도 자체가 해도입보였다.

41 윤경진, 앞의 논문, 2013, 42쪽.

42 姜在光, 「對蒙戰爭期 崔氏政權의 海島入保策과 戰略海島」, 『軍史』66, 국방부 군사편찬연구소, 2008.

43 『高麗史』 권122, 열전35, 酷吏, 宋吉儒. "性貪酷便佞. 起於卒伍, 高宗時, 諂事崔沆, 爲夜別抄指諭. 每鞫囚, 必縛兩手母指, 懸梁架, 又合繫兩足母指, 縋以大石, 去地不尺餘. 熾炭其下, 使兩人立左右, 交杖腰膂, 囚不勝毒, 輒誣服. 累遷將軍, 尋拜御史中丞, 有司以系賤, 不署告身, 沆强逼乃署. 加大將軍, 爲慶尙道水路防護別監, 率夜別抄巡州縣, 督民入保海島. 有不從令者, 必撲殺之. 或以長繩, 連編人頸, 令別抄等, 曳投水中, 幾死乃出, 稍蘇復如之. 又慮民愛財重遷, 火其廬舍錢穀, 死者十八九."

44 『高麗史』 권78, 食貨1, 經理 고종 41년 2월. "分遣使于忠·慶·全三道及東州西海道, 巡審山城海島避難之處, 量給土田.";『高麗史』 권78, 食貨1, 經理 고종 43년 12월. "今想, 諸道民不聊生, 彼此流移, 甚可悼也. 其避亂所, 與本邑, 相距程不過一日者, 許往還耕田. 其餘就島內, 量給土田, 不足則, 給沿海閑田及宮寺院田."

45 『高麗史節要』 권17, 고종 45년 2월조. "二月. 海島入保州縣, 免一年租."

46 尹龍爀, 「고려의 海島入保策과 戰略變化」, 『歷史敎育』 32, 역사교육학회, 1982.

47 『高麗史節要』 권17, 고종 44년 8월. "蒙兵陷神威島. 孟州守胡壽被害. 妻兪氏恐爲賊所汙, 投水而死."

48 윤용혁, 앞의 논문, 2011, 266-268쪽.

49 尹龍爀, 앞의 논문, 1982; 姜在光, 앞의 논문, 2008; 崔鍾奭, 앞의 논문, 2008 참조.

50 김명진, 「고려 삼별초의 진도 입도와 진도용장성전투 검토」, 『대구사학』 134, 대구사학회. 2019, 177쪽.

51 용장성에 대한 학술조사는 1986년 지표조사 이후 간헐적으로 이루어지다가 2009년부터 2012년까지 목포대학교 박물관에 의해 왕궁지에 대한 본격적인 발굴조사가 이루어졌다. 이 과정에서 용장산성의 왕궁지 조성 방식이 개성의 만월대와

구조적으로 유사하며, 다양한 기능을 가진 건물지를 비롯하여 명문와 및 청자류의 다량 발굴이 이루어졌다(고용규, 「해상왕국 건설을 향한 꿈과 좌절-진도 삼별초 유적의 고고학적 성과-」, 『강화·진도 삼별초의 대몽항전』 2015년 제주학회 제42차 전국학술대회 자료집, 2015, 38쪽).

52 고용규, 위의 글, 2015, 50-51쪽에서는 기단 및 초석으로 사용될 석재의 채석과 운반 및 가공, 건축용 목재의 운송, 기와의 생산과 조달 등 일련의 건축과정과 체계적인 배수시설 및 축대 등을 고려하면 철저한 사전기획에 의해 2~3년 전부터 용장산성을 축조하기 시작하여 삼별초가 진입하였을 때는 이들 시설이 완공되어 있거나 거의 완공단계에 있었을 것으로 보고 있다.

53 『宣和奉使高麗圖經』 卷15, 車馬, "麗國多山 道路坎壤 車運不利";『宣和奉使高麗圖經』 卷33, 舟楫, "麗人 生長海外 動涉鯨波 固宜以舟楫爲先"

54 문경호, 「고려시대의 조운제도와 조창」, 『지방사와 지방문화』 14-1, 역사문화학회, 2011, 8쪽.

55 『高麗史』에는 조운제의 시작을 의미하는 12조창의 설치시기에 대해 '國初'라고만 기록되어 있다. 이에 학자들 간에 이 '국초'가 어느 시점인지를 둘러싸고 제설들이 제기되었다. 이는 각각 太祖朝로 보는 견해(손홍렬, 「高麗漕運考」, 『史叢』 21·22, 1977; 金日宇, 『고려 초기 국가의 지방지배체계연구』, 일지사, 1998), 輸京價에 근거하여 成宗朝로 보는 견해(丸龜金作, 「高麗十二漕倉に就いて」, 『靑丘學叢』 21·22, 1935; 문경호, 위의 논문, 2011; 문경호, 「고려시대 조운제도의 연구와 교재화」, 공주대학교 박사학위 논문, 2012), 22역도가 확립된 顯宗朝로 보는 견해(한정훈, 「고려시대 조운선과 마산 석두창」, 『한국중세사연구』 17, 2004; 한정훈, 『고려시대 교통운수사 연구』, 혜안, 2013; 윤용혁, 「중세의 관영 물류 시스템, 고려 조운제도」, 『고려 뱃길로 세금을 걷다』, 국립해양문화재연구소, 2009), 고려 군현제와 호족의 통제를 배경으로 한 靖宗朝로 보는 견해(北村秀人, 「高麗初期の漕倉制について」, 『朝鮮歷史論集』 上, 1979; 최완기, 「高麗朝의 稅穀 運送」, 『韓國史研究』 34, 1981)로 나누어진다.

56 『高麗史』 권78, 식화 田制 租稅.

57 문경호, 위의 논문, 2011, 40쪽.

58 전영준, 「고려시대 동아시아의 해양과 국제교류 양상」, 『중세 동아시아의 해양과 교류』, 경인문화사, 2019, 77-90쪽.

59 전영준, 위의 글, 2019, 109쪽.

60 『高麗史節要』 권17, 고종 43년 6월. "郞將尹椿自蒙古軍來. 椿叛入蒙古有年. 至是,

逃還言曰, "諸將勸車羅大退屯西京. 辭以無詔曰, '吾寧死於此, 豈可退哉.' 車羅大嘗
將舟師七十艘, 盛陳旗幟, 欲攻押海, 使椿及一官人乘別船督戰. 押海人置二砲於大
艦待之. 兩軍相持未戰. 車羅大臨岸望之, 召椿等曰, '我船受砲, 必糜碎, 不可當也.'
更令移船攻之, 押海人隨處備砲. 故蒙人遂罷水攻之具. 爲今計, 宜屯田島內, 且耕且
守, 淸野以待, 策之上也." 崔沆然之, 給椿家一區米豆三百斛, 超授親從將軍.

61 김명진, 「太祖王建의 나주 공략과 압해도 능창 제압」, 『도서문화』 32, 목포대학
교 도서문화연구원, 2008, 273-327쪽.

62 『高麗史』 권24, 고종 42년 12월. "壬辰 蒙兵造船, 攻槽島, 不克."

63 『高麗史』 권24, 고종 43년 4월 "庚辰 大府島別抄, 夜出仁州境蘇來山下, 擊走蒙兵
百餘人.庚辰 大府島別抄, 夜出仁州境蘇來山下, 擊走蒙兵百餘人."; 『高麗史節要』
권17 고종 43년 4월.

64 『高麗史』 권57, 지리2, 전라도 영광군 육창현. "陸昌縣本百濟阿老縣【一云葛草,
一云加位】, 新羅景德王, 改名碣島, 爲壓海郡領縣. 高麗, 更令名, 來屬. 有比尒島‧
葍島‧神葦島‧靑島‧禿島‧白良島‧慈恩島‧喦墮島‧櫻島‧鷲島‧乃破島."

65 『高麗史』 권104, 열전17, 諸臣 金方慶. "後爲西北面兵馬判官, 蒙古兵來攻, 諸城入
保葦島. 島有十餘里, 平衍可耕, 患海潮不得墾. 方慶令築堰畓種, 民始苦之, 及秋大
熟, 人賴以活. 島又無井泉, 常陸汲, 往往被虜. 方慶貯雨爲池, 其患遂絶."

66 『高麗史』 권24, 고종 45년 5월. "博州人避兵, 入保葦島. 國家遣閤門郞將崔义等, 率
別抄鎭撫之, 州人反殺义及指諭尹謙‧監倉李承璡. 义所領兵皆逃匿蘆葦間, 跡而盡殺
之, 遂投蒙古. 唯校尉申輔周乘小舟逃來, 告於兵馬使, 卽遣兵追之, 取婦女幼弱而還."

67 『高麗史』 권24, 고종 45년 5월. "庚午 安北別將康之俊自葦島來降, 賜銀九斤, 米
二十斛, 仍除攝郞將."

68 『高麗史』 권27, 원종 12년 3월. "況今逆賊日益蔓衍, 侵及慶尙道金州‧密城, 加又
掠取南海‧彰善‧巨濟‧合浦‧珍島等處, 至於濱海部落, 悉皆怯奪, 以故凡所徵斂, 難
於應副. 而慶尙‧全羅貢賦, 皆未得陸輸, 必以水運, 今逆賊據於珍島, 玆乃水程之咽
喉, 使往來船楫不得過行, 其軍糧‧牛料‧種子, 雖欲徵斂, 致之無路."

69 『高麗史』 권26, 원종 11년 8월. " 丙戌 三別抄入據珍島, 侵京州郡. 矯帝旨, 令全
羅道按察使, 督民收穫, 徙居海島."

70 김호준, 「강도 강화중성의 축성과 삼별초」, 『강화‧진도 삼별초의 대몽항전』, 2015
년 제주학회 제42차 전국학술대회 자료집, 2015, 30-31쪽.

71 『高麗史』 권26, 원종 11년 9월. "辛丑 將軍楊東茂‧高汝霖等, 以舟師討珍島, 賊入
長興府, 殺京卒二十餘人, 擒都領尹萬藏, 劓劇闕斁, 王遣使安撫."

72 『高麗史』 권26, 원종 11년 9월. "甲辰 以金方慶爲全羅道追討使, 與蒙古元帥阿海, 以兵一千, 討珍島."

73 『高麗史』 권27, 원종 12년 5월. "丁丑 金方慶·忻都·茶丘·熙·雍等率三軍, 討珍島, 大破之, 斬僞王承化侯溫. 賊將金通精, 奉餘衆, 竄入耽羅."

74 『高麗史』 권27, 원종 12년 5월. "遣上將軍鄭子璵如蒙古, 謝平賊.' 仍奏曰, '賊船 頗有連漏者, 禍蠱尙存, 且逆賊妻息·族類, 甘伏其辜.'"

75 일본 오키나와에서 발견된 '癸酉年高麗瓦匠造'의 명문와를 둘러싼 논의에서 삼별 초의 퇴로가 바로 류큐였으며, 이곳에 도착과 동시기에 명문와 같은 기와를 조성 하였다는 논의는 물리적으로 볼 때 납득하기 어렵다. 계유년에 기와를 만들어내 기 위해서는 그보다 이른 시기에 류큐로 진입해야 할 것이다. 그 가능성으로 보는 것이 하카다 만에 남아 있는 원구방루이다. 제주도의 환해장성과 유사하게 축조 되어 있으며 축조 시기 또한 비슷하기 때문에 삼별초가 진도에서 퇴각할 때 남해 안의 여러 섬과 함께 일본 상륙을 상정하게 한다(전영준, 앞의 글, 2019, 106-108 쪽 참조).

76 오정훈, 「완도 법화사지 발굴조사 현황과 성과」, 『완도 법화사지 사적 지정과 활 용 방안 학술회의 자료집』, 완도군, 2019, 23-42쪽.

77 강봉룡, 「한국해양사에서 완도 법화사지의 위치」, 『완도 법화사지 사적 지정과 활용 방안 학술회의 자료집』, 완도군, 2019, 14-16쪽.

78 권도경, 「송징 전설의 형성 과정과 계열 분화에 관한 연구」, 『퇴계학과 한국문화』 40, 경북대학교 퇴계연구소, 2007, 215-252쪽.

79 윤용혁, 「삼별초 항전과 완도 법화사」, 『완도 법화사지 사적 지정과 활용 방안 학술회의 자료집』, 완도군, 2019, 63-72쪽.

80 윤경진, 「고려 대몽항전기 分司南海大藏都監의 운영체계와 설치 배경」, 『역사와 실학』 53, 역사실학회, 2014; 주영민, 「정안가의 남해불사 경영」, 『고문화』 85, 한국대학박물관협회, 2015. 06; 김광철, 「고려 무인집권기 정안의 정치활동과 불 교」, 『석당논총』 65, 동아대학교, 2016; 최영호, 「13세기 중엽 정안의 활동과 현 실인식」, 『석당논총』 70, 동아대학교, 2018; 최연주, 「『고려대장경』 彫成과 鄭晏 의 역할」, 『석당논총』 70, 동아대학교, 2018; 최연주, 「분사남해대장도감과 鄭晏 의 역할」, 『동아시아불교문화』 41, 2020 참조.

81 윤용혁, 「고려 삼별초의 항전과 진도」, 『13세기 동아시아 세계와 진도 삼별초』, 목포대학교박물관, 2011, 51-76쪽.

82 김호준, 앞의 글, 2015, 31쪽.

83 전영준, 「삼별초의 항파두리 토성 입거와 전략적 활용」, 『역사민속학』 47, 한국 역사민속학회, 2015, 참조.

84 임영진, 「오키나와 구스쿠의 축조 배경」, 『호남문화연구』 52, 호남학연구원, 2012, 244-249쪽.

85 윤용혁, 「오키나와 출토의 고려 기와와 삼별초」, 『한국사연구』 147, 한국사연구 회, 2009, 183쪽.

86 『高麗史』 권104, 열전17, 金方慶. "… 擒親黨三十五人, 分載降衆一千三百餘人而 還, 其居民, 悉按堵如故."

87 『高麗史』 권28, 충렬왕 원년 6월. "丙辰 元遣使, 詔赦耽羅賊黨逃匿州縣者."

88 윤용혁, 위의 글, 2009, 183~184쪽; 김일우, 「원 간섭기와 공민왕대 이후의 탐라」, 『고려시대 탐라사연구』, 신서원, 2000, 264-265쪽.

89 「元寇」, 元寇史料館, 平成 6年(1994); 岡本顯實, 「元寇」, 元寇史料館, 平成 25年 (2013) 참조.

90 전영준, 앞의 글, 2019, 109쪽.

91 윤용혁, 「삼별초와 여일관계」, 『몽골의 고려·일본 침공과 한일관계』, 경인문화 사, 2009; 『삼별초』, 혜안 2014. 그러나 환해장성과 달리 원구방루는 일본 막부 가 1276년에 무사들을 동원하여 북큐슈 북쪽의 하카타 연안에 석축을 쌓은 것이 므로 환해장성의 아이디어로 보기는 어렵다는 연구가 있다(김보한, 「제주도 '環 海長城과 규슈 '元寇防壘'의 역사적 고찰」, 『한일관계사연구』 55, 한일관계사학 회, 2016, 53-54쪽).

조선 세종대 제주도 '우마적' 처벌과 강제 출륙

1 남도영, 「조선시대 제주도 목장」, 『한국사연구』 4, 1969; 고창석, 「원대의 제주 도 목장」, 『제주사학』 1, 1985; 陳祝三, 「蒙元과 濟州馬」, 『탐라문화』 8, 1989; 김일우, 『고려시대 탐라사 연구』, 신서원, 2000; 남도영, 『제주도 목장사』, 한국 마사회박물관, 2003; 김일우, 「고려시대 탐라지역의 우마사육」, 『사학연구』 78, 2005; 전영준, 「13-14세기 원 목축문화의 유입에 따른 제주사회 변화」, 『제주도연 구』 40, 2013; 강만익, 「고려말 탐라목장의 운영과 영향」, 『탐라문화』 52, 2016.

2 원창애, 「조선시대 제주도 마정에 대한 소고」, 『제주도사연구』 4, 1995; 송성대· 강만익, 「조선시대 제주도 관영목장의 범위와 경관」, 『문화역사지리』 13-2,

2001; 남도영, 『제주도 목장사』, 한국마사회박물관, 2003; 강만익, 「조선시대 제주도 잣성 연구」, 『탐라문화』 35, 2009; 강만익, 「한라산지 목축경관의 실태와 활용방안」, 『한국사진지리학회지』 23-3, 2013.

3 현재적 의미의 목축업자에 가까운 존재들인데, 이 글에서는 당시 사료에 나오는 용어인 '牧子'로 우마 사육자들을 지칭하고자 한다.

4 이영권, 『조선시대 제주유민의 사회사』, 한울, 2013.

5 이영권, 위의 책, 122~135쪽.

6 이 문제는 2장 1절에서 자세히 살펴볼 것이다.

7 당시 우마적으로 처벌된 이들 가운데는 남의 우마를 훔쳐서 도살한 이들도 있었다. 따라서 이들은 당연히 처벌을 받아야 한다. 그러나 목축문화 속에서 자기 우마를 도살한 경우에는 다르게 보아야 한다는 것이다. 강제이주를 당한 우마적 중에는 이 둘이 섞여 있었던 것 같다. 그런데 후자의 사례가 더 많았던 것이 아닌가 생각된다. 세종의 후회 이후에도 우마적으로 처벌되는 이들이 있는데, 이들은 전자의 범죄자에 해당한다고 하겠다.

8 『태조실록』 8권, 태조 4년(1395) 7월 1일.

9 『태종실록』 1권, 태종 1년(1401) 5월 2일.

10 『세종실록』 116권, 세종 29년(1447) 윤4월 14일.

11 『태조실록』 13권, 태조 7년(1398) 3월 17일.

12 『태종실록』 16권, 태종 8년(1408) 9월 12일.

13 『태종실록』 16권, 태종 8년(1408) 12월 25일.

14 『세종실록』 14권, 세종 3년(1420) 12월 29일.

15 『세종실록』 36권, 세종 9년(1427) 6월 10일.

16 『고려사』 권44, 공민왕 19년(1370) 7월 갑진. "내(=주원장) 생각에 고려국은 이미 원 시절부터 말 2-3만 필을 탐라에 두어 사육했으니 지금은 필시 많이 번식했을 것이다."

17 『세종실록』 30권, 세종 7년(1425) 11월 23일.

18 『세종실록』 34권, 세종 8년(1426) 11월 17일.

19 김위민은 이듬해에도 비슷한 내용을 올렸다. "김위민이 계하기를, … 제주의 교수관·교유·검률들도 다 조정에서 명을 받아 임금의 교화를 돕는 자이니 당연히 염치를 길러서 선비다운 기풍을 보여 주어야 할 것인데, 혹자는 사사 물건을 가지고 돈을 벌고 말을 사는 등 장사치들과 더불어 이해를 다투는지라 백성들에게 업신여김을 받습니다."(『세종실록』 36권, 세종 9년(1427) 6월 10일).

20 『세종실록』 34권, 세종 8년(1426) 12월 28일.

21 『태종실록』 9권, 태종 5년(1405) 4월 14일.

22 『태종실록』 13권, 태종 7년(1407) 3월 29일.

23 『태종실록』 18권, 태종 9년(1409) 12월 14일.

24 『세종실록』 29권, 세종 7년(1425) 9월 4일.

25 『세종실록』 39권, 세종 10년(1428) 1월 6일.

26 『세종실록』 61권, 세종 15년(1433) 9월 9일.

27 이제현, 『익재집』 「익재난고」 권4, "今則官私牛馬蔽野 而靡所耕墾."

28 『세종실록』 64권, 세종 16년(1434) 5월 1일.

29 『세종실록』 64권, 세종 16년(1434) 6월 30일.

30 『세종실록』 11건, 세종 3년(1420) 3월 22일.

31 『세종실록』 36권, 세종 9년(1427) 6월 10일.

32 『세종실록』 39권, 세종 10년(1428) 1월 6일.

33 『세종실록』 45권, 세종 11년(1429) 8월 26일.

34 『세종실록』 47권, 세종 12년(1430) 2월 9일.

35 『세종실록』 49권, 세종 12년(1430) 8월 23일.

36 『세종실록』 64권, 세종 16년(1434) 6월 19일.

37 『세종실록』 64권, 세종 16년(1434) 6월 30일.

38 『세종실록』 61권, 세종 15년(1433) 9월 9일.

39 『세종실록』 64권, 세종 16년(1434) 5월 1일.

40 『세종실록』 64권, 세종 16년(1434) 6월 14일.

41 『태종실록』 26권, 태종 13년(1413) 7월 18일.

42 『세종실록』 13권, 세종 3년(1420) 9월 6일.

43 『태종실록』 13권, 태종 7년(1407) 1월 19일.

44 『태종실록』 20권, 태종 10년(1410) 7월 11일.

45 『태종실록』 23권, 태종 12년(1412) 2월 6일.

46 『태종실록』 26권, 태조 13년(1413) 7월 16일.

47 『태종실록』 27권, 태종 14년(1414) 1월 6일.

48 『태종실록』 28권, 태종 14년(1414) 8월 27일.

49 『세종실록』 55권, 세종 14년(1432) 2월 15일.

50 『세종실록』 29권, 세종 7년(1425) 7워 11일.

51 『세종실록』 51권, 세종 13년(1431) 3월 2일.

52 각주 8번에서 보듯이, 제주에서는 납월에 암말을 잡아서 건육포를 만드는 일이
하나의 풍속이었다.

53 초기 기록에는 병조가 우마적 문제를 제기하고 논의를 이끌어 간 것으로 나오지

만, 뒤에서 보듯이, 실제로는 병조 소속인 사복시가 실질적으로 우마적 사건을 주도하였다.

54 『세종실록』 52권, 세종 13년(1431) 6월 2일.

55 『세종실록』 64권, 세종 16년(1434) 4월 24일.

56 『세종실록』 64권, 세종 16년(1434) 6월 14일.

57 『세종실록』 65권, 세종 16년(1434) 7월 28일.

58 『세종실록』 65권, 세종 16년(1434) 8월 28일.

59 고득종의 상서 내용 중에서 '나쁜 풍속[汚俗]'이란 표현이 주목된다. 비록 '나쁜' 이라는 형용사를 붙여지만 고득종이 보기에 우마 도살은 제주의 풍속이었던 것 이다. 그렇다면 문제로 비화하기 전까지 우마 도살은 제주민 사이에서 풍속이라 고 할 정도로 일상적으로 이루어졌을 가능성이 높다. 다만 이때가 되면 우마 도 살이 지나치게 많이 행해지면서 조정에서 부정적으로 인식하자, '나쁜' 풍속이라 고 표현한 것으로 짐작된다.

60 『세종실록』 66권, 세종 16년(1434) 12월 21일.

61 『세종실록』 67권, 세종 17년(1435) 1월 22일. 한편 세종의 언급에서 알 수 있듯 이, 우마적은 본인만 이주당한 것이 아니라 그 가족까지 이주되었다. 범죄를 저 지른 자만 처벌하여 평안도로 이주시킨 일반적인데, 그렇게 하지 않고 죄가 없는 그 가족까지 모두 평안도로 이주시킨 것이다. 이러한 처벌 방침을 보면서 우마적 평안도 강제 이주가 사민 정책의 일환으로도 추진된 측면이 있다는 생각을 하게 된다.

62 『세종실록』 67권, 세종 17년(1435) 1월 14일.

63 『세종실록』 67권, 세종 17년(1435) 3월 12일.

64 『세종실록』 72권, 세종 18년(1436) 6월 20일.

65 『세종실록』 72권, 세종 18년(1436) 6월 23일.

66 『세종실록』 105권, 세종 26년(1444) 7월 17일.

67 한 심사위원은 제주도 우마적에 대한 세종의 처벌 완화가 '형벌 받는 사람 수가 예상보다 많고 여러 폐단이 발생하'여서이지, '도축은 제주 목자들의 풍속이니 이를 용인해'서 한 것은 아니라는 의견을 주셨다. 우선 꼼꼼하게 읽고 훌륭한 논 평을 해주셔서 논문 완성도를 높이는데 큰 도움을 주신 점 깊이 감사드린다. 필 자는 삼사위원의 의견도 충분히 고려할 가치가 있다고 생각한다. 그렇지만 이 글 에서는 그 의견을 받아들이지는 않았다. 본토의 양수척 등(세종 대 '白丁'이란 이 름을 붙여줌)도 우마를 도살하여 우마적으로 처벌받기도 하고 또 齊民化 정책의 대상이 되기도 하였다. 우마적으로 처벌받은 제주도 목자와 비슷한 측면이 있다.

그러나 이 둘은 근본적으로 다른 존재라고 생각한다. 무엇보다 본토의 양수척은 牧子가 아니었다. 본토 여기저기를 떠돌아다니는 생활을 하였다. 즉 정착 생활을 하지 않았다. 또 그들이 도축한 것은 자신들이 키우는 목장의 우마가 아니라 농사용 우마였다. 반면 제주도 목자들은 말 그대로 목자, 즉 목장에서 우마를 키우는 이들이었다. 또 그들은 떠돌이 생활이 아닌 정착 생활을 하였다. 그런 그들에게 우마 도축은 목축업 종사자로서 하나의 일상 업무였다고 할 수 있다. 이처럼 본토의 양수척 등과 제주의 목자는 비슷한 측면이 있지만, 그 성격은 달랐다고 이해한다. 세종은 제주 우마적이 본토의 우마적과 다른 성격의 존재임을 뒤늦게 알고 그 처벌을 완화하려고 하였다고 생각한다. 심사위원의 지적처럼 본토로 이주시키는 과정에서 익사 등의 문제가 있어서 처벌을 완화하였다고 하면, 그들을 제주도로 돌려보내는 과정에서 동일한 익사 등의 폐단이 발생할 수 있다. 같은 폐단이 반복될 가능성이 있는데 그것을 감수하고 처벌을 완화하였을 것이라는 논리는 설득력이 약해 보인다.

재일조선인의 이동(mobility) 경험과 기억으로 본 난민 감시와 처벌

1 영국 사회학자 존 어리(John Urry)는 2003년 랭커스터대학교 모빌리티연구소 (Centre for Mobilities Research, CeMoRe)를 설립하였고, 2006년에는 국제저널인 『모빌리티』를 창간했으며, 2007년 동명의 저서를 발표했다. 그는 이전의 관심사였던 '도시 및 지역변화', '서구 자본주의 사회에서 경제 및 사회 변화'를 기반으로 2000년대 이후 모빌리티 연구로 완전히 전환한 것으로 평가된다. 그의 저서 『모빌리티』는 2014년 우리말로 번역되어 출간되었다. 관련 내용은 이민주, 「모빌리티, 사회를 읽는 새로운 패러다임(『모빌리티』 존 어리 지음, 강현수·이희상 옮김, 아카넷, 2014」, 『로컬리티 인문학』 15, 부산대학교 한국민족문화연구소, 2016, 343-351쪽을 참조할 것.
2 이용균, 「모빌리티의 구성과 실천에 대한 지리학적 탐색」, 『한국도시지리학회지』 18(3), 한국도시지리학회, 2015, 148쪽. 모빌리티와 임모빌리티의 표기에 대한 다양한 제안이 있을 수 있다. 우리말 '이동성'과 '부동성'이 더 적확하다는 제안 등도 그 가운데 하나이다. 그런데 대개는 본문에서 제시한 이유로 모빌리티와 임모빌리티로 표기하고 있으므로 이후 본문 표기는 모빌리티와 임모빌리티로 통일한다.
3 김나현, 「장치로서의 (임)모빌리티와 그 재현」, 『대중서사연구』 제27권 3호, 대

중서사학회, 2021, 197쪽.

4 김치완, 「난민의 출현과 대응에 대한 철학의 문제들」, 『탐라문화』 제65호, 제주대학교 탐라문화연구원, 2020, 44쪽.

5 김원, 「밀항, 국경 그리고 국적-손진두 사건을 중심으로」, 『한국민족문화』 62, 부산대학교 한국민족문화연구소, 2017, 251쪽.

6 김원, 위의 논문, 250쪽.

7 정금희, 김명지, 「초창기 재일한인 작품에 나타난 디아스포라 성향 연구」, 『디아스포라연구』 6(1), 전남대학교 세계한상문화연구단, 2012, 12쪽.

8 관련 내용은 차승기, 「내지의 외지, 식민본국의 피식민지인, 또는 구멍의 (비)존재론」, 『현대문학의 연구』 46, 한국문학연구학회, 2012, 349-353쪽을 참조할 것. 이하 큰따옴표로 표기한 내용은 해당 논문의 직접 인용, 작은따옴표로 표기한 내용은 강조 표시임을 밝혀둔다.

9 이승희, 「조선인의 일본 '밀항'에 대한 일제 경찰의 대응 양상」, 『다문화콘텐츠연구』 13, 중앙대학교 문화콘텐츠기술연구원, 2012, 338-339쪽 참조.

10 전은자, 「濟州人의 日本渡航 研究」, 『耽羅文化』 32, 제주대학교 탐라문화연구소, 2008, 149쪽.

11 이승희, 앞의 논문, 340쪽 참조.

12 위의 논문, 340-345쪽 참조.

13 관련된 조선총독부 경찰의 일항 대응책은 위의 논문, 345-349쪽을 참조할 것.

14 위의 논문, 349쪽.

15 위의 논문, 349-355쪽 참조.

16 차승기, 앞의 논문, 354쪽 참조.

17 위의 논문, 356-364쪽 참조.

18 전갑생, 「오무라(大村)수용소와 재일조선인의 강제추방 법제화」, 『역사연구』 28, 역사학연구소, 2015, 172쪽 참조.

19 위의 논문, 172-173쪽 참조.

20 위의 논문, 173쪽 참조.

21 관련 법령과 조항은 위의 논문, 174-180쪽을 참조할 것.

22 이정은, 「예외상태의 규범화된 공간, 오무라수용소-한일국교 수립 후, 국경을 넘나든 사람들의 수용소 경험을 중심으로」, 『사회와 역사』 106, 한국사회사학회, 2015, 78쪽.

23 선행연구에서는 오무라수용소가 "자국민이던 조선인을 '이질화된 존재'로 강제하고 국가를 배반한 국민을 통제·관리하는 과정에서 만들어낸 잉여공간이자 안전

장치로 배치되었다."는 일치된 견해를 보인다. 관련 내용은 玄武岩과 차승기 등의 선행연구를 인용한 위의 논문, 78쪽을 참조할 것.

24 신재준, 「1945-46년, 在朝鮮일본인의 귀환과 미군정의 대응」, 『軍史』 104, 국방부 군사편찬연구소, 2017, 54-58쪽 참조.

25 이성환, 「샌프란시스코 강화조약과 동북아 영토갈등의 해법」, 『영토해양연구』 22, 동북아역사재단, 2021, 110-112쪽 참조.

26 극동국제군사재판(도쿄재판)에서 중국, 만주, 하와이, 필리핀, 인도네시아, 태국 등과 함께 '인도에 대한 죄'가 발생한 지역에 포함되어 있던 조선은 남북 가운데 어느 쪽을 대표로 하느냐는 논란 때문에 공소장 작성과정에서 일찌감치 탈락했다. 강화조약 과정에서 버마는 자유주의 국가들만 체결하는 '편면(片面) 강화'라는 점에 이의를 제기하여 불참하였고, 인도네시아도 같은 이유로 의회 비준을 받지 못했다. 필리핀과 남베트남은 서명을 했지만, 버마, 인도네시아와 함께 일본과의 개별 배상 협상을 했다. '편면 강화'가 실제로는 일본과의 강화를 의미하는 것이었기 때문이다. 관련 내용은 요시자와 후미토시(吉澤文寿), 「샌프란시스코 강화조약과 '전후 한일관계'의 원점 - 1965년 체제'를 둘러싼 고찰-」, 『영토해양연구』 22, 동북아역사재단, 43-45쪽을 참조할 것.

27 이성환, 앞의 논문, 108-110쪽 참조.

28 신재준, 앞의 논문, 73-76쪽. 이런 과정을 겪었지만 부산항을 통한 재외일본인 송환 문제는 1947년에 일단락되었다. 이 글에서는 재일조선인의 모빌리티를 주제로 하고 있으므로, 재외일본인에 대한 논의는 한반도에 주둔한 군정청의 문제점을 지적하는 정도로 국한하고자 한다. 소비에트 민정청 관할지역에 억류되었던 일본인 귀환 문제는 李淵植, 『解放 後 韓半島 居住 日本人 歸還에 關한 硏究-領軍·朝鮮人·日本人 3者間의 相互作用을 中心으로-』, 서울시립대학교 대학원 국사학과 박사학위논문, 2009, 256-271쪽을 참조할 것.

29 위의 논문, 271-305쪽 참조.

30 전갑생, 앞의 논문, 18-19쪽 참조.

31 위의 논문, 21-23쪽 참조.

32 위의 논문, 33-35쪽 참조.

33 조선인민민주의공화국을 북한으로 표기할 때는 대한민국 또는 대한민국 정부를 남한 또는 남한 정부로 표기하고, 그 외에는 한국으로 표기함을 알려둔다.

34 현무암, 「한일관계 형성기 부산수용소/오무라수용소를 둘러싼 '경계의 정치'」, 『사회와 역사』 106, 한국사회사학회, 2015, 130쪽.

35 위의 논문, 114쪽 참조.

36 모두가 귀환해야 한다는 것은 재일조선인, 전재산과 보상금 지참은 일본 정부가 수용하기 어려운조건이었고, 미귀환자 보호책임이 없다는 것은 모두가 귀환해야 한다는 대전제에 위배되는 것이었다. 이를 포함하여 재일조선인 귀국사업 관련 내용은 김미영, 「재일한국인 귀국사업에 대한 이승만 정부의 대일(對日) 외교정책 분석」, 『日本學研究』 63, 단국대학교 일본학연구소, 2021, 111-112쪽을 참조할 것.

37 위의 논문, 107-111쪽 참조.

38 이와 관련된 논의는 오가타 요시히로(緒方義広), 「한일관계 속 재일코리안의 '조선적'」, 『日本學報』 107, 일본학회, 2016, 281-304쪽을 참조할 것. 이 논의에 따르면, 1952년 외국인등록 갱신 때 재일본대한민국거류민단(이하 '민단')과 구(舊)조련 계열에서 진영별로 한국적과 조선적 등록 운동이 경쟁적으로 벌어진 이유는 이승만 정부의 반공 정책 때문이었다.

39 관련 상세 내용은 위의 논문, 289쪽을 참조할 것. 1991년 각서의 정식 명칭은 '일본국에 거주하는 대한민국 국민의 법적지위 및 처우에 관한 각서(日韓法的地位協定に基づく協議の結果に関する覚書)'. 해당 각서는 일본 외무성 홈페이지 https://www.mofa.go.jp/mofaj/gaiko/jinshu/99/1.html#7(2022.2.25. 검색)을 참조할 것.

40 위의 논문, 290쪽 참조.

41 김하영, 「'민단-조총련 화해' 백지화가 北 미사일 때문이라고?」, 『프레시안』 2006. 07.07. 기사, https://www.pressian.com/pages/articles/80722#0DKU(2022.2.25. 검색)

42 「재일 동포 모국 방문 방해 비방 말라」, 『중앙일보』 1976.02.12. 기사, https://www.joongang.co.kr/article/1429139(2022.02.25. 검색)

43 김여경, 「조국이란 무엇인가: 귀국 1.5세 재일탈북자의 구술사를 중심으로」, 『구술사연구』 제8권 1호, 한국구술사학회, 2017, 95-135쪽. 체제 경쟁 시기에는 남한 정부의 선전 도구로 이용되기도 하였다. 관련 사례는 오태영, 「월경의 욕망, 상실된 조국－탈북 재일조선인의 귀국사업에 관한 기록과 증언을 중심으로」, 『구보학보』 19, 구보학회, 2018, 205-242쪽을 참조할 것.

44 김광열, 「일본의 배외주의 '헤이트스피치'에 대항하는 다국적 시민들－'노리코에 네트워크'의 설립을 중심으로－」, 『韓日民族問題研究』 34, 한일민족문제학회, 2018, 166-169쪽 참조.

45 위의 논문, 190-191쪽 참조.

1910~1960년대 재일제주인의 이주와 밀항의 난민 양상

1 "신체적 또는 문화적 특징 때문에 다른 성원에게 차별을 받으며, 차별받는 집단에 속해 있다는 의식을 가진 사람들"로 정의될 수 있다(박경태, 「한국사회와 난민: 난민과 환대의 책임」, 『문화과학』 88, 문화과학사, 2016, 53쪽).

2 1961년 군사정변으로 권력을 장악한 군부는 국가재건최고회의에서 밀항단속법을 제정했다. 밀항이 국가와 사회에 미치는 영향이 매우 중대함에도 경범죄로 처벌되는 것은 너무 가볍기에 강력한 입법으로 밀항을 엄중단속 하고자 했다(김재운, 「밀항단속법에 관한 연구」, 『한국공안행정학회보』 81, 2020, 257쪽).

3 김예림, 「현해탄의 정동-국가라는 '슬픔'의 체제와 밀항」, 『석당논총』 49, 2011, 329-330쪽.

4 최민경, 「냉정의 바다를 건넌다는 것: 한인 '밀항자' 석방 탄원서에 주목하여」, 『인문과학논총』 42(4), 2021, 192쪽.

5 최민경의 연구는 1950년과 1951년 사이에 밀항자 석방 탄원서 분석을 통해서 한인 도일이 냉전에 의해 어떻게 불법이 되었고, 또 어떤 맥락에서 불법이 예외적으로 인정되었는지 보여준다. 밀항자와 탄원인이 위험한 생각을 하지 않는 선량한 사람임을 증명하는 것이 중요했다. 선량하다는 것은 공산주의와 거리가 멀거나 반공주의적 성향을 의미했다(최민경, 「냉정의 바다를 건넌다는 것: 한인 '밀항자' 석방 탄원서에 주목하여」, 『인문과학논총』 42(4), 2021, 196-197쪽).

6 이지치 노리코에 따르면 기존 연구에서 재일한인은 일제강점기에 도일하여 해방 후에도 귀향하지 않고 일본에 머문 약 60만 명을 가리키는 것이 일반적이었고, 일률적으로 일본 국가의 소수자(minority)로 취급했다. 또한, 기존 연구에서는 재일한인을 일본 국가의 범위 내에서만 거론하고, 한반도와의 관계에서 규정되는 존재임을 충분히 시야에 넣지 않았다. 이지치 노리코, 「재일제주인의 이동과 생활─해방 전후를 중심으로」, 윤용택 외 엮음, 『제주와 오키나와』, 제주대학교 탐라문화연구소, 2013, 298쪽).

7 김치완, 「재일조선인의 이동(mobility) 경험과 기억으로 본 난민 감시와 처벌」, 『철학·사상·문화』 40, 2022, 23쪽.

8 해방 전의 밀항은 일본으로 도항하는 규정을 지키지 않는 행위로써 국경을 넘는 행위가 아니었고, 적발될 경우 가벼운 처벌을 받았다.

9 이지치 노리코, 「재일제주인의 이동과 생활─해방 전후를 중심으로」, 윤용택 외 엮음, 『제주와 오키나와』, 제주대학교 탐라문화연구소, 2013, 297-298쪽).

10 김경녀, 「한국영화에 재현된 국제이주 난민화 양상과 포용적 가치 연구」, 부산외국어대학교 일반대학원 박사학위논문, 2020, 19쪽.

11 김진선, 「한국 사회에서의 난민 인식의 문제」, 『왜 지금 난민』, 제주대학교 탐라문화연구원, 2021, 26-30쪽.

12 김경녀, 2020, 「한국영화에 재현된 국제이주 난민화 양상과 포용적 가치 연구」, 부산외국어대학교 일반대학원 박사학위논문, 32쪽. 칼리드 코저는 국제이주를 자발적 이주와 강제 이주, 정치적 이주와 경제적 이주, 합법적 이주와 비정규적 이주로 구분한다. 난민은 보통 강제 이주, 정치적 이주와 연결되지만 현실적으로 훨씬 복합적인 성격을 갖는다. 이주 원인과 형태가 고정된 것이 아니라 유동성을 갖기 때문이다. 오히려 일반적인 분류가 현실을 단순화 하는 문제가 있다는 점을 주의해야 한다(칼리드 코저, 윤재운 옮김, 『국제 이주 입문』, 대구대학교 다문화사회정책연구소 총서 05, 평사리, 2022, 30-33쪽).

13 "1946년경부터 지정 연락항인 하카타(博多) 철도창고에는 귀국 조선인들의 짐들이 썩은 채 그대로 산적되어있다. 같은 해 11월 우리는 여전히 3천개 이상의 짐들이 그대로 버려진 것을 봤다.……실지로는 인간만이 쫓기는 듯이 남조선의 정치, 경제, 문화의 모든 반민주적 파괴상태 속에 내버려졌다.……그들은 불합리한 귀국강제 때문에 본국에서 아사상태에 빠져 일본에 남긴 재산을 위해 다시 일본으로 돌아가고자 한 결과 연합군최고사령부 포고에 위반하는 밀항자가 되었다(「朝鮮人生活権擁護委員会ニュース」, 1947.4.5.)."(조경희, 「불안전한 영토, 밀항하는 일상-해방 이후 70년대까지 제주인들의 일본 밀항」, 『사회와역사』 106, 2015, 47쪽에서 재인용).

14 조경희, 「불안전한 영토, 밀항하는 일상-해방 이후 70년대까지 제주인들의 일본 밀항」, 『사회와역사』 106, 2015, 42쪽.

15 김치완, 「재일조선인의 이동(mobility) 경험과 기억으로 본 난민 감시와 처벌」, 『철학·사상·문화』 40, 2022, 29쪽.

16 한국전쟁 시기 밀항은 국가를 배신하는 비겁한 행동이라는 논리가 작동하기 시작했다. 밀항자를 총살할 것이라는 피난지 국회의 결정 사항은 그것이 반국가적 행위임을 선포하는 것이었다(김예림, 「현해탄의 정동-국가라는 '슬픔'의 체제와 밀항」, 『석당논총』 49, 2011, 328쪽).

17 장 지글러, 양영란 역, 『인간 섬: 장 지글러가 말하는 유럽의 난민 이야기』, 갈라파고스, 2020, 47쪽.

18 후지나가 다케시, 「제2차 세계대전 후 제주도민의 일본 '밀항'에 대하여」, 윤용택

외 엮음, 『제주와 오키나와』, 제주대학교 탐라문화연구소, 2013, 330-334쪽.

19 『한겨레』, 2022.4.3, 「희생자 조사 재일제주인 놓쳤다…목숨 건지려 일본 밀항 택해」. 기사의 내용을 소개하면 다음과 같다. 재일본제주4·3사건희생자유족회와 제주4·3사건을 생각하는 모임 등 4개 단체가 2022년 3월 18일 기자회견을 열어 제주 출신 재일동포의 4·3 피해 실태 조사를 촉구했다. 문경수는 (2022년) 개정된 4·3특별법과 시행령은 일본에 거주하는 희생자와 유족들에 대한 이해가 부족하다며, 남북 분단으로 아직 희생자 및 유족 신고조차 하지 못한 동포들이 있는데, 이들이 소외돼서는 안 된다고 지적했다. 또 해방 이후 4·3을 전후한 혼란기에 제주도민들이 목숨을 걸고 일본으로 건너와 오사카는 '제2의 제주4·3 현장'이라고 불린다. 이런 역사적 상황을 도외시한 채 4·3문제 해결은 불가능하다고 했다.

20 문경수, 「4.3사건과 재일 한국인」, 『4.3과역사』 1, 2001, 15쪽.

21 김태기, 「GHQ/SCAP의 對 재일한국인정책」, 『국제정치논총』 38(3), 1998, 268쪽.

22 재일한인 외 중국인 귀환자도 마찬가지였다. 남조선미군정청이나 일본정부의 의견을 무시하고, GHQ의 ESS(경제과학부)가 일본 재정 유출을 막고자 추진했고 1949년 가을까지 유지되었다. 그 배경에는 일본재건에 대한 미국정부의 부담을 줄이려는 의도가 있었다.

23 김태기, 「GHQ/SCAP의 對 재일한국인정책」, 『국제정치논총』 38(3), 1998, 268쪽.

24 미국정부의 재일외국인에 대한 기본정책인 '재일난민'(1945년)에 재일한인의 법적지위와 기본정책이 규정되어 있다. 재일난민에서는 재일한인을 '해방민족'으로 취급하고, 필요에 따라서는 일본국민으로 취급할 것을 지시했다. "한국인을 군사상 안전이 허락하는 한 해방민족(liberated people)으로서 취급해야한다. 그들은 본 서면에 사용되는 '일본인'이라는 용어에는 포함되지 않는다. 그러나 그들은 지금까지 일본신민(日本臣民)이었으며, 필요한 경우에는 적국민(敵國民)으로서 취급해도 된다."(김태기, 「GHQ/SCAP의 對 재일한국인정책」, 『국제정치논총』 38(3), 1998, 259쪽 참조).

25 전갑생, 「오무라(大村)수용소와 재일조선인의 강제추방 법제화」, 『역사연구』 28, 2015, 172-173쪽.

26 김태기, 「GHQ/SCAP의 對 재일한국인정책」, 『국제정치논총』 38(3), 1998, 254-256쪽.

27 후지나가 다케시, 「제2차 세계대전 후 제주도민의 일본 '밀항'에 대하여」, 윤용택 외 엮음, 『제주와 오키나와』, 제주대학교 탐라문화연구소, 2013, 325쪽.

28 후지나가 다케시, 「제2차 세계대전 후 제주도민의 일본 '밀항'에 대하여」, 윤용택

외 엮음, 『제주와 오키나와』, 제주대학교 탐라문화연구소, 2013, 327쪽.

29 최민경, 「냉정의 바다를 건넌다는 것: 한인 '밀항자' 석방 탄원서에 주목하여」, 『인문과학논총』 42(4), 2021, 189쪽.

30 지문날인은 1949년부터 미점령당국에서 재일한인의 밀입국 및 범죄 등을 방지하는 수단으로 그 필요성을 제기했다. 하지만 당시 지문은 범죄수사에만 사용되었기 때문에 GHQ의 법무부는 반대 입장을 취하고 있었다(김태기, 「GHQ/ SCAP의 對 재일한국인정책」, 『국제정치논총』 38(3), 1998, 267-268쪽).

31 김태기, 1998, 「GHQ/SCAP의 對 재일한국인정책」, 『국제정치논총』 38(3), 262쪽.

32 "당시 민족학교의 대부분은 조련에 의해 운영되고 있었는데, 당시 조련계 민족학교는 1946년 10월의 시점에서 초등학교 525개교(아동수 42,182명, 교원수 1,023명), 각종 청년학교 12개교(생도수 724명, 교원수 54명)가 있었다."(김태기, 「GHQ/SCAP의 對 재일한국인정책」, 『국제정치논총』 38(3), 1998, 258쪽).

33 한신교육투쟁사건은 GHQ의 점령정책의 기조가 일본의 비군사화, 민주화로부터 경제부흥과 반공정책으로 변화해 가는 속에서의 재인한인 운동의 억압 혹은 일본인과 재일한인의 사회적 갈등이라는 맥락에서 이해돼 왔다. 그런데 GHQ가 직접적으로 조취를 취한 것은 예외적이며, 제주4.3과 관련하여 남한단독선거(5.10선거) 이전의 불순한 움직임을 차단하기 위한 것일 수 있다(문경수, 「4.3사건과 재일 한국인」, 『4.3과 역사』 1, 2001, 10-15쪽).

34 김태기, 1998, 「GHQ/SCAP의 對 재일한국인정책」, 『국제정치논총』 38(3), 264-265쪽. 조련이 공산주의 세력을 지지하는 정치집단의 성격을 갖고 있었고 정치활동을 주로 했지만 해방 직후 결성되어 재일한인 사회에서 중요한 역할을 담당했다. GHQ가 이러한 조련의 역할은 무시하고 해산시킨 것은 재일한인 자체에 대한 존중과 고려를 찾아보기 어려운 부분이라고 할 수 있다.

35 재일제주인 사회는 재일제주인의 자발적인 이주로만 형성된 것이 아니라 일본 식민지배의 산물로서 강압에 의해 이루어졌기 때문에 일본 사회에 정착하는 데 법적 사회적으로 온갖 차별을 받아 왔다(고광명, 『재일(재일)제주인의 삶과 기업가활동』, 탐라문화연구소, 2013, 44쪽).

36 이경원, 「일제하 재일제주인의 형성과 이주사적 의미」, 윤용택 외 엮음, 『제주와 오키나와』, 제주대학교 탐라문화연구소, 2013, 410쪽.

37 이경원, 「일제하 재일제주인의 형성과 이주사적 의미」, 윤용택 외 엮음, 『제주와 오키나와』, 제주대학교 탐라문화연구소, 2013, 409쪽.

38 재일제주인 1세대는 가정에서 한국식 유교문화에 대한 인식을 강하게 갖고 있어서

관혼상제 등을 제주도에서 행해지는 관습 그대로 이행하려는 성향을 지니고 있다 (고광명, 『재일(재일)제주인의 삶과 기업가활동』, 탐라문화연구소, 2013, 30쪽).

39 전은자에 따르면 제주 사람들의 일본도항은 조선말기, 즉 명치시대(明治時代)부터 시작되어 해방되기 전까지 그 빈도가 더욱 높아졌다(전은자, 「濟州人의 日本渡航 硏究」, 『탐라문화』 32, 2008, 139쪽).

40 이지치 노리코, 「재일제주인의 이동과 생활 – 해방 전후를 중심으로」, 윤용택 외 엮음, 『제주와 오키나와』, 제주대학교 탐라문화연구소, 2013, 299쪽.

41 제주도 어부와 해녀의 일본 출가는 1883년에 체결된 조일통상장정에 의해 전라, 경상, 강원, 함경 등 4도 해안의 일본인의 어로가 허락되어 제주도 해역으로 출어해 제주 어장이 날로 황폐해졌기 때문이었다(허향진, 『재일제주인의 삶과 역사』, 제주대학교 재일제주인센터, 2014, 32쪽).

42 이창익, 「제일제주인의 삶과 정신」, 윤용택 외 엮음, 『제주와 오키나와』, 제주대학교 탐라문화연구소, 2013, 415쪽.

43 문경수, 「4.3사건과 재일 한국인」, 『4.3과역사』 1, 2001, 9쪽.

44 1925년 당시 오사카는 일본에서 가장 인구가 밀집해 있는 도시로 상업과 금융의 중심도시일 뿐만 아니라 방직업과 기계공업 등의 공업지대를 가진 아시아 최대의 상공업도시이기도 했다(전은자, 「濟州人의 日本渡航 硏究」, 『탐라문화』 32, 2008, 160쪽).

45 제주도 출신의 오사카 이주 요인은 제주도의 산업부진, 임금 및 고용기회의 확대, 제주도 경제의 전환, 출가제도, 정기항로 개설 등으로 제주인의 오사카 이주를 활발히 촉진시키는 계기가 되었다(고광명, 『재일(재일)제주인의 삶과 기업가활동』, 탐라문화연구소, 2013, 42쪽).

46 문경수, 「4.3사건과 재일 한국인」, 『4.3과역사』 1, 2001, 10쪽.

47 김경녀, 「한국영화에 재현된 국제이주 난민화 양상과 포용적 가치 연구」, 부산외국어대학교 일반대학원 박사학위논문, 2020, 2쪽.

48 밀항이나 불법이주에 대해서 국제이주기구(Global Commission on International Migration)에서는 10가지로 그 원인에 대해 설명하고 있다. ① 불법이주자의 기본욕구를 충족시켜줄 수 없는 경제적 빈곤 상태, ② 미래에 대한 경제적 안정성의 결여, ③ 높은 수입이나 지위에 대한 열망, ④ 사회적 환경의 제약, ⑤ 낙인이나 폭력으로 부터의 탈출, ⑥ 열망과 모험, ⑦ 감정적 또는 정서적 안정감, ⑧ 외국에서의 기회보장, ⑨ 정치적 박해나 차별, ⑩ 인간존엄성의 결여이다(김재운, 「밀항단속법에 관한 연구」, 『한국공안행정학회보』 81, 2020, 256쪽).

49 『서울신문』, 2021.11.25, 「英·佛 앞바다 난민보트서 27명 참사… "佛이 방치" "英 밀항 키워" 네탓 공방」.

50 이승희, 「조선인의 일본 '밀항'에 대한 일제 경찰의 대응 양상」, 『다문화콘텐츠연구』 13, 2012, 343쪽.

51 이승희 「조선인의 일본 '밀항'에 대한 일제 경찰의 대응 양상」, 『다문화콘텐츠연구』 13, 2012,, 340쪽.

52 "부정도항이 적발된 경우 구류 또는 과료의 비교적 가벼운 형으로 처벌하였다. 즉 1912년 3월 25일 조선총독부법령 제40호에 의해 제정된 「경찰범처벌규칙」 제1조 제1호 '이유 없이 사람의 주거 또는 간수하지 아니하는 저택, 건조물 또는 선박 안에 잠복한 자' 또는 동조 제2호 '일정한 주거 또는 생업 없이 사방을 배회하는 자'에 해당하는 것으로 보았다. 해방 이후에도 비록 밀항자가 급증하였음에도 불구하고 정치·사회적 혼란으로 법제가 정비되지 않아 밀항자를 처벌하는 규정을 마련하지 못하고 종래의 '경찰범처벌규칙'을 계속 적용하였다. 밀항자에 대한 처벌규정을 처음으로 도입한 것은 1954년 4월 1일 경범죄처벌법을 제정하면서 부터이다. 제정 경범죄 처벌법 제1조 42호에 '밀항하였거나 또는 밀항에 착수한 자'를 경범죄의 유형 중 하나로 열거하고 이에 대해서 구류 또는 과료 에 처하도록 하였다."(칼리드 코저, 윤재운 옮김, 『국제 이주 입문』, 대구대학교 다문화사회정책연구소 총서 05, 평사리, 2022, 257쪽).

53 이승희, 「조선인의 일본 '밀항'에 대한 일제 경찰의 대응 양상」, 『다문화콘텐츠연구』 13, 2012, 338-339쪽.

54 이승희, 「조선인의 일본 '밀항'에 대한 일제 경찰의 대응 양상」, 『다문화콘텐츠연구』 13, 2012, 349쪽. 경찰통계에 따르면 1946년 4월~12월까지 한인 불법입국 검거자수는 17,733명 이었다(조경희, 「불안전한 영토, 밀항하는 일상-해방 이후 70년대까지 제주인들의 일본 밀항」, 『사회와역사』 106, 2015, 48).

55 김예림, 「현해탄의 정동 「'국가라는 '슬픔'의 체제와 밀항」, 『석당논총』 49, 2011, 327쪽.

56 최민경, 「냉정의 바다를 건넌다는 것: 한인 '밀항자' 석망 탄원서에 주목하여」, 『인문과학논총』 42(4), 2021, 186쪽.

57 김예림, 「현해탄의 정동-국가라는 '슬픔'의 체제와 밀항」, 『석당논총』 49, 2011, 333쪽.

58 김예림, 「현해탄의 정동-국가라는 '슬픔'의 체제와 밀항」, 『석당논총』 49, 2011, 337쪽.

59 일본 패전 후인 1950년 출입국관리청설치령이 제정되면서 법령을 위반한 사람을 본국으로 송환하기 전에 임시로 수용하기 위해 설치된 시설이다(이정은, 「예외상태의 규범화된 공간, 오무라수용소 – 한일국교 수립 후, 국경을 넘나든 사람들의 수용소 경험을 중심으로」, 『사회와역사』 106, 2015, 78쪽).

60 후지나가 다케시, 「제2차 세계대전 후 제주도민의 일본 '밀항'에 대하여」, 윤용택 외 엮음, 『제주와 오키나와』, 제주대학교 탐라문화연구소, 2013, 321쪽.

61 김예림, 「현해탄의 정동 – 국가라는 '슬픔'의 체제와 밀항」, 『석당논총』 49, 2011, 340쪽.

62 김치완, 「재일조선인의 이동(mobility) 경험과 기억으로 본 난민 감시와 처벌」, 『철학·사상·문화』 40, 2022, 351쪽.

한국소설에 재현된 보트피플

1 강진구·이기성, 「텍스트마이닝(Text Minning)을 통해 본 제주 예멘 난민」, 『다문화콘텐츠연구』 30, 중앙대학교 문화콘텐츠기술연구원, 2019, 105쪽.

2 한국사회는 아시아 최초로 난민법을 제정했음에도 사회 전체가 공감할 수 있는 '난민'에 대한 합의에는 이르지 못하고 있다. 이것은 난민이 논자에 따라 매우 다르거나 심지어는 상반되게 정의되고 있음을 의미한다. 그렇다고 해서 난민을 개념화할 수 없는 것은 아닌데, 왜냐하면 한국사회는 다양한 난민수용의 경험을 통해 비록 뒤죽박죽한 형태로나마 난민에 대한 일정한 이미지를 형성해 왔다. 그 이미지란 "'나라 잃은 사람들'이 쪽배에 의지하여 망망대해를 떠도는" 것이었다(조서연, 「한국 '베트남전쟁'의 정치와 영화적 재현」, 서울대학교 박사학위논문, 2020, 140쪽).

3 황금비, 「70m 사이로…'예멘 난민' 반대 집회와 찬성 집회가 열렸다」, 『한겨레신문』(2018.6.30.).

4 같은 글.

5 대표적인 논의로는 김영미(2018)를 들 수 있다. 저자는 예멘 난민을 '가짜난민'으로 규정한 근거 – 가령 박해에 대한 공포가 아닌 경제적 이득, 청년이 다수인 이유, 비행기 이용의 문제, 브로커 등 – 들 하나하나에 대해서 반박과 해명하는 방식을 통해 예멘 난민이 '가짜난민'이 아니라 '진짜난민'임을 보여주려 한다. 자세한 것은 김영미 글(김영미, 「내가 본 예멘, '가짜 난민'의 실상」, 『관훈저널』 60(3),

관훈클럽, 2018, 49~55쪽)을 참조할 것.

6 「제주도 불법 난민 신청 문제에 따른 난민법, 무사증 입국, 난민신청허가 폐지/개
헌 청원합니다」, 청와대 국민청원 게시판(https://www1.president.go.kr/petitions
/269548(2022.4.10.).

7 강진구·이기성, 앞의 논문, 2019, 108쪽.

8 전의령, 「'위험한 무슬림 남성'과 '특별기여자': 전 지구적 인도주의 담론과 포스트
9·11체제의 공모」, 『아시아리뷰』 12(1), 서울대학교 아시아연구소, 2022, 12쪽.

9 같은 글.

10 예멘 출신 들은 '테러리스트', '잠재적 불체자', '잠재적 성착취자'로 표지되며, 그
들의 행동 또한 "단지 난민 행세를 할 뿐인 '가짜'"라는 것이다(위의 글, 6쪽).

11 오찬호, 「아프간 난민, 한국 오지 마라」, 『경향신문』(2021.8.23.).

12 전의령, 앞의 논문, 6쪽.

13 보트피플(boat people)이란 일반적으로는 베트남 전쟁 이후, 베트남과 캄보디아,
라오스 등에서 탈출한 난민들을 통칭하는 개념인데, 본 논문에서는 월남 패망 이
후 1970년대 후반부터 80년대 초반까지 바다를 통해 베트남을 탈출한 난민들을
가리키는 용어로 사용한다.

14 베트남 난민은 엄밀하게 말하면, 1975년 남베트남 패망을 전후해 한국 정부의
철수 계획(남십자성 작전)에 의해 입국한 1차 난민과 남베트남 패망 후 1977년부
터 1989년까지 해상에서 구조되어 한국으로 유입된 2차 난민으로 구성된다. 일
반적으로 '보트피플'로 불리는 난민은 후자를 가리킨다(노영순, 「바다의 디아스
포라, 보트피플 한국에 들어온 2차베트남난민(1977~1993) 연구」, 『디아스포라연
구』 7(2), 전남대학교 세계한상문화연구단, 2013, 76쪽).

15 「갈곳 없는 월남피난민 217명 태운 채 한국화물선 4일째 해상방황」, 『중앙일보』
(1975.5.5.).

16 보트피플을 둘러싸고 베트남과 중국은 심각한 대립 양상을 보이는데, 베트남이
박해에 대한 공포로부터 벗어나 자유를 찾아 탈출한 난민으로 바라보는데 반해,
중국은 "자기들이 싫어하는 베트남내소수파인종" 다시말해 "中國系 국민을 除去
하려는" 베트남의 음모로 인식하고 있다. 보다 자세한 논의는 「베트남 難民의 實
態와 將來」(『國會報』 172, 국회사무처, 1979, 141-147쪽)를 참조할 것.

17 보트피플 문제를 두고 아세안 5개국(말레이지아, 싱가포르, 인도네시아, 태국, 필
리핀)은 외상회의를 개최하는데, 그 회의에서 보트피플을 "「아세안」國社會에 不
安과 混亂을 조장할뿐 아니라 분열을 惹起시키는 「人間爆彈」이요, 「革命의 武器」

라고 지적하면서 이는 「베트남」의 궁극적 侵略으로 이어지는 「豫備侵略」이라고 규탄"하였다(金永光, 「印支 難民問題와 安保的 評價」, 『世代』 194, 世代社, 1979, 61쪽).

18 1977년부터 베트남난민보호소에 수용되어 생활했던 보트피플들은 마지막 보트피플 150여명이 뉴질랜드로 떠난 1993년 2월 8일까지 모두 1천 300여명이 생활했으며, 그중에는 한국에서 태어난 새 생명 66명도 포함되어 있었다(「마지막 「보트피플」」, 『중앙일보』(1993.2.9.).

19 노영순, 앞의 글, 2014, 335쪽.

20 위의 글, 334쪽.

21 김영광, 앞의 글, 67쪽.

22 위의 글, 65쪽.

23 「냉혹한 일본의 월남 난민 정책 – 전쟁 때 돈벌고 기항마저 거부」, 『중앙일보』 (1977.10.1.)

24 김경민, 「경계 위의 인권: 난민 문학의 인권담론」, 『법과사회』 63, 법과사회이론학회, 2020, 7쪽.

25 위의 글, 1쪽.

26 조서연, 앞의 글, 132쪽.

27 이 글에서는 중앙일보사에 펴낸 『머나먼 쏭바江 人間의 새벽』(1987, 초판)을 판본으로 삼았다. 이하 인용은 쪽수만 표시함.

28 매일경제 보도에 따르면 1979년 출간된 『인간의 새벽』은 "내용 일부에 대한 문학외적 시비가 일어나 결국 사장"되었다가 발표된 지 8년 만에 개작 출간되었다 (『매일경제』, 1986.11.27.).

29 정호웅, 「월남전의 소설적 수용과 그 전개 양상」, 『출판저널』 135, 대한출판문화협회, 1993, 17쪽.

30 정호웅과 달리 유철상(2020)은 마지막 탈출 장면이 작품의 주제를 드러내는 핵심적인 부분이라고 평가한다.

31 이 글에서는 열림원에서 펴낸 『시간의 문』(2010, 1판 4쇄)을 판본으로 삼았다. 이하 인용은 쪽수만 표시함.

32 실제 당시 신문에는 난민들이 구조를 외면당 한 채, 바다에 표류하다 배가 전복되어 집단으로 사망하거나 해적 등의 습격으로 목숨을 잃었다는 보도가 다수 게재되었다. 「베트남이민 2백명 익사」, 『중앙일보』(1978.11.23.)가 대표적인 예라 할 수 있다.

33 「"베트남 난민 7만명 공해추방|말연 상륙 시도하면 즉시사살"」, 『중앙일보』(1979.

06.16.).

34 Linh Kieu Ngo, *Cannibalism: It Still Exists*, spalding.pbworks.com/f/Ngo_Cannibalism.doc (검색일: 2022. 4. 10)를 참조할 것.

35 55명의 베트남 난민이 베트남 전쟁 이후 자국의 공산주의 통치를 피해 작은 어선을 타고 말레이시아로 피신했습니다. 탈출을 시도하던 중 선장은 해안 경비대의 총에 맞았습니다. 보트와 승객들은 해안 경비대를 앞질러 가까스로 넓은 바다로 달려갔지만 말레이시아로 가는 길을 아는 유일한 사람인 선장을 잃었습니다. …중략… 한 달이 지나고 늙고 약한 자들도 죽었습니다. 처음에는 선원들이 죽은 자를 바다에 던졌으나 나중에는 절박한 나머지 선원들은 인육을 식량원으로 삼았습니다. 어떤 사람들은 먹으려다가 토했고, 다른 사람들은 식인 풍습에 의지하지 않고 사랑하는 사람들의 시체가 음식을 위해 희생되는 것을 보기를 거부했습니다. 먹지 않은 사람들은 굶어 죽고, 그들의 몸은 차례로 다른 사람들의 음식이 되었습니다. 인육을 잘라내어 소금물에 씻은 다음 매달아 말려서 보존했습니다. 갈증을 풀기 위해 두개골 내부의 액체를 먹었습니다. 간, 신장, 심장, 위, 내장을 삶아서 먹었습니다. 포경선이 뼈 무덤처럼 보이는 표류선을 발견하기까지 5개월이 지났습니다. 생존자는 단 한 명뿐이었다.(구글 번역, 같은 글)

36 이연식, 「해방 직후 '우리 안의 난민·이주민 문제'에 관한 시론」, 『역사문제연구』 35, 역사문제연구소, 2016, 132쪽.

37 같은 글.

38 "제3국선들의 비정적인 처사가 때로는 인간의 양심과 인도주의의 이름으로 비난을 받고 있는 줄도 알았지만, 우리는 차라리 그런 비난을 감수하는 쪽을 택하는 수밖에 다른 길이 없었습니다"(『시간의 문』, 227쪽).

39 이 글에서는 나남에서 펴낸 『秘火密敎』(1985)를 판본으로 삼았다.

40 김남혁, 「이청준 문학에 드러난 '정치적인 것'에 대한 연구-「수상한 海峽」, 「제3의 神」, 「그림자」를 중심으로」, 『순천향 인문과학논총』 31(3), 순천향대학교 인문과학연구소, 2012, 18쪽.

41 송은정, 「이청준 문학의 주체 전환을 향한 신화적 모색-「마기의 죽음」, 「제3의 신(神)」을 중심으로」, 『문화와 융합』 43(1), 한국문화융합학회, 2020, 525쪽.

42 노영순, 「부산입항 1975년 베트남난민과 한국사회」, 『史叢』 81, 고려대학교 역사연구소, 2014, 194쪽.

43 「"20년전 목숨 구해준 선장님께 감사"」, 『중앙일보』(2004.07.29.)

44 김영광, 앞의 글, 61쪽.

45 「베트남 難民의 實態와 將來」, 앞의 글, 142쪽.

재일 4·3 난민의 좌절과 재생

1 엄격히 말하면『바다 밑에서』는『화산도』의 '속속편(續續編)'이라고 할 수 있다. "2005년 7월부터 2006년 7월까지『스바루(すばる)』에 '괴멸(壞滅)'이라는 대제목 아래 발표한 연작『돼지의 꿈』(2005.7), 「이방근의 죽음」(2005.10), 「쪼개진 꿈 (割れた夢)」(2006.1), 「하얀 태양」(2006.4), 「방근 오빠」(2006.7) 등을 2006년 슈에이샤(集英社)에서『땅속의 태양(地底の太陽)』으로 묶은 것이 최초의『화산도』 속편이다." 장인수, 「김석범 소설『바다 밑에서』의 서사 전개 양상과 그 의미」, 『한국언어문화』83, 한국언어문화학회, 2024, 171쪽.

2 『화산도』의 첫 번째 연재는 일본의 월간문예지『文學界』(1976년 2월호~1981년 8월호, 1980년 12월호는 휴재)에 「海嘯」라는 제목으로 66회(전 9장[제1장~제9 장], 전 61절)에 걸쳐 이루어졌다. 그 후 3개의 장(제10장~제12장)을 가필하고『火 山島』로 제목을 바꿔 1983년 文藝春秋에서 단행본화되었다(1~3권). 두 번째 연 재도『文學界』(1986년 6월호~1995년 9월호, 1989년 1월호와 3월호는 휴재) 지 면을 통해 「火山島 第二部」라는 제목으로 110회(전 60장[제1장-제15장, 종장], 전 110절) 이어졌다. 그리고 1997년 文藝春秋에서 단행본화(4~7권)될 때 2절(제 25장 '7'과 '8')을 가필하고 종장 가필(2절에서 6절 분량)을 통해 이방근의 권총 자살로 내용을 수정함으로써 작품이 완결되었다. 한국어 완역은 김환기·김학동 에 의해 2015년 이루어졌다(전 12권, 보고사). 조수일, 「김석범의『화산도』연구: 작중인물의 목소리와 서사가 생성하는 해방공간에 대한 물음을 중심으로」,『영 주어문』제45집, 영주어문학회, 2020, 280쪽 참조.

3 문경수, 「4·3과 재일 제주인 재론(再論): 분단과 배제의 논리를 넘어」,『4·3과 역 사』19, 제주4·3연구소, 2019, 96쪽.

4 『제주4·3사건 진상조사보고서』에는 "제주청년 3000명 가량이 해방 후 일본으로 건너왔는데, 주로 1947년의 일이다. 사태 발생 후인 48년이나, 49년에 일본으로 왔다는 사람들은 거의 거짓말일 것이다"라는 김민주의 말이 인용되었다.(125~126 쪽) 이에 대해 문경수는 여러 증언과 자료들을 제시하며 그것의 신빙성을 문제 삼 았다. 위의 글, 93~96쪽.

5 문경수, 「경계에서 찾은 4·3의 가치를 알리다(대담)」,『4·3과 평화』45, 제주4·3

평화재단, 2021, 18쪽.

6 한보희, 「난민의 나라, 문학의 입헌(立憲)」, 『작가들』 59, 인천작가회의, 2016, 183쪽.

7 김석범은 『화산도』와 『바다 밑에서』 등 여러 작품에서 4·3을 '혁명'으로 표현했다.

8 고은경의 「김석범 4·3소설 연구」(제주대학교 박사논문, 2022)에서 『바다 밑에서』 가 의미 있게 다루어지긴 했으나 4·3 난민의 문제는 그다지 주목되지 않았다.

9 김석범은 「유방이 없는 여자(乳房のない女)」(1981) 등에서 대마도 체험을 소설화 한 바 있다. "김석범이 1951년 3월 교토대학에 졸업논문(「예술과 이데올로기」)을 제출한 후 제주에서 밀항해온 먼 친척 숙모를 오사카에 데려오기 위해 대마도에 건너가고, 거기서 '유방이 없는 여자'를 만난 일화, 그리고 그녀들에게 「간수 박 서방」(작품집 『까마귀의 죽음』에 수록)에 등장하는 명순이와 관련된 일화를 듣게 된 일은 익히 잘 알려져 있는 내용"이다. 조수일·고은경, 「옮긴이의 글」, 김석범, 『만덕유령기담』, 보고사, 2022, 217쪽.

10 김석범(서은혜 옮김), 『바다 밑에서』, 길, 2023, 552쪽. 이하 작품 인용 시에는 ( ) 안에 쪽수만 명기함.

11 고은경, 앞의 논문, 124쪽.

12 이 점은 "승지 동무, 이방근 선배님은 뭘 위해 남승지를 일본으로 보냈을까? 그 래, 물론 개죽음하지 말라는 것이었지만 동생 유원이와 함께 있으라고 내보낸 거 야."(368쪽) 등의 한대용의 발언에서 확인된다.

13 서은혜는 '논'으로 옮겼지만, 원전에 '畑'으로 되어 있을 뿐만 아니라, 제주에 논 이 거의 없는 점을 감안하면 '밭'으로 번역해야 마땅하다. 이밖에도 한국어 번역 본에는 가타카나로 표기된 지명과 제주방언이 부정확하게 옮겨진 것들이 보인 다. 다음과 같이 바로잡아야 한다.
정돌(13쪽)→정드르 (원문: チョントゥル, 4쪽),
할방(464쪽)→하르방 (원문: ハルバン, 359쪽),
살아짓기요(513쪽)→살아지키여 (원문: サラジキヨ, 398쪽).

14 작품 후반부에서는 끔찍한 성 고문을 당한 안정혜와 강연주의 사연이 더욱 비통 하게 소개된다. 안정혜 관련 부분은 다음과 같다.
"눈앞에 들이대!" / 의자에 묶인 채 바닥에 널브러져 있는 고영구의 코앞에 안정혜 의 벌거벗은, 생나무를 찢듯이 억지로 두 사내가 발목을 붙잡고 좌우로 크게 벌 린 하반신을 들이민다. 더, 더, 냄새를 맡게 하라고! 사타구니가 거꾸로 된 팔(八) 자 형으로 벌어지고 더욱 크게 벌어져 풍성하게 엉켜 있는 음모에 덮인 부분이

좌우로 열리고 생살이 붉은 입처럼 벌어져 있다. 사타구니가 찢어졌을지도 모른다. 안정혜의 저항은 멈추었다. 더 잘 보이게 하라고!/ 의자에서 떨어져 서 있던 카키색 셔츠 사내가 고함을 쳤다. 그리고 안정혜의 배 위에 말을 타듯 앉더니 들여다보는 듯한 자세로 왼쪽 손바닥을 음모에 대고 문지르고는 셔츠의 가슴 포켓에서 라이터를 끄집어내 불을 붙였다. 기세 좋게 타오르는 불꽃을 천천히 음모에 갖다 대었다. 순간 음모가 오그라들며 강렬한 냄새를 풍기면서 불꽃을 피워올려 계장의 얼굴에 연기를 뿜었다. 음부를 덮은 음모 전체를 라이터 불이 핥고 연기가 고영구의 얼굴 주변으로 퍼져갔다. 안정혜는 허리를 들어올리며 몸부림쳤지만 상반신을 남자들에게 짓눌려 있으니 어쩌지도 못했다. 하반신에서도 힘이 빠져갔다.(531~532쪽)

15 문경수는 "김시종이 4·3사건의 체험을 처음으로 공공장소에서 이야기한 것은 2000년 4월 15일 '제주도 4·3사건 52주년 기념 강연회'에서의 강연으로, 2000년 5월 『図書新聞』 2487호에 게재되었다."고 했다. 김석범·김시종(문경수 엮음), 『왜 계속 써왔는가, 왜 침묵해 왔는가』, 이경원·오정은 옮김, 제주대학교출판부, 2007, 15쪽.

16 '식겟집 문학'에 대해서는 김동윤, 「진실 복원의 문학적 접근 방식: 현기영의 「순이 삼촌」론」, 『4·3의 진실과 문학』(각, 2003), 111~115쪽을 참조 바람.

17 원문에는 "再生のスーケプゴート"(266쪽), 즉 '재생의 희생양(scapegoat)'으로 되어 있다.

18 송명순의 사연은 이미 김석범이 「간수 박 서방」(1957)에서 형상화한 바 있다.

19 4·3 봉기 후 경찰과 서청을 중심으로 대응하던 미군정은 4월 17일 제주도 주둔 국방경비대 제9연대에게 사태 진압을 명령했다. 그러나 경찰에 비해 민족적인 성향이 강했던 9연대는 산부대(무장대)와의 평화적인 해결 방안을 모색했다. 마침내 1948년 4월 28일 9연대장 김익렬 중령과 산부대 군사총책 김달삼의 만남이 이뤄져, 72시간 이내에 전투를 중지하고 봉기 주모자들의 신변을 보장한다는 등의 평화협상을 성사시켰다. 하지만 4·28 평화협상은 미군정 수뇌부에 의해 무시되었다. 5월 1일에는 오라리 마을 방화사건이 발생하고, 5월 3일에는 상부의 지시를 받은 경찰들이 귀순자들에게 총격을 가하는 사건이 터지면서 협상은 깨지고 말았다. 제주4·3사건진상규명및희생자명예회복위원회, 『제주4·3사건 진상조사보고서』, 2003, 190~205쪽 참조.

20 『화산도』에서도 4·28평화협상은 매우 중요한 사건으로 취급된다.

아노미적 혼란의 시대, 새로운 사회적 연대의 가능성

1 Andrew Sayer, *Why We Can't Afford the Rich*, Policy Press, 2016, p. 167.
2 Kate Soper, *Post-Growth Living: For an Alternative Hedonism*, Verso. 2019, pp. 86-87.
3 E. K. 헌트, 마크 라우첸하이저, 『E. K. 헌트의 경제사상사』, 시대의창, 2015, 854쪽.
4 Mary Mellor, *The Future of Money: From Financial Crisis to Public Resource*, Pluto Press, 2020, pp. 84-89.
5 Maurizio Lazzarato, *The Making of the Indebted Man: An Essay on the Neoliberal Condition*, Semiotext(e), 2012, pp. 18-19, p. 112.
6 David Harvey, S*eventeen Contradictions and the End of Capitalism*, Oxford University Press, 2014, pp. 235-236과 서영표, 「부동산 불평등과 양극화 사회-불로소득 추구 '기회'의 평등화」, 『마르크스주의 연구』18(3), 경상국립대학교 사회과학연구원, 2021, 18-21쪽. 이러한 현재 자본주의의 조건에 대한 자세한 분석은 Sayer, 2016을 보라.
7 마이클 샌델, 『공정하다는 착각』, 와이즈베리, 2020을 참고하라.
8 서영표, 「현대사회의 공포와 불안, 그리고 혐오 : '난민'이 문제가 되는 사회」, 『탐라문화』, 65, 제주대학교 탐라문화연구원, 2020을 보라.
9 엄혜진, 「성차별은 어떻게 '공정'이 되는가? : 페미니즘의 능력주의 비판 기획」, 『경제와 사회』 132, 비판사회학회, 2021, 55쪽.
10 서영표, 「원한과 혐오의 정치를 넘어 저항과 연대의 정치로 : 포퓰리즘 현상으로 읽는 오늘의 사회와 정치」, 『황해문화』 113, 2021을 보라.
11 여기서 말하는 경제학은 신고전파(neoclassical) 경제학을 지칭한다. 한계효용이론에 근거한 소위 주류경제학이다. 울프와 레스닉은 현대 경제학에서 가장 강력한 영향력을 행사한 세 개의 조류를 비교 설명한다. 신고전파, 케인즈주의, 마르크스주의가 그것이다. Richard D. Wolf and Stephen A. Resnick, *Contending Economic Theories*, The MIT Press, 2012를 보라.
12 Ben Fine and Dimitris Milonakis, *From Economics Imperialism to Freakonomics*, Routledge, 2009를 참고하라.
13 Wolf and Resnick, 위의 책, p. 282, 던컨 폴리, 『아담의 오류-던컨 폴리의 경제학사 강의』, 후마니타스, 2011, 194쪽.
14 헌트는 신고전파 경제학의 성공을 '공리주의의 승리'라고 불렀다. 헌트와 라우첸

하이저, 위의 책 10장의 제목.

15 폴리, 위의 책, 197-202쪽.

16 폴리, 앞의 책, 208-212쪽, 헌트와 라우체하이저, 위의 책, 769-770쪽.

17 John O'Neill, *Ecology, Policy and Politics: Human Well-Being and the Natural World*, Routledge, 1993, p. 45.

18 같은 쪽.

19 "인간의 본질은 각각의 개체 속에 내재하는 추상물이 아니다. 인간의 본질은 그 현실에 있어서 사회적 관계의 앙상블(ensemble)이다." 칼 맑스와 프리드리히 엥겔스., 『맑스-엥겔스 저작선1』, 박종철출판사, 1990, 186쪽 테제 6번.

20 에티엔 발리바르, 「모호한 동일성들」, 『대중들의 공포』, 도서출판b, 2007을 참고하라.

21 민족주의를 고정되어 있는 실체로 인정할 수는 없다. 언어와 장소성을 통해 만들어진 공동체는 사후적으로 민족주의가 구성될 수 있는 원료를 제공할 뿐이다. 에티엔 발리바르, 「보편적인 것들」, 『대중들의 공포』, 도서출판b, 2007, 436-441쪽을 보라. 이런 의미에서 민족주의는 투영(projection)으로 구성된 이데올로기다. 이에 대해서는 Etienne Balibar, "The Nation Form: History and Ideology", E. Balibar and Immanuel Wallerstein, *Race, Nation, Class: Ambiguous Identities*, Verso, 1991, p. 93.

22 이번 절은 앙리 르페브르, 『공간의 생산』, 에코리브르, 2011에 토대를 두고 있으며, 서영표, 「추상적 공간과 구체적 공간의 갈등: 제주의 공간이용과 공간구조의 변화」, 『공간과 사회』 24(1), 한국공간환경학회, 2014와 서영표, 「포스트모던 도시에 대한 사회학적 탐색–몸, 공간, 정체성」, 『도시인문학연구』 10(1), 서울시립대학교 도시인문학연구소, 2018은 보다 자세한 논의와 주장을 담고 있다.

23 제이슨 W. 무어, 『생명의 그물 속 자본주의』, 갈무리, 2020, 330-331쪽.

24 주류경제학의 평면적 공간 이해에 대해서는 서영표, 「기후변화 인식을 둘러싼 담론 투쟁–새로운 축적의 기회인가 체계 전환의 계기인가」, 『경제와 사회』 112, 비판사회학회, 2016, 153-156쪽을 참고하라.

25 이 절의 경제학 비판은 마르크스주의 경제학 문헌에 근거하고 있다. 그러나 생태주의 경제학과 페미니즘 경제학의 경제학 비판은 마르크스주의적 비판과 많은 것을 공유한다. Nancy Fraser, "Climates of Capitalism", *New Left Review* 127, 2021을 보라. 그리고 최근의 논쟁 지형에 대해서는 서영표, 「생태주의, 페미니즘, 그리고 사회주의 : 위기의 시대, 전환의 길 찾기」, 『문화과학』 109, 2022를 참고하라.

26 아래의 논의는 카를 마르크스, 『자본론I(상)』, 비봉출판사, 2019, 『자본론I(하)』, 비봉출판사, 2019에 근거하고 있다.

27 이 부분의 논의는 카를 마르크스, 『자본론III(상)』, 비봉출판사, 2019의 13-14장에 근거하고 있다.

28 Etienne Balibar, "Class Struggle to Classless Struggle", Etienne Balibar and Immanuel Wallerstein, *Race, Nation, Class: Ambiguous Identities*, Verso, 1991, pp. 174-175.

29 벤 파인과 알프레도 사드-필류, 『마르크스의 자본론』, 책갈피, 2006, 144-145쪽.

30 Ian Gough, "Marx's Theory of Productive and Unproductive Labour", *New Left Review* I/76, 1972.

31 미하일 하인리히, 『새로운 자본 읽기』, 꾸리에, 2016, 175쪽.

32 Nancy Fraser, "Crisis of Care?: On the Social-Reproductive Contradictions of Contemporary Capitalism", Tithi Bhattacharya ed., *Social Reproduction Theory: Remapping Class, Recentering Oppression*, Pluto Press, 2017, pp. 23-24.

33 마르크스, 『자본론I(상)』, 226쪽.

34 하인리히, 위의 책, 135쪽.

35 무어, 앞의 책, 306-307쪽, 326-327쪽.

36 Mary Mellor, *Ecology and Feminism*, Polity Press, 1997, p. 138, 맑스와 엥겔스, 앞의 책, 197쪽.

37 폴리, 앞의 책, 105-106쪽.

38 라즈 파텔과 제이슨 W. 무어, 『저렴한 것들의 세계사』, 북돋움, 2020을 보라.

39 Fraser, 2017, 앞의 글, pp. 25-26.

40 Ted Benton, "Environmental Philosophy: Humanism or Naturalism? A Reply to Kate Soper", *Alethia* 4(2), 2001, pp. 7-8과 Kate Soper, *What is Nature?: Culture, Politics and the Non-Human*, Wiley-Blackwell, 1995를 보라.

41 헤르베르트 마르쿠제, 『에로스와 문명』, 나남출판사, 2004, 32-40쪽.

42 브래드 에반스와 줄리언 리드, 『국가가 조장하는 위험들 — 위기에 내몰린 개인의 생존법은 무엇인가』, 알에이치코리아, 2018, 34쪽.

43 울리히 벡은 현대사회의 위험은 이런 식으로 계산될 수 없다고 주장한다. Ulrich Beck, *Risk Society: Towards a New Modernity*, Sage, 1992, p. 22를 보라.

44 버틀러는 신체적 취약성을 연대의 근거로 제시한다. Judith Butler, *Precarious Life: The Powers of Mourning and Violence*, Verso, 2020, pp. 42-43을 보라.

45. Ian Parker and David Pavón-Cuéllar, *Psychoanalysis and Revolution: Critical Psychology for Liberation Movements*, 1968 Press, 2021, p. 127.

46 Kathryn Dean, *Capitalism and Citizenship: The Impossible Partnership*, Routledge, 2003을 보라.

47 리즈 캐닝(Liz Canning)이 만든 다큐멘터리 영화 〈마더로드(MOTHERLOAD)〉는 자동차 문화가 초래한 사회적 단절과 고립을 생생하게 보여준다.

48 장귀연, 「능력에 따른 차별은 공정한가? 불평등한 민주주의」, 『현장과 광장』 5, 2021, 224쪽.

49 맑스와 엥겔스, 앞의 책, 80쪽.

50 S. O. Funtowicz, J. Martinez-Alier, G. Munda and J. R. Ravetz, *Information Tools for Environmental Policy under Conditions of Complexity*, European Environmental Agency, Environmental Issues Series No. 9, 1999, p.5.

51 같은 쪽.

52 B. Özkaynak, P. Devine and F. Adman, "The Identity of Ecological Economics: Retrospects and Prospects", *Cambridge Journal of Economics* 36, 2012, p. 1127.

53 Funtowicz at al, p. 5.

54 위의 글, p. 11.

55 위의 글, p. 16.

56 위의 글, p. 14.

57 J. Martinez-Alier, Giuseppe Munda and John O'Neill, "Theories and Methods in Ecological Economics: A Tentative Classification", Cutler J. Cleveland et al. eds., *The Economics of Nature and the Nature of Economics*, Edward Elgar, 2001, p. 35, Funtowicz at al, 위의 글, p. 14.

58 Martinez-Alier et al, p. 53.

59 같은 쪽.

60 Funtowicz at al, 위의 글, p. 8.

61 Özkaynak et al, 앞의 글, p. 1132.

62 Funtowicz at al, 위의 글, p. 10.

63 John O'Neill, "Value Pluralism, Incommensurability and Institutions", John Foster ed., *Valuing Nature: Economics, Ethics and Environment*, Routledge, 1997, p. 86.

64 O'Neill, 1993, pp. 140-141.

65 Funtowicz at al, 위의 글, p. 17.

66 O'Neill, 1997, p. 84.

67 같은 글, p. 85.

68 Ted Benton, "Humanism = Speciesism: Marx on Humans and Animals," *Radicial Philosophy* 50 (1988), *Natural Relations: Ecology, Animal Rights and Social Justice* Social Justice, Verso, 1993.

69 Ted Benton, "Marxism and Natural Limits: An Ecological Critique and Reconstruction", *New Left Review* I/178, 1989.

70 Benton, 1989, pp. 53, 55, 58.

71 이것이 1988년의 논문과 1993년 책의 핵심 주장이었다.

72 Hilary Rose and Steven Rose, "Introduction" in Rose and Rose eds, *Alas, Poor Darwin: Arguments Against Evolutionary Psychology* Psychology, Vintage, 2001을 보라. 사회생물학에 대한 비판은 같은 책에 실린 Hilary Rose, "Colonising the Social Sciences?"와 Ted Benton, "Social Causes and Natural Relations"을 참고하라.

73 벤턴과 소퍼의 자연주의 논쟁에 대해 더 자세한 것은 서영표, 「영국의 생태마르크스주의 논쟁」, 『동향과 전망』 77, 한국사회과학연구소, 2009를 보라.

74 Kate Soper, "Future Culture: Realism, Humanism and the Politics of Nature", *Radical Philosophy* 102, 2001, p. 20.

75 앞의 글, p. 23.

76 Soper, 1995, p. 89. 소퍼가 이 개념을 논의한 글은 많다. 일일이 소개하지는 않겠다. 최근 국내에 번역 소개된 『성장 이후의 삶 지속가능한 삶과 환경을 위한 '대안적 소비'에 관하여』, 한문화, 2021을 참고할 수 있다. 대안적 쾌락을 국내에 소개한 글은 서영표, 「소비주의 비판과 대안적 쾌락주의 – 비자본주의적 주체성 구성을 위해」, 『공간과 사회』 77, 한국공간환경학회, 2009를 보라.

77 Donna J. Haraway, *Simians, Cyborgs, and Women: The Reinvention of Nature* Nature, Routledge, 1991, pp. 177-8.

78 Donna J. Haraway, *When Species Meet*, Missesota University Press, 2008, pp. 16-18.

79 Donna J. Haraway, "Staying with the Trouble Anthropocene, Capitalocene, Chthulucene", Jason W. Moore ed., *Anthropocene or Capitalocene? Nature, History, and the Crisis of Capitalism* Capitalism, PM Press, 2016.

80 이글턴은 그가 생기론적 유물론(vitalist materialism)이라고 부른 새로운 유물론

은 주권적 주체, 정치적 주체를 물질적 힘의 그물망(mesh of material forces)으로 흩어버린다고 비판한다. 이글턴, 테리, 『유물론: 니체, 마르크스, 비트겐슈타인, 프로이트의 신체적 유물론』, 갈마바람, 2018, 13쪽.

81 위의 책, 14쪽.

시선의 권력과 무관심의 포용, 쿰다

1 모하메드, 김준표, 김진선, 『예멘, 난민, 제주: 나의 난민일기』, 온샘, 2022. 이어지는 괄호는 인용쪽을 나타냄.
2 최정운, 「푸코를 위하여: 지식과 권력의 관계에 대한 재고찰」, 『철학사상』10, 2000, 77쪽.
3 John Urry and Jonas Larson, 도재학·이정훈 옮김, 『관광의 시선』, 소명출판, 2021. 원저는 The Tourist Gaze (SAGE Publication, 2011). 이하의 괄호는 인용쪽을 나타냄.
4 이소희 외, 『나도 말할 수 있는 사람이다: 성판매 여성 안녕들 하십니까』, 여이연, 2018. 이하의 괄호는 인용쪽을 나타냄.
5 고정갑희 외, 『성·노·동』, 여이연, 2007, 22쪽.
6 홍승희, 『붉은 선: 나의 섹슈얼리티 기록』, 글항아리, 2017, 224쪽.
7 위의 책, 200-201쪽.
8 김치완, 「난민의 출현에 대한 철학의 문제들」, 『탐라문화』 65, 2020, 43쪽.
9 서영표, 「현대사회의 공포와 불안, 그리고 혐오: '난민'이 문제가 되는 사회」, 『탐라문화』 65, 2020, 145쪽.
10 전영준, 김준표, 「제주도민의 난민 인식」, 탐라문화』 67, 2021, 146쪽.
11 김준표, 「다문화사회의 정체성 트러블과 제주의 쿰다 문화」, 『현상과인식』 44(4), 2020, 209쪽.
12 김진선, 「한국사회에서 난민 인식의 문제」, 『탐라문화』 65, 2020, 25쪽.
13 위의 글, 26쪽.
14 위의 글, 27쪽.
15 김동윤, 「정치적 난민과 월경(越境)의 문학: 김시종의 경우」, 『탐라문화』 65, 2020, 96쪽.
16 이것이 제주대학교 탐라문화연구원이 예멘 난민의 제주 입도 직후 2019년부터 "'쿰다'로 푸는 제주 섬의 역사와 난민"연구를 수행하게 된 배경이기도 하다. 탐

라 천 년 제주 천 년의 역사 속에서, 국가 경계 안에 포섭되면서 동시에 타자화되었던 제주 섬의 역사와 국가의 경계를 넘나들며 자신의 위치를 성찰했던 제주 사람들의 역사 속에서, 타자 경험이 배태한 제주의 쿰다 문화가 난민을 환대하고 포용하는 문제를 해결하는 실마리로 제공될 수 있으리라 기대했기 때문이다.

17 손봉호, 「현실에 무관심한 철학」, 『철학과현실』 1, 1988; 유봉인, 「'의문사'에 대한 사회적 무관심에 '의문'을 제기한다」, 『인물과사상』 31, 2000; 김한승, 「풍요와 결식, 그리고 무관심이라는 병」, 『월간 샘터』 33(2), 2002; 임헌영, 「정치에 무관심한 세대를 위한 정치학」, 『역사비평』 91, 2010; 송영훈, 「국제난민 문제의 특징과 경향: 인도적 위기, 정치적 무관심」, 『월간 복지동향』 204, 2015.

18 여기에서 소수자는 숫적으로 소수인 집단을 의미한다. 숫적인 소수가 다수보다 눈에 잘 띄인다는 것은 다수의 일반성에 비해 두드러지는 특수성에 기인한다. 하지만 시선의 무관심은 정치적 소수자(minority)에게도 부담을 줄여주는 배려일 수 있다.

19 김대군, 「다문화사회에서 소수자 배려윤리」, 『윤리교육연구』 24, 2011, 196쪽.

20 양지형, 「칸트의 실천철학에서 조명한 정념과 무관심 – 홉스와 루소에 대한 비판을 중심으로 – 」, 『철학논총』 98, 2019, 95쪽. 이하 괄호는 인용쪽을 나타냄.

21 이안 크레이브, 『현대사회이론의 조명 – 파슨즈에서 하버마스까지』, 김동일 옮김, 문맥사, 1991, 126쪽.

22 전영준, 김준표, 앞의 글, 143쪽.

23 김상훈 외, 『제주인권활동가 이야기 사람과 사람 2』, 집옥재, 2021에는 인권활동가들이 경험한 예멘난민들에 대한 이야기들이 포함되어 있다.

한국에서 출생한 난민아동의 출생등록의 문제점과 법적 대안

1 유엔아동권리협약(Convention on the Rights of the Child : CRC)은 국제사회가 이 세상 모든 아동을 위해, 그들의 인권을 보호, 증진, 실현하기 위하여 만든 규정이다. 전 세계 196개국(2021년 1월 기준)이 비준한 국제협약으로 가장 많은 비준국가를 보유한 국제인권법이다. 헌법 제6조에서는 헌법에 의하여 체결·공포된 조약과 일반적으로 승인된 국제법규는 국내법과 동일한 효과를 지님을 명시하고 있다.

2 실질적으로 난민의 수는 계속적으로 증가하여 난민업무가 시작된 1994년부터 20

20년까지 누적 난민신청 건수는 71,045건이며, 여기서 심사가 완료된 수는 39,954건에 이른다. 2013년 난민법 시행 이후 난민신청 건수는 매년 급증하였으나 2020년 초부터 확산된 코로나19 감염증의 영향으로 외국인의 입국이 제한됨에 따라 난민신청 건수는 2019년에 비해 2년 연속 감소하였다. 1994년부터 2021년까지 난민인정 건수는 총 1,163건이며, 2021년 한 해 동안 난민인정 건수는 72건, 인도적 체류허가 건수는 총 2,412건이며, 2021년 한 해 동안 인도적 체류허가 건수는 45건이다(법무부, 2020년 출입국통계: https://www.moj.go.kr/moj/2417/subview.do).

3 신영호, 『가족관계등록법』, 세창출판사, 2009, 92쪽.

4 조은희, 「혼인외 자녀의 출생등록제도의 문제점과 개선방안」, 『법학논집』 35(2), 국민대학교 법학연구소, 2022, 153쪽.

5 KCOC 아동권리실무그룹, 『유엔아동권리협약 제5·6차 민간보고서 한국의 유엔 아동권리협약 이행 의무 : 아동 인권과 국제개발협력』, 국제개발협력민간협의회(KCOC) 아동권리실무그룹, 2018, 30쪽.

6 조은희, 『친족상속법』, 정독출판사, 2023, 31쪽.

7 Hepting/Dutta, Familie und Personen, 3., aktualisierte Auflage 2019, S. 54.

8 신영호, 앞의 책, 92쪽.

9 대법원 1984. 9. 25. 선고 84므73 판결; 대법원 1985. 10. 22. 선고 84다카1165 판결. 대법원 2018. 11. 6. 자 2018스32.

10 가등법 제44조 제2항 신고서에는 다음 사항을 기재하여야 한다.

1. 자녀의 성명·본·성별 및 등록기준지

2. 자녀의 혼인 중 또는 혼인 외의 출생자의 구별

3. 출생의 연월일시 및 장소

4. 부모의 성명·본·등록기준지 및 주민등록번호(부 또는 모가 외국인인 때에는 그 성명·출생연월일·국적 및 외국인등록번호)

11 2015년 도입된 사랑이법은 친부가 "모의 성명, 등록기준지 및 주민등록번호를 알 수 없는 경우"에도 가정법원의 확인을 받아 출생신고를 할 수 있도록 규정하였다(가등법 제57조 제2항). 그러므로 판례는 부가 모의 인적사항 등을 알고 있는 경우는 이에 해당하지 않아 부가 자녀의 출생신고를 할 수 없는 것으로 해석하여 출생신고를 받아주지 않았다(2015년 12월, 의정부지방법원).

12 대법원 2020. 6. 8 자 선고, 2020스575 결정.

13 양진섭, 「혼인 외의 자녀와 출생신고 — 대법원 2020. 6. 8 자 선고, 2020스575 결

정과 최근 가족관계등록법 개정을 중심으로-」,『사법』 57 사법발전재단, 2021, 339쪽.

14 권영준,「아동의 출생등록될 권리」,『민법판례연구』 II, 박영사, 2021, 250쪽.

15 UNICEF, Every Child's Birth Right, S. 14.

16 『2017년 출입국 외국인정책통계연보』, 95쪽: 전체 난민신청자 32,733명 중 18~59세가 31,111명(95%), 18세 미만이 1,332명(4%), 60세 이상이 290명 (1%)이고, 2017년 난민신청자 9,942명 중 18~59세가 9,570명(96%), 18세 미만이 357명(4%), 60세 이상이 15명(0.2%)이다.

17 가족결합(right to family unity)이란 가족이 함께 살면서 사회의 기본단위로서 존경과 보호, 지원과 지지를 받을 권리를 의미한다. 가족결합권은 국제법상 보호되는 권리로서 모든 인간에게 보편적으로 적용된다(국제이주기구,『이주 용어 사전』, IOM 이민정책연구원, 2011, 21쪽.

18 인도적 체류 허가란 비록 난민 요건은 충족하지 못했지만 본국으로 강제 추방할 경우 생명이나 신체의 위협을 받을 위험이 있어 인도적 차원에서 국내에 임시로 1년간 체류를 허용하는 제도다. 이들은 1년 단위로 체류 연장을 받아야 한다. 인도적 체류허가자가 체류지를 변경할 때에는 전입한 날부터 14일 이내에 출입국·외국인 관서에 체류지 변경신고를 해야 한다. 이를 위반 시 처벌될 수 있다. 인도적 체류자로 인정될 경우 기초생활보장을 비롯한 사회보장 혜택을 전혀 받을 수 없다. 이는 난민 인정자와 인도적 체류자의 차이점이다. 한편 인도적 체류자의 경우 정부의 승인을 받아 취업이 가능하지만 '가족결합'은 허용되지 않는다.

19 난민법 제2조 4호: 난민인정을 신청한 사람이란 대한민국에 난민인정을 신청한 외국인으로서 다음 각 목의 어느 하나에 해당하는 사람을 말한다. 가. 난민인정 신청에 대한 심사가 진행 중인 사람 나. 난민불인정결정이나 난민불인정결정에 대한 이의신청의 기각결정을 받고 이의신청의 제기기간이나 행정심판 또는 행정소송의 제기기간이 지나지 아니한 사람 다. 난민불인정결정에 대한 행정심판 또는 행정소송이 진행 중인 사람

20 김현미 외 다수,『한국 거주 난민아동 생활 실태 조사 및 지원 방안 연구』, 세이브더칠드런 연구보고서, 2013, 16쪽.

21 송효진 외,「한국에서의 난민여성의 삶과 인권」,『이화젠더법학』 10(3), 2018, 171쪽.

22 https://www.hani.co.kr/arti/society/society_general/862804.html(방문일자: 2022. 12.28.).

23 https://www.hani.co.kr/arti/society/society_general/862804.html(방문일자: 2022. 12.28.).

24 김현미 외 다수, 『한국 거주 난민아동 생활 실태 조사 및 지원 방안 연구』, 세이브더칠드런 연구보고서, 2013, 14·15쪽.

25 송진성, 「현행 출생신고제도의 문제점 및 개선방안-아동권리보장의 관점에서-」, 『사회보장법연구』 7(1), 서울대 사회보장법연구회, 2018, 234쪽.

26 소라미, 「아동인권의 관점에서 본 현행 출생신고제도의 문제점 및 제도개선 방안」, 『가족법연구』 30(3), 한국가족법학회, 2016, 490-491쪽.

27 우리나라에는 약 2만 명 이상의 미등록 이주아동이 체류하고 있는 것으로 추정하고 있다(성수정, 「국내출생 '미등록 이주 아동'의 구제방안 연구」, 『문화교류와 다문화교육』 11(3), 2022, 193쪽.

28 이충은, 「강제퇴거로 인한 미등록 이주아동의 인권침해」, 『법학연구』 19(3), 한국법학회, 2019, 543쪽.

29 국가인권위원회는 미등록 아동에 대한 기본적인 인권보장을 법무부에 권고한 바가 있다(국가인권위원회, 「이주아동의 교육권 보장을 위한 개선방안 권고」, 2010); 장진숙, 「주아동의 법적 지위와 인권보장에 관한 소고」, 『유럽헌법연구』 10, 유럽헌법학회, 2011, 349쪽.

30 이주노동자 인권연대 등 92개 종교·사회단체 회원과 이주노동자들이 2005년 10월 31일 오전 서울 종로구 기독교회관에서 기자회견을 열어 한국 출생 아동 및 미성년 이주 아동의 합법적 체류 보장과 영주권 허용을 촉구하는 기자회견을 열기도 하였다(최경옥, 「한국의 출입국관리법 체계와 문제점」, 『이주시대의 법과 제도 I-1』, 건국대학교 이주 사회통합연구소, 2017, 28쪽).

31 국가인권위원회, 『이주인권가이드라인』, 2012, 44쪽.

32 이주아동권리보장기본법안(이자스민 의원대표발의), 2014. 12. 18 발의(의안번호 13120).

33 원칙적으로 신청 당시 2021년 2월 28일 이전에 초등학교를 졸업한 아동에게만 적용되고, 2021년 2월 28일 이전에 초등학교를 졸업한 뒤 중학교에 재학중인 15세 미만의 아동은 15년 이상의 체류기간을 충족하지 못해도 체류기간이 15년 이상이 되는 시점에서 신청이 가능하다(법무부, 장기체류 외국인 아동에게 조건부 체류자격부여, 보도자료 2020.4.19.).

34 법률신문, 2022.11.11.; https://m.lawtimes.co.kr/Content/Article?serial=183015 (방문일자: 2023. 1.4.).

35 이탁건, 「미등록 이주아동의 머무를 권리-아동권리보장의 관점에서-」, 『이화 젠더법학』 11(1), 2019, 179쪽; 이준일, 「미등록 이주아동의 인권」, 『인권법평론』 28, 전남대학교 법학연구소 공익인권법센터, 2022, 222-223쪽.

36 출입국관리법 제23조, 31조, 동 시행령 제29조.

37 김현미 외 다수, 앞의 연구보고서, 16쪽.

38 출입국관리법 시행령, 『법무부 출입국 외국인정책본부 난민과, 난민인정절차가 이드북』, 2015, 6쪽.

39 2018년 체류자격별 안내 매뉴얼.

40 김세진, 「한국의 인도적 체류지위 현황과 보충적 보호지위 신설의 필요성」, 『난 민법의 현황과 과제』, 서울대학교 법학연구소 공익인권법센터, 2019, 경인문화 사, 339쪽.

41 출입국관리법 시행령, 『법무부 출입국 외국인정책본부 난민과, 난민인정절차가 이드북』, 2015, 8쪽.

42 김현미 외 다수, 앞의 연구보고서, 16쪽.

43 더불어민주당 국회의원 권미혁·백혜련 국가인구위원회 주체 토론회 자료집, 『출 생등록에서 배제된 아이들』, 2017; 현소혜, 「외국인 아동을 위한 보편적 출생등 록제의 도입필요성과 도입방안」, 『가족법연구』 34(2), 2020; 소라미, 「아동인권 의 관점에서 본 현행 출생신고제도의 문제점 및 제도개선 방안」, 『가족법연구』 30(30, 2016, 488-489쪽; 송진성, 「현행 출생신고제도의 문제점 및 개선방안- 아동권리보장의 관점에서-」, 『사회보장법연구』 7(1), 서울대 사회보장법연구회, 2018, 217-249쪽; 주민지·김연수·김은애, 「'보편적 출생등록' 개념의 국내 정책 의제화 과정에서의 시사점: 미혼모의 사례를 중심으로」, 『사회보장연구』 34(3), 2018, 129-165쪽 등 다수.

44 소라미, 앞의 논문, 496면; 윤후덕의원안 2018. 8. 28. 발의 의안번호 2015093; 원혜영의원안 2018. 9. 27. 발의 의안번호 2015749호.

45 2022년 6월 28일 권인숙의원 대표발의안, 외국인 아동의 출생등록에 관한 법률 안 (의안번호 제2116167호).

46 소라미, 「미혼모·부의 출생신고 제도의 문제점 및 제도개선방안」, 『사회보장법 연구』 10(2), 서울대 사회보장법연구회, 2021, 63쪽.

47 UN, Committee on the Rights of the Child (2004), General Comment No. 7, UN Doc. CRC/C/GC/7/Rev.1, Rn. 25.

48 신분등록법시행령 제9조(인증의 근거)

② 증거를 제공한 의무가 있는 사람이 공문서를 입수할 수 없거나 공문서를 취득하는 데 상당한 어려움 또는 지나치게 많은 비용이 소요되는 경우 다른 문서도 인증의 근거가 될 수 있다. 필요한 공문서보다 입수하기가 쉽지 않거나 공증과 관련된 관계인의 사실적 진술이 공문서나 기타 문서로 입증될 수 없는 경우 신분 공무원은 사실을 증명하기 위해 관계인이나 다른 사람으로부터 선서 진술서를 받을 수 있다.

49 선서에 의한 보증 혹은 진술서는 사람이 특정 진술이 사실임을 확인하는 특별한 확언이라고 하며, 특정 경우에 법정에서 허용되는 증명 수단이다(https://de. wikipedia.org/wiki/Versicherung _an_Eides_statt).

50 오스트리아, 체코, 포르투갈의 경우가 이에 속한다. 이들 국가는 출생등록과 관련하여 모범사례를 보여주는 국가이다(김나루, 「미등록 이주아동의 기본권 보장에 관한 연구」, 『유럽헌법연구』 39, 2022, 234쪽).

51 서종희, 「미등록 외국인 아동의 출생 등록될 권리 보장」, 『법과 사회』 70 2022, 68쪽.

52 小規形ㄴ國內愉", 松田), (1997), 113 家管轄糖槪念刃形成ㄴ變谷"村信也奧路也編) 國家管 書) (1998), 3小規形

53 무국적자지위협약, 무국적감소협약, 기혼여성의 국적에 관한 협약 등: 이병화, 「국제인권법상 국적취득권의 보호에 관한 고찰」, 『저스티스』 132, 2012, 279쪽.

54 국적법 제4조 제1항: 부모 중 한 사람이 독일 시민권을 가진 경우 자녀는 출생으로 독일 시민권을 취득한다. 아이가 태어날 당시 아버지만이 독일 시민이고 친자 관계를 정당화하기 위해 독일법에 따라 친자 확인 또는 확인이 필요한 경우, 취득 주장에는 독일법에 따라 유효한 친자 확인 또는 확인이 필요하다. 자녀가 23세가 되기 전에 인정 선언서를 제출하거나 평가 절차를 시작해야 한다.

55 Gaaz/Bornhofen, Personenstandsgesetz, 4. Auflage, 2018, § 18 Rn. 6; Wache, Strafrechtliche Nebengesetze in: Erbs/Kohlhass, 2018, PStG § 18 Rn. 1.

56 권형진, 「독일의 국적 및 체류관련법과 제도」, 『이주시대의 법과제도』 III-1, 건국대학교 이주·사회통합연구소, 2017, 55쪽.

57 2017. 11. 9. UN 제3차 국가별 정례인권 검토심의 중 대한민국 정부의 발언 등

58 김철효 등, 『이주배경 아동의 출생등록』, 세이브더칠드런, 2013, 57쪽.

59 김진, 「이주배경 아동의 출생신고 보장 방안」, 『출생등록에서 배제된 아이들 보편적 출생등록 제도 도입을 위한 토론회』(토론회자료집), 2017, 51쪽.

60 UN, Committee on the Rights of the Child (2014), Concluding observations

to Germany, UN Doc. CRC/C/DEU/CO/3-4, Rn. 29.

61 법무부 출입국 외국인정책본부 난민과, 『난민인정절차가이드북』, 2018.

62 출입국관리법 제84조 제1항: 국가나 지방자치단체의 공무원이 그 직무를 수행할 때에 제46조제1항 각 호의 어느 하나에 해당하는 사람이나 이 법에 위반된다고 인정되는 사람을 발견하면 그 사실을 지체 없이 지방출입국·외국인관서의 장에게 알려야 한다.

63 가족관계등록법 제11조 제6항: 등록부 등을 관리하는 사람 또는 등록사무를 처리하는 사람은 이 법이나 그 밖의 법에서 규정하는 사유가 아닌 다른 사유로 등록부등에 기록된 등록사항에 관한 전산정보자료를 이용하거나 다른 사람(법인을 포함한다)에게 자료를 제공하여서는 아니 된다.

64 이탁건, 「이주배경 아동 출생신고 보장 방안」, 『'출생등록에서 배제된 아이들' 토론회 자료집』, 2017, 55쪽.

65 박선영외, 「출생등록의무자 및 스토킹 규제 관련 외국의 입법례와 시사점」, 『한국여성정책연구원』, 2014, 68-69쪽.

66 「모자보건법」 제10조 제1항, 「모자보건법 시행령」 제13조 제1항제4호, 「모자보건법 시행규칙」 제5조, 「감염병의 예방 및 관리에 관한 법률」 제24조, 제64조 제2호·제3호, 제66조, 「감염병의 예방 및 관리에 관한 법률 시행령」 제20조제1항 및 제27조.

67 송효진외, 앞의 논문, 2018, 168-169쪽.

68 난민법 시행령 제20조 ① 법무부장관은 법 제42조에 따라 난민신청자의 건강을 보호하기 위하여 필요하다고 인정되면 난민신청자에게 건강검진을 받게 하거나 예산의 범위에서 난민신청자가 받은 건강검진 등의 비용을 지원할 수 있다. ② 법무부장관은 난민신청자에게 「응급의료에 관한 법률」에 따른 응급의료에 관한 정보와 그밖에 난민신청자가 이용할 수 있는 의료서비스에 관한 정보를 제공하도록 노력하여야 한다.

69 난민법 시행규칙 제16조의2(의료지원 절차) ① 법 제42조 및 영 제20조제1항에 따라 건강검진 등 의료지원을 받으려는 난민신청자는 별지 제23호의2 서식의 의료지원 신청서에 다음 각호의 서류를 첨부하여 청장·사무소장·출장소장 또는 외국인보호소장에게 제출해야 한다. 1. 병원진단서 또는 의사소견서 1부 2. 의료비 내역서 ② 청장·사무소장·출장소장 또는 외국인보호소장은 제1항에 따라 의료지원 신청서를 제출받으면 지체 없이 의료지원 여부를 심사하고, 그 결과를 난민신청자에게 알려 주어야 한다[본조신설 2019. 12. 31.]

70 Berufsverband der Kinder- und Jugendärzte e. V. (2016): Die unsichtbaren Kinder – ohne Geburtsurkunde, ohne Gesundheitsschutz, siehe https://www. bvkj.de/presse/pressemittei lungen/ansicht/article/ die-unsichtbaren-kinder-ohne-geburtsurkunꝺde-ohne-gesundheitsschutz eruf (abg en am 05.12.2018).

71 난민신청자혜택법 제4조: ① 급성 질환 및 고통스러운 상태의 치료를 위해 의약품 및 붕대의 공급과 질병의 회복, 개선 또는 완화 또는 질병의 결과에 필요한 기타 서비스를 포함하여 필요한 의료 및 치과 치료가 제공되어야 한다. 질병의 예방과 조기발견을 위하여 사회법전 12권 제47조, 제52조 1문단 제1항에 따른 예방접종과 의학적으로 필요한 건강검진을 실시하고 있다. 의치는 의학적 이유로 개별 사례에서 연기할 수 없는 경우에만 제공된다. ② 임산부와 최근에 출산한 여성에게는 의료 및 간호 지원 및 간호, 산파 지원, 의약품, 붕대 및 치료가 제공된다. ③ 관할 당국은 제1항과 제2항에 따른 서비스 제공을 보장해야 한다. 또한 수혜자에게 예방 접종 보호를 조기에 완료할 수 있는 기회를 제공한다. 기존의 의사 또는 치과의사가 서비스를 제공하는 한 보수는 사회법 제5권 제72조 제2항 및 제132e조 제1항에 따라 의사 또는 치과의원의 위치에 적용되는 계약을 기준으로 한다. 관할 당국은 적용되는 계약을 결정한다.

72 김나루, 「미등록 이주아동의 기본권 보장에 관한 연구」, 『유럽헌법연구』 39, 2022, 245쪽.

참고문헌

4세기 고구려의 이주민 동향과 대외관계

『三國史記』, 『晉書』, 『梁書』, 『魏書』, 『周書』, 『北史』, 『資治通鑑』, 『十六國春秋輯補』

공석구, 『고구려 영역확장사 연구』, 서경문화사, 1998.
김영환, 『5胡 16國時期 諸種族과 政權 연구』(하), 온샘, 2021.
동북아역사재단 편, 『중국 소재 고구려 유적과 유물』Ⅷ(혼하–요하 중상류), 동북아
　　　역사재단, 2020.
박한제, 『中國中世胡漢體制研究』, 일조각, 1988.
이재성, 『古代 東蒙古史研究』, 법인문화사, 1996.
임기환, 『고구려 정치사 연구』, 한나래, 2004.
지배선, 『中世東北亞史研究–慕容王國史–』, 일조각, 1986.
三岐良章, 『五胡十六國－中國史上의 民族 大移動－』, 東方書店, 2006 : 김영환 옮김,
　　　『五胡十六國－中國史上의 民族 大移動』, 경인문화사, 2007.
李成市, 『古代東アジアの民族と國家』, 岩波書店, 1992 : 이병호·김은진 옮김, 『고대
　　　동아시아의 민족과 국가』, 삼인, 2022.
葛劍雄, 『中國移民史』2(先秦至魏晉南北朝時期), 復旦大學出版社, 2022.
苗威, 『高句麗移民研究』, 吉林大學出版社, 2011.

강선, 「고구려와 前燕의 관계에 대한 고찰」, 『고구려연구』 11, 고구려연구회, 2001.
공석구, 「4~5세기 고구려에 유입된 중국계 인물의 동향」, 『한국고대사연구』 32, 한
　　　국고대사학회, 2003.
공석구, 「고구려와 慕容'燕'의 갈등 그리고 교류」, 『강좌 한국고대사』 4, 가락국사적
　　　개발연구원, 2003.
공석구, 「高句麗에 流入된 中國系人物의 動向」, 『고구려연구』 18, 2004.
공석구, 「4세기 고구려 땅에 살았던 중국계 移住民」, 『고구려발해연구』 56, 고구려발
　　　해학회, 2016.
기경량, 「환도성·국내성의 성격과 집안지역 왕도 공간의 구성」, 『사학연구』 129, 한
　　　국사학회, 2018
김영주, 「高句麗 故國原王代의 對前燕關係」, 『북악사론』 4, 북악사학회, 1997.
김영환, 「後趙 통치자 石勒의 문화변용 연구」, 『남서울대 논문집』 10, 남서울대학교,

2004.

김영환, 「5胡16國 시기 後趙 통치자 石虎의 문화변용 연구」, 『중국학보』 51, 한국중국학회, 2005.

박세이, 「4세기 慕容鮮卑 前燕의 성장과 고구려의 대응」, 『한국고대사연구』 73, 2014.

박세이, 「高句麗와 '三燕'의 境界」, 『고구려발해연구』 54, 2016.

안정준, 「4~5세기 高句麗의 中國系 流移民 수용과 그 지배방식」, 『한국문화』 68, 서울대 규장각 한국학연구원, 2014.

안정준, 「高句麗의 樂浪·帶方郡 故地 지배 연구」, 연세대 박사학위논문, 2016.

여호규, 「4세기 동아시아 국제질서와 고구려 대외정책의 변화」, 『역사와 현실』 36, 한국역사연구회, 2000.

여호규, 「高句麗와 慕容'燕'의 조공·책봉관계 연구」, 『한국 고대국가와 중국 왕조의 조공·책봉관계』, 동북아역사재단, 2006.

여호규, 「4세기 고구려의 낙랑·대방 경영과 중국계 망명인의 정체성 인식」, 『한국고대사연구』 53, 2009.

여호규, 「4세기~5세기 초 고구려와 慕容'燕'의 영역확장과 지배방식 비교」, 『한국고대사연구』 67, 2012.

이기동, 「고구려사 발전의 획기로서의 4세기」, 『동국사학』 30, 동국사학회, 1996.

이동훈, 「고구려유민 高德墓誌銘」, 『한국사학보』 31, 고려사학회, 2008.

이동훈, 「위진남북조시기 중국의 코리안 디아스포라」, 『한국사학보』 72, 2018.

이정빈, 「4세기 전반 고구려의 해양활동과 황해」, 『역사와 실학』 59, 역사실학회, 2016.

이정빈, 「모용선비 前燕의 부여·고구려 質子」, 『동북아역사논총』 57, 동북아역사재단, 2017.

李椿浩, 「五胡時期 慕容前燕의 建國과 그 性格」, 『동양사학연구』 113, 동양사학회, 2010.

임기환, 「4세기 고구려의 樂浪·帶方地域 경영」, 『역사학보』 147, 역사학회, 1995.

정동민, 「4세기 초·중반 慕容部·前燕과 고구려의 流移民 수용」, 『역사문화연구』 86, 한국외국어대 역사문화연구소, 2023.

정인성, 「대방태수 張撫夷墓의 재검토」, 『한국상고사학보』 69, 한국상고사학회, 2010.

정호섭, 「高句麗史에 있어서의 이주와 디아스포라」, 『선사와 고대』 53, 한국고대학회, 2017.

지배선, 「慕容翰에 대하여」, 『동방학지』 81, 연세대 국학연구원, 1993.

지배선, 「고구려와 鮮卑의 전쟁」, 『고구려연구』 24, 2006.

최진열, 「16국시대 遼西의 인구 증감과 前燕·後燕·北燕의 대응」, 『백제와 요서지역』 (백제학연구총서 쟁점백제사 7), 한성백제박물관, 2015.

삼별초의 대몽 항전과 바다의 피난처

1. 사료

『高麗史』 『高麗史節要』 『宣和奉使高麗圖經』

『新增東國輿地勝覽』 『東國李相國集』

『傳燈本末寺誌』 『朝鮮金石總覽』(上) 『韓國金石全文』 中世(上)

2. 저서

金儀遠, 『韓國國土開發史研究』, 大學圖書, 1983.

金日宇, 『고려 초기 국가의 지방지배체계연구』, 일지사, 1998.

김일우, 『고려시대 탐라사연구』, 신서원, 2000.

김호준, 『고려 대몽항전과 축성』, 서경문화사, 2017.

서인한, 『한국고대 군사전략』, 국방부 군사편찬연구소, 2005.

안지원, 『고려의 국가 불교의례와 문화』, 서울대학교 출판부, 2005.

柳在春, 『韓國 中世築城史 研究』, 경인문화사, 2003.

윤용혁, 『고려대몽항전사연구』, 일지사, 2004(3쇄).

윤용혁, 『몽골의 고려·일본 침공과 한일관계』, 경인문화사, 2009

윤용혁, 『삼별초』, 혜안, 2014.

정진술, 『한국해양사 – 고대편』, 경인문화사, 2009.

정해은, 『고려시대의 군사전략』, 국방부 군사편찬연구소, 2006.

한정훈, 『고려시대 교통운수사 연구』, 혜안, 2013.

3. 연구논문

강봉룡, 「몽골의 침략과 고려 무인정권 및 삼별초의 '島嶼海洋戰略'」, 『東洋史學研究』 115, 동양사학회, 2011.

강봉룡, 「한국해양사에서 완도 법화사지의 위치」, 『완도 법화사지 사적 지정과 활용

방안 학술회의 자료집』, 완도군, 2019.

강옥엽, 「高麗의 江華遷都와 그 배경」, 『인천문화연구』 2, 인천광역시립박물관, 2004.

姜在光, 「對蒙戰爭期 崔氏政權의 海島入保策과 戰略海島」, 『軍史』 66, 국방부 군사편찬연구소, 2008.

고용규, 「해상왕국 건설을 향한 꿈과 좌절 - 진도 삼별초 유적의 고고학적 성과-」, 『강화·진도 삼별초의 대몽항전』 제주학회 제42차 전국학술대회 자료집, 2015.

권도경, 「송징 전설의 형성 과정과 계열 분화에 관한 연구」, 『퇴계학과 한국문화』 40, 경북대학교 퇴계연구소, 2007.

김광철, 「고려 무인집권기 정안의 정치활동과 불교」, 『석당논총』 65, 동아대학교, 2016.

김명진, 「太祖 王建의 나주 공략과 압해도 능창 제압」, 『도서문화』 32, 목포대학교 도서문화연구원, 2008.

김명진, 「고려 삼별초의 진도 입도와 진도용장성전투 검토」, 『대구사학』 134, 대구사학회, 2019.

김보한, 「제주도 '環海長城'과 규슈 '元寇防壘'의 역사적 고찰」, 『한일관계사연구』 55, 한일관계사학회, 2016.

김창현, 「고려 강도의 신앙과 종교의례」, 『인천학연구』 4, 인천학연구원, 2005.

김창현, 「고려 江都의 짜임과 사회상」, 『인천문화연구』 2, 인천광역시립박물관, 2004.

김형우, 「고려시대 강화의 寺院연구」, 『국사관논총』 106, 국사편찬위원회, 2005.

김호준, 「강도 강화중성의 축성과 삼별초」, 『강화·진도 삼별초의 대몽항전』, 제주학회 제42차 전국학술대회 자료집, 2015.

문경호, 「고려시대의 조운제도와 조창」, 『지방사와 지방문화』 14-1, 역사문화학회, 2011.

문경호, 「고려시대 조운제도의 연구와 교재화」, 공주대학교 박사학위 논문, 2012.

손홍렬, 「高麗漕運考」, 『史叢』 21·22, 1977.

오정훈, 「완도 법화사지 발굴조사 현황과 성과」, 『완도 법화사지 사적 지정과 활용 방안 학술회의 자료집』, 완도군, 2019.

윤경진, 「고려 대몽항전기 南道지역의 海島 入保와 界首官」, 『軍史』 89, 국방부 군사편찬연구소, 2013.

윤경진, 「고려 대몽항전기 分司南海大藏都監의 운영체계와 설치 배경」, 『역사와 실학』 53, 역사실학회, 2014.

尹龍爀, 「고려의 海島入保策과 戰略變化」, 『歷史敎育』 32, 역사교육학회, 1982.

尹龍赫, 「高麗의 對蒙抗爭과 江都－江華遷都(1232)와 江都 경영을 중심으로－」, 『高麗史의 諸問題』, 삼영사, 1986.

윤용혁, 「몽고의 경상도 침입과 1254년 상주산성의 승첩」, 『진단학보』 68, 진단학회, 1989.

윤용혁, 「고려 대몽항전기의 불교의례」, 『역사교육논집』 13·14合, 1990.

윤용혁, 「중세의 관영 물류 시스템, 고려 조운제도」, 『고려 뱃길로 세금을 걷다』, 국립해양문화재연구소, 2009.

윤용혁, 「오키나와 출토의 고려 기와와 삼별초」, 『한국사연구』 147, 한국사연구회, 2009.

윤용혁, 「고려 삼별초의 항전과 진도」, 『13세기 동아시아 세계와 진도 삼별초』, 목포대학교박물관, 2011.

윤용혁, 「고려의 대몽항전과 아산－1236년과 1256년 아산지역 전투를 중심으로」, 『순천향 인문과학논총』 28, 순천향대학교, 2011,

윤용혁, 「여몽전쟁기 경상도에서의 산성·해도 입보」, 『軍史』 100, 국방부 군사편찬연구소, 2016.

윤용혁, 「삼별초 항전과 완도 법화사」, 『완도 법화사지 사적 지정과 활용 방안 학술회의 자료집』, 완도군, 2019.

임영진, 「오키나와 구스쿠의 축조 배경」, 『호남문화연구』 52, 호남학연구원, 2012.

전영준, 「고려 江都時代 사원의 기능과 역할」, 『역사민속학』 32, 한국역사민속학회, 2010.

전영준, 「삼별초의 항파두리 토성 입거와 전략적 활용」, 『역사민속학』 47, 한국역사민속학회, 2015.

전영준, 「고려시대 동아시아의 해양과 국제교류 양상」, 『중세 동아시아의 해양과 교류』, 경인문화사, 2019.

전영준, 「고려시대 사원의 승도와 승군 운용」, 『고려-거란 전쟁과 고려의 군사제도』(강감찬학술대회 자료집), 2021.

주영민, 「정안가의 남해불사 경영」, 『고문화』 85, 한국대학박물관협회, 2015.

車勇杰, 「고려말 1290년의 淸州山城에 대한 예비적 고찰」, 『金顯吉敎授정년기념 향토사학논총』, 수서원, 1997.

최연주, 「『고려대장경』 彫成과 鄭晏의 역할」, 『석당논총』 70, 동아대학교, 2018.

최연주, 「분사남해대장도감과 鄭晏의 역할」, 『동아시아불교문화』 41, 2020.

최영호, 「13세기 중엽 정안의 활동과 현실인식」, 『석당논총』 70, 동아대학교, 2018.

崔鍾奭, 「대몽항전·원간섭기 산성해도입보책의 시행과 치소성 위상의 변화」, 『진단
　　　학보』 10, 2008.
한정훈, 「고려시대 조운선과 마산 석두창」, 『한국중세사연구』 17, 2004.

조선 세종대 제주도 '우마적' 처벌과 강제 출륙

1. 사료
이제현, 『익재집』 「익재난고」
『고려사』 『태조실록』 『태종실록』 『세종실록』

2. 논저
김일우, 『고려시대 탐라사 연구』, 신서원, 2000.
남도영, 『제주도 목장사』, 한국마사회박물관, 2003.
이영권, 『조선시대 제주유민의 사회사』, 한울, 2013.

강만익, 「조선시대 제주도 잣성 연구」, 『탐라문화』 35, 2009,
강만익, 「한라산지 목축경관의 실태와 활용방안」, 『한국사진지리학회지』, 23-3, 2013.
강만익, 「고려말 탐라목장의 운영과 영향」, 『탐라문화』 52, 2016.
고창석, 「원대의 제주도 목장」, 『제주사학』 1, 1985.
김일우, 「고려시대 탐라지역의 우마사육」, 『사학연구』 78, 2005.
남도영, 「조선시대 제주도 목장」, 『한국사연구』 4, 1969.
송성대·강만익, 「조선시대 제주도 관영목장의 범위와 경관」, 『문화역사지리』 13-2,
　　　2001.
원창애, 「조선시대 제주도 마정에 대한 소고」, 『제주도사연구』 4, 1995.
전영준, 「13-14세기 원 목축문화의 유입에 따른 제주사회 변화」, 『제주도연구』 40,
　　　2013.
陳祝三, 「蒙元과 濟州馬」, 『탐라문화』 8, 1989.

재일조선인의 이동(mobility) 경험과 기억으로 본 난민 감시와 처벌

김광열, 「일본의 배외주의 '헤이트스피치'에 대항하는 다국적 시민들 – '노리코에 네트워크'의 설립을 중심으로–」, 『韓日民族問題研究』 34, 한일민족문제학회, 2018.

김나현, 「장치로서의 (임)모빌리티와 그 재현」, 『대중서사연구』 27(3), 대중서사학회, 2021.

김미영, 「재일한국인 귀국사업에 대한 이승만 정부의 대일(對日) 외교정책 분석」, 『日本學研究』 63, 단국대학교 일본학연구소, 2021.

김여경, 「조국이란 무엇인가: 귀국 1.5세 재일탈북자의 구술사를 중심으로」, 『구술사연구』 8(1), 한국구술사학회, 2017.

김원, 「밀항, 국경 그리고 국적 – 손진두 사건을 중심으로」, 『한국민족문화』 62, 부산대학교 한국민족문화연구소, 2017.

김치완, 「난민의 출현과 대응에 대한 철학의 문제들」, 『탐라문화』 65, 제주대학교 탐라문화연구원, 2020.

신재준, 「1945-46년, 在朝鮮일본인의 귀환과 미군정의 대응」, 『軍史』 104, 국방부 군사편찬연구소, 2017.

오가타 요시히로(緒方義広), 「한일관계 속 재일코리안의 '조선적'」, 『日本學報』 107, 일본학회, 2016.

오태영, 「월경의 욕망, 상실된 조국 – 탈북 재일조선인의 귀국사업에 관한 기록과 증언을 중심으로」, 『구보학보』 19, 구보학회, 2018.

요시자와 후미토시(吉澤文寿), 「샌프란시스코 강화조약과 '전후 한일관계'의 원점 – '1965년 체제'를 둘러싼 고찰–」, 『영토해양연구』 22, 동북아역사재단.

이민주, 「모빌리티, 사회를 읽는 새로운 패러다임(『모빌리티』 존 어리 지음, 강현수·이희상 옮김, 아카넷, 2014」, 『로컬리티 인문학』 15, 부산대학교 한국민족문화연구소, 2016.

李淵植, 『解放 後 韓半島 居住 日本人 歸還에 關한 研究 – 領軍·朝鮮人·日本人 3者間의 相互作用을 中心으로–』, 서울시립대학교 대학원 국사학과 박사학위논문, 2009.

이성환, 「샌프란시스코 강화조약과 동북아 영토갈등의 해법」, 『영토해양연구』 22, 동북아역사재단, 2021.

이승희, 「조선인의 일본 '밀항'에 대한 일제 경찰의 대응 양상」, 『다문화콘텐츠연구』

13, 중앙대학교 문화콘텐츠기술연구원, 2012.

이용균, 「모빌리티의 구성과 실천에 대한 지리학적 탐색」, 『한국도시지리학회지』 제18 권 3호, 한국도시지리학회, 2015.

이정은, 「'난민' 아닌 '난민수용소', 오무라(大村)수용소 – 수용자·송환자에 대한 한국 정부의 대응을 중심으로」, 『사회와 역사』 103, 한국사회사학회, 2014.

이정은, 「예외상태의 규범화된 공간, 오무라수용소 – 한일국교 수립 후, 국경을 넘나 든 사람들의 수용소 경험을 중심으로」, 『사회와 역사』 106, 한국사회사학 회, 2015.

전갑생, 「오무라(大村)수용소와 재일조선인의 강제추방 법제화」, 『역사연구』 28, 역 사학연구소, 2015.

전은자, 「濟州人의 日本渡航 研究」, 『耽羅文化』 32, 제주대학교 탐라문화연구소, 2008.

정금희, 김명지, 「초창기 재일한인 작품에 나타난 디아스포라 성향 연구」, 『디아스포 라연구』 6(1), 전남대학교 세계한상문화연구단, 2012.

차승기, 「내지의 외지, 식민본국의 피식민지인, 또는 구멍의 (비)존재론」, 『현대문학 의 연구』 46, 한국문학연구학회, 2012.

현무암, 「한일관계 형성기 부산수용소/오무라수용소를 둘러싼 '경계의 정치'」, 『사회 와 역사』 106, 한국사회사학회, 2015.

일본 외무성 홈페이지 https://www.mofa.go.jp/mofaj/gaiko/jinshu/99/1.html#7(2022. 2.25. 검색)

김하영, 「'민단-조총련 화해' 백지화가 北 미사일 때문이라고?」, 『프레시안』 2006.0 7.07. 기사, https://www.pressian.com/pages/articles/80722#0DKU(2022.2. 25.검색)

「재일 동포 모국 방문 방해 비방 말라」, 『중앙일보』 1976.02.12. 기사, https://www. joongang.co.kr/article/1429139(2022.02.25.검색)

1910~1960년대 재일제주인의 이주와 밀항의 난민 양상

고광명, 『재일(재일)제주인의 삶과 기업가활동』, 탐라문화연구소, 2013.

김경녀, 「한국영화에 재현된 국제이주 난민화 양상과 포용적 가치 연구」, 부산외국어

대학교 일반대학원 박사학위논문, 2020.

김예림, 「현해탄의 정동 – 국가라는 '슬픔'의 체제와 밀항」, 『석당논총』 49, 2011.

김재운, 「밀항단속법에 관한 연구」, 『한국공안행정학회보』 81, 2020.

김진선, 「한국 사회에서의 난민 인식의 문제」, 『왜 지금 난민』, 제주대학교 탐라문화 연구원, 2021.

김치완, 「재일조선인의 이동(mobility) 경험과 기억으로 본 난민 감시와 처벌」, 『철학·사상·문화』 40, 2022.

김태기, 「GHQ/SCAP의 對 재일한국인정책」, 『국제정치논총』 38(3), 1998.

문경수, 「4.3사건과 재일 한국인」, 『4.3과역사』, 1, 2001.

박경태, 「한국사회와 난민: 난민과 환대의 책임」, 『문화과학』 88, 문화과학사, 2016.

『서울신문』, 2021.11.25, 「英·佛 앞바다 난민보트서 27명 참사… "佛이 방치" "英 밀항 키워" 네탓 공방」.

이경원, 「일제하 재일제주인의 형성과 이주사적 의미」, 윤용택 외 엮음, 『제주와 오키나와, 제주대학교 탐라문화연구소, 2013.

이승희, 「조선인의 일본 '밀항'에 대한 일제 경찰의 대응 양상」, 『다문화콘텐츠연구』 13, 2012.

이정은, 「예외상태의 규범화된 공간, 오무라수용소 – 한일국교 수립 후, 국경을 넘나든 사람들의 수용소 경험을 중심으로」, 『사회와역사』 106, 2015.

이지치 노리코, 「재일제주인의 이동과 생활 – 해방 전후를 중심으로」, 윤용택 외 엮음, 『제주와 오키나와』, 제주대학교 탐라문화연구소., 2013

이창익, 「재일제주인의 삶과 정신」, 윤용택 외 엮음, 『제주와 오키나와』, 제주대학교 탐라문화연구소., 2013

장 지글러, 양영란 역, 『인간 섬: 장 지글러가 말하는 유럽의 난민 이야기』, 갈라파고스, 2020.

전갑생, 「오무라(大村)수용소와 재일조선인의 강제추방 법제화」, 『역사연구』, 28, 2015.

전은자, 「濟州人의 日本渡航 硏究」, 『탐라문화』 32, 2008.

조경희, 「불안전한 영토, 밀항하는 일상 – 해방 이후 70년대까지 제주인들의 일본 밀항」, 『사회와역사』 106, 2015.

최민경, 「냉정의 바다를 건넌다는 것: 한인 '밀항자' 석방 탄원서에 주목하여」, 『인문과학논총』 42(4), 2021.

칼리드 코저, 윤재운 옮김, 『국제 이주 입문』, 대구대학교 다문화사회정책연구소 총서 05, 평사리, 2022.

『한겨례』, 2022.4.3, 「희생자 조사 재일제주인 놓쳤다···목숨 건지려 일본 밀항 택해」.

허향진, 『재일제주인의 삶과 역사』, 제주대학교 재일제주인센터, 2014.

후지나가 다케시, 「제2차 세계대전 후 제주도민의 일본 '밀항'에 대하여」, 윤용택 외 엮음, 『제주와 오키나와』, 제주대학교 탐라문화연구소, 2013.

한국소설에 재현된 보트피플

1. 기초자료

박영환, 「人間의 새벽」, 『머나먼 쏭바江 人間의 새벽』(초판), 중앙일보사, 1987.

이청준, 『시간의 문』(1판 4쇄), 열림원, 2010.

이청준, 『秘火密教』, 나남, 1985.

천금성, 「보트피플」, 『동서문학』(1986년 5월호)

이종학, 「땅에 묻은 家族寫眞」, 『월간문학』(2002년 3월호)

『경향신문』

『중앙일보』

『동아일보』

『매일신문』

2. 논저

강진구·이기성, 「텍스트마이닝(Text Minning)을 통해 본 제주 예멘 난민」, 『다문화콘텐츠연구』 30, 중앙대학교 문화콘텐츠기술연구원, 2019.

김경민, 「경계 위의 인권: 난민 문학의 인권담론」, 『법과사회』 63, 법과사회이론학회, 2020.

김남혁, 「이청준 문학에 드러난 '정치적인 것'에 대한 연구-「수상한 海峽」, 「제 3의 神」, 「그림자」를 중심으로」, 『순천향 인문과학논총』 31(3), 순천향대학교 인문과학연구소, 2012.

金永光, 「印支 難民問題와 安保的 評價」, 『世代』 194, 世代社, 1979.

김영미, 「내가 본 예멘, '가짜 난민'의 실상」, 『관훈저널』 60(3), 관훈클럽, 2019.

노영순, 「바다의 디아스포라, 보트피플 한국에 들어온 2차베트남난민(19771993) 연구」, 『디아스포라연구』 7(2), 전남대학교 세계한상문화연구단, 2013.

노영순, 「부산입항 1975년 베트남난민과 한국사회」, 『史叢』 81, 고려대학교 역사연구소, 2014.

박상희, 「2018년 제주 예멘 난민과 한국 사회의 도덕적 공황」, 『인권연구』 2(2), 한국인권학회, 2019.

송은정, 「이청준 문학의 주체 전환을 향한 신화적 모색－「마기의 죽음」, 「제 3의 신(神)」을 중심으로」, 『문화와 융합』 43(1), 한국문화융합학회, 2020.

유철상, 「환멸의 전쟁과 관찰자의 시선－박영한의 베트남 전쟁 소설－」, 『현대소설연구』 57, 한국현대소설학회, 2020.

이연식, 「해방 직후 '우리 안의 난민·이주민 문제'에 관한 시론」, 『역사문제연구』 35, 역사문제연구소, 2016.

장두영, 「베트남전쟁 소설론－파병담론과의 관련을 중심으로」, 『한국현대문학연구』 25, 한국현대문학회, 2008.

전의령, 「'위험한 무슬림 남성'과 '특별기여자': 전 지구적 인도주의 담론과 포스트 9·11체제의 공모」, 『아시아리뷰』 12(1), 서울대학교 아시아연구소, 2022.

조서연, 「한국 '베트남전쟁'의 정치와 영화적 재현」, 서울대학교 박사학위 논문, 2020.

편집부, 「베트남 難民의 實態와 將來」, 『國會報』 172, 국회사무처, 1979.

Linh Kieu Ngo, *Cannibalism: It Still Exists*, (spalding.pbworks.com/f/Ngo_Cannibalism.doc, 검색일: 2022. 4. 10.)

재일 4·3 난민의 좌절과 재생

김석범(서은혜 옮김), 『바다 밑에서』, 길, 2023.
金石範, 『海の底から』, 岩波書店, 2020.

고명철, 「해방공간의 혼돈과 섬의 혁명에 대한 김석범의 문학적 고투: 김석범의 『화산도』 연구(1)」, 『영주어문』 34, 영주어문학회, 2016.

고은경, 「김석범 4·3소설 연구」, 제주대학교 박사논문, 2022.

김동윤, 「진실 복원의 문학적 접근 방식: 현기영의 「순이 삼촌」론」, 『4·3의 진실과 문학』, 각, 2003.

김석범(김환기·김학동 옮김), 『화산도』, 보고사, 2015.

김석범(조수일·고은경 옮김), 『만덕유령기담』, 보고사, 2022.

김석범·김시종(문경수 엮음, 이경원·오정은 옮김),『왜 계속 써왔는가, 왜 침묵해 왔는가』, 제주대학교출판부, 2007.

문경수, 「4·3과 재일 제주인 재론(再論): 분단과 배제의 논리를 넘어」,『4·3과 역사』19, 제주4·3연구소, 2019.

문경수, 「경계에서 찾은 4·3의 가치를 알리다(대담)」,『4·3과 평화』45, 제주4·3평화재단, 2021.

장인수, 「김석범 소설『바다 밑에서』의 서사 전개 양상과 그 의미」,『한국언어문화』83, 한국언어문화학회, 2024.

제주4·3사건진상규명및희생자명예회복위원회,『제주4·3사건 진상조사보고서』, 2003.

조수일, 「김석범의『화산도』연구: 작중인물의 목소리와 서사가 생성하는 해방공간에 대한 물음을 중심으로」,『영주어문』45, 영주어문학회, 2020.

한보희, 「난민의 나라, 문학의 입헌(立憲)」,『작가들』59, 인천작가회의, 2016.

아노미적 혼란의 시대, 새로운 사회적 연대의 가능성

르페브르, 앙리,『공간의 생산』. 에코리브르, 2011.

마르쿠제, 헤르베르트,『에로스와 문명』, 나남출판사, 2004.

마르크스, 카를,『자본론I(상)』, 비봉출판사, 2019.

마르크스, 카를,『자본론I(하)』, 비봉출판사, 2019.

마르크스, 카를,『자본론III(상)』, 비봉출판사, 2019.

맑스, 칼, 프리드리히 엥겔스,『맑스-엥겔스 저작선1』, 박종철출판사, 1990.

무어, 제이슨 W.,『생명의 그물 속 자본주의』, 갈무리, 2020.

발리바르, 에티엔, 「모호한 동일성들」,『대중들의 공포』, 도서출판b, 2007.

발리바르, 에티엔, 「보편적인 것들」,『대중들의 공포』, 도서출판b, 2007.

샌델, 마이클,『공정하다는 착각』, 와이즈베리, 2020.

서영표, 「영국의 생태마르크스주의 논쟁」,『동향과 전망』77, 한국사회과학연구소, 2009.

서영표, 「소비주의 비판과 대안적 쾌락주의 – 비자본주의적 주체성 구성을 위해」,『공간과 사회』32, 한국공간환경학회, 2009.

서영표, 「추상적 공간과 구체적 공간의 갈등: 제주의 공간이용과 공간구조의 변화」,『공간과 사회』24(1), 한국공간환경학회, 2014.

서영표, 「기후변화 인식을 둘러싼 담론 투쟁 – 새로운 축적의 기회인가 체계 전환의
　　　계기인가」, 『경제와 사회』 112, 비판사회학회, 2016.

서영표, 「포스트모던 도시에 대한 사회학적 탐색 – 몸, 공간, 정체성」, 『도시인문학연
　　　구』 10(1), 서울시립대학교 도시인문학연구소, 2018.

서영표, 「현대사회의 공포와 불안, 그리고 혐오 : '난민'이 문제가 되는 사회」, 『탐라
　　　문화』, 65, 제주대학교 탐라문화연구원, 2020.

서영표, 「부동산 불평등과 양극화 사회 – 불로소득 추구 '기회'의 평등화」, 『마르크스
　　　주의 연구』 18(3), 경상국립대학교 사회과학연구원, 2021.

서영표, 「원한과 혐오의 정치를 넘어 저항과 연대의 정치로 : 포퓰리즘 현상으로 읽
　　　는 오늘의 사회와 정치」, 『황해문화』 113, 2021.

서영표, 「생태주의, 페미니즘, 그리고 사회주의 : 위기의 시대, 전환의 길 찾기」, 『문
　　　화과학』 109, 2022.

엄혜진, 「성차별은 어떻게 '공정'이 되는가? : 페미니즘의 능력주의 비판 기획」, 『경
　　　제와 사회』 132, 비판사회학회, 2021.

에반스, 브래드, 줄리언 리드, 『국가가 조장하는 위험들 – 위기에 내몰린 개인의 생존
　　　법은 무엇인가』, 알에이치코리아, 2018.

이글턴, 테리, 『유물론: 니체, 마르크스, 비트겐슈타인, 프로이트의 신체적 유물론』,
　　　갈마바람, 2018.

장귀연, 「능력에 따른 차별은 공정한가? 불평등한 민주주의」, 『현장과 광장』 5,
　　　2021.

파인, 벤, 알프레도 사드-필류, 『마르크스의 자본론』, 책갈피, 2006.

파텔, 라즈, 제이슨 W. 무어, 『저렴한 것들의 세계사』, 북돋움, 2020.

폴리, 던컨, 『아담의 오류 – 던컨 폴리의 경제학사 강의』, 후마니타스, 2011.

하인리히, 미하일, 『새로운 자본 읽기』, 꾸리에, 2016.

헌트, E. K., 마크 라우첸하이저, 『E. K. 헌트의 경제사상사』, 시대의창, 2015.

Balibar, Etienne, "The Nation Form: History and Ideology", E. Balibar and
　　　Immanuel Wallerstein, *Race, Nation, Class: Ambiguous Identities*, Verso,
　　　1991.

Balibar, Etienne, "Class Struggle to Classless Struggle", Etienne Balibar and
　　　Immanuel Wallerstein, Race, *Nation, Class: Ambiguous Identities*, Verso,
　　　1991.

Beck, Ulrich, *Risk Society: Towards a New Modernity*, Sage, 1992.

Benton, Ted, "Humanism = Speciesism: Marx on Humans and Animals," *Radicial Philosophy* 50, 1988.

Benton, Ted, "Marxism and Natural Limits: An Ecological Critique and Reconstruction", *New Left Review* I/178, 1989.

Benton, Ted, *Natural Relations: Ecology, Animal Rights and Social Justice*, Verso, 1993.

Benton, Ted, "Environmental Philosophy: Humanism or Naturalism? A Reply to Kate Soper", *Alethia* 4(2), 2001.

Benton, Ted, "Social Causes and Natural Relations", Hilary Rose and Steven Rose eds, *Alas, Poor Darwin: Arguments Against Evolutionary Psychology*, Vintage, 2001.

Butler, Judith, *Precarious Life: The Powers of Mourning and Violence*, Verso, 2020.

Dean, Kathryn, *Capitalism and Citizenship: The Impossible Partnership*, Routledge, 2003.

Fine, Ben and Dimitris Milonakis, *From Economics Imperialism to Freakonomics*, Routledge, 2009.

Fraser, Nancy, "Crisis of Care?: On the Social-Reproductive Contradictions of Contemporary Capitalism", Tithi Bhattacharya ed., *Social Reproduction Theory: Remapping Class, Recentering Oppression*, Pluto Press, 2017.

Fraser, Nancy, "Climates of Capitalism", New Left Review 127, 2021.

Funtowicz, S. O., J. Martinez-Alier, G. Munda and J. R. Ravetz, *Information Tools for Environmental Policy under Conditions of Complexity*, European Environmental Agency, Environmental Issues Series No. 9, 1999.

Gough, Ian, "Marx's Theory of Productive and Unproductive Labour", *New Left Review* I/76, 1972.

Haraway, Donna J., *Simians, Cyborgs, and Women: The Reinvention of Nature*, Routledge, 1991.

Haraway, Donna J., *When Species Meet*, Minnesota University Press, 2008.

Haraway, Donna J., "Staying with the Trouble Anthropocene, Capitalocene, Chthulucene", Jason W. Moore ed., *Anthropocene or Capitalocene?*

Nature, History, and the Crisis of Capitalism, PM Press, 2016.

Harvey, David, *Seventeen Contradictions and the End of Capitalism*, Oxford University Press, 2014.

Martinez-Alier, Joan, Giuseppe Munda and John O'Neill, "Theories and Methods in Ecological Economics: A Tentative Classification", Cutler J. Cleveland et al. eds., *The Economics of Nature and the Nature of Economics*, Edward Elgar, 2001.

Lazzarato, Maurizio, *The Making of the Indebted Man: An Essay on the Neoliberal Condition*, Semiotext(e), 2012.

Mellor, Mary, *Ecology and Feminism*, Polity Press, 1997.

Mellor, Mary, *The Future of Money: From Financial Crisis to Public Resource*, Pluto Press, 2020.

O'Neill, John, Ecology, *Policy and Politics: Human Well-Being and the Natural World*, Routledge, 1993.

O'Neill, John, "Value Pluralism, Incommensurability and Institutions", John Foster ed., *Valuing Nature: Economics, Ethics and Environment*, Routledge, 1997.

Özkaynak, Begüm, Pat Devine and Fikret Adman, "The Identity of Ecological Economics: Retrospects and Prospects", *Cambridge Journal of Economics* 36, 2012

Parker, Ian and David Pavón-Cuéllar, *Psychoanalysis and Revolution: Critical Psychology for Liberation Movements*, 1968 Press. 2001.

Rose, Hilary and Steven Rose, "Introduction", Hilary Rose and Steven Rose eds, *Alas, Poor Darwin: Arguments Against Evolutionary Psychology*, Vintage, 2001.

Rose, Hilary "Colonising the Social Sciences?", Hilary Rose and Steven Rose eds, *Alas, Poor Darwin: Arguments Against Evolutionary Psychology*, Vintage, 2001.

Sayer, Andrew, *Why We Can't Afford the Rich*, Policy Press, 2016.

Soper, Kate, *What is Nature?: Culture, Politics and the Non-Human*, Wiley-Blackwell, 1995.

Soper, Kate, "Future Culture: Realism, Humanism and the Politics of Nature",

Radical Philosophy 102, 2000.

Soper, Kate, *Post-Growth Living: For an Alternative Hedonism*, Verso. 2019 [국역: 『성장 이후의 삶 지속가능한 삶과 환경을 위한 '대안적 소비'에 관하여』, 한문화, 2021]

Wolf, Richard D. and Stephen A. Resnick, *Contending Economic Theories*, The MIT Press, 2012.

시선의 권력과 무관심의 포용, 쿰다

고정갑희, 김경미, 문은미, 문현아, 박이은실, 이정순, 이현재, 이희영, 혜진, 후지메 유키, 『성·노·동』, 여성문화이론연구소 성노동연구팀, 도서출판 여이연, 2007.

김대군, 「다문화사회에서 소수자 배려윤리」, 『윤리교육연구』 24, 한국윤리교육학회, 2011.

김동윤, 「환대 공동체에서 제외된 장소상실의 존재 - 제주소설의 4·3 난민 형상화 방식」, 『영주어문』 50, 영주어문학회, 2022.

김상훈·김영순·이응범·송영심·신강협·모하메드 사이푸·최용찬·김진선·김준표, 『제주인권활동가 이야기 사람과 사람 2』, 국가인권위원회 광주인권사무소 제주출장소, 제주대학교 탐라문화연구원, 집옥재, 2021.

김준표, 「다문화사회의 정체성 트러블과 제주의 쿰다 문화」, 『현상과인식』 44(4), 2020.

김진선, 「한국사회에서의 난민 인식의 문제」, 『탐라문화』 65, 제주대학교 탐라문화연구원, 2020.

김치완, 「난민의 출현에 대한 철학의 문제들」, 『탐라문화』 65호, 2020.

김한승, 「풍요와 결식, 그리고 무관심이라는 병」, 『월간 샘터』 33-2, 샘터사, 2002.

모하메드, 김준표, 김진선, 『예멘, 난민, 제주: 나의 난민 일기』, 온샘, 2022.

서영표, 「현대사회의 공포와 불안, 그리고 혐오: '난민'이 문제가 되는 사회」, 『탐라문화』 65, 2022.

손봉호, 「현실에 무관심한 철학」, 『철학과현실』 1, 철학문화연구소 1988.

송영훈, 「국제난민 문제의 특징과 경향: 인도적 위기, 정치적 무관심」, 『월간 복지동향』 204, 참여연대사회복지위원회 2015.

이소희, 홍혜은, 현지수, 이은솔, 에이미황, 이서영, 갱, 하민지, 『나도 말할 수 있는 사람이다 - 성판매 여성 안녕들 하십니까』, 도서출판 여이연, 2018.

양지형, 「칸트의 실천철학에서 조명한 정념과 무관심 - 홉스와 루소에 대한 비판을 중심으로 -」, 『철학논총』 98, 새한철학회, 2019.

어리, 존, 요나스 라슨, 『관광의 시선』, 도재학 이정훈 옮김, 소명출판, 2021. 원저는 Urry, John & Jonas Larsen, *The Tourist Gaze 3.0*, SAGE Publication, 2011.

유봉인, 「'의문사'에 대한 사회적 무관심에 '의문'을 제기한다」, 『인물과사상』 31, 인물과사상사 2000.

임헌영, 「정치에 무관심한 세대를 위한 정치학」, 『역사비평』 91, 역사비평사 2010

전영준·김준표, 「제주도민의 난민 인식」, 『탐라문화』 67, 2021.

최정운, 「푸코를 위하여 - 지식과 권력의 관계에 대한 재고찰 -」, 『철학사상』 10, 2000.

크레이브, 이안, 『현대사회이론의 조명 - 파슨즈에서 하버마스까지』, 김동일 옮김, 문맥사, 1991.

홍승희, 『붉은 선 - 나의 섹슈얼리티 기록』, 글항아리, 2017.

한국에서 출생한 난민아동의 출생등록의 문제점과 법적 대안

1. 국내문헌

국가인권위원회, 『이주아동의 교육권 보장을 위한 개선방안 권고』, 2010.

국가인권위원회, 『이주인권가이드라인』, 2012.

김철효 등, 『이주배경 아동의 출생등록』, 세이브더칠드런 연구보고서, 2013.

김진, 「이주배경 아동의 출생신고 보장 방안」, 『출생등록에서 배제된 아이들 보편적 출생등록 제도 도입을 위한 토론회, 토론회자료집』, 2017.

김세진, 「한국의 인도적 체류지위 현황과 보충적 보호지위 신설의 필요성」, 『난민법의 현황과 과제』, 서울대학교 법학연구소 공익인권법센터, 경인문화사, 2019.

김현미 외 다수, 『한국 거주 난민아동 생활 실태 조사 및 지원 방안 연구』, 세이브더칠드런 연구보고서, 2013.

더불어민주당 국회의원 권미혁, 백혜련, 국가인권위원회, 『출생등록에서 배제된 아이들' 보편적 출생등록제도 도입을 위한 토론회 자료집』, 2017.

권형진, 「독일의 국적 및 체류관련법과 제도」, 『이주시대의 법과제도 III-1』, 건국대학교 이주·사회통합연구소, 2017.

권영준, 「아동의 출생등록될 권리」, 『민법판례연구 Ⅱ』, 박영사, 2021.

박선영외, 『출생등록의무자 및 스토킹 규제 관련 외국의 입법례와 시사점』, 한국여성
　　　정책연구원 연구보고서, 2014.

송진성, 「현행 출생신고제도의 문제점 및 개선방안-아동권리보장의 관점에서-」, 『사
　　　회보장법연구』 7(1), 서울대 사회보장법연구회, 2018

서종희, 「미등록 외국인 아동의 출생 등록될 권리 보장」, 『법과 사회』 70, 2022.

성수정, 「국내출생 '미등록 이주 아동'의 구제방안 연구」, 『문화교류학 다문화교육』
　　　11(3), 2022.

소라미, 「아동인권의 관점에서 본 현행 출생신고제도의 문제점 및 제도개선 방안」, 『가
　　　족법연구』 30(3), 한국가족법학회, 2016.

소라미, 「미혼모·부의 출생신고 제도의 문제점 및 제도개선방안」, 『사회보장법연구』
　　　10(2), 서울대 사회보장법연구회, 2021.

송효진 외, 「한국에서의 난민여성의 삶과 인권」, 『이화젠더법학』 10(3), 이화젠더법
　　　학연구소, 2018.

신영호, 『가족관계등록법』, 세창출판사, 2009.

양진섭, 「혼인외의 자녀와 출생신고-대법원 2020. 6. 8 자 선고, 2020스575 결정과
　　　최근 가족관계등록법 개정을 중심으로-」, 『사법』 57, 사법발전재단, 2021.

이탁건, 「미등록 이주아동의 머무를 권리-아동권리보장의 관점에서-」, 『이화젠더
　　　법학』 11(1), 2019.

이준일, 「미등록 이주아동의 인권」, 『인권법평론』 28, 전남대학교 법학연구소 공익인
　　　권법센터, 2022.

조은희, 「혼인외 자녀의 출생등록제도의 문제점과 개선방안」, 『법학논집』 35(2), 국
　　　민대학교 법학연구소, 2022.

조은희, 『친족상속법』, 정독출판사, 2023.

진주, 「난민들은 어떻게 살고 있을까?-난민법 제정 이후 광주의 인권, 복지 행정을
　　　중심으로-」, 『인권법평론』 19, 2017.

최경옥, 「한국의 출입국관리법 체계와 문제점」, 『이주시대의 법과 제도 I-1』, 건국대
　　　학교 이주·사회통합연구소, 2017.

한명진, 「독일법상 난민의 지위별 법적 권리에 관한 검토」, 이화여자대학교 『법학논
　　　집』 24(3)(통권 69호), 이화대학교 법학연구소, 2020.

찾아보기

자

차

초출일람

4세기 고구려의 이주민 동향과 대외관계 ▣ 장창은

이 글은 고구려발해학회 발간『고구려발해연구』77호(2023. 11)에 게재된 논문(「4세기대 고구려의 국제관계와 이주민 동향」)을 수정·보완한 후 총서 편집기준에 맞게 작성하였다.

삼별초의 대몽 항전과 바다의 피난처 ▣ 전영준

이 글은 2021년 7월 동북아시아문화학회 국제학술대회에서 발표했던 논문을 수정보완하여 2021년 12월『동국사학』제72호에 실었던 「고려시대 삼별초 전쟁난민과 피난처」를 연구총서의 편집규정에 따라 수정한 것이다.

조선 세종대 제주도 '우마적 처벌과 강제 출륙 ▣ 양정필

이 글은 2022년『역사와 세계』제61집에 실었던 논문 「조선 초기 제주도 목축업의 위기와 '우마적' 사건」을 총서 편집 규정에 따라 수정 보완한 것이다.

재일조선인의 이동(mobility) 경험과 기억으로 본 난민 감시와 처벌 ▣ 김치완

이 글은 동국대학교 동서사상연구소 학술지『철학·사상·문화』40(2022)에 「재일조선인의 이동(mobility) 경험과 기억으로 본 난민 감시와 처벌」이라는 제목으로 실은 논문을 쿰다난민연구총서에 싣기 위해 깁고 보태었다.

1910~1960년대 재일제주인의 이주와 밀항의 난민 양상 ▣ 김진선

이 글은 2020년 제주대학교 탐라문화연구원 국제학술대회 〈이주와 이동, 밀항과 난민〉에서 발표한 것을 수정·보완하여『현대사회와다문화』13권 3호에 게재한 논문이다. 총서에 수록하기 위해 일부 내용과 문구를 수정하였다.

한국소설에 재현된 보트피플 ▣ 강진구

이 글은『어문론집』제90집(2022.6)에 발표한 논문(「한국소설에 나타난 보트피플의 재현 양상」)을 쿰다난민연구총서 편집 기준에 맞춰 수정한 것이다.

재일 4·3 난민의 좌절과 재생 – 김석범 장편 『바다 밑에서』를 중심으로 ▣ 김동윤

이 글은 2022년 영주어문학회 국내학술대회 〈김석범 연구의 현재: 문학과 정치를 가로지르기〉에서 발표한 것을 수정·보완하여 「김석범의 『바다 밑에서』에 나타난 4·3 난민의 좌절과 재생」이란 제목으로 『영주어문』 제54집(2023.6) 게재되었던 논문인데, 다시 제목을 바꾸고 내용 보완 작업을 거쳤음을 밝혀둔다.

아노미적 혼란의 시대, 새로운 사회적 연대의 가능성 ▣ 서영표

이 글은 세 편의 논문에 기초하여 새롭게 작성된 논문이다(「소비주의적 주체의 경쟁 게임-무한경쟁의 신체적 한계와 자본주의 가치법칙」, 『경제와 사회』 134, 2022 ; 「자연과 사회의 관계 다시 생각하기-인간주의, 포스트휴머니즘, 자연주의논쟁」, 영미문학연구 『안과 밖』 53, 2022 ; 「존재론적 깊이의 인식과 인식론적 상대주의의 실천: 포스트-혼종성 시대 지식생산과 교육 패러다임의 전환」, 『탐라문화』 69, 2022).

시선의 권력과 무관심의 포용, 쿰다 ▣ 김준표

이 글은 두 개의 논문을 요약 수정한 것이다. 2022년 11월 『다문화사회와 교육연구』 제12집에 실었던 「적대와 환대를 넘어서는 무관심의 포용, 쿰다」와 2022년 12월 『다문화콘텐츠연구』 제42집에 실었던 「관광의 시선과 난민의 시선」의 내용을 하나로 묶으며 요약하였다.

한국에서 출생한 외국인·난민아동의 출생등록의 문제점과 법적 대안 ▣ 조은희

이 글은 한국에서 출생한 난민·외국인 아동이 부모의 본국법에 따라 출생등록을 하지 못하는 상황으로 인해 발생하는 여러 가지 문제점과 이를 해결하기 위한 대안을 검토한 글이다. 이것은 「한국에서 출생한 난민아동의 출생등록을 위한 입법론적 검토」라는 제목으로 2023년에 『국제법무』 제15권 1호에 실었던 것을 요약 수정한 것이다.

필자소개

강진구(姜鎭求, Kang, Jin-gu) 제주대학교 탐라문화연구원 학술연구교수
중앙대학교 국어국문학과를 졸업하고 동 대학원에서 박사학위를 받았다. 2007년부터 문화다양성과 관련한 연구와 강의를 시작한 이래, 지금까지 한국사회의 문화다양성과 코리안디아스포라 문학을 연구하고 있다. 2013년부터 2019년까지 중앙대학교에서 조교수로 재직했으며, 2020년 9월부터 제주대학교 탐라문화연구원 학술연구교수로 재직중이다.
저서로는『한국사회와 다문화』(공저),『문화다양성과 문화 다시 생각하기』(공저),『어떻게 여기 난민: 난민 경험과 기억』(공저),『한국문학의 쟁점들: 탈식민·역사·디아스포라』,『한국문학과 코리안디아스포라』등이 있다.

김동윤(金東潤, Kim, Dong-yun) 제주대학교 국어국문학과 교수
제주대학교 국어국문학과를 졸업하고 같은 대학원에서「1950년대 신문소설 연구」(1999)로 박사학위를 받았다. 제주대학교 인문대학장, 탐라문화연구원장, 신문방송사 주간을 역임했다.
저서로『문학으로 만나는 제주』(2019),『작은 섬, 큰 문학』(2017),『소통을 꿈꾸는 말들』(2010),『제주문학론』(2008),『기억의 현장과 재현의 언어』(2006),『우리 소설의 통속성과 진지성』(2004),『4·3의 진실과 문학』(2003),『신문소설의 재조명』(2001), 2인 공저로『4·3항쟁과 탈식민화의 문학』(2024) 등이 있다.

김준표(金埈杓 Kim, Jun Pyo) 제주대학교 탐라문화연구원 학술연구교수
1966년생으로 제주대학교에서 영어영문학을 공부하고 장로회신학대학교에서 신학(M.Div.와 Th.M.)을 전공한 후, 제주대학교 사회학과에서 문학박사 학위를 받았다. 2005년 이후 제주대학교 사회학과 강사로 가르치고 있다. 도박, 종교, 여성, 소수자에 대한 연구주제를 난민, 다문화, 이동으로 확장하며 쿰다인문학 정립을 위해 애쓰고 있다.
저서로『도박사회학』(김석준 김준표 공저, 2016), 논문으로「제주지역 여성노동의 유형별 비교 연구」(2019),「Can a religion promise a future without anxiety?」(2019),「다문화사회의 정체성트러블과 제주의 쿰다 문화」(2020),「제주도민의 난민 인식」(전영준 김준표, 2021),「경계를 넘는 이동과 함께 산다는 것」(2021),「여러 전통들과

초월의 재해석」(2021), 「제주도 지역개발시기 제주 여성의 노동과 지위」(강경숙 김준표, 2022), 「적대와 환대를 넘어서는 무관심의 포용, 쿰다」(2022), 「관광의 시선과 난민의 시선」(2022), 「관광지 제주와 경계의 틈」(2023) 등이 있다.

김진선(金秦仙, Kim, Jin-sun) 제주대학교 탐라문화연구원 학술연구교수
제주대학교 철학과와 동 대학원을 졸업하고 중국 베이징대학교에서 도가철학으로 박사학위를 받았다. 제주대학교 철학과 강사 및 탐라문화연구원 학술연구교수로 재직 중이다.
논저는 「한국 사회에서의 난민 인식의 문제」(2019), 「이질적 공존을 위한 타자와 공간 인식의 문제」(2022), 『이미 잡종이었던 우리』(공저, 2022), 『예멘 난민 제주: 나의 난민 일기』(공저, 2022) 등이 있다.

김치완(金治完, Ph.D. Kim, Chi-Wan) 제주대학교 철학과 교수, 탐라문화연구원장
제주대학교 철학과장, 제주대학교 기초교양교육원장, 제주대학교 신문방송사 주간, 제주대학교 교육혁신본부장을 거쳐 제주대학교 탐라문화연구원장직을 수행하고 있다. 제주대학교 총장추천관리위원장, 제주대학교 탐라문화연구원 편집위원회 위원장, 전국국공립대학 주간협의회 회장, 언론중재위원 제주지부 위원을 역임했다.
『제주의 로컬리티 담론 공간과 철학』(제주대학교 탐라문화연구원, 2015)을 비롯한 다수의 단독저서와 『섬, 위기의 바람과 변화의 물결』(목포대학교 도서문화연구원, 민속원, 2023)을 비롯한 공저를 펴냈다. 「모빌리티로 본 근현대 도시공간 제주의 지형 변동」(『도서인문학연구』 16권 1호, 서울시립대학교 도시문학연구소, 2024)를 비롯한 다수의 논문을 발표했다.
2023년 9월부터 '쿰다'로 푸는 제주 섬의 역사와 난민 사업단 연구책임을 맡고 있다.

서영표(徐榮杓, Seo, Young-pyo) 제주대학교 사회학과 교수
서울에서 태어나 서울에서 학교를 다녔다. 서울대학교에서 한국사를 공부했고 같은 학교 사회학과 대학원에서 석사과정을 수료했다. 영국 University of Essex에서 사회학 석사와 박사 과정을 마쳤다. 성공회대학교 민주주의연구소에서 일하면서 학생들을 가르쳤다. 2012년부터 제주대학교 사회학과에서 사회학이론, 환경사회학, 도시사회학을 가르치고 있다. 생태사회주의와 소비주의 비판, 혐오와 포퓰리즘, 영국정치에 대한 다수의 논문과 저서가 있다.

양정필(梁晶弼, Yang, Jeong-pil) 제주대학교 사학과 교수

연세대학교 대학원 사학과에서 개성상인 연구로 박사학위를 받았다. 국사편찬위원회에서 편사연구사로 근무하였다. 2013년부터 현재까지 제주대학교 사학과에 재직하고 있다. 개성상인과 인삼에 대한 논문을 발표하였고, 지금도 후속 연구를 하고 있다. 최근에는 제주도 역사에 관심을 갖고 연구를 진행하고 있다.

대표 논문으로는 「개성상인과 중국 산서 상인 비교 연구」(2019), 「17-18세기 전반 인삼무역의 변동과 개성상인의 활동」(2017), 「원 간섭기 탐라인의 해상 활동과 이어도」(2018), 「18세기 후반 김만덕의 경제활동 재고찰」(2017) 등이 있다.

장창은(張彰恩, Jang Chang-eun) 제주대학교 사학과 부교수

국민대학교 국사학과를 졸업하고, 같은 학교 대학원에서 석사와 박사학위를 받았다. 북악사학회 회장과 신라사학회 편집이사, 제주대학교 탐라문화연구원 편집위원장을 역임하였다. 현재 신라사학회 부회장과 고구려발해학회·한국고대학회·한국고대사탐구학회 등의 편집위원을 맡고 있다.

개인 저서로『신라 상고기 정치변동과 고구려 관계』(신서원, 2008), 『고구려 남방 진출사』(경인문화사, 2014), 『한국고대사 탐색의 세 가지 시선』(역사인, 2019), 『삼국시대 전쟁과 국경』(온샘, 2020)이 있고, 삼국의 대외관계와 영역사에 대한 다수의 연구 논문을 발표하였다. 지금은 고대 탐라사 연구에 매진하고 있다.

전영준(全暎俊, Jeon, Young-joon) 제주대학교 사학과 교수

동국대학교 역사교육과를 졸업하고 동 대학원에서 박사학위를 받았다. 2011년부터 제주대학교 사학과에 재직하고 있다. 2017년부터 2023년까지 제주대학교 탐라문화연구원 원장으로 있으면서, 한국연구재단 인문사회연구소지원사업의 연구책임자로 〈'쿰다'로 푸는 제주 섬의 역사와 난민〉 연구사업단을 이끌었으며, 현재 제주대학교 박물관장으로 일하고 있다.

공저로『한국 역사 속의 문화적 다양성』(2016), 『중세 동아시아의 해양과 교류』(2019) 등이 있고, 「제주의 역사문화원형과 문화콘텐츠의 창출」(2019), 「고려~조선시기 제주 동부지역의 교통로와 普門寺址」(2020), 「전근대 한국해양사의 연구경향과 성과」(2020), 「고려시대 삼별초 전쟁난민과 피난처」(2021) 등을 비롯한 다수의 논문이 있다.

조은희(趙恩嬉 Cho, Eun hee) 제주대학교 법학전문대학원 교수

서울출생, 독일 베를린 훔볼트 대학교에서 법학박사학위를 받았다. 외대, 홍익대, 서강대 등에서 친족상속법을 강의했다. 한국법제연구원 연구원 그리고 한국여성개발원(현 여성정책연구원)에서 연구위원으로 재직했다. 2004년 제주대학교 임용되었고, 제주대 법과정책 연구원장 역임, 현재 법학전문대학원 교수로 재직하고 있다. 제주대 로스쿨에서 법여성학, 국제사법, 친족상속법을 가르치고 있다.

저서로는 『친족상속법』(2023), 『판례법여성학』(2016), 『법여성』학(공저, 2011) 등이 있으며, 논문으로는 「국제사법상 혼인성립과 그 흠결에 관한 준거법의 문제」(2024), 「보조생식술에 의해 출생한 자녀의 법적 지위와 친족관계」(2023), 「생활동반자법 제정을 위한 소고」(2022), 「재산분할청구권의 포기약정에 대한 검토」(2021), 「법제도에서 다양한 가족의 수용을 위한 개선」(2020), 「외국인 배우자에 대한 법률문제와 해결방안」(2009) 등 다수가 있다.